《写作基础教程》教材编写组　编

主　编　傅德岷　韦济木　郑笑眉

写作基础教程

（第7版）

重庆大学出版社

—— 内容摘要 ——

本书由写作基础理论与常用文体写作两部分内容构成。其特点是构架新、论述新、范文新、训练设计新，是一本既注重基础理论，又注重写作训练，具有创新性的写作基础教材。可供高等院校文科专业学生使用。

图书在版编目（CIP）数据

写作基础教程／傅德岷，韦济木，郑笑眉主编.
7 版. -- 重庆：重庆大学出版社，2024.7（2025.7 重印）. -- ISBN
978-7-5689-4642-1

Ⅰ．H15

中国国家版本馆 CIP 数据核字第 20244VM098 号

写作基础教程
XIEZUO JICHU JIAOCHENG
（第 7 版）

主编　傅德岷　韦济木　郑笑眉
策划编辑:唐笑水
责任编辑:李桂英　　版式设计:唐笑水
责任校对:王　倩　　责任印制:张　策

*

重庆大学出版社出版发行
出版人:陈晓阳
社址:重庆市沙坪坝区大学城西路 21 号
邮编:401331
电话:(023) 88617190　88617185(中小学)
传真:(023) 88617186　88617166
网址:http://www.cqup.com.cn
邮箱:fxk@ cqup.com.cn（营销中心）
全国新华书店经销
重庆新荟雅科技有限公司印刷

*

开本:787mm×1092mm　1/16　印张:21.5　字数:516 千
2024 年 7 月第 7 版　2025 年 7 月第 2 次印刷(总第 43 次印刷)
ISBN 978-7-5689-4642-1　定价:69.00 元

编委会

第7版 前言 FOREWORD

"文变染乎世情,兴废系乎时序。"(刘勰《文心雕龙·时序》)为文之道,千古同理。写作教材的编写,亦需如此。与时俱进,方显出时代特色。中国共产党第二十次代表大会,是在全党全国人民迈上全面建设社会主义现代化国家新征程、向第二个百年奋斗目标进军的关键时刻召开的一次十分重要的大会,是党和国家事业发展进程中具有划时代意义的里程碑。大会的主题是:高举中国特色社会主义伟大旗帜,全面贯彻习近平新时代中国特色社会主义思想,弘扬伟大建党精神,自信自强、守正创新,踔厉奋发、勇毅前行,为全面建设社会主义现代化国家,全面推进中华民族伟大复兴而团结奋斗。中华民族近百年来深受外侮,积贫积弱,到中华人民共和国成立,中国人民在中国共产党领导下,从站起来到富起来,现在将在党的二十大精神指导下,实现中华民族伟大复兴!习近平新时代中国特色社会主义思想是我们长期坚持的、做好各项工作的"定盘星",自然是我们教材编写和修订的指路明灯!为此我们对《写作基础教程》作了一次全面而深入的检查和修订,力争将党的二十大精神融汇到教材中,以适应高等学校写作教学深入改革的需求。

《写作基础教程》自1997年9月出版以来,至今已有20多年的历史,以其构架新、论述新、范文新、训练设计新和教师好用好教、学生好学好练、实用性强的特点,深受全国高等院校写作课教师及有关专家的肯定和欢迎。20多年来,已出6版,累计印刷近20万册。为了更好地贴近时代,贴近学生实际,贴近写作教学的需要,我们以党的二十大精神为指导,按照增、删、改、不动、换的原则,作了一次较全面的检查和修订。增,在论述中增加一些更富时代精神的内容;删,删掉论述中的不完备之处和陈旧的例证;改,在表述和内容上作适当修改;不动,保留原书的构架及好的论述;换,换上一些更具时代感、更经典的诗文。如施建石的《衣锦未还乡》、周明的《黄河在咆哮》、王梦悦的《中国"氢弹之父"——于敏》等,表达我们对老一辈革命家的崇敬、不忘日本侵略我国的国耻,不忘为强国献身科学事业的"氢弹之父",表达我们捍卫祖国神圣领土和实现中华民族伟大复兴的坚定意志和决心!

参加第7版修订的是:傅德岷(重庆工商大学)、郑笑眉(重庆工商大学),"第7版前言"和"绪论";唐江(贵州师范大学)、周之涵(重庆工商大学)、欧婧(重庆工商大学),第二章"确立中心与提炼主题"、第十二章"小说写作"、第十四章"文学论文写作";粟斌(西华师范大学),王彦杰(重庆工商大学),第四章"表达技巧的选用"、第五章"语言素养与语言表达"、第六章"修改与润饰"、第八章"诗歌写作";韦济木(长江师范学院)、丁晓妮(重庆工商大学)、曾妍(重庆工商大学),第七章"新闻文体写作"、第九章"散文写作"、第十章"杂文写作"、第十一章"报告文学写作"、第十三章"影视文学剧本写作";邱明淑(长江师范学院),第十五章"网络写作";最后由傅德岷统一审定。本次修订增加了电子课件,可登录重庆大学出版社官方网站查看。

本书自出版以来,得到全国多所高校写作教师的支持。此次修订得到有关高校和重庆大学出版社领导的热情关怀和有力支持,我们特向他们表示最衷心的感谢!

编　者
2024 年 7 月 16 日于重庆

因出版时间因素,本书所引用的某些文章和译文未能与著作权人联系。见书后,请有关著作权人与重庆大学出版社或重庆市版权保护中心联系。

前 言 FOREWORD

写作是沟通人与自然、人与社会、人与人、人与自我的媒介。因此,现代社会需要写作,现代人需要写作,现代大学生尤其需要写作,以便更好地适应现代社会的发展。美国《未来学家》杂志认为,跨世纪的大学生必须具备写作、阅读、口头与书面表达的技能。因此,迅速提高大学生的写作能力,便成为高等院校写作教学的重要课题。新时代以来,许多专家、学者作了许多有益的探索,编写了多种教材,为写作教学的发展作了有益的贡献。但有的教材或借助于文艺学,或借助于古代文论,或借助于思维科学,或借助于"新三论"……可取之处是开拓了写作学科的内容,不足之处是大而无当,甚至有的流于玄学,难于实用。为了适应当前写作教学改革的需求,我们川、渝、黔12所高校的写作教师经过认真研讨,决定在尊重传统的基础上,融合新知,明确目标,掌握规律,走以"写"为中心,以"学"(学理论)、"读"(读名作)为两翼的道路,编写这本既注重基础,又具创新色彩的《写作基础教程》。

经过大家的共同努力,本书具有了下列特点。

一、构架新

本书由绪论、写作基础理论、常用文体写作三大板块构成,集文学写作与非文学写作于一体,集"写作知识—范文选讲—读写训练"于一体,把"教—读—写"有机地结合起来,把教师的主导作用与学生的积极主动学习结合起来,打破过去只讲写作知识的旧模式,有利于启发式教学和开拓学生多向思维能力。

二、论述新

本书在论述过程中,立足于现代,用全新的眼光既梳理和借鉴了传统的写作理论,又汲取了国外新鲜的写作知识。本书既注重"三基"(基础理论、基础知识、基础训练)教学,又观念新颖、知识系统,具有开放的文化视野。

三、范文新

本书范文主选新时期以来的名家名作,兼顾国外少数有影响的篇章。这些作品既有爱国、立志、尊师、修身的意蕴,又具有突出的写作技巧,可供学生写作借鉴。

四、训练设计新

本书训练设计包括思考、辨难、改错、论述、读写练习等,题型多样,内容新鲜,既可巩固写作理论知识,又可让学生得到多向思维的训练。

本书除具备一般教材的科学性、知识性、实用性外,还具备教材的可教性和可操作性,因而它易于教师教学,利于学生学习。

在主编、副主编对初稿进行认真审读、讨论,并作一定修改的基础上,最后由傅德岷教授对全书的内容、文字和范文编选作审定、修改、定稿。

编　者
1997 年 5 月

目 录 CONTENTS

绪 论

第一节　写作及其规律 ……………………………………… 1

第二节　写作与人生 ………………………………………… 3

第三节　写作与现代社会 …………………………………… 5

第四节　作者的写作素养 …………………………………… 8

［范文选］

论求知 ……………………………………… （［英］弗兰西斯·培根）11

大学时代读的书 ……………………………………… （林　非）12

回首往日读书时 ……………………………………… （王　蒙）13

［思考与练习］ ………………………………………………… 14

上编｜写作基础理论

第一章　储材与选材

第一节　材料的意义和种类 ………………………………… 17

第二节　储材的途径与方式 ………………………………… 20

第三节　鉴别材料的方法 …………………………………… 24

第四节　选材的原则与要求 ………………………………… 26

［范文选］

橙黄橘绿秋光美 ……………………………………… （秦　牧）28

永远的校园 ……………………………………… （谢　冕）30

暗房 ……………………………………… （王晓莉）32

［思考与练习］ ………………………………………………… 33

第二章　确立中心与提炼主题

第一节　中心与主题的地位 ………………………………… 37

第二节　确立中心的方法 ……………………………… 39

第三节　主题的孕育与提炼 …………………………… 41

第四节　确立主题的要求 ……………………………… 44

第五节　审题与标题 …………………………………… 45

［范文选］

布　衣 ……………………………………………… （吴伯箫）47

此地甚好 …………………………………………… （陈鲁民）48

黄河在咆哮 ………………………………………… （周　明）50

［思考与练习］ ………………………………………… 52

第三章　理清思路与安排结构

第一节　思路与结构的辩证关系 ……………………… 55

第二节　理清思路的步骤 ……………………………… 57

第三节　结构的具体内容 ……………………………… 58

第四节　结构的几种类型 ……………………………… 64

第五节　结构的原则与要求 …………………………… 66

［范文选］

魂归朗润园 ………………………………………… （乐黛云）67

造　心 ……………………………………………… （毕淑敏）69

说　笑 ……………………………………………… （钱锺书）70

［思考与练习］ ………………………………………… 72

第四章　表达技巧的选用

第一节　常用表达技巧 ………………………………… 74

第二节　辩证表达技巧 ………………………………… 81

第三节　现代表达技巧 ………………………………… 84

［范文选］

再忆萧珊 …………………………………………… （巴　金）86

自　由 ……………………………………………（［印］拉·泰戈尔）87

听听那冷雨 ………………………………………… （余光中）88

永远的蝴蝶 ………………………………………… （陈启佑）92

［思考与练习］ ………………………………………… 92

第五章　语言素养与语言表达

第一节　写作语言的信息符号 ………………………… 95

第二节　提高语言素养 ·· 96

第三节　反复锤炼语言 ·· 98

第四节　学习语言的途径 ··· 103

［范文选］

写作的艺术（节选） ·· （林语堂）105

袁崇焕无韵歌 ·· （石　英）106

书斋乐事 ·· （袁行霈）108

月是故乡明　心安是归途 ···································· （孟晚舟）109

［思考与练习］ ·· 110

第六章　修改与润饰

第一节　修改与润饰的意义 ··· 112

第二节　修改与润饰的范围 ··· 114

第三节　修改与润饰的方法 ··· 116

第四节　文面要求与修改符号 ··· 117

［范文选］

事事关心 ·· （马南邨）120

也算下情 ·· （王　蒙）123

小人效应 ·· （蒋子龙）125

［思考与练习］ ·· 126

下编　｜　常用文体写作

第七章　新闻文体写作

第一节　新闻文体概述 ··· 129

第二节　消息 ·· 131

第三节　通讯 ·· 138

第四节　新闻特写 ·· 142

第五节　新闻专访 ·· 144

［范文选］

全国铁路昨起实施新的列车运行图，7对"复兴号"动车组列车达速，运营时速
　　350公里！"复兴号"跑出最快速度 ······························ 147

60年，和国家主席的两次握手 ································· 149

中国"氢弹之父"——于敏 ···························· （王梦悦）151

　　　　严复的字,令故宫"破例" ……………………………………… 154

　　　　[思考与练习] ……………………………………………………… 155

第八章　诗歌写作

　　第一节　诗歌的文体特征 ………………………………………… 158

　　第二节　诗歌的艺术构思 ………………………………………… 162

　　第三节　诗歌的艺术表现 ………………………………………… 166

　　第四节　诗歌的语言 ……………………………………………… 169

　　[范文选]

　　　　青史腾辉·颂二十大 ……………………………… (赵安民)171

　　　　树 …………………………………………………… (郑　敏)172

　　　　最珍贵的信 ……………………………… [[法]莫里斯·马格]173

　　　　南京大屠杀死难者国家公祭鼎铭文 ……………………… 174

　　　　[思考与练习] …………………………………………………… 174

第九章　散文写作

　　第一节　散文及其艺术特征 ……………………………………… 178

　　第二节　散文的构思 ……………………………………………… 181

　　第三节　散文的意境 ……………………………………………… 185

　　第四节　散文的笔法 ……………………………………………… 187

　　第五节　散文的语言 ……………………………………………… 190

　　[范文选]

　　　　衣锦未还乡 ………………………………………… (施建石)191

　　　　槐园梦忆

　　　　　　——悼念故妻程季淑女士 ………………… (梁实秋)193

　　　　春花秋月系忧思 …………………………………… (程树榛)196

　　　　爱情神话 …………………………………………… (斯　妤)197

　　　　淡之美 ……………………………………………… (李国文)199

　　　　[思考与练习] …………………………………………………… 200

第十章　杂文写作

　　第一节　杂文及其特征 …………………………………………… 203

　　第二节　杂文的艺术构思 ………………………………………… 206

　　第三节　杂文的表现技巧 ………………………………………… 209

　　第四节　杂文的"杂味" ………………………………………… 212

[范文选]

中国人失掉自信力了吗? ·························· (鲁 迅)213

耗 子 ·· (冯骥才)215

柏拉图的斧子 ······································· (陆春祥)216

幸福递减律 ·· (江曾培)217

[思考与练习] ··· 218

第十一章 报告文学写作

第一节 报告文学及其特征 ································ 221

第二节 报告文学的采访 ································· 223

第三节 报告文学的构思 ································· 224

第四节 报告文学的人物塑造 ·························· 227

第五节 报告文学的表现技巧 ·························· 229

[范文选]

中国之蒿

——屠呦呦获诺贝尔奖之谜(节选) ··········· (陈廷一)231

我的中国梦(节选) ································· (李春雷)235

高原,我的中国色 ·································· (乔 良)240

[思考与练习] ··· 242

第十二章 小说写作

第一节 小说的含义及特征 ······························ 243

第二节 小说的种类 ····································· 245

第三节 小说的人物塑造 ································· 247

第四节 小说情节的提炼 ································· 250

第五节 小说的环境描写 ································· 254

[范文选]

珊珊,你在哪儿? ································· (聂华苓)256

二十年后 ··· ([美]欧·亨利)264

一小时的故事 ······································ ([美]凯特·肖班)266

[思考与练习] ··· 268

第十三章 影视文学剧本写作

第一节 影视文学的特征及类别 ························ 270

第二节 影视文学剧本的模式与设计 ·················· 272

第三节　影视剧的情节设置与人物塑造 ……………………………… 274

第四节　影视剧的台词与解说词 ………………………………………… 276

第五节　影视剧作者的能力与素养 ……………………………………… 277

［范文选］

魂断蓝桥(剧本节选) …………………… (［美］S. N. 白门,汉斯·雷缪,乔治·弗罗薛尔)279

泰坦尼克号(剧本节选) ……………………………… (［美］詹姆斯·卡梅隆)284

白鹿原(剧本节选) ………………………………………………… (芦　苇)286

［思考与练习］ ………………………………………………………… 289

第十四章　文学论文写作

第一节　文学论文的含义与写作要求 …………………………………… 291

第二节　文学论文的研究方法 …………………………………………… 293

第三节　文学论文的写作步骤 …………………………………………… 297

第四节　文学论文对作品的评论 ………………………………………… 300

［范文选］

曹雪芹写"笑"

——读《红楼梦》随笔 ………………………………………… (郭豫适)306

溶哀愁于物象

——读余光中《乡愁》 ………………………………………… (流沙河)308

为写作踏遍青山 ………………………………………………… (舒晋瑜)311

［思考与练习］ ………………………………………………………… 313

第十五章　网络写作

第一节　网络写作概述 …………………………………………………… 314

第二节　网络写作的文本类型 …………………………………………… 316

第三节　网络写作的语言特色 …………………………………………… 319

第四节　网络写作的训练方式 …………………………………………… 321

［范文选］

"创新名片"刷新中国形象 …………………………………… (辛识平)324

《三分钟》让"春途"更具温度 ………………………………………… 325

从小众到被追捧,年轻人为何爱上纪录片? ………………………… 326

［思考与练习］ ………………………………………………………… 327

绪　论

第一节　写作及其规律

一、写作与文章

写作即写稿子,作文章,吟诗赋文。它是一种借助书面语言抒情言志、记事说理,进行信息传递的动态的行为过程。人类社会的繁衍、生存、发展,需要人群的共同劳动、合作、沟通、交流,联系也就成为势之必然。于是,在人类有了文字之后,写作就应运而生。正如古人所说:"凡音者,生人心者也。情动于中,故形于声,声成文,谓之音。"(《礼记·乐记》)这里的"文"虽然指宫、商、角、徵、羽五声之调的产生,但同写作的缘起同理。《毛诗序》指出:"诗者,志之所之也。在心为志,发言为诗。"《左传·襄公二十五年》亦云:"言以足志,文以足言。"这"志"与"言"必须"为时""为事"而作,贴近时代,贴近生活,贴近大众,成为时代前行的号角。习近平总书记指出:"文人之笔,劝善惩恶。"(《在中国文联十大、中国作协九大开幕式上的讲话》)又说:"诗文随世运,无日不趋新。"(《在文艺工作者座谈会上的讲话》)所以,自古以来,人们一直把写作当作"载道"明理,"宣上下之象,明人伦之叙,穷理尽性,以究万物之宜"(挚虞《文章流别论》)的手段。简言之,写作是人类社会成员之间交流情感、传播信息、介绍经验、认识并改造自然与社会以及人类自身的工具。

文章(包括文学作品和非文学作品)是以文字为媒介,或表情达意,或宣事明理,或传播知识的有篇章组织的传递信息的载体。它是写作行为过程的结果,是人类思想情感的传媒。刘师培说:"积字成句,积句成文,欲溯文章之缘起,先穷造字之源流。"(《文章原始》)从语言的角度来看,文章是表达一定内容的独立成篇的有组织的语言文字。然而,文章里的语言已经不再是单个的信息符号,而是蕴含着作者思想情感的载体。马克思和恩格斯在《德意志意识形态·费尔巴哈》中说:"语言是一种实践的、既为别人存在并仅仅因此也为我自己存在的、现实的意识。"刘知几在《史通·载文》中指出:"夫观乎人文,以化成天下;观乎国风,以察兴亡。是知文之为用,远矣大矣。"就是说,作为写作活动成果的文章,具有可用以教化天下之人,影响社会生活的巨大功能。

《易经》用卦、爻两种符号来记载上古人们的占卦祈事活动。它的《易传》部分虽为儒家学者对《经文》部分的解释,但可贵的是提出了"言有物""言有序""修辞立其诚""情见于辞"等写作主张。春秋时期,孔子整理了《诗经》《书经》《春秋》,并提出了"诗可以兴,可以观,可以群,可以怨"的见解,加上西汉时编纂成的《礼记》,共同成为上古文章的经典,并开启了后代文章的写作。北齐颜之推在《颜氏家训·文章篇》中云:"夫文章者,原出五经:诏命策檄,生于《书》者也;序述论议,生于《易》者也;歌咏赋颂,生于《诗》者也;祭礼哀诔,生于《礼》者也;书奏箴铭,生于《春秋》者也。"春秋末期和战国时代,诸子百家,群雄并起,文章写作,蔚然成风。主要著作有:以记言为主的《论语》《孟子》;以记事为主的《左传》《国语》《战国策》;以论说为主的《墨子》《庄子》《荀子》《韩非子》。比及秦汉,诏令、奏疏、议策、书表、史传、序叙等多种文体,相继产生和发展。魏晋南北朝时期,山水小品、笔记、碑铭,取得了一定的成绩,而诗文则显示出慷慨用世的品貌。至于刘勰的《文心雕龙》、曹丕的《典论·论文》、陆机的《文赋》,则是自先秦以来文章写作理论的总结。唐宋时期,随着经济繁荣,思想革新,古文运动兴起,以韩(愈)、柳(宗元)、欧(阳修)、苏(洵、轼、辙)、王(安石)、曾(巩)为代表的"八大家",全面推动了文章的写作。他们不仅提出了"文以载道"(韩愈)、"期以明道"(柳宗元)、"道胜者文不难而自至"(欧阳修)、"利于人,备于事"(柳宗元)、"有补于世"(王安石)、"有补于国"(苏辙)、"惟陈言之务去"(韩愈)、"诗穷而后工"(欧阳修)、"文理自然,姿态横生"(苏轼)等一系列正确的写作理论,而且推动了赠序、山水游记、辩、说、解、序跋、传状、箴诫等文体的发展,开创了自由抒写之风,拓宽了叙事、写景、言情、论理的写作新天地。明清时期,诗文创作虽不十分辉煌,但诗文写作理论却门户林立,此消彼长。主要的代表观点有:李贽的"童心说";公安派"三袁"(宏道、中道、宗道)的"独抒性灵、不拘格套"(袁宏道);王夫之的"寓意"说,认为"烟云泉石,花鸟苔林,金铺锦帐,寓意则灵";叶燮的"格物"说,广泛地研究客观世界的理、事、情,反对以声调、格律为"先务"的舍本逐末的倾向;王士禛的"神韵"说,讲究"冲淡""清奇""兴会神到";袁枚的"性灵"说,主张"蕴藉",追求"大巧亡朴""浓后之淡";桐城派方苞的"义法"说直至姚鼐的"义理、考据、辞章"三者统一的观点;刘熙载《艺概》中关于"阐前人之已发,扩前人之未发",要"有个自家在内"的"独创"说;黄遵宪的言文合一,"我手写我口"的"革新"说;梁启超的"新文体",主张写作"务为平易畅达,时杂以俚语、韵语以及外国的语法",做到"纵笔所至不检束""条理明晰,笔锋常带感情,对于读者,别有一种魔力";王国维的"境界说";等等。这些写作理论虽各有侧重和偏颇,不够全面,但为文体的革新与解放和"五四"白话文章的崛起,开启了先路,有着不可磨灭的历史功绩。

二、写作的规律

规律,指"事物发展过程中的本质联系和必然趋势"(《辞海》)。写作规律,则是构成写作活动的诸因素之间的本质联系。我们从构成写作活动的主体(作者)、客体(物象)和中介(语言)之间的关系来看,写作的根本规律是"物—意—文"的双重转化律。这一规律制约着写作活动的始终,是根本性的,其他新创的"规律"无非是这一规律的延伸或变化,逃离不出"物—意—文"双重转化的规范。

"物—意—文"的双重转化律,指任何一篇文章或作品的诞生,都要经过由"物"到"意",再由"意"到"文"的双重转化。即:第一,是现实生活、客观事物的第一自然(物)向认识主体(作者)"头脑"的转化。它要依据反映论的精神,真实地、本质地、能动地将现实生活、客观事物转化为作者的认识（观念）和情感，这是由"物"到"意"（认识）的第一重转化。第二，是作者的观念、情感（意）向文字表达（文）的转化。其间，它要遵循表现论的原则，有理、有物、有序地将头脑所获得的认识、情感（意）通过语言中介转化为"文"（文章），亦即思想的"外衣"。这是由认识（意）到"文"的第二重转化。这时"文"中反映的"物象"已非原来的"物象"，而是经过作者心灵陶冶的第二自然，是作者思想情感的"物化"。

这种"物—意—文"的双重转化，可图解如下：

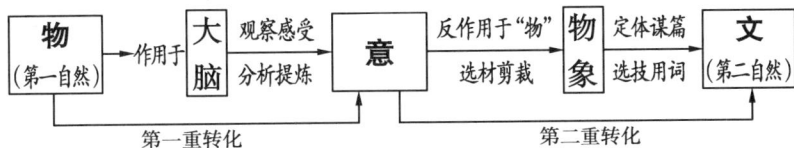

```
物              大    观察感受          意    反作用于"物"  物象  定体谋篇   文
(第一自然) →作用于 脑   分析提炼                 选材剪裁          选技用词  (第二自然)
        第一重转化                          第二重转化
```

这种"物—意—文"的双重转化，早为我国文艺家的创作实践所证明。刘勰在《文心雕龙·物色》中说："情以物迁，辞以情发""写气图貌，既随物以宛转；属采附声，亦与心而徘徊。"就是说，"物"动而"情"生，"情"发以辞现；在文章中描形绘貌要随"物"本来的面目而宛转；联辞谐声要随"心"（思想感情）之变化而变化。这里，刘勰提出的"物—情—辞"的双重转化，亦即是"物—意—文"的双重转化。清代画家郑板桥在论"定则与化机"时说："江馆清秋，晨起看竹，烟光、日影、露气，皆浮动于疏枝密叶之间。胸中勃勃，遂有画意。其实胸中之竹并不是眼中之竹也。因而磨墨展纸，落笔倏作变相，手中之竹又不是胸中之竹也。总之，意在笔先者定则也，趣在法外者化机也，独画云乎哉?"郑板桥论述的"眼中之竹"—"胸中之竹"—"手中之竹"三者的"变相"规律，实际上体现了艺术创作和写作活动中"物—意—文"的双重转化律。

这种"物—意—文"的双重转化亦符合马克思主义的认识论。毛泽东在《实践论》中指出："认识从实践始，经过实践得到了理论的认识，还须再回到实践中去。认识的能动作用，不但表现于从感性的认识到理性的认识之能动的飞跃，更重要的还须表现于从理性的认识到革命的实践这个飞跃。"这种"实践—认识—革命实践"的"两次飞跃"论实际上与"物—意—文"（写作实践）的双重转化律是完全一致的。

从"物—意—文"的双重转化中，可以看出写作的基本功：第一，在由"物"到"意"的转化中，作者须具备观察、感受、分析、提炼的能力；第二，在由"意"到"文"的转化中，作者须具备选材、剪裁、定体、谋篇、选技、用笔（遣词、造句）的能力。明白这个道理，我们就可以加强获取信息、处理加工信息、输出信息的能力，变盲目为自觉，迅速提高写作表达能力。

第二节　写作与人生

一、"人生"的内蕴

"人生"，指人的生命与价值。就其丰厚的内蕴而言，至少有两个层面：一是生活层面,即横的层面;一是历史层面,即纵的层面。

从生活层面来看,我国传统文化讲:"仁者,人也,亲亲为大。"(《中庸·哀公问政》)就是说,"仁"的意思是"人",亲爱族人是最大的"仁"。反过来,"人"即为"仁"。而"仁者,兼爱,故从二"(许慎《说文解字》)。即"人"的自身价值要在"二人"的对应关系中才能显示出来,如君臣、父子、夫妇、兄弟、姊妹、朋友。因此,孔子说:"己欲立而立人,己欲达而达人。"(《论语·雍也》)即自己要想站得住,要让别人站得住;自己要想通达,也要让别人通达。这样,可将"人生"理解为:一个人在两个人或二人以上的对应关系中所显现出来的生命价值。从历史层面看,人生就是一个人生命的轨迹,即一个人从呱呱坠地到生命终止这段生命历程中的所见、所思、所感、所为的总和。综合两个层面的含义可见:人生即一个人在人群生活与生命历程中显示出来的存在价值。

自然,人的这种社会性(生命价值或社会人格)是随客观世界物质条件的变化而变化的。正如德国心理学家 E.弗洛姆指出的:"意识形态和文化产生于社会人格;而且,一个特定社会的存在形式又决定社会人格。另一方面,主要的人格特征又成为有创造性的力量,这种创造性的力量又决定社会的演变过程。"(《人格与社会发展过程》)所以,社会环境通过"人"的媒介,影响意识形态和物质的生产;"人"并不是消极地适应社会环境,而是一种动态的适应,以显示其存在的意义。

二、写作对人生的意义

(一)表达对生活的认知和对美的感受

写作可表达作者对生活的认知。生活是多姿多彩、纷繁复杂的,就人来说有物质的、精神的。物质的有衣、食、住、行,精神的有信念、理想、民主、法治、公平、正义、安全、环境、友谊、恋爱、婚姻、家庭、礼仪、荣辱……作者对这些问题的认知,可通过写作记录下来,传之于众。如弗兰西斯·培根的《人生随笔》就是一本"关于人性以及人生问题之研讨"的书。全书 58 篇文章,有论真理、论求知、论时机、论革新、论权势、论美、论善等,包容了人类生活中各种问题的思考,具有极大的启迪性。

写作还可以表达作者对美的感受。奥古斯特·罗丹说:"美是到处都有的。对于我们的眼睛,不是缺少美,而是缺少发现。"作为造型艺术的绘画、雕塑和表演艺术的音乐、舞蹈,是对生活美的表现;作为语言艺术的文学写作,同样可以"再现"与"表现"生活美。如杜甫的《绝句》:"两个黄鹂鸣翠柳,一行白鹭上青天。窗含西岭千秋雪,门泊东吴万里船。"诗人用黄、翠、白、青的色彩组成一幅秀美的生活画面,黄鹂鸣叫,白鹭高飞,积雪闪光,行船欲动,有声有色,有动有静,表现出阳春三月欣欣向荣的春景! 这是作者对生活美的感受、发现与抒写。

(二)人生轨迹的记录

写作还可帮助作者记录人生。鲁迅的《朝花夕拾》记录了他青少年时代的种种见闻与感受:有为父亲找药引时经受的艰难;有三味书屋的沉闷;有南京水师学堂的愤懑;有在日本仙台时的不平;有惜别藤野先生时的伤感。一段生活一幅画,一本散文集显现出他艰难的人生历程。在第二次世界大战期间,罗曼·罗兰被希特勒匪徒软禁,他内心悲愤,续写了起笔于 1924 年的自传散文《内心的旅程》。他说:"那时我在日内瓦湖畔新镇的室内养病,一面梦想着,面对窗外一棵挺秀的胡桃树,把自己的遐思向它亲切地诉说。我是在亲人们的精灵和往日的感应下撰述的,那时心爱的梦魂都来访问了。我信笔所至,随意抒写,也不知道什么时候会搁笔。"从这段"自白"中,可以看出《内心旅程》是罗曼·罗兰"反顾"人生的记录。

(三)抒发情怀,寄托憧憬

写作是作者抒发、交流情感的最好方式。人有七情六欲,动之于心,必将形之于外。古人们常以写作抒发情怀、交流情感。如陆游的《钗头凤》:"红酥手,黄縢酒,满城春色宫墙柳。东风恶,欢情薄,一怀愁绪,几年离索。错,错,错!春如旧,人空瘦,泪痕红浥鲛绡透。桃花落,闲池阁,山盟虽在,锦书难托。莫,莫,莫!"这首词是如何写下的呢?陆游20岁时与唐琬结婚,生活美满和谐。但陆母以唐琬婚后数年未生儿育女为由,强迫陆游休妻。迫于封建礼教,陆游与唐琬离婚。十年以后,在春光明媚的一天,陆游到禹迹寺沈园消愁,与唐琬夫妇不期而遇。满腔旧情,无尽哀怨,无从说起。面对唐琬送来的美酒佳肴,陆游情更难禁,在沈园壁上挥笔写下了这首凄婉哀绝的《钗头凤》。

唐琬读了这首词之后,肝摧肠裂,于是和了一首《钗头凤》:"世情薄,人情恶,雨送黄昏花易落。晓风干,泪痕残。欲笺心事,独语斜阑。难,难,难!人成各,今非昨。病魂常似秋千索。角声寒,夜阑珊。怕人寻问,咽泪装欢。瞒,瞒,瞒!"

两首《钗头凤》是陆游、唐琬爱情遭到破坏而产生的痛苦、忧愁、怨愤及相互爱恋的真情流露,是对封建礼教干涉男女青年真挚爱情的愤怒控诉!

写作又是作者寄寓理想和憧憬的手段。美国聋盲女散文家海伦·A.凯勒的《假如给我三天光明》说:假如我获得三天光明,我将于第一天去看望那些以慈爱、温情、友谊使我的生命延续下去的人,首先是我亲爱的老师——沙莉文小姐;第二天,我将去观看黎明时刻的奇景,并去博览馆纵观世界的过去和现在;第三天,我将到纽约繁华的地方去看看日常世界和忙于生活的人们。全文以乐写悲,表达了一个聋盲人对光明的渴望,对大千世界的追求,对生命、对人类文化强烈的爱!

写作与人生,就是这样千丝万缕地联系着。为了实现有信念、有梦想、有奋斗、有奉献的人生,创造灿烂辉煌的人生,我们应该热爱写作,勤于写作!

第三节　写作与现代社会

一、现代社会的特征

人类社会经过无数仁人志士和广大劳动人民创造性的劳动,已逐步地、不同程度地跨入科学技术高度发展的现代信息社会。现代信息社会的基本特征是什么呢?

(一)科学社会化和社会科学化

科学社会化指一切先进的科学技术均转化为生产力,直接为社会生产服务。在现代社会,原有的学科不断分离,新的应用型的学科不断出现与建立,对推动社会生产的发展产生了积极的作用。据《美国科学界年鉴》的统计,20世纪60年代末新分离出来的学科多达900种,而在20年代以前只有54种,由此可见20世纪80—90年代的分化趋势。社会科学化指在现代社会里,用"智力工具",如电子计算机对社会的一切事物和生产成果进行科学化的处理并将其转化为信息符号后,在计算机里储存和输出。因为人的记忆力是无法全部接受蓬勃涌现的新信息的。据统计,一位化学家以每周阅读40小时计,单单浏览当代一年内世界上发表的化学论文及著作,就得耗时48年。钱学森在20世纪70年代感慨地说过:"我当研究生时搞超音速空气动力学,我敢说全世界有关论文我都看过,因为一共也没有多少,而现在我搬都搬不动,别说看了。"因此,以微电子学为基础的信息工业将成为现代社会的主要产业。国外将这种趋势称为"三C四A革命":"三C",指通信化、计算机化和自动控制化(三词的英文都是以"C"开头);"四A",指工厂自动化、办公室自动化、家庭自动化和农业自动化("自动化"的英文词头是"A")。现代社会的深刻变化,将促使人们思维方式的变异与更新。

(二)知识"爆炸"和更新周期缩短,新事物、新知识不断涌现

据美国科技史家德克里·普赖斯对美国科学杂志的调查:1750年杂志为10种左右;19世纪初为100种左右;19世纪中期为1000种;1900年为1万种;20世纪70年代为10万种。即是说科学杂志每50年增加10倍。实际情况更触目惊心:从牛顿时代到现在的三百多年间,全世界科学研究规模增加100万倍。以我国为例,1983年与1950年相比,图书种类增加近3倍,印数增加21倍,杂志数量增加近12倍。这些事实充分说明:在信息以最快的速度、最短的流程、最高的效率和最佳的效果,影响着全世界的经济、文化事业发展的现代社会里,我们要成为强者,除了尽快阅读和掌握信息外,更重要的是要把自己的研究心得和成果,尽快通过语言文字和信息符号,写成文章,以便进行更高效、更大范围的交流。

(三)"互联网+"开创了人人写作的时代,实现了真正的大众传媒的革新

20世纪70年代互联网的出现,彻底改变了传统传媒写作的方式。21世纪以来,随着"互联网+"的商业化,其在通信、信息检索、客户服务等方面的巨大潜力被挖掘出来,使"互联网+"有了质的飞跃,并迅速走向全球。"互联网+"因其不受空间限制来进行信息交换,更新速度快,交换信息具有互动性,信息交换使用成本低,信息交换更趋个性化,信息储存量大、高效、快速,信息交换形式多样,如视频、图片、文字等,更具直观性,各行各业、男女老少均可使用。"互联网+"的出现,开创了人人写作的时代,为人类的思想交流、信息传播提供了良好的工具。

二、写作在现代社会中的作用

(一)写作是中华民族伟大复兴的号角

习近平总书记在党的十九大报告中指出:"经过长期努力,中国特色社会主义进入了新时代,这是我国发展新的历史方位。中国特色社会主义进入了新时代,意味着近代以来久经磨难的中华民族迎来了从站起来、富起来到强起来的伟大飞跃,迎来了实现中华民族伟大复兴的光明前景;意味着科学社会主义在二十一世纪的中国焕发出强大生机活

力,在世界上高高举起了中国特色社会主义伟大旗帜;意味着中国特色社会主义道路、理论、制度、文化不断发展;拓展了发展中国家走向现代化的途径,给世界上那些既希望加快发展又希望保持自身独立性的国家和民族提供了全新选择,为解决人类问题贡献了中国智慧和中国方案。"文化是时代前进的号角,一个时代有一个时代的文化和时代精神,所以习近平总书记在报告中又说:"文化是一个国家、一个民族的灵魂。文化兴国运兴,文化强民族强。没有高度的文化自信,没有文化的繁荣兴盛,就没有中华民族的伟大复兴。"中国人民大步迈入从"站起来""富起来"到"强起来"的新时代,文化是多么重要!因为文化是时代风气的先觉者、先倡者、先行者、引领者,而写作又是文化的传播者、弘扬者。写作传扬了文化,文化滋养了写作。在实现中华民族伟大复兴的中国梦的新征程中,写作的传扬,有助于培养和践行社会主义核心价值观,加强思想道德教育,提高人民群众的思想觉悟、道德水准和文明素养;有助于开展理想信念教育,弘扬民族精神和时代精神;有助于加强爱国主义、集体主义、社会主义教育,引导人们树立正确的历史观、民族观、国家观;有助于推进社会公德、职业道德、家庭美德、个人品德建设,激励人们向上向善、敬老孝亲、忠于祖国、忠于人民,弘扬时代新风尚,抵制腐朽落后文化的侵蚀。人民有信仰,国家有力量,民族才有希望。所以,写作是须臾不可缺失的。

（二）写作是科学文化知识传播的手段

在现代社会里,生产和科学知识都在经历由分散到集中,再由集中到分散的过程。据20世纪80年代联合国教科文组织的统计:"当代的基础学科已有500个以上的主要专业,技术学科也有412种专攻领域,学科门类达到2000门之多。"(《写作学科发展的新趋势》,《写作》1985年第2期)现在已过去30多年,这些学科的变化更大,所产生的各种研究成果,已经被生产部门所广泛运用,同时亦需借写作活动来加以记录,否则,一些新兴的科学知识将会被淹没。丹麦物理学家尼尔斯·玻尔是哥本哈根学派的创始人,他于1913年提出了氢原子结构和氢光谱的初步理论,后又提出"对应原理",加上他在原子理论方面的重要贡献,1922年获得诺贝尔物理学奖。但由于他既不重视也不擅长写作,于1913年提出的原子结构量子论的论文的初稿艰深晦涩,论述繁杂,句子冗长,不得要领,后幸得其导师、英国物理学家卢瑟福以"天使般的耐心和热情"帮助修改,才成为原子物理学中划时代的文献。可见,科学家也需重视写作,否则将不可能很好地传播科学文化知识。

（三）写作是宣传教育的工具

宣传一定的政治观点,教人育人,除了口头演说之外,还需通过写作成文。廖承志1982年7月24日《致蒋经国先生信》就是一篇政治宣传、动情说理的好文章。此信先叙阔别之情:"咫尺之隔,竟成海天之遥。南京匆匆一晤,瞬逾三十六载。幼时同袍,苏京把晤,往事历历在目。"再表我党的态度:"三年以来,我党一再倡议贵我两党举行谈判,同捐前嫌,共竟祖国统一大业。"又从民族利益、国民党利益,蒋氏两代利益分析祖国统一的好处与坚持分裂的弊端,并进行规划,表达了作者盼望祖国和平统一的真挚愿望:"……当今国际风云变幻莫测,台湾上下众议纷纭。岁月不居,来日苦短,夜长梦多,时不我与。盼弟善为抉择,未雨绸缪。'寥廓海天,不归何待?'……'度尽劫波兄弟在,相逢一笑泯恩仇'。遥望南天,不禁神驰。书不尽言,诸希珍重,伫候复音。"全信情真意挚,感人肺腑,既宣传了我党和平统一台湾的政策,又表现了共产党人以国家民族利益为重的磊磊胸襟和豁达大度,引起海内外华夏儿女的强烈反响。

（四）写作是培养创造型人才的有效措施

为了适应现代社会发展的需要,我国的初、中、高等教育已"面向世界,面向未来,面向现代化",我们的人才培养目标已不是培养迂腐的"孔乙己"式的封闭型人才,而是要立德树人,培养"有理想、有道德、有文化、有纪律"的富有开拓意识和创新能力的人才,培养德智体美劳全面发展的社会主义建设者和接班人。这种人才的标志是什么呢? 据有关人才学专家的研究,现代人应具备七种能力:①获取情报能力;②组织管理能力;③科学分析与研究能力;④创新发明能力;⑤演说能力;⑥写作表达能力;⑦公关社交能力。其中,写作表达能力是重要的一项。事实上,国外许多大学已充分重视这一问题。在日本,各大学都必须开设写作基础课"文章构成法";在美国,伯克莱加州大学的"西方文明史"课,每章都要求写5000～8000字的文章;费城波林摩学院写作课不及格的学生,必被淘汰。院长玛丽·麦克逊认为:文章写作是把动脑和动手结合起来的有效手段,是全面训练学生思维能力的最佳途径。(《美国高等文科的智能教育》,《光明日报》1984年10月12日)至于各学科的研究生,写作论文更是教学计划中的重要内容。

（五）写作是干部考核的重要依据

毛泽东指出:"政治路线确定之后,干部就是决定的因素。"邓小平强调:"靠空讲不能实现现代化,必须有知识,有人才。"习近平也指出:"打铁必须自身硬,中国特色社会主义进入新时代,必须培养一支'对党忠诚,为党分忧,为党尽职,为民造福',富有政治担当,永葆共产党人政治本色的干部队伍。"为了加快中国特色社会主义现代化强国的建设,我们必须培养一支德才兼备的创新型的干部队伍。那么,怎样识别和选拔这些具有专业特长的德才兼备的现代人才呢? 除了传统的推荐、任命外,随着干部人事制度的改革和管理制度的科学化、制度化,更需要采取招聘、竞争选优等办法,其中业务专长的考核则是一项十分重要的内容。因此,技术业务专长的考查、技术职务的晋升,都必须实行论文考核制度。可见,写作训练已大大超越了高等院校的范围,走向了社会的各个领域。它不仅是高等院校教学的需要,还是社会一切从事专业技术工作的人们必需的。

第四节　作者的写作素养

写作素养是指作者在写作活动中应具备的先天和后天的素质与修养。诸如健康的身体、健全的心理、高尚的道德情操、广博的文化知识、娴熟运用语言文字的技能技巧等。现就与写作活动有密切关系并具有制约力的方面,提出几点要求:

一、加强思想锻炼，树立明确的写作目的

文章是人的思想的直接反映。作者要写出正确反映和表现社会生活的文章,就要加强思想锻炼,培养高尚的人品。德国诗人海涅说:"假如胸中没有一颗真心,就不能为广大群众写作。"就是说,文章是作者思想的结晶、感情的凝聚。沈德潜在《说诗晬语》中说:

"有第一等襟抱,第一等学识,斯有第一等真诗。"刘熙载在《艺概》中指出:"诗品出于人品。"鲁迅在论述美术家的修养时,更明确提出:"美术家固然须有精熟的技工,但尤须有进步的修养与高尚的人格。他的创作,表面上是一张画或一个雕像,其实是他的思想与人格的表现。"(《随感录》43)同理,文章亦是作者思想与人格的透影。这就要求作者在思想锻炼过程中,提高马克思主义的理论修养,树立正确的世界观、人生观、价值观、幸福观、节操观、使命感、责任感、荣誉感,具有高尚的道德观念和思想品质。

写作又是一项社会活动。作者一动笔总要交流点什么思想感情,传递点什么信息,宣传点什么主张。因此,作者必须树立明确的目的,不写无病呻吟之文。正如白居易所说:"文章合为时而著,歌诗合为事而作。"(《与元九书》)顾炎武在《日知录·文须有益于天下》中指出:"文之不可绝于天地间者,曰明道也;纪政事也;察民隐也;乐道人之善也。若如此,有益于天下,有益于将来,多一篇,多一篇之益矣。"列夫·托尔斯泰集一生写作经验,在1852年11月28日的"日记"中明确指出:"写作而没有目的,又不求有益于人,这在我是绝对做不到的。"一般来说,文章通过明道说理和对真、善、美的客观事物的描述,应具有"劝善惩恶"的教育作用,长知识、广见闻的认识作用,移人情、育操守的美感作用。作者一动笔就应树立为教化人生,为真、善、美而写作的目的,否则信笔涂鸦,任意走笔,就不能写出文质兼美的文章来。

二、拓展思维,具有综合的才能

文章又是作者认识、阅历、知识等各方面的综合体现。写作是一项创造性的活动,作者必须具备创新思维能力、丰富的生活积累和广博的文化知识。

创新思维是复杂的高级思维活动,是逻辑(抽象)思维、形象思维、灵感思维的有机综合,具有流畅性、广阔性、独创性的特点。创新思维的基本方法是求异思维和求同思维。求异思维指思维摆脱习惯模式,从不同角度、不同方面、不同途径去设想的开放型思考方法。求同思维指异中求同的思考方法,即将求异思维获取的各种信息进行分析、综合、比较、判断,然后进行最佳选择。要具有创新思维能力,作者必须随时以陌生好奇的、进攻的、开放的眼光审视周围世界,运用多角度转换、逆转思路、两面神(古希腊神殿中的神,它有一张同时能看两个相反方向的面孔。"两面神"思维指将两个性质相反或差异较大的事物重新组合,使之成为新的事物)、相似综合等技法,独辟蹊径,获得新的发现,达到独创的目的。

生活积累也是很重要的。写作的对象是大千世界,天上地下,社会人生,万事万物,都是文章所要表现的内容,所以作者一定要从直接生活、间接生活、自身经历三个方面深入体验,积累感受,为写作储备丰富的材料。正如歌德所说:"依靠体验,对我就是一切;臆想捏造不是我的事情,我始终认为:现实比我的天才更富于天才。"否则,写作活动将成为无源之水,无本之木。

广博的文化知识包容面很广,既有传统的又有外来的文化知识;既有专业的又有各行各业的知识;既有写作技能、技巧的又有审美方面的知识,作者都应熟悉。正如鲁迅所说:"专看文学书,也不好的。先前的文学青年,往往厌恶数学,理化,史地,生物学,以为这些都是无足轻重,后来变成连常识也没有,研究文学固然不明白,自己做起文章来也糊涂,所以我希望你们不要放开科学,一味钻在文学里。"(《致颜黎民的信》)郭沫若在《为宁波市文联题词》中也指出：作者只有博览精读，成了"一部或大或小的活的百科辞典"，才能转益多师，博采众长，"破其卷而取其神，挹其精而去其粕。熔宇宙之万有，凭呕心之创作"。

三、更新观念，增强现代意识

现代意识是突破传统观念而产生发展的当代一种崭新的进步的意识，它是现代社会经济关系、生活条件、人际交往在人们头脑中反映的产物。它具有开放性、动态性、创新性、超前性的特点。就是说，它对客观世界的认识不是封闭的（陈旧的）、消极的、被动的反映，而是以宏阔的眼光进行整体把握，从而提出新鲜的、超前的意见和规划，具有极大的创造性。现代意识不是保守的、中庸的、封闭的、专制的、愚昧的意识，而是充满创新精神的主体意识、群体意识、忧患意识、导向意识、创新意识、科学意识等等。

主体意识就是作者对"自我"价值的充分认识和肯定。只有具备主体意识，才能有坚定的文化自信、勇往直前的勇气，在实践中发现问题，敢于冲破种种"禁区"，表现出开拓、开放、创新的精神，进入写作的最佳状态。群体意识就是融我，融我的创造、融我的价值于群体之中的一种意识。因为自我意识不能独立于群体之外，只有以人民为中心，与大众相系、与创新时代相通、与社会前进的脉搏相连，才具有无比的广阔度，作者才能对生活有更深层的感受，书写出人民大众对美好生活的向往来。

忧患意识就是关心人民、关心祖国的"先天下之忧而忧，后天下之乐而乐"的民族传统意识中的优秀意识。它是建立在人道意识和批判意识基础上的，它使作者具有强烈的历史责任感和使命感，对祖国的命运和民间疾苦常怀戚戚之心，对世间的缺陷和不公平特别敏感，常为改变这种缺陷而发出心灵的呼喊，对不合理的意识进行猛烈的批判。

导向意识是引导群众向真、向善、向美的意识，写作并非一味迎合大众的趣味，而要将"服务群众"和"引领群众"结合起来，写出有品位、有格调、有责任，抵制低俗、庸俗、媚俗之气，传承中华民族文化精神和高尚审美需求的思想性、艺术性、观赏性有机统一的作品，引导群众做新时代的开拓者、创造者。

创新意识就是破旧立新、变革创新的意识，创新是时代前行的动力，写作也必须创新，要勇于突破传统艺术的囿限，探索新的艺术形态和表现方法，为人民群众提供别开生面、新颖独特、富有创意的作品。

科学意识就是正确解释自然和社会现象的意识，即唯物主义的宇宙观和平等民主的社会观。只有具备科学意识，才不会被怪诞、迷信所蒙蔽，陷入唯心主义的泥坑，同时也才能以平等民主的意识对待社会人生，更深刻地透视、反映和表现生活。

四、坚定信念，加强写作实践

文章是写出来的！写，就是苦练，就是实践！果戈理在《致契诃夫》的信中说："写作的人像画家不应该停笔一样，也是不应该停止笔头的。随便他写什么，必须每天写，要紧的是叫手学会完全服从思想。"周立波在《文学浅论》中认为："一个文学工作者要经常练笔，就和一个拳师要经常练拳一样。长久不练，就会荒疏。"多写，才能顺畅地表情达意；

多写,才会明白文章之"利病";多写,语言文字的运用才能纯熟美妙;多写,才能去"常语滞义",获得新鲜的思想,做到"手之所至,随意生态。"(姚鼐《与陈硕士书》)所以,郭沫若希望战士"多体验,多读书,多请教,多练习,集中注意,活用感官,尊重口语,常写日记,除此以外,别无善法"。俄国作家契诃夫则鼓励人们:"我们大家都应该写、写、写,写得尽量多!"可谓实践出真知,实践出智慧,实践出技巧,实践出美文!

既然写作具有强烈的实践性,作者就要坚定信心,具有迷恋、坚韧、真诚、勇敢的品质。迷恋就是热爱,只有热爱才能甘愿吃苦,为之献身,具有强大的动力;坚韧就是认准目标,百折不挠,具有克服各种困难的顽强意志力;真诚就是真情、真思、真实,忠于生活,忠于自己的良知,始终怀着一颗赤子之心;勇敢就是要有胆略。叶燮说:"贤者有言,'成事在胆'。'文章千古事',苟无胆何以能千古夫? 吾故曰:无胆则笔墨畏缩。胆既拙矣,才何由而得伸乎? 惟胆能生才。"有胆略,才能具有自由心态,获得卓越见识和独创精神,驱除怯懦心理,思想才能插上想象的翅膀,任意飞翔,写出真实自由的文字。为了写真事,说真话,讲真理,我们应当记住马克思的话:"在科学的入口处,正像在地狱的入口处一样,必须提出这样的要求:'这里必须根绝一切犹豫,这里任何怯懦都无济于事。'"多写多练,顽强拼搏,自然会踏上深邃而瑰丽的写作殿堂!

范文选

论　求　知

[英]弗兰西斯·培根*

求知可以作为消遣,可以作为装潢,也可以增长才干。

当你孤独寂寞时,阅读可以消遣。当你高谈阔论时,知识可供装潢。当你处世行事时,求知可以促成才干。有实际经验的人虽能够办理个别性事务,但若要综观整体,运筹全局却唯有掌握知识方能办到。

求知太慢会弛惰,为装潢而求知是自欺欺人,完全照书本条条办事会变成偏执的书呆子。

求知可以改进人的天性,而实验又可以改进知识本身。人的天性就如野生的花草,求知学习好比修剪移栽。学习尝试则可检验修正知识本身的真伪。

狡诈者轻鄙学问,愚鲁者羡慕学问,唯聪明者善于运用学问。知识本身并没告诉人怎样运用它,运用的方法乃在书本之外。这是一门技艺,不经实践就不能学到。不可专为挑剔辩驳去读书,但也不可轻易相信书本。求知不是为了吹嘘炫耀,而应该是为了寻找真理,启迪智慧。

有的知识只须浅尝,有的知识只是粗知。只有少数专门知识需要深入钻研,仔细揣摩。所以,有的书只要读其中的一部分,有的书只须知其中梗概即可,而对于少数好书,则要精读,细读,反复地读。

有的书可以请人代读,然后看他的笔记摘要就行了。但这只限于质量粗劣的书。否则一本好书将像已被蒸馏过的水,变得淡而无味了!

读书使人的头脑充实,讨论使人明辨是非,做笔记则能使知识精确。

因此,如果一个人不愿做笔记,他的记忆力就必须强而可靠。如果一个人只愿孤独探索,他的头脑就必须格外锐利。如果有人不读书又想冒充博学多知,他就必须很狡黠,才能掩饰他的无知。

读史使人明智,读诗使人聪慧,演算使人精密,哲理使人深刻,伦理学使人有修养,逻辑修辞使人长于思辨。总之,"知识能塑造人的性格"。

不仅如此,精神上的各种缺陷,都可以通过求知来改善——正如身体上的缺陷,可以通过运动来改善一样。例如打球有利于腰肾,射箭可扩胸利肺,散步则有助于消化,骑术使人反应敏捷,等等。同样,一个思维不集中的人,他可以研习数学,因为数学稍不仔细就会出错。缺乏分析判断力的人,他可以研习经院哲学,因为这门学问最讲究繁琐辩证。不善于推理的人,可以研习法律学,如此等等。这种种头脑上的缺陷,都可以通过求知来疗治。

——选自《人生随笔》

* 弗兰西斯·培根(1561—1626),英国著名哲学家、散文家,散文集有《论说文随笔集》。

大学时代读的书

林 非*

1952 年秋天,我作为第一批的"调干"学生,去复旦大学中国语文系学习。记得自己所听的第一堂课,是蒋孔阳教授的《文学概论》,他渊博的美学知识和谨严的治学精神,使我更懂得了怎样去读书与思考。

刘大杰教授以他才思横溢和文采斐然的话语,叙述着中国古代文学创作思想与艺术特征的流变,对我产生了一种磁石似的吸引力。方令孺教授则以她对艺术创作的挚爱,和善于掌握各种艺术奥秘的洞察力,唤醒了我出自内心的审美情趣。周谷城教授讲的《世界通史》,以严密和清晰的逻辑力量,给我留下了深刻的印象,使我更懂得了如何运用推理的方法,将深奥的道理说得明白易懂。蔡尚思教授讲的《中国通史》,充满义愤地抨击了封建专制主义制度及其种种的意识形态,这使我深信在理论分析中也应该蕴藏着深深的感情。

郭绍虞教授在讲课时,似乎有点儿木讷,不太善于辞令,然而当我学习他撰写的《中国文学批评史》时,竟被他深切的表述和透辟的分析吸引住了。书中对于像"文笔""气"和"风骨"等这些比较抽象和深奥的问题,怎么能够讲得这样清清楚楚呢?真像是变魔术似的,太神秘莫测了,达到这样出神入化的奇妙境界,得下多少苦功,得有多么高超的本领啊!

在系里开设讲座的许多老师,也给我留下了永远难忘的印象。巴金的热忱和信念,唐弢的聪慧和渊博,全增嘏的机智善辩,王西彦的切中肯綮,贾植芳的幽默浑厚,汇成了多种多样的学术风格。这更使我懂得了知识的海洋无边无际,艺术的色彩绚丽缤纷。还有旁的许多老师也同样都给了我很大的启迪,如果要仔细地回忆起来,那是几天几夜也说不完的。他们像天空中灿烂的群星,照亮了我年轻时踏上的治学道路,我能够成为一个多少有点儿知识的人,无疑都是他们对我的赐予。1986年初冬,我去母校参加一个教材会议,和胡裕树教授等尊敬的教师坐在一起说话时,心里总是充满了对他们的感激之情。我刚开始发言,就禁不住流下了眼泪。

大学时期的学习生活,确实是决定了我一生的道路,不论在知识的积累,抑或是思考的方法方面,我都走向了一个崭新的天地,我继续在书本的海洋里远航,却不像从前那样随意漫游了,而是向着文学艺术的各个领域作出了比较全面的钻研。在文学作品方面来说,从荷马的史诗读到海明威的小说,从《诗经》和《楚辞》读到夏衍的戏剧;在文学理论方面来说,从钟嵘的《诗品》读到瞿秋白的《鲁迅杂感选集序言》,从柏拉图的《文艺对话集》读到高尔基的《俄国文学史》。愈读愈感到眼界开阔,愈感到心里十分充实。

我还读伏尔泰和狄德罗、孟德斯鸠和富兰克林、康德和黑格尔、尼采和泰纳,除了上课和开会之外,我几乎都是夜以继日地坐在阅览室里,读书,做笔记,思索各种问题。当时所写成的摘要和心得,就有二十来个小本子,是一笔不小的精神财富,这真可以说是我"读书破万卷"的时代,现在回想起来还觉得神往不止。

——选自《读书心态录》

* 林非(1931—),江苏海门人,中国社会科学院文学研究所研究员、教授、博士研究生导师、当代散文理论家、作家。主要著作有《中国现代散文史稿》《鲁迅与中国文化》《现代60家散文札记》《读书心态录》《林非散文选》等20余种。

<h3 style="text-align:center">回首往日读书时</h3>
王　蒙*

回首往日,读书的感觉是多么甘美,读书的光阴是多么珍贵,读书的收获是多么清爽,读书的心境是多么丰满。

不能忘记9岁时候到"民众教育馆"借阅一本雨果(当时的译名是"嚣俄")的《悲惨世界》。我沉浸在主教对冉阿让的以德报怨的精神冲击里,我相信,人们本来应该有多么好,而我们硬是把自己做坏了。不能忘记10来岁时我对于《大学》《孝经》《唐诗三百首》等的狂热阅读与高声朗读背诵,那也是一种体会,道理可以变成人格,规范可以变成尊严与骄傲。人可以变得更好。

不能忘记11岁时从地下党员那里借来的华岗的《社会发展史纲》、艾思奇的《大众哲学》、新知书店的丛书如杜民的《论社会主义革命》、黄炎培的《延安归来》与赵树理的《李有才板话》,那是盗来的火种,那是吹开雾霾的强风,读了这些书,像是吃饱添了力气,像是冲浪登上了波峰。

不能忘记十八九岁的时候对于大量国内外文学经典的沉潜。而在艰难的时刻,是狄更斯陪伴了我,使我知道人必须经受风雨雷电、惊涛骇浪。

甚至在"文革"那种绝非适于读书的日子里,我仍然乐此不疲地偷偷阅读着阿拉木图、塔什干等地出版的维吾尔文、乌兹别克文,还有以上语种的斯拉夫字母版图书。

阅读使我充实,阅读使我开阔,阅读使我成长,阅读使我聪明而且坚强,阅读使我绝处逢生,阅读使我永远快乐地前进。

如今却也有忧虑,是不是现在的儿童,现在的青少年,不再像我们当年那样热衷于阅读了呢?

他们的生活与获取信息的手段是怎样地便捷、舒适与多样了啊。看看电视或者从网上下载的一些图片与搞笑段子,你已经知道某些国际国家大事与某些洋洋大观的书籍的大概了。你只要有手机,已经知道哪个官员出了丑,哪个大人物要倒霉,哪个名家的家庭成员犯了事,还有哪样食品吃死人了。当然也知道了哪个鸟叔成了世界第一的舞蹈明星,还有哪个 5 岁的孩子出版了他或她的第一本诗集。甚至越来越多的人没有认真读过,只不过是看了一点视听节目,就已经觉得自己懂得了,大大败坏了对于经典作品的观感与品味了。

不止一个人在那里大言忽悠地宣告纸质书籍的式微,文学的终结,小说的衰亡,语言符号在更加直观一百倍的多媒体与信息量更大的网络面前的窘境了。已经不止一个人用网上的浏览来代替专心致志的阅读了。

然而,轻松愉快、马马虎虎的浏览当真能替代潜心认真的阅读、我们有时候称之为"攻读"的强心力劳动吗?

不,那是不可能的,心理学家、教育学家、语言学家与生理学家都已经判定,没有发达的语言系统,是不可能有深刻丰饶的思想的。我要在这里说的话就是,坚持认真的、专心致志的阅读吧,它带给我们很多的希望,而如果我们只剩下了快速浏览,只剩下了多媒体的直观,我们的精神生活将会出现灾难。

(本文系王蒙在第二十届北京国际图书博览会开幕式上的致辞《文艺报》2013 年 8 月 28 日)

*王蒙(1934—),河北南皮人,当代作家。主要作品有《青春万岁》《组织部来了个年轻人》等,曾任文化部部长,中国作家协会名誉副主席。

思考与练习

一、名词解释

1.写作规律——

2.文章体裁——

3.主体与客体——

4.创新思维——

5.文章元素——

6.忧患意识——

二、填空

1.写作对人生的基本意义是_____、_____、_____。

2.现代社会的基本特征是_____、_____、_____。

3."三 C 四 A 革命"的内容是:"三 C"指_____、_____、_____;"四A"指_____、_____、_____、_____。

4.现代意识的主要内容是_____、_____、_____、_____、_____、_____。

5.作者写作的基本素养是_____、_____、_____、_____。

6.文章的社会作用有_____、_____、_____、_____。

7.据人才学家的研究,现代人应具备的七种能力是_____、_____、_____、_____、_____、_____、_____。

三、判断(正确的画"√",错误的画"×")

1.文章只要具备社会功能就是好文章。　　　　　　　　　　( )

2.古人提出的"物—情—辞"的转化,就是今天人们所说的"物—意—文"的双重转化。( )

3.写作是一项创造性活动,作者只需具备创新思维能力即可。( )

4.作者的主体意识就是"唯我"表现的意识。( )

5.作者只要善于天马行空,任意走笔,就能写出文质兼美的文章来。( )

6.迷恋、坚韧、真诚、勇敢,是写作者必须具备的素质。( )

四、回答

1.写作基本能力包含哪几个方面? 认真分析自己在这些方面的不足与优势。

2.根据写作课安排,给自己制订一个一年期写作计划。

3.从写作发展史我们看到了文体的兴亡更替? 能从写作哲学上谈谈为什么吗?

4.什么是现代意识? 它对我们现在写作的意义是什么?

5.分别从文学创作与非文学创作两方面,检测一下自己的实践能力和兴趣。

五、读写训练

1.认真阅读下列两则文字,然后就"作文与做人""文品与人品"的关系写一篇1000字的议论散文。

(1)文天祥从小攻书,19 岁赴杭州应试,中状元,后任右丞相。此时他的诗文平庸。后元军攻陷南宋首都临安(今杭州),他组织武装抵抗,失败被俘,囚于燕京四年,受尽非人的折磨。他拒绝元朝统治者的多次劝降,并在狱中写下了《正气歌》《过零丁洋》《指南录后序》等爱国诗文。后被杀害,表现了高尚的民族气节。

(2)现代文人周作人,是"五四"新文化运动的一员闯将,写了不少批判封建旧制度的文章。抗日战争时期,在日本帝国主义的威逼利诱下,他卖国求荣,丧失民族气节,所写文章也无前期的锐气,成了吹捧日本的所谓"文明"的汉奸文艺。

2.就《论求知》《大学时代读的书》《假如我有机会选择导师》三文,写一篇 600～800字的读后感:《我的追求》(课堂作文)。

上编

写作基础理论

第一章　储材与选材

第一节　材料的意义和种类

一、材料及其相关的概念

材料是一个外延广泛的概念。它是作者为着某一写作目的,从生活中收集、摄取并写入文章中的一系列事实与事理。

在文学写作中,材料有素材和题材之分。

素材是指作者从社会生活中收集到的尚未经过提炼加工的原始材料,它具有片段性、零散性、直观性的特点,是题材的基础。

题材的概念有广义、狭义之分。广义的题材,泛指文学作品所描写的社会生活的某一方面内容,如农村题材、城市题材、商业题材、教育题材、军事题材等。但严格意义上的题材概念,应是狭义的题材,即经过作者的鉴别、选择、加工、提炼,写入文学作品中的材料,它具有典型性、概括性、艺术性的特点。

与材料相关的另一个概念是资料。资料,一般是指在理论研究及应用写作中所用的材料,也指为工作、生产、学习和科研等参考需要而收集或编写的一些材料,如书籍、期刊、汇编、文献、文摘、图表、图片、数据等,它具有客观性、可靠性、权威性的特点。

二、材料的意义

（一）材料是写作的基础

写作必须先占有材料,这是由写作目的和认识客观事物的规律决定的。只有在掌握丰富材料的基础上,才能写出内容充实、为世所用的文章。正如刘大櫆在《论文偶记》中所言:"譬如大匠操斤,无土木材料,纵有成风尽垩(è,白色尘土)手段,何处设施?"没有材料,大匠也无用武之地,好文章从何而来?俗话中的"巧妇难为无米之炊",说的就是这个道理。

一切真正有价值的好文章,都是在占有材料的基础上形成的。列宁在谈到恩格斯的

《家庭、私有制和国家的起源》时说:"每一句话都不是凭空说出,而都是根据大量的历史和政治材料写成的。"(《列宁全集》25卷431页)经典作家们广泛地占有材料,认真严谨地运用材料,为我们提供了很好的范例。

姚雪垠的历史小说《李自成》从1957年动笔起,历时30余年,约230万字,分为5卷,结构宏伟,气势磅礴,再现了明末农民革命战争的历史。他在占有大量的历史资料的基础上进行文学创作,获得了巨大的成功。从宫廷到战场,从都城到乡野,都不乏生动描写之处;从政坛角逐到沙场交锋,从典章礼仪到人情风俗,描摹大多翔实逼真,堪称"农民革命战争的历史画卷"。

(二)材料是主题的支柱

写作总要表达对客观事物的认识,表达正确的思想观点,绝不能信口开河,随意为之。正确的认识和思想观点,即文章的主题,是从实践中获得并积累起来的材料中总结、概括出来的。没有材料,就没有观点,也就没有主题。

在文章中,观点需要材料的支撑才能站立起来。在文学作品中,主题思想、感情、倾向等,往往不是特别"指点"出来,而是让它在场面和环境中自然而然地流露出来。一系列具体的生活画面与形象因素,便是一则则生动可感的材料,它为主题的表达提供了充分的依据。毛泽东在《反对党八股》一文中指出:我们尤其需要有内容的文章。最不应该、最要反对的是言之无物的文章。

(三)材料是文章的血肉

材料是文章的血肉。"无事不用,失之枯寂。"(王骥德《曲律》)没有材料的文章,是空泛抽象、干瘪无力的;材料用得不够的文章,也会显得单薄、瘦弱。

从生活中广泛收集、占有丰富充实的材料,为文章提供丰富的内容,这在写作中是必须重视的。我国古代的诗文名著,没有哪一部、哪一篇的材料不是丰富充实的。如《诗经》,《毛诗类释》统计:"其中出现的谷物二十四种,蔬菜三十八种,药物十七种,草类三十七种,花果十五种,树木四十三种,鸟类四十三种,兽类四十种,马的异名二十七种,虫类三十七种,鱼类十六种。所以孔子教人'多识于鸟兽草木之名'……"材料丰富充实,文章内容深广,使读者获益匪浅。又如曹雪芹的"才大如海",体现在他的作品中,便是"才大如海",所以他的《红楼梦》"包罗万象,囊括无遗。岂别部小说所能望见项背!"被誉为"百科全书",应是当之无愧的。

三、材料的种类

材料的种类很多,就其来源而言,可分为以下三种:

(一)直接材料

直接材料是作者的亲身经历,或作者在生活实践中的所见、所感。它是感性的、鲜活的第一手材料,对触动作者情思、激发作者写作欲望有着至关重要的作用。

文章是言其心志、有感而发的产物,所以直接材料往往能成为作者进入写作状态的良好契机。古人有"壮游长才"的说法,意思是趁年轻时远游,广闻博见,积累大量的直接材料,可以增加感受,长进知识,从而增长自己的才情、才思、才干、才能、才华,使自己能写出好的文章。

直接材料是作者亲自感知的内容,它最实在,最真切,也最易于打动人心。写作者都应该到生活中去,体验和感受生活,获取丰富的第一手材料。

(二)间接材料

任何事物都是一分为二的,人的经历和精力的有限,决定了材料的获得不可能都是直接的。人们通过阅读以及其他方式(如通过视听设备),也可以获得写作的材料,这就是间接材料,即第二手材料。

与直接材料一样,间接材料同样可以诱发作者的写作欲望,形成写作的契机。法国作家大仲马的世界名著《基督山伯爵》,写水手邓蒂斯被密告而遭迫害,越狱化名基督山伯爵报恩复仇的故事。这是从警察局档案中得来的材料,大仲马经过对原档案材料"金刚石和复仇"的提炼、加工、改造,写成了享有世界声誉的文学作品。可见,大量地掌握间接材料,也可以写出成功的作品。

所以,并不是写战斗英雄就非得要打仗,也不是写囚犯就要去蹲监狱。间接材料完全可以突破时空的限制,弥补人们感知上的不足。"卧游""神游"可以使人足不出户而尽知天下事,从中获得丰富的第二手材料,从而"视通万里""思接千载",在谈古论今中左右逢源,写出好的作品。

(三)发展材料

发展材料是在直接材料、间接材料的基础上,经过作者的思考、分析、研究或一定的集中、概括而得到的材料。发展材料带有极大的创造性,往往是文章的价值之所在。它体现了作者的思想立场、观点、审美观、人生观,体现了作者对生活的认识和审美评判等。

任海的杂文《"废名论"存疑》(《人民日报》1956年8月10日)由一则直接材料谈起:作者星期六到颐和园去,看到附近有一所"一〇一中学",由此联想到解放初期北京的许多学校、商店、书店、文艺杂志、文艺团体等纷纷"废名排号"(穿插一定的间接材料)的现象。作者不赞成这种做法,但他却不直接评说,而是在文中运用假想的方式写道:

> 若干年后,人们的履历表将如下式:
> 姓名:王十七。
> 籍贯:第五省,第三十八县,第二二六乡。
> 学历:第十一省第九十八中学毕业。
> 职业:第十五省第九市第三副食品商店第七门市部经理。

这一张虚拟的履历表,是作者在现实基础上的大胆推想,它凝结了作者对生活现象的思考、认识及在此基础上形成的思想倾向,所表达的观点不言自明,其巧妙之处就在于运用了发展材料,以虚写实,用假想的方式得出一个荒唐可笑的结果,使人领悟到其中的言外之意,能引起人们对现实的思考,非常符合杂文形象说理的特点。

在写作实践中,往往是直接材料、间接材料、发展材料三类材料同时使用,互为补充,共同为集中表现文章的主题服务。

此外,就材料获取的时间、性质、范围、作用而言,材料还可分为现实材料和历史材料、正面材料和反面材料、概括材料和具体材料、骨干材料和一般材料等。分类标准不同,强调的侧面不同,互相之间有着交叉的关系,写作时要注意辨别和运用。

第二节　储材的途径与方式

一、储材的概念

　　储材,即储存材料,指作者在生活中广泛收集、占有材料的过程,是写好文章的基础。"长袖善舞""多财善贾",这是对善于储材的形象比喻。储材,能使写作者积累丰富,厚积薄发,去粗取精,提炼出精深的思想和主题。为此,秦牧曾说作家应该建立起语言、生活等材料"仓库",认为有了这个仓库,"写作起来就比较容易"。

　　从信息论的角度来说,储材实际上是一种信息输入、信息处理和信息储存,而写作则是在进行信息的输出。没有信息的输入、处理和储存,就没有信息的输出。北宋唐庚曰:"凡作诗,平居须收拾诗材以备用。"(强幼安《唐子西文录》)所以,只有善于储材,才能有源源不断的写作。

二、储材的途径

（一）观察与感受

　　观察与感受,即在生活中观察和感受。文章离开了生活,就失去了自身存在的基础。那些认为靠个人的"天才"和"灵感",靠书本知识的填充就可以作好文章的观点是偏颇的。写作者应该热爱生活,深入观察体验生活,获得写作的源头活水。

　　1.观察　观察,就是通过视觉器官,对客观物象进行仔细的察看。它可以使作者获得丰富的感性材料。观察要求全面、细致,凝神贯注,有重点,善于抓住观察对象的特征,并在观察中有所发现。对象不同,观察的侧重点也不同:

　　(1)观察人。即观察人的外貌、神态、语言、行动、作风,观察人的生活、工作、学习等。观察人一般从外表开始,再深入内质去探究个性,从而认识和表现出与众不同的"这一个"。

　　(2)观察物。即观察客观存在的物体,包括对静物和动物的观察。前者如村庄、道路、建筑,后者如飞禽走兽、运动变化着的物体等。要注意观察其外形、性状和特征。

　　(3)观察事。应注意弄清事情发生的原因、过程、结果,了解其来龙去脉,了解全面情况。不要知其一不知其二,有头无尾。

　　(4)观察景。即观察一定的社会环境和自然环境,既要观察整体,也要察看局部。点面结合,时空结合,同时注意立足点和角度的变化。力求从外到内,由浅入深,反映出景物的全貌。

　　2.感受　感受是在感觉的基础上产生的一种情感体验活动。它对于事物的认识比观察更加深入,要求"开启五官",调动起视觉、听觉、味觉、嗅觉、触觉等感官,对客观事物进行全面的感受。

在写作中,感官之间往往可以互相连通,引起共鸣,形成通感。这是用一种感官代替另一种感官的感受,可以使感官之间互相替代,变抽象为具体。如冰心的《往事(二)》:"回来倚在枕上,等着出到了廊外之时,忽然看见了几上的几朵石竹花,那三朵白的,倒不觉得怎样,只那三朵红的,红得异样的可怜!……这时不知是'花'可怜,还是'红'可怜,我心中所起的爱的感觉,很模糊而浓烈……"红色有了"可怜"的声息神态,视觉与心里感觉互相融通,感受新鲜、独特。

(二)调查与采访

1.调查 这是对客观情况进行详细了解和分析研究而获取材料的方法。调查报告、学术论文等实用文体、理论文体的写作,往往离不开周密的、有计划的调查。调查的方法很多,如个别访问、开调查会、蹲点调查、抽样调查、问卷调查、现场采访、查阅资料等。

调查前,要根据写作的需要、调查对象的情况,拟订调查的问题,选用适当的调查方法。调查时,要求作风扎实,实事求是,热情诚恳,归纳及时。切忌"木偶测水""瞎子摸象""闭门造车"和"言过其实"。调查后,要及时整理和分析,正确梳理在调查中所获得的信息。

2.采访 即采集访问,适用于向个别人了解情况。新闻文体的写作离不开采访。

采访从宏观上来说,有显性采访和隐性采访两种方式:前者是向采访对象说明自己的真实身份和采访意图,让对方有所准备;后者是不让采访对象知道自己的真实身份或者不让对方知道是在采访他。运用两种方式的目的都在于适应对方特点,消除对方顾虑,获得真实情况。从技术手段上来说,有电话采访、电视采访、现场采访、演播室采访、电子邮件采访、书面采访等,要根据具体条件及需要选用适当的方式进行采访。

采访前,要作一定的准备,如制订采访计划,拟出采访的重点,并尽可能从现有材料中了解采访对象等。采访中,要注意说话艺术,要推心置腹,要善于应变。要在尊重对方意见的前提下,手记笔录,或使用录音机、录像机等。不要勉强从事,否则会适得其反。采访后,要及时整理所获得的材料,尽可能快地写出新闻作品,公正客观地对现实作出快速迅捷的反映。

(三)博览与精读

这是获取间接材料的主要途径。"熟读暗诵,虽支枕据鞍间,与对卷无异。久之,乃能超然自得。"(陆游《渭南文集·杨梦得集句杜诗序》)广泛而深入的阅读,不仅能储备材料,积累知识,而且能提高修养,借鉴技法。

1.博览 博览群书,可博采众长。博学可使人得其神韵,写作时得心应手。美国《时代》周刊报道:18世纪至19世纪的几位世界文学巨匠,私人藏书都极其丰富。普希金藏书1523册,契诃夫藏书1900册,歌德藏书5424册,伏尔泰藏书6902册。而他们的藏书加在一起,也比不上列夫·托尔斯泰的,他共藏书22万册。读与写的关系,由此可见。

2.精读 阅读的方法很多,有略读和精读、速读与跳读、诵读和默读等。阅读时要有明确的目的,有重点、有选择、有广度、有深度、循序渐进,并把读与思、读与写结合起来。

精读,就是深入地阅读,重点地研读,从而实现一定的阅读目的。郑板桥诗云:"读书数万卷,胸中无适主。便如暴户儿,颇为用钱苦。"说的就是泛泛而读,书海茫茫,反而叫人无所适从。如果会精读,那效果就不一样了。要避免"暴户儿"的用钱之苦,就要注意掌握正确的阅读方法,在阅读中学习、借鉴、致用,使阅读真正服务于写作。

(四)广闻博见

俗话说:"世事洞明皆学问,人情练达即文章。"丰富的经历、广博的见闻、丰富的阅历,都是写作的基础。如李白的云游四海,杜甫的"行万里路",陆游的"志在四方",蒲松龄的摆茶摊听传闻,巴尔扎克跟在剧院散戏的工人后面窃听私语等,都是为了"尽取江山锦绣句,呕心沥血入奚囊"。

在现代社会里,报纸、广播、电视、手机、网络等大众传播媒介,及时地播送出国内外的大事新事、奇闻轶事、百科知识、文学艺术等,已是铺天盖地,无所不在,人们足不出户,也可以获取大量的直接材料和间接材料,同时也可以生成更多的发展材料。因此,广闻博见是储材的又一重要途径。

三、储材的方式

"最淡的墨水胜过最强的记忆。"只有把平时自己看到的、听到的、经过思考的内容记载下来,日积月累,才能"积学以储宝",避免知识、灵感与智慧的流失,写作起来才比较容易。储材的方式有:

(一)观察记录

即在观察之后的必要总结与记载。观察不是随便看看,然后凭印象写作。观察要确定一定的目标和重点,有目的、有计划地了解、掌握观察对象的情况,并把在观察过程中的收获真实、准确地记载下来。无论是科学观察,还是文学观察,都应当如此。

列夫·托尔斯泰不论在什么地方,总是特别注意观察和记录。有一次他妻子的妹妹塔吉雅娜一家到家里做客,他记下了塔吉雅娜的言行举止,作为妇女形象特征的材料。托尔斯泰笔下的女性人物丰富而细腻的刻画,应得力于他细致的观察和勤于笔录的习惯。

观察记录的写法有两种:

1.**扼要式** 对观察到的人、事、景、物,用关键词记录下来,或者作提纲式的记录,简明扼要,重点突出。

2.**素描式** 把观察到的人、事、景、物,写成一篇简短的传记或速写,生动具体,能鲜明地反映个性特征。

(二)生活札记

即对生活中的见闻、随想、杂感等随时记下来。生活札记的包容面非常宽广,反映了写作者的生活阅历。果戈理有一本"万宝全书",里面有他看到的人情和乡俗,听到的奇闻和趣事,读到的警句和心得,甚至有他记下的上饭馆的菜单……他的短篇小说集《狄康卡近乡夜话》,记述了许多乌克兰的风俗习惯、传说故事、民歌谚语,就是从他的笔记本上摘录下来的。

契诃夫曾经劝导学习写作的青年人要建立"生活手册",以记下自己在生活中的"一切见解和印象"(白润生《写作趣闻录》),他自己就是这样做的。有一次他摇晃着手中的笔记本说:"这儿有整整一百个题材。"他注意把听到、看到、想到的记下来,积累了大量素材,创作时得心应手,使他成为俄国著名的小说大师。

(三)调查和采访笔记

调查和采访时,要与重要的当事人、知情人及其他有关人员接触,把向他们了解、核准的事实记载下来,这就是调查和采访笔记。做这种笔记,要耳快、手快,口勤、脑勤。同时,要注意避免遗漏和失实,尽量准确掌握较多的第一手材料。

写调查报告、工作研究等实用文体和新闻文体,要通过调查和采访去获得材料。对其中获得的真实情况,如人物姓名、机构名称、事件因果、成绩、问题以及一些统计数字,要如实记录下来,以便作出实事求是的反映。有了调查和采访笔记,就有了可靠的写作材料。

(四)读书笔记

即为提高阅读质量、巩固阅读成果而作的笔记。"眼过千遍,不如手过一遍。"把读书时获得的新知、心得等记下来,更有益于积累。

读书笔记常见的有以下几种做法:

1.标记式　阅读时,直接在文章中作一定的标记,如显示重点,表示感叹、赞扬,表示疑问、否定等,体现对文章要点、知识点的把握。

2.评点式　阅读时,对文章作出评点,以眉批、夹批、尾批的形式,写出自己的见解、评价,在深入理解文章内容的同时深化和发展自己的思考和思想。

3.摘录式　即抄录重要的、精彩的句段,或书中的主要内容。摘录后,要标明出处,分类保存,便于查找,实现材料价值。不要断章取义,曲解原文。

4.索引式　将资料的书名、文题、报刊名、出版日期、版本、作者、页码等记下来,广泛掌握书刊中的有关材料,为查找、运用提供方便,形成一定的材料体系。

5.心得式　将读书时的体会、认识、思考、疑问等记下来,加强对知识的融通,使所读的书"活"起来,与现实发生联系,与自己的思想发生联系。读书是走别人的思想路线,写心得是走自己的思想路线。写心得使读书不再是机械地接受别人的思想,而是主动地形成自己的思想的有效方式。

(五)报刊剪辑

报刊剪辑,就是有关报纸刊物内容的剪报集成。许多著名作家在写作中都曾大量运用过报刊上的材料。苏联名记者阿加波夫谈过很多写作经验,其中有一条就是"经常注意报上的消息,多读报纸和杂志。经常剪辑报刊上的文章、图片,不断丰富自己的剪报材料"(《苏联名记者写作经验谈》)。鲁迅的《伪自由书》《准风月谈》中的一些素材,就源于他的剪报。报刊剪辑,首先要剪贴整齐,然后注明资料来源(报刊名称、出版日期、作者姓名等)并适当地加上标题或批语,再分类编号,装订成册。

(六)资料卡片

资料卡片,是理论、研究工作者储材的重要方式。历史学家吴晗的书房里,不仅有许多卡片盒,还有专门摆放这些卡片盒的卡片柜。他曾总结出做资料卡片的三点经验:"一、每一段资料上要加上题目,指出这个资料属于什么问题。二、抄录的问题要有所选择,选取能说明关键性问题的资料。三、写清楚材料的来源:书名、作者、事件发生的时间等等。"(《漫谈资料工作和研究工作》)

学会做资料卡片,可以培养自己挑选、思考、运用材料的能力,是学习写作的基本功。"夕阳芳草寻常物,解用皆为绝妙词。"爱好写作,渴望提高写作水平,我们要养成勤于"储材"、善于"储材"的习惯,建设好自己的"材料仓库",使写作真正成为一件比较容易的事。

第三节　鉴别材料的方法

鉴别材料,是对材料的意义和价值进行认识和判断的一项工作。鉴别材料的方法很多,可从外部形态、内在属性、功能价值等方面进行鉴别。从辩证唯物主义的观点出发,也可以从以下四方面去鉴别。

一、鉴别材料的真与假

这是最重要的。唯有材料的真,才能说服人,感染人,教育人;唯有材料的真,才能使文章具有不可辩驳的力量,具有生命力。判断材料是否真实,应包括以下两层含义:

（一）材料是否能反映生活面貌的真实

刘勰提出的"事信而不诞",是很有现实意义的。在非文学作品中,涉及的人物、事件、时间、地点、成绩、问题等材料因素,有没有虚构、不实之处,直接关系到文章的价值与成败。以反映真人真事为主体的一些文学文体,如报告文学等,也不能随意虚构。

（二）材料是否能反映生活本质的真实

写作中,在尊重生活真实的同时,还应尊重客观事物的发展规律,尊重写作的艺术性原则,反映出生活本质的真实。要注意区别两种情况:

1.表象虚假,本质真实　有一些貌似虚假、荒诞的材料,却反映了生活的某些本质,这些材料应该是真实可信的。基希的报告文学作品《吴淞废墟》中写道:"有着红色太阳和红色太阳光线的日本国旗在吴淞口的尸体之上飘动着……旗帜上的太阳像一个圆的创伤,从那上面,鲜血向四周流出。"日本的太阳旗与创伤、鲜血表面上没什么联系,实质上却难以分开。作者不完全写实,而是通过想象描写了日本侵略者占领吴淞口的血腥事实,揭露了侵略战争的罪恶。

2.表象真实,本质虚假　有一些表象看上去真实的材料,在本质上却是不可信的。1958年,全国搞"大跃进",放高产"卫星",《河北青年报》的记者祁淑英采写了天津市郊区新立村亩产水稻20万斤的报告文学,这个产量是经过几级"验收"的,记者没有故意造假。但历史证明,记者选用的是貌似真实的虚假材料,对生活的本质不能作出真实的反映,经不起历史的检验。

因此,表象的不真实,不一定代表本质的不真实;表象的真实,也不一定代表本质的真实。要注意透过现象,作细致、深入的分析,从科学性、准确性方面加以考察,把具有本质真实的材料选取出来。

二、鉴别材料的大与小

有的材料反映了社会的重大问题,容量足,影响大,意义深,可视为大材料;反之,则视为小材料。但这又是相对的。因为,时代不同,社会背景不同,作者不同,对材料大小的判断会有不同,对材料的需求与处理也会有所不同。大材可小用,小材可大用,其轻重程度也可以随之变化。

郭沫若的《南京印象》系列散文写于1946年,从各个方面反映出抗日战争胜利后,国民党反动派积极准备内战的社会现实。其中的《梅园新村之行》通过作者访问梅园新村的观感,赞扬周恩来不避艰难,无私无畏,对党的事业忠心耿耿的崇高革命精神。这是大材料,反映了当时中国社会的重大现实。

"野火烧不尽,春风吹又生",是难得的佳句。古往今来,赞花者多,颂草者少,夏衍的《野草》(另题《种子的力》)当属难得的佳作。它借用植物种子极其顽强的生命力来作为人民大众的力量的象征,激励人们坚持抗战,争取最后的胜利。作者又通过写小草冲破艰难险阻顽强生长的过程进一步说明种子的力量之大。一则表现植物生命现象的小材料,当它被赋予了象征的意义,与时代脉搏一起跳动的时候,就能借题发挥,小中见大了!

三、鉴别材料的奇与平

奇,指奇人、奇事。平,指平常人、平常事。在生活中,总是平多奇少,写作应着眼于平,反映人们熟知的生活。

袁鹰的散文《归帆》(《名作欣赏》1984年第1期)写于1960年秋,他借助"归帆"这一艺术形象,描写了三类渔民:一类在"笑"(超额完成了生产指标),一类在"忙"(要趁归航时再抢出点活来),一类在"气"(没能完成任务)。他们的神态、举止都不特别,与常人无异。他们对于工作的态度,对于明天的信念,都与常人是一样的。他们都是普通的劳动者,他们的生活、奋斗、情感都为我们熟知,读起来有亲近之感。当然,平常不是平淡、平庸。写平常人、平常事,也要注意体现个性,反映变化。

鉴别材料也可适当注意生活中的奇人、奇事。乔林生的通讯《京郊四胞胎应征记》(《写作》1996年第6期),写了四胞胎同时报名参军的事。一胎生四个男孩,本来已是奇事;四个男孩一块长大,也奇;长大了都愿意参军,更奇!乔林生凭借他的新闻敏感,采访了四兄弟一家,写成了一则有新闻价值的通讯《京郊四胞胎应征记》,在《解放军报》上报道出来后,立即被国多家报纸以及美联社和东南亚国家的一些报纸频频转载,一篇600余字的短文引起如此大的反响,可谓奇文奇事有奇效。

四、鉴别材料的鲜与腐

新鲜的材料,是充满活力,有真趣、真味的。陈腐、过时的材料则如"明日黄花"衰败枯萎,无美质可言。袁枚曾谈道,画死蛟龙不如画活老鼠。蛟龙虽然奇特,但毕竟是死的、僵硬的。老鼠虽然平常,但它是活的、有动感的。但新旧也往往是相对的,鉴别材料也要注意其鲜、腐之别,应尽量选用鲜活的材料,有时,也可以新旧转化,推陈出新。

1988 年 10 月 12 日《人民日报》刊登了记者王东拍摄的一幅照片:一个学龄儿童,跷腿坐在斜歪靠墙的小木椅上,他的面前,摆满了一排排待售的各式鞋子,身后是挂满墙壁的成衣……同时刊登了一首叶伴仿为照片配的诗《今日小货郎》:

> 小呀么小货郎,
> 背着那货物上市场,
> 不怕太阳晒,
> 不怕风雨狂,
> 只怕生意不兴旺哪,
> 挣不够钱,无颜见爹娘。
> ……

这模仿了歌曲《读书郎》的歌词:"小么小儿郎,背着那书包进学堂,不怕太阳晒,也不怕那风雨狂,只怕先生骂我懒,没有学问,无颜见爹娘。"诗中隐含了与《读书郎》歌词的对比,揭示了在经济大潮冲击下学龄儿童不上学却去挣钱的社会问题,引人深思。旧瓶装新酒,形式并不新鲜,但材料新鲜,用浅近的语言反映了深刻新颖的主题,体现了作者构思手法的高妙。

第四节 选材的原则与要求

一、选材的原则

选材,就是在鉴别材料的基础上,根据一定的写作目的和主题需要对材料进行选择、决定取舍的过程。"将开说之事,淘汰其枝叶,而约取其本根,则辞旨简,读者不烦而听者易解也。"(陈维崧《四六金针·约事》)善于选材,是提高写作质量的必要条件。选材一般应遵循以下三个原则。

(一)以一当十,以严为佳

"诗不患无材,而患材之扬。"(陆时雍《诗镜总论》)"扬",就是滥用之意。一定要精选材料,才能写成高格的文章。

鲁迅先生告诫我们:"选材要严,开掘要深。"他强调对材料的选择要严格,一定要发掘出深意,不能只罗列现象,堆砌材料。他在《秋夜》中写了枣树的战斗英姿:与小粉红花的脆弱、单薄相比,它是那样挺拔、执着和坚韧,与"奇怪而高"的夜空及"冷眼"的星星进行着坚强不屈的斗争。枣树的孤军奋战、势单力薄,表现了鲁迅面对当时革命阵营内部的分化、北洋军阀政府的黑暗统治的彷徨、苦闷与矛盾心情。《秋夜》取材简约,但"文约事丰",以一当十,托意于物,融合了作者强烈、深刻的主观感受,展示了一个战斗的世界,浓缩了当时革命处于低潮时期的社会现实状况。

（二）考虑文体，熟悉材料

袁枚《续诗品·选材》："用一僻典，如请生客。"是说在文章中选用了一个生僻典故，如同请了一个不熟悉的客人，很别扭。同理，在文章中用了不合文体、不够熟悉的材料，行文也必然勉强，不自然。

任何文体都有自己的特点和要求，要实现内容和形式的统一，就应该注意选用那些适合文体要求而自己又熟悉的材料。如写"随笔"一类文章，取材广泛，章法灵活，上至国家大事，下至个人悲欢，凡自己的真实情感、思想、思考都可尽展笔端。语从心出，畅所欲言。但写"论文"一类文章，则要求论点明确，论据充分，论证有力，选材时便要从这几方面因素考虑，科学、严谨地论证观点。写"新闻"一类的文章，要通过采访去获得新近发生或发现的事实材料，把最新的信息传输给大众。文体不同，取材的角度和范围也不同，写作时一定要充分注意这一点。

（三）去粗取精，服从主题

主题是文章的灵魂和统帅。材料的选择，要服从主题的需要。作家李惠文说："我从自己的创作实践中体会到，写作时对材料的选择，必须坚定不移地遵循着一条原则，那就是千万不能离开主题思想。"与主题没有关系的材料，即使生动，也不可取。"非当所用，未尝强出。"（叶少蕴《石林诗话》）要围绕主题，去粗取精，选用最富有表现力的材料。

秦牧的散文《社稷坛抒情》，以北京有个"用五色土砌成的社稷坛"作为联想的出发点和连接点。由社稷坛引出劳动者在大地上创造的一切文明和劳动者生生不息的斗争，深情地赞美了古代的唯物主义思想家。他又联想到文学里许许多多关于泥土的动人故事，想到祖国的统一。他赞美农民，热爱民族文化，热爱祖国的感情层层高涨，思想步步升华。全文浮想联翩，最后聚集到一点上："做一个历史悠久的民族的子孙"，尤其"做今天的一个中国的儿女"，是多么值得自豪和快慰的一件事啊！文中舍弃那些散乱、粗糙的材料，将众多闪闪发光的珍珠编织成美丽的项链。材料丰富，紧紧围绕主题，使之得到了集中而深刻的表达。

二、选材的要求

（一）真实

真实，包括人真、事真、情真、意真、理真。经过对材料的鉴别，把虚假的材料坚决排斥掉，不能以讹传讹，虚假为文，贻害社会。

选材不真实，一般有两个原因：一是粗心大意。就是对第一手材料记写不准确，对第二手材料不肯花功夫核实，印象模糊，想当然，或是道听途说便信以为真，缺乏严肃认真的态度。二是动机不纯。即为达到某一写作目的而有意编造假材料，或随意加工，改造原始材料。这是极其有害的，应坚决制止。材料失实，轻则损害文章的价值，重则损害人民的利益，甚至会损害到国家和民族的利益。

怎样才能避免材料失实，保证材料的真实呢？要做到：①端正写作态度，实现正确的写作目的；②尽量选用有权威来源的文字材料；③记写准确，增强写作素质；④认真核实第二手材料，无法核实、没有把握的材料宁可不用。

（二）典型

典型是指有特点、有代表性、能充分显示事物本质的材料。在一篇文章里，应选用典型的材料，而不能把一切可以表现主题、说明中心的材料都放进去。对那些不典型的材料，要忍痛割爱，大胆舍弃。

例如，同样是塑造吝啬鬼的性格，中外两位作家采用不同的典型材料，为我们留下了文学史上非常经典的两个人物形象。吴敬梓在《儒林外史》中描写了严监生临死前竖着两个指头迟迟咽不了最后一口气，原来竟只为桌上的油灯里多用了一根灯芯；巴尔扎克笔下的葛朗台在弥留之际能够睁开眼时，几小时地用眼睛盯着金子，脸上的表情仿佛进了极乐世界。当神甫把镀金的十字架送到他唇边，给他亲吻基督的圣像，为他做临终法事时，他竟做了一个骇人的姿势，想把十字架抓到手里，这最后的努力送了他的命。他临终对女儿的遗言是"把一切照顾得好好的，到那边来向我交账"。

这两个材料的典型性在于，作者通过人物具有的不同历史、民族、文化、阶级特征的个性化动作细节，活灵活现地表现出了他们共同的"吝啬"特征下的异与同。严监生是一个吝啬、刻薄、保守的中国式封建地主老财；葛朗台是一个已被金钱异化，对金钱疯狂执着的西方资产阶级暴发户。

（三）新颖

新颖，指新鲜、别致。"意未经人说过，则新；书未经人用过，则新。诗家之能新，正以此耳。"（赵翼《瓯北诗话》）写文章应注意研究新情况，反映新事实。对历史材料，也要选用别人没有用过或很少用过的，文章才能给人以新鲜感。

雷抒雁的《随感二题》（《光明日报》1994 年 7 月 11 日）是由看电视而生发的感想：一名记者在沂蒙老区寻访当年保护过八路军的老人时，听到老百姓这样的一句话："没有穷人就没有八路军！"对比着说惯了的"没有共产党就没有新中国"和说惯了的"八路军救人民"，作者陷入了沉思："把一些说惯了的话倒过来说，还确实发现一些新意。"不是吗？八路军是从穷人中来的，八路军的宗旨是解放穷人，八路军的生存和发展离不开穷人，那么，没有人民也就没有共产党。今天，难道不应该全心全意、尽心尽力地为人民服务吗？文章最后说："我希望把这些老区人民的目光定格在一切容易让人挥霍无度的地方，让那些挥霍的手在这里发抖！"

作者反映的是一个时期里反腐败的主题，所提供的材料给人新鲜之感，有新的角度，新的思考，材料的意义得到深化，使文章最后的归结很有力量。

范文选

橙黄橘绿秋光美

秦　牧*

当秋风挟着一丝凉意，飒飒而来的时候，我常常感到由衷的喜悦，一年四季，对我来说，最愉快的，莫过于秋天了。

秋天是成熟的季节，收获的季节。前人早就这样总结过了，"春生夏长，秋收冬藏"。

在中国的广大地域,这时正是稻麦登场的时候。大批的果子,像柑、橘、柚子、红柿、石榴、梨子、杨桃、红枣、葡萄、栗子……也都在这个时候成熟。五颜六色的菊花,更是同时竞吐芳菲。"秋风响,蟹脚痒。"这是捕蟹的季节。候鸟应时南飞,这又是捕雁、捉野鸭、猎鹳、捕禾花雀的绝好时机。同时,野兽觅食,准备过冬,一只只吃得膘肥肉满的,又使秋天成为行猎的好日子。每当秋天来临,我就想起少年时代跟随着猎人带两三只猎犬,进山搜索小兽的那番有趣情景。同时也记起在这秋高气爽,晴空如洗之际,又是观看星辰,以及倾听秋虫那仿佛繁弦急管的音乐会的黄金季节。

何况,秋天又是读书、写作、旅行、登临的大好日子,从少年时代起我就热爱秋天,步入中年、老年的时候,爱得更甚。这和中国的传统说法"春女思,秋士悲",刚好大异其趣。中国的古典诗文,我不理解,为什么有那么多的悲秋之作。例如:"玉露凋伤枫树林,巫山巫峡气萧森。""丛菊两开他日泪,孤舟一系故园心。"例如:"心绪逢摇落,秋声不可闻。"例如:"万事到秋来,都摇落。"例如:"行吟坐啸独悲秋,海雾江云引暮愁。"等等都是。汉字的构造常常可以令人意会,"愁"字,明摆着就是由"秋"、"心"两个字合成的!可见悲秋情绪,从很古老的时代起,就是相当流行的了。在悠长的历史中,虽然也有豪迈如苏轼、辛弃疾的"一年好景君须记,正是橙黄橘绿时"(指秋天),"秋气堪悲未必然,一年正是可人天"这样的句子,但是数量极少,几同绝唱。自古以来,秋天就是征战、应试、行猎以至执行死刑的季节,而且木叶开始飘零,雁阵横空,很多地方不久就会变成白雪皑皑的世界。这时离家的人多了,肃杀之气渐浓,引起人们那样的情绪反应,从另一方面看也是不难索解的。但春天过后就是骄阳迫人的夏季,人们并不曾因而"悲春",又何必因为冬天跟踪在秋天之后而"悲秋"呢!

春天是开花的季节,夏天是果实逐渐长大的季节,秋天才是大量果子成熟,可供收获的季节。成熟和收获,这真是头等可喜的事情啊!世间的节日,林林总总,花样极多,算也算不赢。但有一种节日,却堪称普天同庆,这就是丰收之后来临的节日。中国有的少数民族,在庆贺丰收之际,还有盛装到收获后的田野上滚打取乐,浪漫格调十足的风俗呢!

南国此时此际,橙黄橘绿,柑园里万株嘉树,金果压枝。到这类园林里看人摘果,或者到珠江三角洲看人装网捕雀,拦河捕鳗;这时的禾花雀肥得像个小肉团,这时出海产卵的鳗鲡大得像壮汉的手臂(南国农民对这时的大鳗鲡,特献上一个美号,叫做"花锦鳝",意指它的身上甚至出现美丽的斑纹了),或者到粤西、海南等处,看世界最大的果子菠萝蜜结果结到地面,酣然横卧的景观,都是令人心旷神怡的,更不待说,亲自尝尝它们的美味了。

我觉得,春天像是含情的少女,夏天像是暴烈的汉子,秋天呢,像是智慧成熟的长者,冬天,则又像冷酷严峻的老人了。如果以花为喻,玫瑰象征春天,石榴花象征夏天;争奇斗艳的菊花,象征秋天;水仙,则是冬天的使者了。

爱秋天吧,欢迎秋天吧!一年好景数秋天。在这黄金季节,你是准备读一本大书呢?或者作一次壮行,或为完成一项重大工作计划……这就瞧你的了。

——选自《华声报》1991 年 10 月 11 日

* 秦牧(1919—1992),原籍广东澄海,曾侨居新加坡、马来西亚,著名散文家,主要著作有《艺海拾贝》《花城》《长河浪花集》等多种。

永远的校园

谢　冕*

> 这圣地绵延着不熄的火种。
>
> ——题记

一颗蒲公英小小的种子，被草地上那个小女孩轻轻一吹，神奇地落在这里便不再动了——这也许竟是夙缘。已经变得十分遥远的那个八月末的午夜，车子在黑幽幽的校园里林丛中旋转终于停住的时候，我认定那是一生中最神圣的一个夜晚：命运安排我选择了燕园一片土。

燕园的美丽是大家都这么说的，湖光塔影和青春的憧憬联系在一起，益发充满了诗意的情趣。每个北大学生都会有和这个校园相联系的梦和记忆。尽管它因人而异，而且也并非一味的幸福欢愉，会有辛酸烦苦，也会有无可补偿的遗憾和愧疚。

我的校园是永远的。因偶然的机缘而落脚于此，终于造成决定一生命运的契机。青年时代未免有点虚幻和夸张的抱负，由于那个开始显得美丽，后来愈来愈显得严峻的时代，而变得实际起来。热情受到冷却，幻想落于地面，一个激情而有些飘浮的青年人，终于在这里开始了实在的人生。

匆匆五年寒暑的学生生活，如今确实变得遥远了，但师长那些各具风采但又同样严格的治学精神影响下的学业精进，那些由包括不同民族和不同国籍同学组成的存在着差异又充满了友爱精神的班级集体，以及战烟消失后渴望和平建设的要求促使下向科学进军的总体时代氛围，给当日的校园镀上一层光环。友谊的真醇、知识的切磋、严肃的思考、轻松的郊游，甚至失魂落魄的考试，均因它的不曾虚度而始终留下充实的记忆。

燕园其实不大，未名不过一勺水。水边一塔，并不可登；水中一岛，绕岛仅可百余步；另有楼台百十座，仅此而已。但这小小校园却让所有在这里住过的人终生梦绕魂牵。其实北大人说到校园，潜意识中并不单指眼下的西郊燕园，他们大都无意间扩展了北大特有的校园的观念：从未名湖到红楼，从蔡元培先生铜像到民主广场。或者说，北大人的校园观念既是现实的存在，也是历史的和精神的存在。在北大人的心目中，校园既具体又抽象，他们似乎更乐于承认象征性的校园的精魂。

我同样拥有精神上的一座校园。我的校园回忆包蕴了一段不平常的记忆。时代曾给予我们那一代青年以特殊的际遇，及今思来，可说是痛苦多于欢愉。我们曾有个充满期待也充满困惑的春天。一个预示着解放的早春降临了，万物因严冬的解冻而萌动。北大校园内传染着悄悄的激动，年轻的预感于富有历史性转折时期的可能到来而不安和兴奋。白天连着夜晚，关于中国前途和命运、关于人民的民主和自由的辩论，在课堂、在宿舍、在湖滨，也在大小膳厅、广场上激烈地进行。

这里有向着习惯思维和因袭势力的勇敢抗争。那些富有历史预见和进取的思想，在那个迷蒙的时刻发出了动人的微光。作为时代的骄傲，它体现北大师生最敏感、也最有锐气的品质。与此同时，观念的束缚、疑惧的心态、处于矛盾的两难境地的彷徨，更有年轻的心因沉重的负荷而暗中流血。随后而来的狂热的夏季，多雨而湿闷。轰然而至的雷电袭击着这座校园，花木为风雨所摧折。激烈的呼喊静寂以后，蒙难的血泪默默唤醒沉睡的灵魂。他们在静默中迎接肃杀的秋季和苍白而漫长的冬日。

那颗偶然落下的种子不会长成树木,但因特殊的条件被催化而成熟。都过去了,湖畔走不到头的花阴曲径;都过去了,宿舍水房灯下午夜不眠的沉思,还有轻率的许诺,天真的轻信。告别青春,告别单纯,从此心甘情愿地跋涉于泥泞的长途而不怨尤。也许即在此时,忧患与我们同在,我们背上了沉重的人生十字架,曼妙的幻想,节目的狂欢,天真的虔诚,随着无可弥补的缺憾而远逝。我们有自己的青春祭。从这个意义上说,这校园与我们青春的希望与失望相连,它永远。

燕园的魅力在于它的不单纯。就我们每个人说,我们把青春时代的痛苦和欢乐、追求和幻灭,投入并消融于燕园,它是我们永远的记忆。未名湖秀丽的波光与长鸣的钟声、民主广场上悲壮的呐喊,混成了一代人又一代人的校园记忆。一种眼前的柔美与历史的雄健的合成,一种朝朝夕夕的弦诵之声与岁岁年年的奋斗呐喊的合成,一种勤奋的充实自身与热情的参与意识的合成,这校园的魅力多半产生于上述那些复合丰富的精神气质的合成。

燕园有一种特殊的气氛:总是少有闲暇的急匆匆的脚步,总是思考着皱着眉宇,总是这样没完没了的严肃和沉郁。当然也不尽然,广告牌上那些花花绿绿的招贴,间或也露出某些诙谐和轻松,时不时地出现一些令人震惊的举动,更体现出北大自由灵魂的机智和聪慧。北大又是洒脱的和充满了活力的。

这真是一块圣地。数十年来这里成长着中国几代最优秀的学者。丰博的学识,闪光的才智,庄严无畏的独立思想,这一切又与先于天下的严峻思考、耿介不阿的人格操守以及勇锐的抗争精神相结合。这更是一种精神合成的魅力。科学与民主是未经确认却是事实上的北大校训。二者作为刚柔结合的象征,构成了北大的精神支柱。把这座校园作为一种文化和精神现象加以考察,便可发现科学民主作为北大精神支柱无所不在的影响。正是它,生发了北大恒久长存的对于人类自由境界和社会民主的渴望与追求。

这里是我的永远的校园,从未名湖曲折向西,有荷塘垂柳、江南烟景,从镜春园进入朗润园,从成府小街东迤,入燕东园林阴曲径,以燕园为中心向四面放射性扩张,那里有诸多这样的道路。年复一年,日复一日,那里行进着一些衣饰朴素的人。从青年到老年,他们步履稳健、仪态从容,一切都如这座北方古城那样质朴平常。但此刻与你默默交臂而过的,很可能就是科学和学术上的巨人。当然,跟随在他们身后的,有更多他们的学生,作为自由思想的继承者,他们默默地接受并奔涌着前辈学者身上的血液——作为精神品质不可见却实际拥有的伟力。

这圣地绵延着不会熄灭的火种,它不同于父母的繁衍后代,但却较那种繁衍更为神妙,且不朽。它不是一种物质的遗传,而是灵魂的塑造和远播。生活在燕园里的人都会把握到这种恒远同时又是不具形的巨大的存在,那是一种北大特有的精神现象。这种存在超越时间和空间,成为北大永存的灵魂。

北大学生以最高分录取,往往带来了优越感和才子气。与表层现象的骄傲和自负相联系的,往往是北大学生心理上潜在的社会精英意识:一旦佩上北大校徽,每个人顿时便具有被选择的庄严感。北大人具有一种外界人很难把握的共同气质,他们为一种深沉的使命感所笼罩。今日的精英与明日的栋梁,今日的思考与明日的奉献,被无形的力量维系在一起。青春曼妙的青年男女一旦进入这座校园,便因这种献身精神和使命感而变得沉稳起来。

这是一片自由的乡土。从上个世纪末到如今,近百年间中国社会的痛苦和追求,都在这里得到集聚和呈现。沉沉暗夜中的古大陆,这校园中青春的精魂曾为之点燃昭示理想的火炬。一代又一代的中国学者,从这里眺望世界,用批判的目光审度漫漫的封建长夜,以坚毅的、顽强的、几乎是前仆后继的精神,在这片落后的国土上传播文明的种子。近百年来这种奋斗无一例外地受到阻扼。这里生生不息地爆发抗争。北大人的呐喊举世闻名。这呐喊代表了民众的心声。阻扼使北大人遗传了沉重的忧患。于是,你可以看到一代又一代人的沉思的面孔总有一种悲壮和忧愤。北大魂——中国魂在这里生长,这校园是永远的。

怀着神圣的皈依感,一颗偶然吹落的种子终于不再移动。它期待并期许一种奉献,以补偿青春的遗憾,并至诚期望冥冥之中不朽的中国魂永远绵延。

——选自《散文选刊》1988 年第 9 期

*谢冕(1932—)福建福州人,北京大学中文系教授、诗评家,主要作品有《湖岸诗评》《共和国的星光》《中国现代诗人论》等。

暗 房

王晓莉*

去采访一位素所尊敬的作家,谈话不在书房而在客厅。起身告辞时,出于某种读书人的习惯与爱好,也出于好奇,我冒昧地提出能否看看他的书房。

书房的窗子完全被厚厚的窗帘给遮挡住了,进门必须开灯。房里很小,除了张桌子,到处都凌乱地堆放着书籍、稿纸。他解释说,写作时如果把窗帘敞开,总觉得让小偷偷走了最重要的东西,根本写不出一篇稿子。他的表情郑重其事。"这就是我的工作暗房——这正是我写字时所需要的最理想的环境状态。我的思绪在这里总是像泉中之水,不歇流动。久而久之,这里形成了一个专属于我的小'气场'。我一进来,便与这'气场'相契合,感到得心应手、从善如流。"我猜测,这也正是他不把与他人的谈话安排在书房的原因:唯恐有另外的气场搅浑了它,他要保持这暗房之"暗"的纯粹与彻底。

这让我想起了摄影师的暗房。

在胶片流行的时代,当摄影师抓拍到自认上好的素材后,总是携带着相机匆匆赶往暗房。没有暗房,他绝对冲洗不出一张好照片来。他紧紧关上暗房的门,不会携任何一个人进去:妻子、铁杆朋友或者热恋的女人。他把一切外界打扰都关在了门外。他忙碌着,在暗红色的灯影里,在显影液、放大机和安全灯等必备设备的协助之下,在他内心对一张好作品的无声又热切的呼唤之中,一张上好的照片才冲洗了出来。他对世界的观察、他观察之后抓住的思考,只有在暗房经过缜密的工作才能显影出来,以照片的形式向世人表达。我想到那些虔信宗教的人的内心,他们像蚌壳把珍珠抱在怀里般紧紧地守护着一大象无形之物,仿佛只透露一星半点,那珍珠的质地就不够纯正,不够圆润了——把珍珠抱在怀里的蚌壳般的暗房,因此有着某种心灵圣地的意味。

我想起来,在眼前这个写作者的脸上,我一直觉得有点什么与众人不同的东西。那是兼夹着沉静、冥想以及专注的一种莫名的颜色,一种骄傲与谦卑、冷静与热烈相混杂的无以描述的神情——现在我明白了,那是长期在暗房里工作的人,拒绝外界打扰的人,专注于心灵显影的人脸上留下的痕迹。这并非幽闭症特征,也并不是刻意矫揉造作,他只是需要如此。当他把鼎沸的叫卖,把无数新闻旧闻,把频频来访的友人统统关在他的书房之外,他才得以专注——专注地思想,专注地工作。

思想,的确需要排除一切外界干扰方能至其最深刻处,艺术,也需要最专注地付出方能达到巅峰。于沉暗处,才能更好地拂去喧嚣的泡沫,观察到泡沫覆盖之下的真实生命体;于集体生活之外,才能与镜中的自己相望,与人类历史上伟大的思想者兄弟般比肩促膝。

我想起我喜欢的那些伟大作家——蒙田、福楼拜、契诃夫以及卡夫卡,在他们的脸上,我也早已发现了这样浓重的、至死不休的"暗房"痕迹。"不,我决不离开我的角落半步。"这些人里,言辞偶尔最喜激烈的福楼拜也许会这样宣称。而其他人,终其一生,也都在修筑自己的写作"城堡"。角落、城堡以及暗房,三者性质是一样的。他们,组成了一支可以命名为"暗房爱好者"的队伍,虽然不相见,却又绝对彼此心心相印,他们以各自独门的"暗房洗印技术",记录人类历史,打扫人间心灵。

那么,这些暗房爱好者真的与世界隔绝了吗? 不,门里的他们又重新创造了一个新的世界。

——选自《光明日报》2015 年 3 月 20 日

＊王晓莉,江西奉新人。1989 年毕业于武汉大学中文系,在江西省文联工作至今。著有散文集《双鱼》《红尘笔记》。本文曾获"2014 年度华文最佳散文奖"。

思考与练习

一、名词解释

1.题材——

2.观察——

3.感受——

4.发展材料——

5.选材——

二、填空

1.在文学作品中,材料有_____和_____之分。

2.就材料的来源而言,它有三个种类,即_____、_____、_____。

3.感受是在_____的基础上产生的一种_____活动。

4.阅读,是获取_____材料的主要途径。要求多读、善读,为写作服务。

5.选材不真实,一般有两个原因,一是_____,一是_____。

三、判断(正确的画"√",错误的画"×")

1.素材具有片面性、零散性、直观性的特点,是题材的基础。　　　(　　)

2.储材是一种信息输入、信息处理和信息储存,是进行信息输出(即写作)的必要条件。　　　　　　　　　　　　　　　　　　(　　)

3.材料真实就是要人真、事真、情真、意真、理真,绝对不能有半点的虚构。　(　　)

4.写平常人、平常事,即反映人们熟知的生活,不能写奇人、奇事,庸俗地"猎奇"。　　　　　　　　　　　　　　　　　　　(　　)

5.选材应考虑一定的文体特点,不能把一切可以表现主题的材料都放进去。(　　)

四、问答

1.以秦牧的《橙黄橘绿秋光美》为例,分析说明材料在写作中有何意义。

2.举例说明采访应注意哪些问题。

3.举例说明你对储材的途径有怎样的理解。

4.分析谢冕《永远的校园》一文中"永远"的含义,以及作者如何围绕"北大精神"来选材的?

5.分析王晓莉的《暗房》,谈谈在写作中如何鉴别材料的真与假。

五、读写训练

(一)阅读下文,完成文后的训练。

论贫困

梁晓声

贫困是人类最大的丑恶现象。

如果我们已知人类有百种丑恶,那么三分之二盖源于贫困,三分之一盖源于贪婪……

穷人是贫困的最直接的受害者和牺牲品。

贫困恰恰是剩余价值的产物,正如富有是剩余价值的产物一样。当剩余价值造就了第一个富人的时候,同时也便造就了第一个穷人。穷人永远是使富人不安的影子,进而使社会和时代不安……

高尔基说过——人类生活的一切不幸的根源,就是贫困。这是很明白的。贫困使一切穷人对生活产生共同的恐怖和疑惧……

卢梭说过——贫困使一切做好事的手段显得脆弱。它有产生如此强大的社会和时代难以消化的繁衍罪恶的能力。它使人类本性和道德这一公正的原则几乎完全丧失效应……

他们都曾体验过贫困的屈辱和压迫。他们的话代表知识分子对社会和时代的警告。

约翰逊说过——贫困是人类幸福最大的敌人;它确实破坏了自由,使平等无法实现,使国家处于矛盾尖锐的境地……

他的话代表政治家对社会和时代的警告。

"开城门,迎闯王,闯王来了不纳粮"——这是穷人对社会和时代发出的警告。

关于贫困也有另外一些名人说过另外一些著名的话:比如伊壁鸠鲁说过——甘于贫困就是一笔体面的不动产! 比如卢克莱修说过——甘于守贫是一个人的最大教养……

当我们研究他们的经济基础,却发现他们自己从不曾被贫困所窘迫。对于时代和社会而言,他们的话仅仅是一些供富人品味的隽语而已。并且,他们的话常被教会所引用,借以对穷人进行说教……

革命的最初的使命——或者更准确地说,被穷人所理解的使命,乃是消灭富人。

革命的原始口号正如我们所知道的那样,是——革地主的命! 革资本家的命! 革一切富人的命!

然而历史向穷人开了一个很大的玩笑——它最终告知穷人——消灭富人并不等于消灭了贫困,也不一定就能使穷人得到拯救。

正如卢梭所言——"消灭富人要比消灭贫困现象容易得多,而穷人却只能从后种行动中获得普遍的利益。"

中国之改革的最终目标我想可以归结为这样一句话——消灭贫困。

使一部分人先富起来是不难的。

使先富起来了的一部分人继续参与使别人也富起来的改革是较难的。

使许许多多仍处在贫困生存状况的人,在眼见别人先富起来了的情况下,仍以高度的理性忍耐改革的步骤,这是更难的。

而舍此,则不能完成中国之改革大业。

再贫困的国家也有那个国家的富人和大富豪。

据统计,全世界的几近四分之一的巨大财富,控制在七千多万散于世界各地的华人手中。而中国目前却仍是世界上的贫困国家之一。

改革像一切事物一样也是自有其负面的。一个值得政治家们关注的事实是——最有能力和最善于避开改革负面压力的人,往往是最先富起来的一部分人。而最没有能力和最不善于避开改革负面压力的人,则往往是最直接承受贫困摆布的人。对中国而言,他们是比先富起来的人多得多的人。在国家不能替他们分担压力的那些地方和那些方面,将从他们中产生出对改革的怀疑、动摇,乃至积怨和愤愤不平。而他们恰恰又是曾对改革寄予最大希望的人。

贫困是可以消灭的。穷人却是永远都存在的。

西方的金融大亨到阿拉伯石油王国去作客,离开对方金碧辉煌的宫殿,自嘲地说感到自己变成了一个"乞丐"。

"心理贫穷症"将是商品时代的一种"绝症"。全世界的首脑对此"绝症"都是束手无策的。时代、社会和国家,都无须乎对"心理贫困症"者的喃哝作出任何认真的反应……

现在是叫响另一个口号的时候了,那就是——消灭贫困!

改革的最庄重的课题只能是——消灭贫困!!

1.课堂讨论:上文选用了哪几类材料,这些材料具有怎样的特点?

2.思考交流:结合上文,谈谈对材料典型性有怎样的认识和体会。

(二)拟写提纲。

1.以《大学生的双休日》(或《大学生的消费观》)为题写一篇调查报告,请列出调查计划和具体的调查提纲。

2.以《往事难忘》为题写一篇记叙散文,请列出写作材料提纲。

(三)作文。

1.《乡愁》

2.《我的微信朋友圈》

要求:选取适当的材料,将《乡愁》写成抒情散文,《我的微信朋友圈》写成议论散文,字数 800 左右。

第二章　确立中心与提炼主题

第一节　中心与主题的地位

一、中心与主题的含义

　　文章是以文字为媒介,有篇章组织地传递各种信息的载体,是表情言志的工具。任何文章的制作,总有其意图、宗旨和目的。中心与主题是指体现文章意图、宗旨、目的的某种基本思想、基本观点和意向,是文章思想内容的核心。它可以是思想的闪光、理念的判断,也可以是情感的抒发、理趣的展现。具体地说,叙事性文章中人物、事件所显示出来的意蕴和作者对生活的看法、评价,抒情性文章中感情的抒发、意境的呈现、情趣的流露和哲理的探索,议论性文章中作者的思想观点和主张,说明性文章里具体事物的性质、特征、原理,应用性文章里的中心事实和写作意图,都可以看作文章的中心与主题。

　　中心与主题,在我国古代文论中称为"意""旨""主脑""理""主旨""文意""意旨",现代文论中称为"中心思想""中心论点""主题思想"等。一般来说,我们把非文学作品(特别是应用文)所表现的基本思想称为中心,文学作品所表达的基本思想称为主题。两者在精神实质上基本相同,只是运用范围不同。

二、中心与主题的作用

　　中心与主题是文章的灵魂,在文章中起着支配和决定的作用。我国古代理论家十分强调主题在文章中的重要作用。李渔在《闲情偶寄》中说:"古人作文定有一篇之主脑。"假如一个人有了健全的身体、强健的骨骼、丰满的血肉,但却没有灵魂,那么这也不过是一具躯壳,而不能称之为一个真正具有生命意义的人,文章亦然。中心和主题如同一个人的灵魂,赋予了文章以认识价值。它决定着一篇文章质量的优劣、价值的高下,集中体现了文章的思想感情力量和社会效果。

　　许地山的《落花生》,虽然写的是种花生、收花生、吃花生等极平常的内容,但作者以花生易种、平凡,却十分有用的本质,说明了"人要做有用的人"这一深刻的道理。言近旨远,使文章产生深刻的启示力量,指导人们去实现人生的价值。列宁称赞托尔斯泰的作品是 19 世纪俄国的一面"镜子",毛泽东评价《红楼梦》是中国封建社会的一首"挽歌",都是从作品的主题着眼给予肯定的。所以,中心与主题是作者对客观事物的认识、评价、态度和倾向。它通过形象描绘或逻辑推演,或叙述,或说明,或论理,表现一定的基本思想、基本认识,体现一定的思想倾向。有了它,文章才具有生命力和艺术魅力。

中心与主题是文章的统帅。王夫之在《姜斋诗话》中说:"无论诗歌与长行文字,俱以意为主。意犹帅也,无帅之兵,谓之乌合。"显然,立意是关系到整个创作构思最重要的第一步。一篇文章,材料的取舍、结构的安排、语言的遣用、标题的拟订,都要根据中心与主题表现的需要来确定,中心和主题统摄、制约着全文。这种统帅作用,表现为:

（一）决定材料的取舍

现实生活中存在的材料是原始的、零碎的、无序的,从原始材料到写作题材的提炼过程中,哪些材料有价值,哪些材料无价值,取舍的标准就是看它是否符合表现主题的需要,这充分体现了中心和主题对题材的制约作用。最能体现主题的材料,放在首要位置详写,对表现主题起辅助作用的,放在次要位置略写。

（二）决定结构的安排

结构是文章思想内容的骨架,是中心主题表达的外部形态。主题与结构的关系是内容与形式的关系,一切形式都是为内容服务的。结构的安排须服从、服务于中心与主题的需要,如古人所说的"以意役法""因意定法"。《为了六十一个阶级弟兄》在"一方有难,八方支援"的思想统领下,打破单纯的以时间为序或以空间为序的结构方式,而以时间为经,空间为纬,采用时空交织的方式,把众多的事件和人物处理得井井有条。文章从特种药品门市部接到紧急电话开始,一下子就给人以紧迫感,抓住读者的心。为更好地展现"八方相助"的感人场面,文章采用小标题的形式,并且把"就在同一时间内"的标题反复用了五次,使人感到人们虽在不同地点、不同岗位,然而他们的心却紧紧联系在一起,为了一个共同的目标奋斗着。这样的结构安排和技法使用,对展现文章的思想起到了很好的作用。

（三）决定语言的遣用

语言是主题思想的外衣。"辞以意为主,故文辞有缓、有急,有轻、有重,皆生于意也。"(陈骙《文则》)遣词造句,应该以表现中心与主题为目的。不同的文体,由于其"达意"的方式不同,各有着不同的语体风格;即使同一文体,因中心与主题的不同,其详略、轻重、缓急和语调也各不相同。作者必须充分发挥自己驾驭语言的才能,尽可能完善地将自己的思想感情传达给读者。

总之,无论是文章的选材、结构,还是语言的运用等因素,都是在中心与主题的统领之下,进行精心的安排和恰当的取舍。正如唐代诗人杜牧所说:"凡为文以意为主,以气为辅,以辞彩章句为之兵卫。"(《答庄充书》)历来文章家多强调要"意在笔先",就是指动笔之前,应首先确立好文章的中心和主题,然后根据表达中心与主题的需要进行写作,文章写作方能有条不紊,而不能把立意与动笔的顺序颠倒过来。当然,"意在笔先"并不排斥作者在写作过程中对中心和主题的不断修正和深化。

第二节　确立中心的方法

一、中心的特点

非文学作品（主要指应用文等实用类文章）与文学作品的特点、功用的不同,决定了中心与主题表现形式和存在状态的不同。中心的表达一般比较直接、显露,越清楚、越明确越好。中心一般有以下特点:

（一）客观性

中心来自对客观材料的陈述、研究和分析,是在客观事实中产生的,是全部材料意义的集中概括。材料是确立中心的基础,因此,中心有客观性。一定的材料只能概括出一定的中心,不能违背材料所蕴含的本质意义随意引申。应充分尊重客观材料,认真分析、发掘材料所蕴藏的本质意义,得出符合实际的观点、结论。这样,才能有助于人们获得对客观世界的正确认识。

（二）主观性

中心的确立,总是受作者的立场、观点、思想水平和认识能力的极大影响,带有强烈的主观色彩。这使中心具有主观性特点。作者只有树立起正确的世界观、人生观,加强思想修养,努力学习党的方针、政策,才能对实际问题进行正确的分析,有针对性地提出解决问题的办法措施,写出中心明确、有价值的文章。

（三）可行性

应用文及其他实用类文章要用于指导实践,其中心就应该符合人们实践能力的水平和需要,符合国家法规,使人们在实践中切实可行。目标定得过高,不切合实际;定得过低,发挥不出正常水平。这都不利于开展工作。

二、中心的确立

中心是通过具体材料体现出来的。认识材料、分析材料、选取材料的过程,就是确立中心的过程。在这个过程中,对材料去伪存真、去粗取精、由此及彼、由表及里,反复推敲,才能使中心逐步深化并最终得以确立。其方法主要有以下几点:

（一）从写作意图出发,确立中心

应用文及其他实用类文章具有鲜明的务实性。在具体工作进程中,提出一些实际问题,要立即回答、处理、解决;或者要求制定政策、布置执行;或者要求反映情况,提供参考;或者进行洽商,研究办法;或者介绍产品,以便推销等,这些是作者要解决的主要问题,就是行文的目的和写作的意图。因此,从写作意图出发去统摄材料,就能准确地把握中心。

如 2005 年 10 月 28 日国务院所发的《国务院关于大力发展职业教育的决定》,属于应用文中的行政公文,其意图就是要求各级人民政府加强领导和组织,为适应全面建设小康社会对高素质劳动者和技能型人才的迫切要求,进一步大力发展职业教育。文中紧扣此意图,说明了该决定的必要性和重要性,交代了目标、方向、途径和具体的措施。这样就便于明确人民政府应该做什么、怎样做,具体明确、切实可行。

实用类文章中的广告,其意图与中心也是高度统一的。公益广告要用简洁生动的语言向人们传播公益知识,如风景区用"除了相片,什么都不要带走;除了脚印,什么都不要留下"告诉人们注重环保。而商业广告无论用何种形式,其意图都是一个:推销产品。其中心也是传播产品性能、用途、品质等。如联想电脑的广告:"人类失去联想,世界将会怎样"一语双关,突出了品牌价值。

(二)从材料出发,挖掘深意,确立中心

占有了材料,必须对材料进行分析、综合,挖掘深意。没有分析综合就不能把握深蕴于材料中的本质意义。费孝通在谈到美国一些学者对种族歧视问题进行调查研究时说:"认为黑白人种之间的歧视问题是由于从小开始的生活隔离造成的。于是美国的一些学校便在黑白人同校上下了功夫。然而这个办法并没有多大的作用,看来还没有找到种族歧视的真正原因。"(《社会调查自白》)

对材料的分析,主要围绕材料的真伪、质量、点面、因果等方面进行。通过辨真伪、审质量、分点面、探因果,深入发掘出蕴藏于材料之中的本质意义,找出事物发展的规律,以引出正确的结论,这是确立中心的重要方法。调查报告《成功的秘诀——蛇口"三资"企业管理状况调查》(《光明日报》1989 年 2 月 19 日)一文,作者在对大量材料的分析中,发掘出蛇口工业区"三资"企业 85%以上企业盈利的原因,主要在于它们各具特色、可资借鉴的经营管理方式。文章以探求"成功的秘诀"为中心,把握住了材料的本质意义和客观事物的规律性。所以,透过现象,深挖本质,这是确立中心的关键。它要求作者要有一双"火眼金睛",要有端正的态度、踏实的作风、正确的方法。

(三)从人民的意志、愿望出发,确立中心

文章的中心便应具有鲜明的时代感和现实意义。因此,确定中心应尽量与当代人民的意志、愿望、要求、情绪相联系,突出人们最为关注的、迫切需要解决的问题。例如 2012 年伦敦奥运会期间,我国多家媒体都开设了奥运会专题报道栏目,从多个角度全方位地对奥运赛况,尤其是对我国体育健儿奋勇拼搏、勇夺奖牌的新闻进行报道,这样的新闻在当时就是人们最为关切,最渴望知道的。

获得第三十一届中国新闻奖一等奖的通讯作品《"半条被子的故事"有新篇》通过小题材、小事件、小细节揭示重大主题,反映深远内容,给读者鲜明突出的印象。2020 年 9 月 16 日,习近平总书记考察湖南时首站来到"半条被子"故事发生地——汝城县沙洲瑶族村。报社敏锐注意到总书记考察沙洲村的重大意义,连夜布置记者赶赴现场,采访了徐解秀老人的后代和沙洲村村民。作者从"半条被子的故事"入手,跨越历史长河,用一个个精彩的故事,结合脱贫攻坚、乡村振兴等,体现了人民群众对党的深厚感情,讲述了党带领当地百姓致富奔小康的鲜活故事,反映出我党团结带领中国人民一路披荆斩棘、翻山越岭、勇敢攀登,谱写中华民族壮丽辉煌百年传奇的深远内容。作品紧扣"中国共产党始终不忘初心,为中国人民谋幸福,为中华民族谋复兴"的核心要义,点题"大力弘扬革命精神,以缅怀英烈,褒奖新时代英雄的方式,形成'精神谱系',为前行注入强大的精神力量",立意深远悠长,极富时代性。

三、确立中心的要求

(一)正确

中心应符合客观事物发展的规律,能揭示事物的本质,反映事物的内在联系;应符合实际情况,必须实事求是,不能凭空想象、虚构,为文造文。

(二)单一

单一主要指一事一文,即一篇文章只写一件事,只表达一个中心。不能在一篇文章中面面俱到;不能塞进与中心无关的材料;不能有两个或多个中心。有的文章篇幅较长,似乎有几个观点,而实际上它是从几个方面来说明一个中心的。

(三)鲜明

中心必须清楚明白,赞成什么,反对什么,爱什么,恨什么,不能模棱两可。陈述事实、分析问题、解决问题的办法和措施,都必须具体、确切。既不能抽象笼统,也不能含糊其词。对暂时不能解决的问题也要明确指出疑难之处,以供探讨。总之,中心的表达应直言其事,直露明白,让人一望而知其宗旨之所在。

第三节　主题的孕育与提炼

一、主题的孕育和形成

主题同中心一样,具有客观性。任何作品的主题,都是在丰富的材料的基础上孕育成形的,离开了材料就无法获得主题。正如作家们所说的那样,"有了生活才能谈创作,对这一点是绝对不能怀疑的"。而作家的创作的经验或教训,又充分地证明了这一点。

曾获诺贝尔文学奖的哥伦比亚作家马尔克斯说:"在我家,我有一座保存形象的真正的'仓库'。只要我想写作,我就打开那个盒子(里面存着一大堆资料),作上一首十言诗,描绘一个人的形象。"生活积累是一个长期和无止境的过程,必须时时处处都在留意聚集,细大不捐,多多益善。现实生活中的材料是取之不尽用之不竭的,每个作者总是在一定的时代氛围的刺激或限定下,在自身知识、学养、生命体验、情感感受的支配下,去收集材料、观照对象、思考问题、认识生活。苏东坡就说过："惟江上之清风，与山间之明月，耳得之而为声，目遇之而成色，取之无禁，用之无竭，是造物者之无尽藏也。"俄国作家果戈理随身带着他名之为"万宝全书"或"日用百科全书"的大笔记本，随时记下他耳闻目睹的俄国社会的方方面面。在如此丰富的材料积累的基础上，他创作的小说《死魂灵》才能通过新兴的剥削者、资产阶级的代表乞乞科夫的足迹，遍观俄国社会的每个阴暗角落，刻画出五个既有共性又各自不同的地主的典型形象，真实地描绘出满目疮痍的社会现象，预示专制农奴制行将灭亡的命运。

所谓"长期积累，偶然得之"，可以说是主题孕育与成形的带有普遍性的规律。"积累"不仅包括写作前收集整理材料等准备工作，更包括长期的生活积累和思想积累，这是孕育、形成主题的基础。而"偶然得之"中，则包含着"必然"，是作者在写作过程中反复研究、苦心思索的必然结果。但如果没有平时的长期积累，这种"偶然得之"的机缘是坐等不来的。罗曼·罗兰说："……这是一道闪光。……就在这儿，《约翰·克利斯朵夫》开始被孕育。当然，他那时还没有成形。可是他的生命的核心，已经种下了。"

主题同中心一样，又具有主观性，在其孕育和形成过程中，始终受着作者思想观念与主观感情的影响和制约。由于主观性的不同，不同的作者面对同一事物，相同的材料，往往会有不同的发现，从而形成不同的主题。中国现代文学史上两位著名的文学家朱自清和俞平伯，同一时间同乘一条船游秦淮河，同以"桨声灯影里的秦淮河"为题写作散文，由于他们思想认识、审美情趣上的差异，表现的主题却不同。朱自清笔下的秦淮河无论是追索、描摹虚幻的美景，还是抒写充溢心中的"充满幻灭的情思"，都被涂抹上了一层浓重的个性色彩和自我情调；俞平伯以超然物外的心情写出了秦淮河上泛舟的乐趣，听桨声、赏灯影、叙哲理，于悠然中寄托了自己深情绵邈的情怀。鲁迅笔下的狗的形象，无不可憎可厌，声名狼藉，但凌风的《"狗年"的胡想》却夸赞狗的耿直忠贞，要大家学习狗"忠于职守"的本分。这主要是思维角度与方式不同而形成的不同的认识。

二、主题的提炼

提炼，就是从大批原材料中，经过陶冶、熔炼，提取出有用的、精华的东西。主题的提炼也就是作者用分析、综合、集中、概括等方法对材料进行归纳，炼制出文章的主题。这需要作者经过反复思考，对客观事物不断认识，从中找出内部联系，抓住事物的本质，从而提取出足以统领全篇的深刻的思想意义。

（一）对材料进行研究，提炼出本质特征

作品不是现实生活照相式的反映，也不是把感觉到的原材料堆积起来，更不是对人物和事件的机械再现，而是作者对全部材料进行分析比较、研究，从感性认识升华为理性认识，找到事物的本质并加以反映的过程。只有努力捕捉住事物的本质，提炼出来的主题才是深刻的。客观事物多种多样。就写作材料而言，可归纳为人、事、景、物、情、理等几大类。在分析、比较、研究中，可各有侧重地开掘、提炼其本质。

对于人物，应从思想性格上开掘。人与人的不同，主要在精神世界方面。把人物放在社会、时代的大背景中观照，看其是否有典型意义；通过比较，提取人物与众不同的个性表现和突出特征。

对于事件,应从意义上发掘。事与事相异,不在于事件经过,而在其意义不同。即使是同一事件,其含义也是多层面的。要善于从平凡小事中挖掘出深刻的思想内涵和蕴藏着的社会意义,要从事件所能显示的意义中,提炼出最主要、最动人、最深刻的一点。

对于景物,应从情意上深入。客观景物,孤立地看不一定有什么意义,当与作者的情意结合,便意在其中。无情无意,景物难以写出生气;寓情寄意,景物描写就生动,意味深长,情愈浓,意愈深,景物所显示的意义就愈丰厚。

对于情感,应从感染力上开掘。情感的抒发要借助于人、事、景、物、理等具体或抽象的事物,而情感的本质意义就是打动人、感染人,因此,抒情应从感染力上开掘,提炼出真诚和独特的情感体验。

对于道理,应从规律上开掘。道理以基本观点的形态出现。观点的提炼,须按一定的规律开掘,循序渐进地深入下去,道理才能顺理成章地表达出来。

深入的分析研究,纵横的比较,多次的反复,蕴藏于材料中的本质方可被提炼出来,作品的主题才会深刻。以古华写作长篇小说《芙蓉镇》为例,他早在1987年就听县文化馆的一位音乐干部跟他讲了一个寡妇的冤案,这个悲惨的故事古华觉得有意思,但没有轻易动笔,因为他觉得尚未挖掘到事件蕴含的深刻意义,也没有明确高远的创作意图来指导写作。经过两年的孕育思考,“三中全会的路线、方针,使我茅塞顿开,给了我一个认识论的高度,给了我重新认识、剖析自己熟悉的湘南乡镇生活的勇气和胆魄。我就像上升到了一处山坡上,朝下俯视清楚了湘南乡镇上二三十年来的风云聚会,山川流走,民情变异”。这使古华终于找到了寓政治风云于民俗风情图画,借人物命运演乡镇生活变迁的总体构思。如果没有作者对生活的长期思索,不断提炼,就不会有《芙蓉镇》问世后的巨大成功。

(二)根据材料特点,选取提炼主题的最佳角度

主题是作者长期深入生活的深刻感受和对现实生活本质的认识。因此,提炼主题时要详细占有材料、熟悉材料,根据客观材料的特点和实际内容来提炼。由于材料包含诸多侧面和多种角度,在把握住客观材料所显示的思想意义的基础上,必须选取提炼主题的最佳角度,文章的内容才能有新意。如何士光的《乡场上》从妇女吵架,大队书记逼冯幺爸作伪证这样一场“说来寻常到极点的纠纷”,写出了在时代的历史性变革中,解除了种种枷锁的广大农民的精神觉醒;铁凝的《哦,香雪》则摄取了一个小小的生活镜头:一位乡村姑娘在新设的火车小站上,用鸡蛋换了一只铅笔盒,由此显示出现代文明在祖国大地上的坚实步履。选取最佳角度,需要对材料的全面深入的理解和把握,不但要弄清共同点,也要把握特殊点;需要开阔的思路,多方面、多角度去分析、比较,在与周围事物的联系中去探寻。

(三)提炼主题要考虑时代性

不同的时代有不同的生活内容和社会问题,作为反映一定时代现实生活的作品就不能不带有时代的特点,一切文章都应该是时代精神的产儿。普列汉诺夫说:“一个艺术家如果看不见当代最重要的社会思潮,那么,他的作品中所表达的思想实质的内在价值就会大大地降低。这些作品也必然因此而受到损害。”杜甫的诗歌被后人誉为“诗史”,正是因为他以沉郁悲愤的笔调,抒发了当时人民的思想感情。他的“三吏”“三别”反映了人

民在残酷的兵役下所遭受的痛楚,同时也歌颂了人民群众的爱国精神。郭沫若的《女神》则是"五四"时期的战斗号角,作品中所表现出来的反抗黑暗现实、追求光明理想的精神,正是"五四"时期反帝反封建的狂飙精神的几种体现。

第四节　确立主题的要求

一、深刻

主题深刻,是在主题正确的基础上的深层次要求。主题正确,是指主题符合客观事物的本质和规律,表达了人民的意志和感情。它是衡量作品有无价值的首要标尺。因此,要求作者要以正确的世界观、人生观、价值观为指导,加强思想修养,提高认识能力。

主题深刻,是指主题要有思想深度,要透彻揭示出事物的本质内涵,不是停留在浮光掠影的表面现象上,而是深入开掘,发人所未发,言人所未言,给读者以深刻的思想启迪。

马尔克斯的《百年孤独》,通过一个家族的兴衰描绘,反映了哥伦比亚乃至整个拉美大陆的历史演变和社会现实,同时深入透彻地概括表现了人类共有的这种孤独感。贝克特的《等待戈多》,在左等右等等不见的"等待戈多"中,表现出一种现代人对等待、追求的嘲弄,也潜藏着人类对自己未来的思虑和追究,表现出一种不可遏制的"生命向力"。

二、集中

主题集中,是指主题单纯、单一,不枝不蔓,重点突出,贯穿全篇,即古人所说的"立意要纯,一而贯摄"(刘熙载《艺概》)。防止"意多乱文",应尽量避免"多中心""多主题"。

短篇作品容量小,主题固然要集中;就是容量大、反映生活丰富复杂的长篇作品,往往既有一个基本主题又有一个或多个副主题(复合性主题),主题也应该集中。茅盾的长篇小说《子夜》,既写了20世纪30年代中国农村的破败景象和农民暴动,又写了城市民族资本家与买办资本家的矛盾,还写了工人和资本家的斗争。但这些副主题,最终都是集中表现"中国并没有走向资本主义发展的道路,中国在帝国主义压迫下,更加殖民化了"的基本主题。正因如此,这部作品才形成一个有机整体,发挥出应有的社会作用。

作品的"多主题"不同于作品的"多义性",多主题是一篇文章中表现的主题互不相干,分散紊乱,"多义性"是作品的主题呈现出理解上的多重意义。像《红楼梦》的主题,历来"仁者见仁,智者见智"。它可以归结为既表现宝黛爱情悲剧,又表现封建大家庭的没落以及封建社会的腐朽、衰亡等多义性的主题。主题的多义性是由于其材料意蕴丰厚、色彩纷呈所引起的人们对主题的多重认识和把握。它对于展示更为丰富、复杂的社会生活图景,负载丰富的感情、愿望、理想,从纵横方面无限延伸,以立体的艺术空间来反映社会现实有着积极的意义。

三、新颖

主题新颖，是指主题见解独特，使人耳目一新。"人惟求旧，物惟求新。新者，天下事物之美称也。而文章一道，较之他物，尤加倍焉。"（李渔《闲情偶寄》）这要求作者"意必求新"，在思维方法上、选取角度上，有所创新。

王安石的《读孟尝君传》，一反常人之见，鲜明提出"孟尝君特鸡鸣狗盗之雄耳，岂足言得士?"主题独树一帜、新颖独特。郁达夫的《怀鲁迅》虽也满怀悲恸，却是痛定思痛，从鲁迅去世的不幸中，看出中华民族更大的不幸，激励人们继承鲁迅的遗志，从事鲁迅未竟的事业。这与当时众多悼念鲁迅的文章的主题迥然不同。

主题要新颖，就要打破陈旧的思路套式，罗丹说过："真正的艺术家总是冒着危险去推倒一切既存的偏见，而表现自己所想到的东西。"求异思维是打破思维套式的重要方法。文学刊物《中国作家》曾以"我和北京胡同"为题，邀请了季羡林、王蒙、杨沫、陈建功、王朔等一批文坛名家著文，11篇散文观点各异，各有千秋。有的文章体现出了对胡同生活的深情挚意；有的文章记述了自己对胡同的理解和经历的变故；有的文章对拆除胡同，告别过去走向未来的历史发展作出了肯定；有的文章看到胡同文化的丑陋一面，抨击悲天悯人的文化闲汉那种廉价温馨的回忆……总之，有作者创新的精神，有认识生活的慧眼，有作者独到的见解，创造性的思维，便会有主题的新颖。

四、含蓄

文学作品的主题既可以明确地表现出来，但更适宜间接、含蓄地表达，如恩格斯所言："从场面和情节中自然而然地流露出来。"将主题渗透在人、事、景、物之中，与作品内容融为一体。但含蓄不是含糊，含蓄是一种留白，能带给读者思考的空间，让读者通过作品去领悟、体会、启迪。虽然文学作品主题的表达是含蓄的，但作者在确立、表现主题时，写作意图、感情倾向，应当是明晰的。如艾略特的长诗《荒原》，用干涸不毛、缺乏生机的"荒原"象征西方社会，在《荒原》里没有完整的叙述，而是通过迂回曲折的隐喻，影射西方现代文明的堕落和精神生活的枯竭，深刻反映了第一次世界大战后，西方社会的精神危机和知识分子的幻灭绝望情绪，以及宗教信仰的淡薄而导致西方文明的衰微。

第五节　审题与标题

一、审题

审题是指对文章题目进行周密的揣摩、审查以把握题意的活动。命题写作时，首先要摸清写作意图,审度写作范围,要对题意有深入的认识,否则不能写出好的文章,甚至偏题、走题、文不对题。所以,审题的准确与否直接影响到文章的质量。审题的主要任务是:

（一）确定文章材料的取舍

其过程是弄清题目的意图,仔细审查写作范围,从题目所包含的内容出发,确定文章的题材范围、方向,进而确定具体材料的取舍。

（二）确定文章的中心与主题

题目虽不等同于中心与主题,但它们的关系很密切。正如郑燮所说:"题高则诗高,题矮则诗矮,不可不慎也。"

（三）确定文章的体裁

题目往往能够显示明确的文体意义。有些题目有着明显的文体特征,如《沁园春·雪》《试论〈儒林外史〉的讽刺艺术》《校园情思》《记一次有意义的活动》等。有的题目对文体的暗示虽不明显,如《习惯》,可写成议论文,也可写成记叙文、诗歌,或小说,但命题作文往往会提出写作要求,文体便是其中一项,审题时应充分注意。

（四）确定文章的语言、技法

文体确立后,表达方式基本上也随之确立,文章语言的调遣、技法的选用也相应开始确立。不同的文体用不同的表达方式,有不同的语体特点,选用不同的技法,不能张冠李戴。总之,审题时要尽力抓住题中的有效信息,写作时才能做到落笔扣题。

二、标题

（一）标题的种类

标题,就是文章的名字、题目。它是一篇文章的眼睛、旗帜和路标。"题者,诗家之主也;目者,名目也。如人之眼目,眼目俱全,则全其人中之相,足可坐窥万象。"（袁枚《随园诗话》）好的标题可以引起读者的阅读愿望,有提示文章内容或范围,引导读者深入理解文章内容的作用。

标题一般有单行标题、双行标题、多行标题几种形式。

1.单行标题　单行标题简洁、明了,适合任何文体,如《有的人》《茶馆》《写作学研究综述》等。

2.双行标题　双行标题多用于消息、通讯、报告文学、调查报告、学术论文、总结等。它有两种形式:一是引题与正题配合的标题形式,仅用于消息中,如《力拔山兮气盖世　挥铁臂兮扬国威（引）　我女排勇挫美国队实现三连冠（正）》。引题又叫眉题、肩题,用来交代背景,烘托气氛,引出正题。二是正题与副题配合的标题形式,泛用于其他文体中,如通讯《将军的夫人——记优秀的共产党员》,论文《意象手法在散文写作中的选用——读〈走向原野〉》等。正副题一虚一实,互为表里。

3.多行标题　多行标题指由引题、正题、副题组成的标题形式,用于消息的写作中。正题是对消息中实质内容的概括,副题用来补充介绍正题提供的事实与思想,点明意义,使内容具体化。引题与副题都是辅助主题,为主题服务。

4.小标题 有的文章还使用小标题。使用小标题可使文章条理清楚,脉络明晰。如调查报告《成功的秘诀》,使用了几个小标题:"一、不同的管理方式塑造出各具特色的企业形象""二、建立以市场为中心的管理体系""三、企业管理的核心问题是'人'"。

(二)制作标题的要求

标题起着"居文之首,勾文之要"的作用,必须精益求精地拟订标题。制作标题的要求主要是:

1.确切 标题含义的大小、范围宽窄要与文章内容一致,与文章的体裁风格一致。要题文和谐,恰如其分,浑然一体。

2.简洁 语言要精练,方可给读者留下深刻印象。巴金的《家》《春》《秋》,朱自清的《背影》等,可谓简洁。

3.醒目 既要生动形象,又要新颖独特。如《扬眉剑出鞘》生动新颖;《爱莲说》匠心独运。

范文选

布 衣

吴伯箫*

李斯说:"斯乃上蔡布衣,闾巷之黔首。"诸葛亮说:"臣本布衣,躬耕于南阳。"

李斯的话是在踌躇满志的时候说的。"置酒于家,百官长皆前为寿,门庭车骑以数千……可谓富贵极矣。"诸葛亮的话则表露了谦逊感激的心情:"先帝不以臣卑鄙,猥自枉屈,三顾臣于草庐之中,咨臣以当世之事。"李白也自称:"白陇西布衣,流落楚汉。"接着陈述了自己不平凡的经历,说明平日所学和交游之广,转而自诩:"虽长不满七尺,而心雄万夫。"

三位古人所处的时代相去近千年,论业绩造诣都极不同,把他们硬拉在一起,主要是欣赏他们共同的出身是布衣。布衣,顾名思义该是说穿麻布衣服的人吧,是平民。古时候称庶民、黔首。现在读历史,布衣给人的印象是淳朴、敦厚、耿介而有操守,比锦衣要光彩得多。苏秦佩六国相印,位高金多,车骑辎重过洛阳,衣锦还乡,妻嫂不敢仰视,在当时仿佛是荣耀煊赫的,但在后世的读者看来,殊不过尔尔,并不值得羡慕。到明朝禁卫军称"锦衣卫",那就一想到它的附势专横,就令人深恶痛绝了。而"锦衣"也就成了叫人厌弃的字样。

"古者庶人耆老而后衣丝,其余则麻厶枲(厶枲也是麻)而已。"绫罗丝绸原是老人服用的,后来却变成了富人阔人的专用品,以致旧社会不学无术的富贵子弟被称为"纨绔"。

布衣、锦衣,不是单讲服饰的事。伴之以行的还有吃饭、住房子、走路代步的问题。穿锦绣的往往食必珍馐,居必华屋,行则驷马高车;穿麻葛的只能吃粗粮,住茅屋,走路"安步以当车"。这些代表了两种不同的阶级,不同的素养和品德。

如今社会制度跟从前不同了。人人讲平等;但旧的心理、好尚、习惯势力,却根深蒂固。"人是衣裳马是鞍"成为谚语。我们革命队伍很长一个时期穿草鞋,戴斗笠成为特征;解放后因袭下来干部的服装多半是灰布或蓝布做的,男女衣裳差别也不大。国际友人乍看说单调,清一色;相处久了又学我们。作为风气,这应当就是当代的"布衣"吧。我们不反对衣冠楚楚、服饰整洁,随着性别、年龄和季节的不同也可以穿红着绿,打扮得像花枝。但布衣总比较地随意些,普通些。现在还没有人主张生活"现代化"。肥裤腿,瘦裤腿,喇叭裤,时间或长或短,在部分人中时兴过一阵,不都是像季候风一样刮过了么?老实人还是穿布衣长远。

有的同志从做地方"官"进了京,自嘲说:"车越坐越大,房子越住越小。"自然是流露了不太满足的意思。从不要求特殊一点讲,这未始不是好事。好就好在越来越接近群众,越向布衣群靠拢。有的人住房太多,有的又住房太少,以致"三代同堂"。这种情况实在不好。

至于坐车,最不好是把车辆变成摆阔的工具。孔丘就说过:"以吾从大夫之后,不可徒行也。"就是说跟着大夫一道走,非坐车不可。"这是我的车。""你的车呢?"把公物变成了私产。甚至组织上通知一个病号参加会议,事先告诉有车接送,到时候却有人借口"不合坐小汽车的规定",使那同志错过了粉碎"四人帮"后第一次出席会议的机会。——谁的规定?

"坐小汽车,够级别么?"小姑娘学着这样问。又是谁教的呢?工人级别凭技术,部队级别凭战功,科学家凭创造发明。同志,咱们的级别该凭什么?大家参加考核的办法是值得提倡的。当然不是恢复科举制度,一定要求人"皓首穷经",但择优录取、择优录用总是好的。再就是发扬民主,选贤与能。经理、车间主任,有的商店、工厂已经在试选了。众人是圣人,效果就是好。反正"白卷"是臭了,靠特权自封或"双突"都靠不住。你的金饭碗就能永远保证总浮在浪尖上?

封建社会的锦衣、玉衣、黄袍、红袍,还是送进博物馆或留作京剧服装吧,免得七品县令篡穿蟒袍玉带作威作福,米大的权用作万钧。

人民的国家,权属人民。地位再高,权力再大,依法超不出人民应有的一份。作人民的公仆,为人民服务,是布衣的本色。人民不需要也不欢迎官老爷。

——选自《人民日报》1980 年 1 月 10 日

* 吴伯箫(1906—1982),山东莱芜人,当代散文家,散文集有《羽书》《烟尘集》《北极星》等。

此地甚好

陈鲁民*

1935 年 6 月 18 日上午 10 时许,福建长汀中山公园。

阴云密布,天低风急,大有山雨欲来风满楼之势。从监狱到公园的路上,军警林立,公园里无一游人,连鸟雀也停止鸣叫。瞿秋白被押送来到中山公园的一个八角亭前,亭子里石桌上已摆放小菜四碟,薄酒一坛。看到其中一盘小葱拌豆腐,秋白不禁莞尔,他想到自己《多余的话》里最后一句话,"中国的豆腐也是很好吃的东西,世界第一"。

秋白坦然坐下,自斟自饮,谈笑自若,神色无异。他虽身体羸弱,但素来不怕劳累,即使在狱中也难得清闲。入狱的三个多月里，每日读书写字，写下数十首诗词，刻了六七十个印章——他是个篆刻高手，还呕心沥血写下长达数万字的《多余的话》，很是辛苦。今日终得解脱，于是边饮边言："人生有小休息，有大休息，今后我要大休息了。我们共产党人的哲学就是鞠躬尽瘁，死而后已。"秋白酒量不大，几杯过后，脸上已露出微微红颜。"花看半开，酒至微醺"，秋白很觉惬意，不由得思绪万千，想到自己前夜的一个梦。

头天晚上，国民党第36师参谋长奉命把蒋介石的处决密令暗示给他，又喋喋不休地游说，期望他能在最后时刻回心转意。然而，瞿秋白同往日一样沉静，答曰："我死就死，何必讲这些呢。"6月18日清晨，瞿秋白起床，梳洗后，静静地坐在桌前，点上烟，喝着茶，翻阅着唐诗，吟读、思索，写下他的这个梦境："1935年6月17日晚，梦行小径中，夕阳明灭，寒流幽咽，如置仙境。翌日读唐人诗，忽见'夕阳明灭乱山中'句，因集句得《偶成》一首：'夕阳明灭乱山中，落叶寒泉听不穷。已忍伶俜十年事，心持半偈万缘空。'方欲提笔录出，而毕命之令已下，甚可念也。秋白曾有句：'眼底云烟过尽时，正我逍遥处'，此非词谶，乃狱中言志耳。"这是瞿秋白人生最后一个梦境，也是他的绝笔。

酒足饭饱，狱卒撤去酒菜，瞿秋白坦然正其衣履，到公园凉亭前拍了遗照。他身穿黑色对襟衫和白布低膝短裤，脚上是黑线袜和黑布鞋——这一身都是爱妻杨之华给他置办的，几十年后，就是从衣服上的两颗黑扣子才辨认出了瞿秋白的尸骨。他背着两手，昂首直立，恬淡闲静之中流露出一股庄严肃穆的气概。他想到了鲁迅。被捕以后，瞿秋白身份还没有暴露，就给鲁迅写信，信中暗示：他原来是国民党的医生，被俘后就给红军当医生。提供这样一个假身份，看能不能营救他。依他对鲁迅的了解，鲁迅绝不可能袖手旁观，可是为什么没有消息呢？他不知道，鲁迅收信后就立即筹了50大洋，准备保释。但是这个事情还没有来得及做，叛徒就出卖了瞿秋白，营救也就成为不可能。许广平回忆说："秋白逝世以后，鲁迅在很长一个时期内悲痛不已，甚至连执笔写字也振作不起来。"鲁迅支撑着病体，亲自编辑出版瞿秋白的译文集《海上述林》，这成为鲁迅生命最后时间里的一项最重要事情。当这项工作完成后，鲁迅备感宽慰，十几天后便溘然长逝。在这套印制精美的书中，赫然印着"诸夏怀霜社"的字样。其中的"霜"字取自秋白曾用过的名字"瞿霜"，"怀霜"寄托了鲁迅对战友和至交无尽的怀念。

还有瞿独伊，我可爱的女儿，还在万里之外的莫斯科国际儿童院，今年已14岁了，成大姑娘了，好几年没见到她，也不知怎么样了？瞿秋白想。独伊不是瞿秋白的亲生女儿，却被他视如己出，关系非常密切，独伊也很喜欢继父，称他是"好爸爸"。秋白在给妻子的一封信中曾这样写道："独伊如此的和我亲热了，我心上极其欢喜，我欢喜她，想着她的有趣齐整的笑容，这是你制造出来的啊！之华，我每天总是梦着你或独伊。"入狱后，瞿秋白将自己准备要写的文章列了一个目录，其中有一个题目就叫做《独伊》。他会怎样写自己的小女儿呢？独伊永远无法知道文章的内容了，但她永远记得爸爸在《多余的话》里的祝福："我还留恋什么？这美丽的世界的欣欣向荣的儿童，我的女儿，以及一切幸福的孩子们。我替他们祝福。"

尔后，瞿秋白在一队刀兵的严密环护下，慢步走向刑场。刑场在长汀西门外罗汉岭下蛇王宫养济院右侧的一片草坪，距中山公园两华里多。倘是怕死的人，不要说步行两华里，就是20米也恐怕是要被人拖行的。而这个来自江南水乡的书生，却能从容赴死，毫无惧色。从投身革命事业的那天起，他就有这样的思想准备，今天的赴汤蹈火，不避斧钺，"虽千万人吾往矣"，这就是信仰的力量。

　　路上，瞿秋白手挟香烟，顾盼自如，缓缓而行。继而用俄文高唱《国际歌》《红军歌》，慷慨激昂，响遏行云，如同渡过了易水的荆轲，引得路旁行人纷纷驻足观望，赞叹不已。到了罗汉岭下，只见绿草如茵，碧树成荫，他自己找了块空地面北盘足坐下，远眺山下，目光灼灼，心里默默想着"这世界对于我仍然是非常美丽的。一切新的、斗争的、勇敢的都在前进。那么好的花朵、果子，那么清秀的山和水，那么雄伟的工厂和烟囱，月亮的光似乎也比从前更光明了。但是，永别了，美丽的世界！"又回头看了看行刑者，点头示意说："此地甚好。"

　　行刑者竟然手有些哆嗦，枪都拿不稳了，引来监刑官一阵训斥。随后，秋白高呼"中国共产党万岁！""共产主义万岁！"枪声骤然响起，秋白前胸中弹，从容就义。鲜血染红了绿草，山河失色，烈士英名写进千秋史册。

　　此地甚好，蓝天白云作证；此地甚好，松涛阵阵回响。我在想，如果有朝一日，或为信仰，或为正义，或为真理，也需要我们喋血献身时，能不能像秋白那样，视死如归，择一处草坪，盘膝而坐，从容地说一句——此地甚好。

——选自《文艺报》2011 年 8 月 31 日

　　*陈鲁民，解放军信息工程大学教授，大校军衔，中国作家协会会员，郑州市作家协会副主席，郑州市杂文学会副会长。

黄河在咆哮
周　明*

　　"风在吼，马在叫，黄河在咆哮……""朋友，你到过黄河吗？你渡过黄河吗？你还记得河上的船夫，拼着性命和惊涛骇浪搏战的情景吗？"

　　此刻，我站在壶口瀑布的山坡上，脚下便是滚滚东去威震峡谷的黄河。

　　忽然间，我仿佛听到远方传来激越的《黄河大合唱》，仿佛看见了词作者、诗人光未然（原名张光年）的身影。

　　《黄河大合唱》是光未然创作的大型组诗。光未然笔下的"黄河"意象，充分调动了读者的视觉作用，使读者感到奔腾咆哮的黄河好像就在眼前，在耳边呼啸。

　　当时，冼星海为《黄河大合唱》谱出了全曲。全曲由《序曲》《黄河船夫曲》《黄河颂》《黄河之水天上来》《黄水谣》《河边对口曲》《黄河怨》《保卫黄河》《怒吼吧，黄河》9 个乐章组成。冼星海说："这种雄亮的救亡歌声为中国几千年来所没有，而群众能受它的激荡更加坚决地抵抗和团结，是中国历史上少见的一件音乐奇迹。"

　　清楚地记得：1997 年冬天，我去了壶口。

　　啊，雪落黄河，黄河竟成一片冰天雪地；河床不见了，水流无声了，那平日奔腾咆哮的瀑布也无声无影了。冰雪覆盖了大河上下，黄河突然变为茫茫无际的银色世界。据说，因为在腊月黄河突然涨了一次大水，接着又下了场大雪，多年不遇的黄河冰冻就成了今天的景象，这是难得遇到的奇观呢。

　　为了探听黄河水流，我俯身趴在河床的冰雪上，倾听那冰下潺潺的流水声，感受到母亲河的温暖与强大生命力。

春节后我返回北京。带着对黄河的眷恋之情,去看望时已 84 岁高龄的光未然。我向他谈起这次壶口之行,以及看到的黄河冰雪奇景,还带了几张黄河雪景的照片给他看。

老人家对黄河有着常人无法体会的情结。他仔细地一张一张地看,不断地询问,哪里是河床,哪里是壶口瀑布,哪里是当年船夫的渡口……

他深情地回忆说:1938 年冬天,由他率领的抗敌演剧队第三队,从陕西宜川县的壶口附近,东渡黄河,转赴晋西南吕梁山抗日根据地开展宣传活动。壶口是黄河有名的险峡之一,汹涌奔腾的怒涛狂澜,常常使渡客望而却步。然而他们抗敌演剧队的热血青年们,个个英姿勃勃,勇闯险滩,在经验丰富、有胆有识的船夫的嘹亮号子声中,渡过了惊心动魄的黄河。这次渡河给他和演剧队战友们留下了不可磨灭的印象,也激发了他写一首讴歌黄河的诗作的念头。此后在紧张的吉县前线祝捷归途中,他不失时机地和战友们讨论"大合唱"的构思。

恰巧第二年(即 1939 年)的元月,演剧队第三队奉命开赴大家向往已久的革命圣地延安。不料在行军途中,他不慎坠马,左臂关节粉碎性骨折,到达延安后便被送进二十里铺的和平医院。治疗病伤,成了他酝酿诗作的时机。当时由于治疗,自己不能执笔,便躺在炕上口授,由女队员笔录。"黄河之水天上来,排山倒海,汹涌澎湃,奔腾呼啸,使人肝胆破裂……"酝酿已久的诗词犹如黄河之水一泻千里。400 多行《黄河大合唱》的歌词,仅 5 天,就在病床边完稿。

于是,1939 年 4 月,一部震撼人心的由光未然作词、冼星海作曲的《黄河大合唱》诞生了!

说到此,老人家笑笑说:这里还有一段插曲呢!"《黄河大合唱》完稿后,我先是在延安窑洞里一个小型晚会上,在明亮的煤油灯下朗诵的。自然是激情满怀的高歌。不想,引起在场的作曲家冼星海深深共鸣。当我刚刚朗诵完最后一句时,冼星海便上前一把抢过诗稿,激动地说,'我有把握! 我有把握谱成好曲!'"

果然,冼星海在桥儿沟鲁艺窑洞里的油灯下夜以继日地冥思苦想,一个星期后《黄河大合唱》插上了音乐的翅膀,回响在延水河畔宝塔山下。

《黄河大合唱》在延安的第一次演出,是 1939 年 4 月 13 日的晚上,在陕北公学大礼堂。光未然亲自登台朗诵了《黄河之水天上来》。只见他披着半身多长的黑斗篷,正好盖住了他受伤的左臂,他激情地挥舞着右臂,向黄河倾诉民众的灾难。当时,乐队只有两三把小提琴、20 来件民族乐器,低音弦乐器是用煤油桶制成,打击乐由脸盆、大把的勺子放在搪瓷缸子里摇晃出的效果……这支原始的乐队烘托着 40 多位热血青年放声高唱。他们的感情是那么投入,几乎忘记了自己是在舞台上,忘记了台下还有观众,直到全部唱完,台下发出狂热而持久的掌声,他们才猛醒过来。

观看这场演出的毛泽东主席在演出结束后,高兴地鼓掌,连声说:"好!""好!"

晚年的光未然依然对黄河久久感念。

我西安的一位画家朋友苗重安,不辞辛苦,从青海黄河源头走到山东的黄河入海处,一路观察,体验生活,一路执笔速写,辛勤创作,用了几年工夫,精心创作了黄河系列组画。他计划在北京、上海、香港、澳门等地举办黄河画展,他很希望光未然能为之题词。我便将苗重安和他的创作情况向老人家作了汇报,因为黄河,他很痛快地应允了。我知道他是不轻易题字的。

几天后,我去他家里,真叫人高兴,字不但写了,而且意味深长:

黄河远上接天宇,诗里黄河画里多

题苗重安黄河画展

一九九九年一月　光未然

不久后,苗重安到了北京,我们相约去看望老人家。老人见到苗重安后高兴地握着他的手说:"你是画黄河,我是写黄河,咱们都是在歌颂黄河啊!"

老人家曾几次告诉我,自从1939年在延安写出《黄河大合唱》后,他再也没有去过黄河,去过壶口,到过延安。他要我找机会陪他去。我也不止一次给家乡西安的朋友说过了,大家都表示十分欢迎,而且我们还暗地里谋划,等到了激发他当年写出《黄河大合唱》的源头——壶口后,要请他提笔写几段《黄河大合唱》的诗句,以便镌刻在壶口渡口的山石上,作为永久纪念。然而,这一切却成为无法弥补的遗憾,2002年初春,老人家不幸因病永远离开了我们。

"我站在高山之巅,望黄河滚滚,奔向东南,惊涛澎湃,掀起万丈狂澜。"今天,我在壶口依然能感受到他战斗的激情。

我相信,气贯长虹的《黄河大合唱》,将像千古黄河一样永远地流传下去!

——选自《文艺报》2015 年 9 月 11 日

*周明(1934—　),陕西周至人。历任《人民文学》杂志常务副主编,中国作家协会创联部常务副主任,中国现代文学馆副馆长,编审。兼任中国作家协会全国委员会委员,中国散文学会常务副会长,中国报告文学学会常务副会长,冰心研究会副会长,《中国报告文学》杂志社社长。享受国务院特殊贡献津贴。2017 年 6 月,获第六届"徐迟报告文学奖"中国报告文学事业终身贡献奖。

思考与练习

一、名词解释

1.主题——

2.意在笔先——

3.审题——

二、填空

1.中心具有_____、_____和_____的特点,确立中心的要求是_____、_____、_____。

2.确定主题的要求是_____、_____、_____和_____。

3.标题的类型主要有_____、_____、_____三种形式。

三、判断(正确的画"√",错误的画"×")

1.中心是指文章里集中的主要人物、事件或要陈述的主要问题。　　　(　　)

2.主题的新颖与否,往往是衡量作品价值的关键。　　　　　　　　(　　)

3."意多乱文",因此,任何作品都要讲集中,不允许有"多义性"现象出现。(　　)

4.标题是文章的眼睛。它可以概括主题,体现和暗示主题,但不等于主题。(　　)

5.审题应该抓住题中的有效信息,落笔扣题,显出文章的"神魂"。　　(　　)

四、问答

1.为什么说中心与主题是文章的灵魂和统帅?

2.怎样确立文章的中心?

3.如何提炼作品的主题?

4.主题的深刻与新颖有何区别?

5.《此地甚好》是如何表现瞿秋白烈士崇高的信仰,为正义、为真理喋血献身的?

五、训练设计

1.分析以下材料,提炼出一定的主题。

到了麦子成熟的季节,麦田里一片金黄。农人们都在准备收割。有位割麦人突然发现,他的麦田里还有一穗麦子泛着青色。于是他决定等着这一穗麦子黄了再来割麦。这是他一贯的风格。他的眼睛里容不得半粒沙子。等这一穗麦子黄了的时候,其他所有的麦子都已经落地。

2.认真阅读《父母桥》一文,回答文后的问题。

父母桥

东　西

我踩在白竹园小河的木桥上,就像踩在父母的肩膀上。这种感觉缘于我对父母的热爱和了解。我坚信任何一个从乡间走向城市的人,不管他脚下的马路有多宽,他的根须和他的思想,必定系着故乡。

每天,我和我的伙伴们,都要从白竹园小河的木桥上走过,然后又返回来。桥的那边是我们的学校,桥的这头是我们的村庄。

那是一座简单而又实用的小桥,从森林里挑选出来的四根粗壮的木头,像父辈们的身躯,坚实地横卧于沟壑,上面铺满竹片覆盖着泥土。荷锄的农民在这里走向田园山坡。牛群和驮马由此返回家园。看着桥面上崭新的蹄痕和雨天里人类的脚印,我常常想造这座桥的人是世上最幸福最自豪的人。

我知道白竹园小河上的木桥,是桥见的父母所造,一场大雨之后或是粮食进仓后的秋天,桥见的父母总是提着锄头、刮子、泥箕赶到河边,修补桥面的残缺和凹坑。他们坚信是这座桥使他们在中年拥有了桥见这样一个儿子。

这种朴素善良的情感,仿如风中的飞絮,在山区里四处飘扬。那些不能生养的父母,总是选择一条小河或一道山沟,建一座小桥,供千人踩,万人踏。他们和桥见的父母一样,深信善举能带来善果,桥会给他们带来一个孩子,能使濒临绝境的生命绵延不绝。

在我的家乡桂西北地区,沟壑纵横溪流遍布,小桥随处可见。年长的人常常对狂妄的少年说:"我们过的桥,比你走的路多。"他们终年奔走于山区,额头留下时间的烙印,一座又一座的小桥被他们用脚步丈量,最后年龄大了资格老了,他们终于可以说出那样的豪言壮语。

恐怕每一个人的记忆深处,都珍藏着年少时走过的第一座桥。作为我人生的过桥之最,我时刻惦记着白竹园小河上的木桥,惦记着每一次从它上面走过的那种感觉。尽管那座桥,并非我父母所造,但我却把它想象成父母的肩膀。我和山区所有的孩童一样,正是站在善良朴实,无私的肩膀上,开始起跳的。许多人由此跳过龙门,但那些布满老茧的肩膀,却成为我们的牺牲品,成为我们成长的基石或者化石,我常常通过他们深入土地,吸取精神的营养。

许许多多的日子过去了,当我的父亲真的化为尘土,母亲从水田里拔出双脚,洗尽泥浆来到我居住的城市时,我才知道我的父母也曾造过一座木桥。那座桥架设在我家与舅舅家的路途上,我一次一次从桥上走过,回到我的舅舅家。那是一座多么艰险的桥啊,它高高地架设在深沟之上,两根长长的青冈木,被刀斧修得平平整整,拼成一条悬空的路。我从上面战战兢兢地走过,我似乎从未敢往脚下的深沟看上一眼。面对自己的桥,我无话可说。今天,我才明白,越是险要的地方,越体现出架桥者企盼孩子的迫切心情。其实,在 29 年前,我就从彼岸渡过那座高高的桥,到达母亲的怀抱,在我未出生之前,我就享受了父爱和母爱。

但是,母亲现在才把这个消息告诉我。母亲迟到的消息,使我对父亲浮想联翩。我想那座桥,就像父亲留下的文字,从桥上过往的行人,是父亲最忠实的读者。那座桥又像是父亲的身躯,他倒下了,许多人从上面走过去。那座桥最后成为一堆残骸,成为我永远的记忆。

哪里有河流和山沟,哪里就有桥,我们的父母修建它们,然后让我们从不能通过的地方通过。我是他们的儿子,所以我的路四通八达。

——选自《飞天》1995 年 10 期

(1)《父母桥》表现的主题是什么?这一主题是怎样体现出来的?
(2)作品标题有什么特点?标题与主题有何关系?
(3)以"父亲"或"母亲"为题,确定三个不同的主题。

第三章　理清思路与安排结构

第一节　思路与结构的辩证关系

一、思路的含义

　　思路，就是作者为了深化和表达其思想认识而遵循的思维活动的轨迹。作者的思路是他对客观事物观察、理解、认识过程的反映。在写作时，理清思路对文章的成功有决定作用。如果思路不清，文章结构就会出毛病。我们必须在锤炼和理清思路上下苦功夫。

二、结构的含义及重要性

　　结构就是文章内部的组织与外部的构造。即指文章的外部形态（标题、正文、尾署）和体现材料间联系的内部组成单位（开头、结尾、线索、段落、层次）以及联系的手段（过渡、照应）构成的系统。安排文章的结构，就是通常说的谋篇布局，它一般应包括：一篇文章分几层写，哪些材料先写，哪些材料后写，哪些材料详写，哪些材料略写，在何处设伏笔，何处呼应，如何开头，怎样结尾等。

　　结构在文章系统中是重要的组成部分。文章是由线索贯串的各个段落、层次组成的系统：

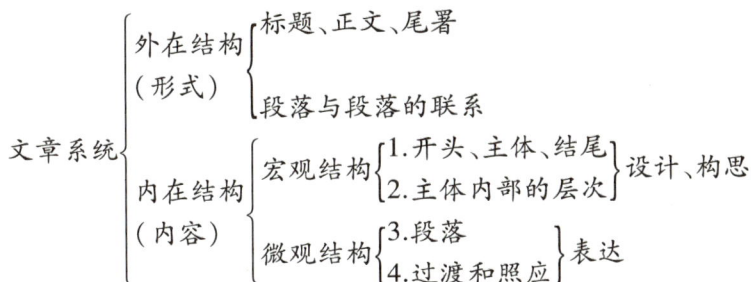

```
                ┌ 外在结构  ┌ 标题、正文、尾署
                │ （形式）  │
                │          └ 段落与段落的联系
文章系统 ┤
                │          ┌ 宏观结构 ┌ 1.开头、主体、结尾 ┐ 设计、构思
                │ 内在结构  │         └ 2.主体内部的层次   ┘
                └ （内容）  │
                           └ 微观结构 ┌ 3.段落          ┐ 表达
                                      └ 4.过渡和照应     ┘
```

　　因此，在一篇文章的制作过程中，组织结构是一个重要步骤，结构安排得如何，直接

影响着文章的质量。清代戏曲家李渔对结构非常重视,他在论述戏曲创作时首先讲的就是结构问题。他说,工匠盖房子必须首先筹划"何处建厅,何处开户,栋需何木,梁用何材",做到胸有"蓝图",才能"挥斥运斧",打地基,起构架。写文章也是这样,举笔之前必须先有一个总体构想。(《闲情偶寄》)柳青在谈到什么是自己创作中遇到的最困难的问题时说:"最困难的是结构,或者说组织矛盾。"(《回答〈文艺学习〉编辑部的问题》,《文艺学习》1954 年第 5 期)俄国作家冈察洛夫也曾感叹:"单是一个结构,即大厦的构造,就足以耗尽作者的全部智力结构。"(《迟做总比不做好》)歌德在《和爱克曼的谈话》中也强调:"要费多大力,要用多少心思,才能使一个宏伟的整体安排停当。"以上事实说明,要安排好文章结构,必须付出大量的心血和艰辛的劳动。如果没有通盘的考虑,精心的构思,写一段想一段,文章就不会有统一性、严密性,思想内容也就难以得到完美的表达。

三、思路和结构的辩证关系

(一)思路是结构的基础,是作者安排文章内容和形式的依据

每个人在写文章时,总是要在头脑中对文章的结构进行构思,决定文章的层次,开头结尾的写法,材料的取舍等,然后按照自己的思路写作。思路不清,写作时就会无从下手,正如朱光潜所说:"有许多话要说,究竟从何说起? 哪个应先说,哪个应后说? 哪个应割爱,哪个应作为重点? 主从的关系如何安排? 这时候面前就像出现一团乱丝,'剪不断,理还乱',思路好像走入一条死胡同,陡然遭到堵塞,左也不是,右也不是,不免心绪意乱。这就是难产的痛苦。"而思路一旦"豁然贯通","在这种情况下写出的文章总会是意到笔随,文从字顺,内容和形式都是一气呵成的"。(《漫谈说理文》)

(二)结构是作者的思路在文章外部形态方面的体现

当我们分析一篇文章时,我们虽然不能听到作者亲口讲述他创作时的思路,但我们可以通过分析文章的结构,从而了解作者的思路。例如,学习朱自清的散文《威尼斯》,可以分析、了解作者的思路:因为威尼斯是著名的水城,又是著名的艺术之城,因此文章分别写威尼斯水上城市的风光和艺术之城的魅力;因为两层之间内容发生了转换,所以要用句子过渡,"威尼斯不单是明媚,在圣马克方场走走就知道",就是承上启下的句子;开头揭示主题"威尼斯是个别致地方",结尾自然收束。通过分析其结构,作者当时的思路就清晰可见了。

(三)文章的结构规律在一定程度上影响着作者的思路

首先,结构的内容决定了作者在理清思路时要考虑的对象必然是文章的层次、段落、开头、结尾、过渡、照应等,而不是随心所欲的乱想;其次,理清思路时必须遵守结构的基本原则;最后,有些应用文体,其结构比较固定,写作时,必须按照结构习惯理清思路。

第二节　理清思路的步骤

既然理清思路对安排文章的结构有非常重要的作用,我们写作时首先应理清自己的思路,使之具有条理性、逻辑性。理清思路,一般应包括以下步骤。

一、讲求顺序

任何事物或事理,总具有各自发展变化的顺序和规律性。例如,时间分先后早晚;空间分上下左右,内外表里;人生由少到老,由生到死;事物发展由发生、发展到高潮、结局。因此,我们在理清思路时,一定要符合事物发展的规律,讲求科学的顺序,或者从开端到结局,或者由结局到开端;或由表及里,或由内而外;或先因后果,或先果后因;或先正面后反面,或先后面后正面;等等。一定要有次序地开展思维,才能层次井然地安排文章的结构。

二、区分材料的主次

在写作构思的过程中,许多与主题有关的材料,常常会同时在作者的头脑中涌现。这些材料,有的与主题有密切的联系,有的与主题只有间接的联系。而作者在写作时,又不可能将这些材料事无巨细地写入文章中去。这就要对材料进行鉴别分析,分清主次,分门别类。如《温州的议价生现象》一文(《光明日报》1988 年 9 月 15 日),作者将自己调查所得的大量材料首先进行分类,从逻辑关系分为说明结果的材料和说明原因的材料;从正反关系分为肯定的观点和否定的观点。然后确定材料的主次,详写肯定的观点和说明原因的材料,略写否定的观点和说明结果的材料。每种观点、材料又只选择有代表性的写。整篇文章详略得当,层次清楚。

三、注意逻辑关系

在分析、认识客观事物时,一定要注意事物之间的逻辑关系,这样的思路才具有严密的逻辑性。例如,前面的原因必然导致后面的结果;文中的论据必然能证明文章的论点;分论点必须紧紧围绕中心论点;等等。有的人在写文章时,看似条分缕析,但因为思路缺乏逻辑性,文章各部分不能联结成一个有机的整体,出现了"甲乙丙丁,开中药铺"的毛病。

四、编列写作提纲

写作提纲,是文章的蓝图,它可以帮助作者理清思路,使文章有条理性、逻辑性。提纲的编列法因人而异,一般有两种:"纲领式"比较粗略,只写内容要点、层次划分。在说理性文章中应列出中心论点、分论点;记叙性文章应列出人物表、时间、地点、因果等。"细目式"比较详细,不仅写明文章的内容要点,还要写明具体的结构,如开头、结尾、过渡、照应等。除前面提到的"纲领式"提纲的内容外,说理文还应列出论据材料和论证方法;记叙文还应列出人物肖像、语言、性格特点和情节、场面等。

第三节　结构的具体内容

一、层次和段落

(一)层次

层次概念的内涵,指一个比主题涵盖的范围小,又不是句子意思的内容单位,是反映文章结构的具有等级、次序性的概念。为便于说明,先看毛泽东《反对自由主义》一文的层次。

```
开头(1)(2):从正反两方面表明反对自由主义的态度
              ┌ 列举表现 ┌ (3)自由主义有各种表现
              │         │ 分列表现 ┌ (4)—(14)分述表现
              │         │         └ (15)还可以列举,主要是这十一种
              │         └ (16)所有这些,都是自由主义的表现
       主体 ┤
              │         ┌ (17)指出危害
              └ 事理分析 ┤ 寻找根源 ┌ (18)阶级的根源
                        │         └ (19)思想方法的根源
                        └ (20)点明实质
结尾(21):号召用马列主义积极精神克服消极的自由主义
    第一级↑    第二级↑    第三级↑    第四级↑    第五级↑
```

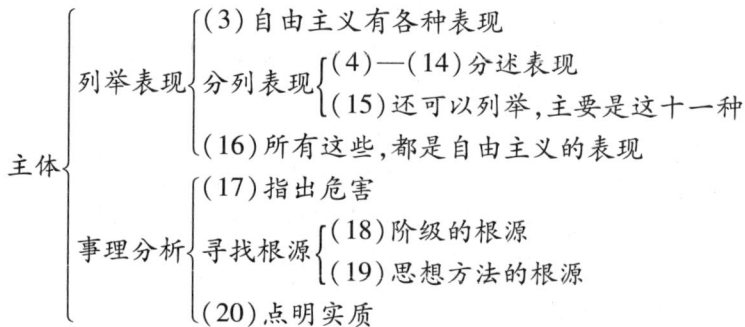

《反对自由主义》的第一级次由开头、主体、结尾三个层次构成;表达提出反对、为什么反对、呼吁反对的内容。第二级次是主体,由"列举表现"和"事理分析"两个层次构成,它是表达主题的材料集中地。"列举表现"由第三级上的三个层次构成,彼此是"总—分—总"的关系。其中,"分列表现"内部又由第四级上的两个层次构成,是"分—总"关系。再考察第四级上"分"的部分,则是由第五级上的11个层次(11个自然段)并列组成的,每个层次分述自由主义表现的一个方面。"事理分析"这第二级上的层次内部,由"指出危害""寻找根源""点明实质"这第三级上的三个层次构成。其中,"寻找根源"又有两个层次,并列论述自由主义的产生有"阶级的根源"和"思想方法的根源"。

可见,层次是一个相对独立的内容单位,是反映文章结构的具有等级、次序性的概

念。"相对独立",是指一个层次就是一个内容单位,此内容单位不同于彼内容单位。"等级",说明同一级次的层次之间具有某种联系,非同一级次的层次之间没有这种联系。"次序性"则强调同一级次的层次之间的排列和不同级次之间的转换,有一个先后问题。

要说明的是,我们讨论的层次,指的是大于或等于自然段的内容单位。把层次叫作"意义段",是从层次是次于主题、大于句意的相对独立的内容单位这个角度上说的;把层次叫作"结构段",是从层次反映文章作品的结构框架这个角度上讲的。

(二)段落

段落是以换行为标志,表达一个相对完整的意思或起某种特殊作用的结构单位,即自然段。按功能、作用,有一般段落、表达段落中心的段落、特殊段落、为追求修辞效果而设计的强调段和过渡段。

段落划分就段意来看,要单一、完整。单一,指除过渡段外,一个段落只能有一个中心,只能围绕这个中心来组织材料。完整,指除强调段外,必须围绕段落中心把显示这一中心的材料组织在一个自然段中。就篇幅来看,要匀称、得体。匀称,主要是从形式方面提出的要求。文章应该从段落方面给人以和谐的节奏感。段落过长,使读者感到拖沓、沉闷,甚至给理解段意带来麻烦;频繁分段导致段落过短,又急促、紧张,文章也显得琐碎。但是,段落属于文章形式,要服务于内容表达的需要,不能单纯追求匀称而影响内容的表达。得体,更多的是从内容表达上考虑的,指根据表达的具体内容来决定段落的长短。一般地,记叙性文体、抒情性文体,人物活动、事件演进、景物变换较多,情绪跳跃较大,风格多样,段落宜短一些;而议论性文体、说明性文体、应用性文体,逻辑严密,内容充实,风格平实,段落宜长一些。

设置中心句,是表达段落中心的常用方法。段落中心句,是承载段落中心的句子。其位置,多在段首或者段尾,少有在中腰的,内容重要或篇幅较长的段落,首尾设置(义同文不同)以强调。如:

> 科学技术是生产力,这是马克思主义历来的观点。早在一百多年前马克思就说过:机器生产的发展要求自觉地运用自然科学,并且指出,"生产力也包括科学"。现代科学技术的发展,使科学与生产的关系越来越密切了。科学技术作为生产力,越来越显示出巨大的作用。

段落中还有表强调和过渡的特殊段落。强调段是为了获得"强调"的修辞效果而有意设置的自然段。其有两种情况:一是从原段落中独立而出的强调段。如鲁迅《论雷峰塔的倒掉》的独句段:

> 当初,白蛇娘娘压在塔底下,法海和尚躲在蟹壳里。现在,只有这位老禅师独自静坐了,非到螃蟹断种的那一天出不来。莫非他当初造塔的时候,竟没有想到塔是终究要倒的么?
>
> 活该。

二是借助反复强化同一个意思的强调段。如《破除"共产主义渺茫论"》:

> 我们前进的旗帜上写着四个大字:"共产主义"。

我们心中永远有一支美好的歌："英特纳雄耐尔就一定要实现。"

强调段的作用不仅是强调,还有增强文章波澜的作用。如果将强调段有意识地安排在文章的开头、中腰、结尾,就如同一马平川上突然隆起几座峰峦,文章也会因强音的不断响起而有了波澜。

过渡段的作用在于连接段落和段落(层次与层次)。有了它,段落之间自然转换,界限分明而又联系紧密。过渡段,往往既总括上文,又开启下文,就段意而言不是单一的。

二、线索

线索是作者认识材料间的联系并进而组段成篇的思路在文章中的反映,是把全部材料贯串成一个整体的脉络。或说线索是贯串文章的全部材料,推进内容发展的纽带。它将一些彼此相关的人物、事件、场面、环境、细节、观点等联结起来,组成有机的整体。文章中线索的设计主要有以下几种:

(一)以人为线索

例如《黎明的河边》中的"我",《城南旧事》中的英子,《蒲柳人家》中的何满子,都是这样的"线索人物",通过他们的所见所闻,把文中的人物、情节串联起来。

(二)以物为线索

例如莫泊桑的小说《项链》,全文以项链为线索,按借项链—找项链—赔项链的顺序展开故事,刻画主人公玛蒂尔德的形象。欧·亨利的《麦琪的礼物》以杰姆的表和德拉的头发为线索,赵树理的《罗汉钱》以罗汉钱为线索。

(三)以中心事件为线索

有完整的情节,篇幅较长的作品常用此法安排结构。例如,《红楼梦》以林黛玉、贾宝玉的爱情悲剧为中心线索,《西游记》以唐僧师徒西天取经为线索,《十五贯》以况钟破案为中心线索,等等。

(四)以"文眼"为线索

文眼是文章经过艺术概括集中而形成的思想感情的聚光点。郁达夫的《仙霞纪险》以"险"为线索,朱自清的《威尼斯》以"别致"为线索,都是如此。

(五)以逻辑关系为线索

议论文中常用此法,它常常以因果、总分、递进、并列等关系为线索安排结构。例如,《反对党八股》一文中,是以党八股并列的八大罪状为线索安排结构。

这是因为,内容不同,材料间联系的性质不同;体裁不同,又意味着作者认识与写作对象有关的材料的角度不同,故线索也不同。说明性文体的内容是事物的形状、特点、成因、功用、位置等。那么,形状的侧面、特点的大小、成因的先后、功用的主次、位置的远近等,都可成为线索。议论性文体的内容主要是论点和论据。那么,论证的逐层深入或多侧面阐述,论点和论据之间的因果关系,论点之间的总分关系,正误论点的对比关系,就构成议论文的线索。记叙性文体的线索,与记人叙事、写景状物的内容有关,也与作者对人事景物的观察认识有关。记人的,常以人物为线索;叙事的,大都以时间的推移为线索;写景状物的,通常将视点的转移作为线索;而有完整情节的,或者以中心事件,或者用与情节有关的物作为线索。抒情性文体的内容是情感和触发因素,常以情感的发展、变化为线索。

确定线索要在分析研究材料的基础上,根据所要表达、表现的内容与写作用意的契合点来确定文章作品的线索。以鲁迅的小说《药》为例说明。鲁迅先生讲过《药》的创作意图,说:"《药》描写群众的愚昧,和革命者的悲哀;更直接地说,革命者为愚昧的群众奋斗而牺牲了,愚昧的群众并不知道这牺牲为的是谁,却还要因了愚昧的见解,以为这牺牲可以享用,增加群众中的某一私人的福利。"(孙伏园《鲁迅先生二三事·〈药〉》)这里的"群众",包括华家、众多茶客、夏四奶奶。正是这些人物的愚昧,才导致"革命者的悲哀"。因为,吃人血馒头是享用,茶客们把夏瑜的死拿来咀嚼品味,也是享用。那么,"革命者的悲哀",就不是夏瑜的悲哀,而是作品里弥漫的广义的"革命者的悲哀"。

应该说,鲁迅构思《药》这篇小说的思维轨迹是:以夏瑜为革命为群众奋斗牺牲为镜子,有层次地关照当时社会上各种人物对辛亥革命的态度。其顺序是:华老栓→家→茶客们→夏四奶奶。华家是基调,是一个"点";茶客们是广度上的关照,是"面";而夏四奶奶是广度和深度结合上的关照。其中,起着情节发展脉络作用的,显然是"群众的愚昧",或者说是"物化"了的愚昧,就是"药"——人血馒头。用"群众的愚昧"(物化为"人血馒头")为线索,贯串整个作品,既符合作品所表现的内容,也跟作者的写作意图契合。

有些记叙性作品以"复线"贯串。一条线索,叫单线;不止一条,叫复线。复线有多种划分:就数量,有双线和多线。就与主题、情节的重要程度,有主线、副线。就隐显程度,有明线和暗线。就运行轨迹,有平行线和既平行又交叉线。就虚实关系,有实线和虚线,等等。

三、过渡和照应

(一)过渡

过渡,是指段落与段落或层次与层次之间连接、承转的形式和手段。过渡在文章中起承上启下的作用,它可以使相邻的两层意思和段落上下连贯、前后衔接,让读者能顺利地跟上作者的思路。文章中需要过渡的情况,常常有以下几种:

1.文章内容转换时,一般需要过渡 在记叙性文章中,当时间、空间发生转移,或事件改变时,为了使读者能跟上作者的思路,往往需要过渡。如郁达夫的《故都的秋》开始先写自己对江南秋天的感受,第三段开始用一个过渡句"不逢北国之秋,已将近十余年了",自然地将笔墨放在写"北国之秋"上了,上下文的衔接非常紧凑。

在说理性文章中,当论述的问题发生改变时,一般也需要过渡。如《在马克思墓前的讲话》中,在论述了马克思发现人类历史发展规律的意义后,用"不仅如此"过渡,转而论述马克思发现资本主义生产方式和资产阶级社会的特殊运动规律的意义。在论述了马克思作为革命家为革命事业而奋斗的一生后,用了"正因为这样"一句过渡,转而论述各国政府、资产者对他的驱逐、诽谤。

2.表达方式、表现方法改变时常常需要过渡

(1)由议论、抒情转到叙述、描写或由叙述、描写转到议论、抒情时需要过渡。如峻青

的《黎明的河边》第一段是议论、抒情,接着用"好!现在我就开始讲这个故事"一个段落过渡,自然转入叙事。杨朔的《荔枝蜜》中,作者叙述了自己参观"养蜂大厦"的情景后用"我不禁想到"一句过渡,转入抒情、议论。

(2)运用补叙、插叙、倒叙等表现方法时一般需要过渡。如柯岩的《船长》第一节"汉堡港的变奏"就是用倒叙的表现方法,先写 1978 年 4 月的一个星期天,汉堡港改变了它正常的节奏。然后用"故事却要从三月说起"这个段落过渡,转而从 3 月 21 日起开始叙述。又如《阿 Q 正传》有一段补叙,作者写阿 Q 到静修庵"革命",老尼姑告诉他"那秀才和洋鬼子"已经来"革过一命的",下一段用"那还是上午的事"一句过渡,再补叙赵秀才和钱洋鬼子到庵中"革命"的情景。

(3)由概括说明到具体叙述时需要过渡。如《夜宿车马店》(《人民日报》1981 年 12 月 12 日)一文,写丰收后农民的喜悦,第一段概括叙述收成情况和农民的富裕、集镇的兴旺景象,在段末用了一个过渡句"不久前的一个晚上,记者来到旗萨拉齐古镇的车马店投宿,生动地感受到了社员丰收的喜悦"。转入叙述车马店炊事员马二旦与进城卖粮油的贾满贵、高兴宽等人之间的对话,反映了丰收后庄户人的喜悦之情。

3.在议论文中,由总到分或由分到总时需要过渡　如何其芳的《谈修改文章》,在谈到一般文章最大的毛病时,先总结为"观点错误、不合事理、教条主义、空洞无物"几项,接着用"就我所能想到的缺点列举出来,有以下这些"一句过渡,接着列举了文章中常见的12 种毛病。

常见的过渡形式有以下三种:

(1)用关联词语或转折词语过渡。过渡词一般放在一段的开头,常见的过渡词有"因此""总之""由此可见""综上所述""譬如""然而""相反地"等。

(2)用句子过渡。过渡句一般放在前一段的末尾或后一段的开头。

(3)用段落过渡。过渡段虽单独成段,但在文章中起承上启下的作用,在意义上具有繁复性。

(二)照应

照应,是指文章内容上的前后关照与呼应。写文章时交代在前,照应在后;暗示在前,挑明在后;伏笔在前,应笔在后。文章通过前后照应,能帮助读者了解文章的脉络,使文章前后呼应,结构严谨。

照应的方法有三种:

1.开头和结尾照应　首尾照应是使文章结构完整、主旨突出的重要手段。如陶铸的《松树的风格》第一自然段写道:"希望青年同志们能和松树一样,成长为具有松树的风格,也就是具有共产主义风格的人。"结尾处又写道:"我希望每个人都能像松树一样具有坚强的意志和崇高的品质;我希望每个人都成为具有共产主义风格的人。"这样的首尾照应,既使文章结构严谨,又突出了主题。

2.内容和标题照应　同样以《松树的风格》为例,文中多处与标题照应,如:"要求于人的甚少,给予人的甚多,这就是松树的风格。""自然,松树的风格中还包含着乐观主义的精神。"这些照应,使行文处处不离其宗。

3.行文中相互照应　鲁迅的《记念刘和珍君》中,开头写道:"可是我实在无话可说,我只觉得所住的并非人间。"中间又写道:"我还有什么话可说呢?"结尾再写道:"呜呼,我说不出话。"多处呼应,使文章结构非常紧凑。

四、开头和结尾

对文章的开头与结尾,历代文人多有论述。乔梦符曾说:"作乐府亦有法,曰'凤头'、'猪肚'、'豹尾'六字是也。"(陶宗仪《南村辍耕录》)谢榛也说:"起句当如爆竹,骤响易彻;结句当如撞钟,清音有余。"(《四溟诗话》)古人总结了开头、结尾的基本规律,对我们今天的写作也有借鉴意义。

（一）开头

写好开头应做到:一要服从主题需要,与下文衔接自然;二要新颖生动,富有吸引力;三要言简意赅,凝练明快;四要服从文章的体裁要求。

常见的开头方式有以下几种:

1.开门见山,揭示主题　如何其芳的《谈修改文章》的开头:"修改是写作的一个重要部分。古今中外,凡是文章写得好的人,大概都在修改上用过功夫。"

2.概括全文主要内容　如毛泽东的《关于正确处理人民内部矛盾的问题》的开头:"关于正确处理人民内部矛盾的问题,这是一个总题目。为了叙述的方便,分为十二个小题目。在这里,也要说到敌我矛盾的问题,但是重点是讨论人民内部的矛盾问题。"

3.交代写作背景和目的　如《松树的风格》第一段交代写作背景是作者从英德到连县的途中见到傲然屹立的松树,产生创作欲望,写作目的是希望年轻人成为具有松树风格的人。

4.环境描写开头　如峻青的小说《党员登记表》的开头写1943年的梅莱山区,暴风雪扫荡山野、村庄,摇撼古树,撞开门窗,怒吼,咆哮……衬托了白色恐怖的残酷和革命形势的严峻。

5.介绍对象开头　如张寿康的《什么是文章》的开头:"文章是反映客观事物的组成篇章的语言,是社会发展的工具。"这个定义告诉我们,文章的内容是反映的客观事物,形式是组成篇章;它的上位概念是书面语言,后一句是表明它的作用——社会发展的工具。

6.引述故事、名言等开头　在议论文中,这是一种常见的开头方法。如邓拓的《燕山夜话》中有一篇《一个鸡蛋的家当》,开头引述了一个故事:某一无所有的穷人得到一枚鸡蛋,便幻想蛋孵鸡,鸡又生蛋,然后卖鸡买牛,牛生犊,犊又生犊,如此不断循环,便可成为富翁。故事之后再展开议论,阐明道理。

（二）结尾

结尾是文章内容的自然收束,结尾应做到有力地深化主题,加深读者的印象。常见的结尾方法有以下几种:

1.总结全文　如《拿来主义》的结尾:"总之,我们要拿来。我们或使用,或存放,或毁灭。那么,主人是新主人,宅子也就会成为新宅子。然而首先要这人沉着,勇敢,有辨别,不自私。没有拿来的,人不能自成为新人,没有拿来的,文艺不能成为新文艺。"

2.提出希望,发出号召　如前面介绍过的《松树的风格》的结尾。

3.自然收束　在一篇文章中,要叙述的事情叙述完了,要讲的道理讲完了,立即自然结束,不再专门写上结束的话。如欧·亨利的《警察和赞美诗》的结尾:"第二天早上,警察局法庭上的推事宣判道：'布莱克威尔岛，三个月。'"

4.发人深省，令人回味　如谢大光的《落花枝头》(1980 年 9 月 22 日《人民日报》)的结尾："细微的簌簌声打断了我的遐想，又是几片飞红飘落下来，'落花辞树虽无语，别情黄鹂告诉春。'多情的落花委托黄鹂向春天嘱咐什么呢？请明年再到枝头上看吧，那满树的繁花硕果就是答案。"

文无定法，开头、结尾亦然。在写作时，应因文制宜，灵活安排。

第四节　结构的几种类型

一、时间结构

时间结构的基本要求是按事情发展的经过和时间的先后次序展开叙述，其优点是叙述线索清楚、连贯，适应传统的阅读习惯。记叙文体的文章，常采用这种结构。如夏衍的《包身工》，从清晨四点一刻起床写起，再写四点半之后吃饭的情景，然后写五点钟上工的情景，就是采用的时间结构。

采用这种结构并非一定要一个环节扣一个环节，一个阶段连一个阶段地平铺直叙。有时根据内容的需要，也可以运用倒叙、插叙的手段。如鲁迅的《祝福》、柯岩的《汉堡港的变奏》等文，都运用了插叙、补叙的手段。

二、空间结构

这种结构要求是按照事物的空间顺序安排层次。在游记文章中，常常以游览路线为顺序安排层次，说明文常常按照说明对象的上下左右、内外表里等空间顺序展开说明。小说、报告文学等也可按不同地域安排结构，展开叙述。如李健吾的《雨中登泰山》一文，以作者登泰山的路线为线索，自山下而山顶，分别写了岱宗坊、虎山水库、七真祠、二天门、经石峪、柏洞、十八盘、南天门等景点。

三、时空交织结构

这种结构要求在安排层次时，既考虑时间的先后次序，又考虑空间的位置变化。最典型的是《中国色彩》，它主要以时间为顺序，而在同一时间发生的事，则又以空间转移为顺序组织材料。既注意时间纵的连贯，又照顾了空间横的平列，将错综复杂的事件，表现得眉目清楚、有条不紊。

四、心理结构

这种结构是以作者的情绪变化、不同感受等心理活动组织文章,像"意识流"小说,都是采用这种结构。其他记叙性的文章,也可以采用这种结构。如杨朔《荔枝蜜》,就是按"不大喜欢蜜蜂—对蜜蜂发生兴趣—喜爱、赞美蜜蜂—梦中变成蜜蜂"这样的感情变化安排层次的。

五、逻辑结构

这种结构是按照事物的内在联系来组织安排文章的层次。议论文、说明文常采用这种结构方式。逻辑结构又有以下几种形式:

(一)并列式

每个层次所表达的意思之间是并列关系。议论文、说明文和有的散文常采用这种结构。如叶圣陶的《文艺作品的欣赏》一文,全文共四层,每层分别讲了有关文艺作品欣赏的一个问题,每层之间的关系也是并列的。

(二)递进式

人们对客观事物的认识,总是由浅入深、由表及里的。这个认识过程,反映在文章的结构上,就是层层深入的递进式结构。如毛泽东的《反对自由主义》,全文共分四层:第一层说明反对自由主义的必要性;第二层分析自由主义的11种表现;第三层论述自由主义的危害、根源、实质;最后号召全党反对自由主义。文章各层的意思是逐层递进的。

(三)因果式

层次之间的关系是因果关系,或者先分析原因再交代结果,或者先交代结果再分析原因。如《经济日报》曾发表过一篇题为《在联合中起飞》的调查报告,文章首先写广东湛江市家电工业公司走联合之路取得的巨大成就,然后从联合的形式和对联合体的管理两方面分析其取得成就的原因。文章采用的是先果后因的结构。

(四)对比式

将一组相反的材料对比起来安排结构,从而突出文章的中心。如茅盾的《香市》,前一部分写自己幼时见到的热闹非凡的香市,后一部分写1932年见到的阴惨冷清的香市,通过昔盛今衰的对比,展现了20世纪30年代初期我国江南一带农村破败、凋敝的景象。

(五)总分式

总分式有三种形式:一是"先总后分"式,前后文的关系是总分关系。如李四光的《人类的起源》,第一层先总写人类是如何起源的,人类的发展分为古猿—猿人—古人—新人四个阶段,后面四层,每层分别写人类发展的一个阶段。二是"先分后总"式,前后文的关系是分总关系。如毛泽东的《反对日本进攻的方针、办法和前途》,前三节分别论述了相反的"两种方针""两套办法"和"两种前途",最后总结全文,号召实现第一种方针、第一套办法、第一种前途。三是"先总—中分—后总"式,各层次间的关系是总—分—总关系。如钱学森的《现代自然科学中的基础学科》,先总写现代自然科学的构成体系,中间分写化学、天文学、地学、生物学的发展及它们与物理、数学的关系,最后总结全文,介绍现代自然科学的构成体系。

(六)综合型结构

杂用以上结构中两种或两种以上结构的叫综合型结构。它一般是以某一种结构为主,兼有其他结构方式。如流星的小小说《回门》,写"我"和妻子两次回门(第一次回门是插叙),是按时间顺序安排结构的;另一方面作者又照顾了"我"的心理的变化来安排结构:第一次回门因为"我"衣着简朴、礼品菲薄而"自惭形秽",第二次回门前也怕和其他人凑在一起。回门后,"我"扫积雪的行为得到乡亲们的赞许,"我"心里"热乎乎"的,"感到格外轻松"。这是时间结构与心理结构的综合。

总之,结构的类型多种多样,写作时应根据文章的体裁、内容灵活安排,切忌把它看成死的框框、模式。

第五节　结构的原则与要求

文章的结构没有统一的模式,由于文章的内容不同、文体不同,作者观察、分析事物的方法和角度不同,文章的结构也就多种多样。但这并不是说安排文章的结构可以随心所欲,任意为之。在安排结构时,必须遵守以下原则和要求:

一、正确反映客观事物的内在联系和发展规律

文章是反映客观事物的,因此,文章的结构形式必须反映客观事物的内在联系和发展规律,只有这样,文章材料的安排才具有逻辑性。这一条是安排结构最基本的原则和要求。

记叙性的文体,以写人、记事、状物为主。如果是写人,必然要写他在某一时间、地点的语言和行动,要表现人物的思想感情,因此要以时间、空间和感情的变化安排结构;记事的文章,必须搞清事件的发生、发展、高潮和结局各个阶段,依据这个发展规律安排结构。有些文章为了生动、鲜明而采用"倒叙""插叙"的手法,使情节发展发生一定的变化,但从整体看,它仍然是符合事物发展规律的。议论文在安排结构时,一般应根据论点与论据间的逻辑关系、中心论点与分论点之间的逻辑关系来安排,这自然形成了"提出问题、分析问题、解决问题"的一般结构模式。

二、服从表现主题的需要

文章的结构必须为表现文章的主题思想服务,因此,怎样安排层次,怎样划分段落,何处详写,何处略写等都要从服从主题的需要来考虑。茅盾的《香市》之所以采用对比型的结构,就是因为通过昔盛今衰的对比,更能突出文章的主题,能更深刻地展示 20 世

30 年代初南方农村的衰败。

三、适应文体特点

一般来说,文章的结构要受体裁的制约,因此在安排结构时必须适应文体特点。例如,议论文体以说理为主,在安排结构时应依据事物间的内在联系。其结构形式,一般是提出问题—分析问题—解决问题的逻辑结构。记叙文体以写人、记事为主,其结构特点是以时间或空间为序展开叙述。新闻文体结构较固定,一般有导语、主体、结语等部分。应用文体的格式,一般都有固定的要求。

范文选

魂归朗润园

乐黛云[*]

季羡林先生终于离开了他久住的医院,平静、安详,没有痛苦,也没有现代各种医疗器械的折磨! 我私心总以为先生是重返他住过几十年的朗润园 13 公寓旧居,又再与我为邻。我总觉得先生和过去一样,正漫步在那条美丽的湖畔幽径,悲伤地凭吊那棵无端被拦腰劈断的老紫藤;我仿佛又看见先生坐在湖边家门前那张简朴的长椅上,时而和邻家重孙辈小孩儿嬉笑,时而远眺夕阳,默默沉思。他热爱这周遭的一切,特别是春日沿湖盛开的二月兰。二月兰,联系着先生的生命体验和他的哲思。先生写道:"二月兰一怒放,仿佛从土地深处吸来一股原始力量,一定要把花开遍大千世界,紫气直冲云霄,连宇宙都仿佛变成紫色。"每当读到这里,我就不禁想起鲁迅写的:"猛士出于人间""天地为之变色",想起在各种逆境中巍然屹立的伟大人格,也仿佛看到了先生的身影。先生曾在二月兰花丛中,怀念早逝的爱女,目送她"穿过左手是二月兰的紫雾,右手是湖畔垂柳的绿烟,把我的目光一直带到湖对岸的拐弯处",也曾充满爱怜地回忆"一黑一白,在紫色中格外显眼"的"我的小猫——虎子和咪咪"。先生赞美二月兰说:"应该开时,它们就开,该消失时它们就消失。它们是'纵浪大化中',一切顺其自然,自己无所谓什么悲与喜。我的二月兰就是这个样子。"先生将自己的人格和灵魂移情投射到平凡美丽的二月兰之中。他曾在这开满了二月兰的湖滨,满怀深情地咏叹着那种淡定而美好的生活:"午静携侣寻野菜,黄昏抱猫向夕阳,只道是寻常。"这一切曾经是"寻常",又是多么"不寻常"啊。

今天,先生亲手播种的荷花(季荷)正在盛开,比往年都开得多而鲜艳;远来的白鹭和野鸭在沿湖沼泽中低回,仿佛在等待什么人;柳树丛中的杜鹃,声声呼唤着"归来"。我和他们一样,平静地等待着先生魂归朗润园! 我总觉得我一定会在哪一个拐弯、哪一张长凳上与先生突然相遇!

先生一直十分关爱我,是我的最后一个父辈。一个人,不管年纪多大,只要有一个真心视为父辈的长者在身边,就会觉得自己还是孩子,可以犯错误,可以"童言无忌",直抒胸臆。30 年过去,先生就是这样,耳提面命,时而批评,时而表扬,带我一路走来。

记得是 1980 年的一天,先生突然对我说起,应在北京大学成立比较文学学会和比较文学中心,经过讨论,他担任了两个新组织的领导者,我则充当了跑腿的马前卒。那时,正在编撰的《中国大百科全书·外国文学卷》原没有"比较文学"这个条目,先生坚持必须加上,并命我撰写。这就给了我一个全面研究这一学科的机会,从此走上了比较文学的不归路。先生一再强调"有了比较,多了视角,以前看不到的东西能看到了;以前想不到的问题能想到了,这必能促进中国文学的研究,而且,更重要的是,要让世界比较文学界能听到中国的声音。这一件事情的重要意义,无论如何也决不能低估"。当遇到困难时,先生总是鼓励我们:"中国比较文学学者的脚底下,从没有现成的道路,只要我们走上去,锲而不舍,勇往直前,在个别时候,个别的人,也可能走上独木桥,但是最终会出现康庄大道。这一点我是深信不疑的。"1985 年,全国 36 所大学和研究机构联手策划成立中国比较文学学会,因为是"全国",又是"跨省组织",我们碰了许多钉子,都无法获得批准。最后先生亲自找了胡乔木和体改委,学会才成功地在深圳如期成立。先生在会上强调比较文学所要探索的就是文学方面的文化交流,明确指出中国比较文学的第一个特点是以我为主,以中国为主;第二个特点是把东方文学纳入比较的轨道,以纠正过去欧洲中心论的偏颇,为中国比较文学的健康发展指明了方向、奠定了基础。我沿着先生指示的方向前进,任何时候都感到背后有先生强有力的支持。

先生对我的指引,远不止于学术。2000 年先生主编《当代中国散文八大家》,命我编选《季羡林散文精选》。我有幸阅读了先生的绝大部分散文。我认为对广大人民群众来说,先生的影响远不止于他的学术,而是他数量极大的散文和透过这些散文所表现出来的理想追求和人格魅力。和先生商量,我把这本散文集命名为《三真之境——真情·真思·真美》。使我感动至深的首先是先生对祖国的一片深情,这种深情早已超越一般理性,化为先生自己的血肉,化为发自内心的纯情。以这样的热忱作为生活的动力,生活就会色彩烂漫而又晶莹透明。古今多少文字"灰飞烟灭",唯有出自内心的真情之作,永世长存,并永远激动人心。如郭店竹简《性自命出》所说:"凡声,其出于情者信,然后其入拨人之心也厚。"正是心怀这样的挚情,人就可能于绝处逢生。记得先生的一小段散文:"这枯枝并不曾死去,它把小小的温热的生命力蕴蓄在自己的中心,外面披上刚劲的皮,忍受着北风的狂吹;忍受着白雪的凝固;忍受着寂寞的来袭,切盼着春的来临。"这些话给过我那么多亲切的希望和安慰,助我度过严冬。事隔四十余年,我至今仍难忘怀。"爱国、孝亲、尊师、重友",这是先生所有散文最根本的主题。先生临去前一天接见一位拟编《少年季羡林》的编辑时,曾将这八个字接连重复了三遍。这是先生心心念念要传之后辈并流传永远的嘱托。

七月流火,朗润园处处洋溢着先生移情寓意于二月兰的那种"要把花开遍大千世界,紫气直冲云霄"的蓬勃生命力。我和朗润园的大自然一起敞开心扉迎接先生归来。

——选自《文艺报》2009 年 7 月 18 日

*乐黛云,北京大学教授,中国比较文学学者、专家。

造　心

毕淑敏[*]

　　蜜蜂会造蜂巢。蚂蚁会造蚁穴。人会造房屋、机器,造美丽的艺术品和动听的歌。但是,对于我们最重要最宝贵的东西——自己的心,谁是它的建造者?

　　孔雀绚丽的羽毛,是大自然物竞天择造出的。白杨笔直刺向碧宇,是密集的群体和高远的阳光造出的。清香的花草和缤纷的落英,是植物吸引异性繁衍后代的本能造出的。卓尔不群坚韧顽强的性格,是秉赋的优异和生活的历练造出的。

　　我们的心,是长久地不知不觉地以自己的双手,塑造而成的。

　　造心先得有材料。有的心是用钢铁造的,沉黑无比。有的心是用冰雪造的,高洁酷寒。有的心是用丝绸造的,柔滑飘逸。有的心是用玻璃造的,晶莹脆薄。有的心是用竹子造的,锋利多刺。有的心是用木头造的,安稳麻木。有的心是用红土造的,粗糙朴素。有的心是用黄连造的,苦楚不堪。有的心是用垃圾造的,面目可憎。有的心是用谎言造的,百孔千疮。有的心是用尸骸造的,腐恶熏天。有的心是用眼镜蛇唾液造的,剧毒凶残。

　　造心要有手艺。一只灵巧的心,缝制得如同金丝荷包。一罐古朴的心,淳厚得好似百年老酒。一枚机敏的心,感应快捷电光石火。一颗潦草的心,门可罗雀疏可走马。一摊胡乱堆就的心,乏善可陈杂乱无章。一片编织荆棘的心,暗设机关处处陷阱。一道半是细腻半是马虎的心,好似白蚁蛀咬的断堤。一朵绣花枕头内里虚空的心,是假冒伪劣心界的水货。

　　造心需要时间。少则一分一秒,多则一世一生。片刻而成的大智大勇之心,未必就不玲珑。久拖不决的谨小慎微之心,未必就很精致。有的人,小小年纪,就竣工一颗完整坚实之心。有的人,须发皆白,还在心的地基挖土打桩。有的人,半途而废不了了之,把半成品的心扔在荒野。有的人,成百里半九十,丢下不曾结尾的工程。有的人,精雕细刻一辈子,临终还在打磨心的剔透。有的人,粗制滥造一辈子,人未远行,心已灶冷坑灰。

　　心的边疆,可以造得很大很大。像延展性最好的金箔,铺设整个宇宙,把日月包涵。没有一片乌云,可以覆盖心灵辽阔的疆域。没有哪次地震火山,可以彻底颠覆心灵的宏伟建筑。没有任何风暴,可以冻结心灵深处喷涌的温泉。没有某种天灾人祸,可以在秋天,让心的田野颗粒无收。

　　心的规模,也可能缩得很小很小,只能容纳一个家,一个人,一粒芝麻,一滴病毒。一丝雨,就把它淹没了。一缕风,就把它粉碎了。一句流言,就让它痛不欲生。一个阴谋,就置它万劫不复。

　　心可以很硬,超过人世间已知的任何一款金属。心可以很软,如泣如诉如绢如帛。心可以很韧,千百次的折损委屈,依旧平整如初。心可以很脆,一个不小心,顿时香消玉碎。

　　造心的时候,可以有很多讲究和设计。

　　比如预埋下一处心灵的生长点,像一株植物,具有自动修复、自我养护的神奇功能。心受了创伤,它会挺身而出,引导心的休养生息,在最短的时间内,使心整旧如新。

　　比如高高竖起心灵的避雷针,以便在危急时刻,将毁灭性的灾难导入地下,耐心等待雨过天晴。

比如添加防震防爆的性能,在心灵遭受短时间高强度的残酷打击下,举重若轻,镇定地维持蓬勃稳定。

比如……

优等的心,不必华丽,但必须坚固。因为人生有太多的压榨和当头一击,会与独行的心灵,在暗夜狭路相逢。如果没有精心的特别设计,简陋的心,很易横遭伤害一蹶不振,也许从此破罐破摔,再无生机。没有自我康复本领的心灵,是不设防的大门。一汪小伤,便漏尽全身膏血。一星火药,烧毁绵延的城堡。

心为血之海,那里汇聚着每个人的品格智慧精力情操,心的质量就是人的质量。有一颗仁慈之心,会爱世界爱人爱生活,爱自身也爱大家。有一颗自强之心,会勤学苦练百折不挠,宠辱不惊大智若愚。有一颗尊严之心,会珍惜自然善待万物。有一颗流量充沛羽翼丰满的心,会乘上幻想的航天飞机,抚摸月亮的肩膀。

造心是一项艰难漫长的工程,工期也许耗时一生。通常是母亲的手,在最初心灵的模型上,留下永不消退的指纹。所以普天下为人父母者,要珍视这一份特别庄重的义务与责任。

当以我手塑我心的时候,一定要找好样板,郑重设计,万不可草率行事。造心当然免不了失败,也很可能会推倒重来。不必气馁,但也不可过于大意。因为心灵的本质,是一种缓慢而精细的物体,太多的揉搓,会破坏它的灵性与感动。

造好的心,如同造好的船。当它下水远航时,蓝天在头上飘荡,海鸥在前面飞翔,那是一个神圣的时刻。会有台风,会有巨涛。但一颗美好的心,即使巨轮沉没,它的颗粒也会在海浪中,无畏而快乐地燃烧。

——选自王兆胜编《百年中国性灵散文》,花城出版社 2004 年版

* 毕淑敏(1952—   ),著名小说家、散文家,著有《毕淑敏文集》八卷,小说《红处方》《血玲珑》《预约死亡》等。

说 笑

钱锺书*

自从幽默文学提倡以来,卖笑变成了文人的职业。幽默当然用笑来发泄,但是笑未必就表示着幽默。刘继庄《广阳杂记》云:"驴鸣似哭,马嘶如笑。"而马并不以幽默名家,大约因为脸太长的缘故。老实说,一大部分人的笑,也只等于马鸣萧萧,充不得什么幽默。

把幽默来分别人兽,好像亚里士多德是第一个。他在《动物学》里说:"人是唯一能笑的动物。"近代奇人白伦脱(W.S.Blunt)有《笑与死》的一首十四行诗,略谓自然界如飞禽走兽之类,喜怒爱惧,无不发为适当的声音,只缺乏表示幽默的笑声。不过,笑若为表现幽默而设,笑只能算是废物或者奢侈品,因为人类并不都需要笑。禽兽的鸣叫,尽够来表达一般人的情感,怒则狮吼,悲则猿啼,争则蛙噪,遇冤家则如犬之吠影,见爱人则如鸠之

呼妇(cooing)。请问多少人真有幽默，需要笑来表现呢？然而造物者已经把笑的能力公平地分给了整个人类，脸上能做出笑容，嗓子里能发出笑声；有了这种本领而不使用，未免可惜。所以，一般人并非因为幽默而笑，是会笑而借笑来掩饰他们的没有幽默。笑的本意，逐渐丧失；本来是幽默丰富的流露，慢慢地变成了幽默贫乏的遮盖。于是你看见傻子的呆笑，瞎子的趁淘笑——还有风行一时的幽默文学。

　　笑是最流动、最迅速的表情，从眼睛里泛到口角边。东方朔《神异经·东荒经》载车王公投壶不中，"天为之笑"，张华注说天笑即是闪电，真是绝顶聪明的想象。据荷兰夫人(Lady Holland)的《追忆录》，薛德尼斯密史(Sidney Smith)也曾说："电光是天的诙谐(Wit)。"笑的确可以说是人面上的电光，眼睛忽然增添了明亮，唇吻间闪烁着牙齿的光芒。我们不能扣留住闪电来代替高悬普照的太阳和月亮，所以我们也不能把笑变为一个固定的、集体的表情。经提倡而产生的幽默，一定是矫揉造作的幽默。这种机械化的笑容，只像骷髅的露齿，算不得活人灵动的姿态。柏格森《笑论》(Le Rire)说，一切可笑都起于灵活的事物变成呆板，生动的举止化作机械式(Le mécanique plaque sar le vivant)。所以，复出单调的言动，无不惹笑，像口吃，像口头习惯语，像小孩子的有意模仿大人。老头子常比少年人可笑，就因为老头子不如少年人灵变活动，只是一串僵化的习惯。幽默不能提倡，也是为此。一经提倡，自然流露的弄成模仿的，变化不居的弄成刻板的。这种幽默本身就是幽默的资料，这种笑本身就可笑。一个真有幽默的人别有会心、欣然独笑，冷然微笑，替沉闷的人生透一口气。也许要在几百年后、几万里外，才有另一个人和他隔着时间空间的河岸，莫逆于心，相视而笑。假如一大批人，嘻开了嘴，放宽了嗓子，约齐了时刻，成群结党大笑，那只能算下等游艺场里的滑稽大会串。国货提倡尚且增添了冒牌，何况幽默是不能大批出产的东西。所以，幽默提倡以后，并不产生幽默家，只添了无数弄笔墨的小花脸。挂了幽默的招牌，小花脸当然身价大增，脱离戏场而混进文场；反过来说，为小花脸冒牌以后，幽默品格降低，一大半文艺只能算是"游艺"。小花脸也使我们笑，不错！但是他跟真有幽默者截然不同。真有幽默的人能笑，我们跟着他笑；假充幽默的小花脸可笑，我们对着他笑。小花脸使我们笑，并非因为他有幽默，正因为我们自己有幽默。

　　所以，幽默至多是一种脾气，决不能标为主张，更不能当作职业。我们不要忘掉幽默(humour)的拉丁文原意是液体；换句话说，好像贾宝玉心目中的女性，幽默是水做的。把幽默当为一贯的主义或一生的衣食饭碗，那便是液体凝为固体，生物制成标本。就是真有幽默的人，若要卖笑为生，作品便不甚看得，例如马克·吐温(Mark Twain)。自十八世纪末叶以来，德国人好讲幽默，然而愈讲愈不相干，就因为德国人是做香肠的民族，错认幽默也像肉末似的，可以包扎得停停当当，作为现成的精神食料。幽默减少人生的严重性，决不把自己看得严重。真正的幽默是能反躬自笑的，它不但对于人生是幽默的看法，它对于幽默本身也是幽默的看法。提倡幽默作为一个口号、一种标准，正是缺乏幽默的举动；这不是幽默，这是一本正经的宣传幽默，板了面孔的劝笑。我们又联想到马鸣萧萧了！听来声音倒是笑，只是马脸全无笑容，还是拉得长长的，像追悼会上后死的朋友，又像讲学台上的先进的大师。

　　大凡假充一桩事物，总有两个动机。或出于尊敬，例如俗物尊敬艺术，就收集古董，附庸风雅。或出于利用，例如坏蛋有所企图，就利用宗教道德，假充正人君子。幽默被假借，想来不出这两个缘故。然而假货毕竟充不得真。西洋成语称笑声清扬者为"银笑"，假幽默像掺了铅的伪币,发出重浊呆木的声音,只能算铅笑。不过,"银笑"也许是卖笑得利,笑中有银之意,好比说"书中有黄金屋";姑备一说,供给辞典学者的参考。

——选自《写在人生边上》,三联书店,2003年版

* 钱锺书(1910—1998),中国现代著名作家、文学研究家、翻译家。著有《围城》《谈艺录》《管锥篇》等。

思考与练习

一、名词解释

1.结构——

2.思路——

3.层次——

4.段落——

5.线索——

6.过渡——

7.照应——

二、填空

1.安排结构就是通常说的_____,它一般是指_____和_____的方式。

2.写作提纲一般有_____和_____两种。

3.段落划分,就段意看,要_____、_____;就篇幅看,要_____、_____。

4.时空交织结构要求在安排层次时既考虑_____,又考虑_____。

5.过渡的形式一般有三种,第一种是以_____和_____过渡,第二种是以_____过渡,第三种是以_____过渡。

三、判断(正确的画"√",错误的画"×")

1.思路是结构的基础,结构是思路的体现,结构规律在一定程度上影响思路。
(　　)

2.过渡段在文章中起承上启下的作用,它的意思必须保持单一性和完整性。(　　)

3.杂文和散文虽然文体不同,但它们的结构应该是相同的。 (　　)

4.层次必然大于段落。 (　　)

5.内容与标题照应,既能突出主题,又能使文章结构紧凑。 (　　)

6.记叙性文体不可以按材料间的逻辑关系安排层次。 (　　)

四、问答

1.联系自己的写作实际,谈谈理清思路的重要性和理清思路的步骤。

2.辨析"层次""段落"的含义,说明它们在结构中有何作用。

3.《魂归朗润园》中作者感叹:这一切曾经是"寻常",又是多么"不寻常"啊。你对此怎样理解?

五、读写训练

1.阅读巴金《真话集》,体会和理解其写作在结构上的特点。

2.以《中国高铁咏叹调》为题,理清思路,列出"细目式"写作提纲。

3.以《中国梦·我的梦》为题,写一篇 1200 字左右的演讲稿,要求结构清晰、内容新颖。

第四章　表达技巧的选用

第一节　常用表达技巧

表达是将思维所得的成果用语言反映出来的一种行为,是文章反映客观事物的手段。表达好,能起到与读者交流思想、沟通信息的目的;表达不好,不能充分有效地表达作者的思想。因此,表达必须讲究技巧。技巧是作者的劳动本领。表达技巧很多,我们应首先掌握常用表达技巧。

一、叙述

(一)叙述的含义与作用

叙述,就是把人物的经历和事件发展变化的过程叙说和交代出来的一种表达方式。它一般包括时间、地点、人物、事件、原因、结果六个要素。

叙述,是记叙性文章的主要表达方式,文学和非文学作品都离不开它,在写作中它的使用频率最高。其作用主要是用于叙说人物的经历和事迹,用于记叙事件的发生、发展变化过程,用于交代事物的原因和各事物间的关系以及客观景物的存在,为议论文提供事实论据,用于应用文中的情况介绍。

叙述可分为概括叙述和具体叙述两种。所谓概括叙述,是指用概括性较强的语言,对事件过程作大致的陈述和交代。文字简短,内容较多,只给读者一个轮廓的认识。所谓具体叙述,是指对事情进展的重要情节、人物在一定场面中的具体活动,作细致生动的陈述交代。

(二)叙述的人称与人称变化

叙述的人称,就是作者叙述时的观察点、立足点。它在一定程度上关系着文章的基调,关系着叙述内容、感情色彩、语调和气氛以及主题表达的最佳效果等重要问题,不容忽视。

通常将叙述的人称分为第一人称和第三人称两种。作者置身于叙述事件之中,无论表达对象是不是自己,都以"我"或"我们"的口吻进行叙述,称之为第一人称。第一人称的"我"在不同类别的文章中有不同的性质。日记、书信、游记、自传体文章中的"我",通常指作者本人;小说中的"我",是作品中塑造的人物。如《百合花》中的"我"是宣传员,是作品中的次要人物;《狂人日记》中的"我"是"狂人",是作品中塑造的主要人物,并非作者本人。采用第一人称叙述,便于写"我"的心理活动,表情达意能给读者以真实、亲切自然的感觉。但它要受一定的时空限制,不便于反映广阔的空间和"我"以外的人物的思想,以及写"我"的外貌、"经历"、"事迹",叙述面较窄。

作者置身于所叙事件之外,以"他"或"他们"的口吻叙述称之为第三人称。它以全知全能的旁观者身份、口气叙述,不受时空和是否亲历所限制,能灵活自由地表现丰富的生活内容,叙述面较广,但缺乏第一人称叙述的亲切感。

在通常情况下,人称必须统一,不能混用,否则会造成混乱,使读者不知所云。但为了充分发挥不同"视点"的优势,以增加表达效果,在较复杂的记叙文和文学作品中,根据一定的条件,在适当的地方,也可突破人称限制,由一种人称转换成另一种人称。在人称转换时,要作必要的交代和过渡,应进行提示,务必要使转换自然、合理、清晰,脉络分明。

除人称转换外,还有一种人称套用的情况,即一种人称中包含着另一种人称。如一篇作品,先用一种人称展开故事,但作品中又由人物之口讲另一个故事。这样,前面若用第三人称叙述,后面的故事必用第一人称叙述,才不会使人称混杂不清。

(三)叙述的方法

叙述的方法多种多样,仅就清代刘熙载的《艺概·文概》和林纾的《春觉斋论文》中所提到的就共有25种:特叙、类叙、正叙、常叙、实叙、借叙、详叙、约叙、顺叙、倒叙、连叙、截叙、豫叙、补叙、跨叙、插叙、原叙、推叙、总叙、间叙、引叙、别叙、直叙、婉叙、平叙。这里,只介绍几种常用的叙述方法。

1.顺叙　按照人物的经历或事件发生发展的先后顺序进行叙述的方法。顺叙是指按时间的推移,空间的自然序列,作者或人物的思想感情发展的进程,人物活动的次序或事件的始末进行叙述。这是一种最基本最常用的叙述方法。它循着事物发展的程序,符合人们的接受心理和阅读习惯,便于把叙述内容表述得条理清楚、自然顺畅。如鲁迅的《一件小事》堪为顺叙运用的典范。运用顺叙要区分主次,讲究详略,注意疏密相间,防止平铺直叙。采用顺叙,从头到尾,自然有序,气脉贯通,使文章条理清楚。顺叙要特别注意材料的取舍、叙述的详略,如果不分轻重主次,平均着墨,就会显得平淡、呆板,失去文章的光彩。

2.倒叙　又称"倒插笔",就是把事件的结局或事件中最突出的片段提到前面来叙述,然后按事件发生的时间顺序进行叙述。如沃勒在《廊桥遗梦》的开头即写道:"从开满蝴蝶花的草丛中,从千百条乡间道路的尘埃中,常有关不住的歌声飞出来。本故事就是其中之一。一九八九年的一个秋日,下午晚些时候,我正坐在书桌前注视着眼前电脑荧屏上闪烁的光标,电话铃响了。"作品采用倒叙的笔法来叙述,先写叙述者的现在,再回忆故事主人公年轻时的一段恋情,使小说充满怀旧的色彩。此法用得好,容易突出重点,造成悬念,增强读者阅读兴趣。同时,可压缩一些过程,使结构紧凑,增强吸引力。采用此法,应注意两点:一是根据内容表述的需要,决不可故弄玄虚,搞形式主义,为倒叙而倒叙;二是从"倒叙"转入"顺叙"部分的衔接要交代清楚,过渡要自然紧密。

3.插叙　在叙述主要事件的过程中,由于表达的需要,暂时中断主线,插入与中心事件有关的内容的叙述。如鲁迅的《故乡》一文中,当母亲和"我"提到闰土时,叙述的主线中断了,插入了"我"童年时与闰土交往的一段叙述,表现了少年闰土的天真活泼、质朴可爱,为后文"木偶人"式的中年闰土出场作必要的铺垫和对照,突出了闰土的变化,有利于揭示文章的主题。

插叙的内容较多,有回忆过去的人,追叙往事的;有对人、事、景物的情况作说明或作补充或作解释的……插叙可以帮助展开主要事件,丰富文章内容,使行文缓急相济,起伏有变化。但要注意切合内容的需要,自然贴切地插在关键处;要交代清楚与主线的衔接,插叙完后,要回到原来的主要事件上来,保证主线的突出,不可喧宾夺主。

4.补叙　在叙述过程中对前文涉及的某些事物和情况作必要的补充,它的作用在于对前文所设伏笔作出回应,或对前文中有意留下的接榫处予以弥合。如兰德尔·华莱士的小说《珍珠港》,主人公丹尼·沃克死而复生,让大家惊诧不已时,作者马上交代他如何跳伞得救的经历,使人恍然大悟。补叙,可以使内容完整充实,情节结构完善,记叙周严,不留破绽。

5.平叙　又叫分叙,是指对同一时间内不同地点所发生的事情进行分别、平列的叙述。叙述两件或两件以上的事,不能同时双管齐下,通常采用"花开两朵,各表一枝"的方法。先叙一件,再叙另一件。如《水浒》中最后108条好汉,齐到聚义厅,就是一人一人地分别叙述的。

采用此法,能使头绪纷繁的人与事表现得有条不紊,能增强文章的立体感,读者透过空间同时见到几处的活动,开阔视野。

二、描写

(一)描写的含义与作用

描写就是用生动形象的语言,色彩鲜明、立体感强的文字,把表述对象的声、色、形、神具体逼真地摹写描绘出来的一种方法,它是记叙文和文学作品的主要表述手段之一。议论文、说明文中为增强表达效果,往往也离不开它。它的作用在于栩栩如生地再现人、事、景、物的状貌,使读者产生如视其人、如睹其事、如触其物、如闻其声、如尝其味的真切感受,增强文章的形象性和艺术感染力。

(二)描写的类别

根据描写对象的类别,写作中经常出现的有人物描写和环境描写。

1.人物描写　人物描写是指对人物肖像、行为、语言和心理等方面的刻画,用以揭示人物的性格特征和精神风貌。人物描写的关键在于抓住特点,突出人物思维性格。人物性格不是单一的,而是复杂多样的,因而应立体地描写人物独特的肖像、行为、语言、心理状态等,才能创造出各种各样真实感人的形象。人物描写的方法有:

(1)肖像描写。指对人物的容貌、服饰、体态、神情、风度、习惯等外形特征的描写。它要求通过描写人物外部的各种特征,揭示人物性格的内在特点,显示人物身份、文化教养等,其关键是抓住特征,以"形"传"神",做到"形神兼备"。鲁迅笔下的孔乙己身上的破长衫、阿Q头上的癞疮疤、祥林嫂眼睛的变化,无不表现出他们的身份、社会地位、生活境遇和性格特征。

肖像描写的技法多种多样,从不同角度看,着墨可简可繁,色彩可浓可淡,状态可动可静。写全身,写局部,正面写,侧面写,写一个人,同时写多个人,或写某一类型人的群像。可先写"形",后写"神",由容貌到服饰,字里行间,层层着色,直到准确逼真。还可以作夸张、比喻、对比等描写,但要注意不可千人一面,脸谱化,不可抽象笼统,应具体、形象、有个性。

(2)行动描写。指对人物举止、动作、行为的描绘。它要求从大处着眼,小处着手;选择富有特征的、典型的动作来为表现人物的性格、气质、情感、精神品质服务。孙悟空大闹天宫,武松景阳冈打虎,关羽过五关斩六将的神速,无不显示出正直、勇猛的性格,高强的武艺。

行动描写要注意准确选用动词,写出动作的连贯性;特殊场合的行为,要浓墨重彩,使之成为令人难忘的精彩片段;要符合生活逻辑、民族习惯。

(3)语言描写。指人物的独白和对话的描写。独白是默默地或大声地自言自语,它是反映人物心理活动的重要手段。对话是指人物间的交谈或讲话。它包括两个人的对答,一个人对大家讲话,几个人在一起谈话。其主题作用是塑造人物形象,刻画人物性格,叙说人物心理,发展故事情节。它要求个性化,要做到符合人物的年龄、身份、教养、经历,所处环境和特定事件过程中的心理状态,要善于选用现实生活中的口语、俗语、歇后语,使人物对话有生活气息,并力求干脆简练。如鲁迅笔下刽子手康大叔的凶狠,九斤老太的守旧,阿Q的精神胜利法,孔乙己的迂腐,曹操的大言不惭和傲慢自私,都是通过他们的语言而跃然纸上,活画出他们各自的身份、教养和个性特征。

(4)心理描写。指对人物在一定的情境中所产生的内心活动的描写。心理活动是言行活动的根源,是刻画人物的传神之笔。它要求提示人物复杂的内心世界,把抽象的思想感情写得生动具体,创造出有血、有肉、有灵魂的人物来。

心理描写的方法很多,常见的有:①心理剖析,即作者以旁观者的身份对人物内心活动进行叙述分析和评价,如《警察与赞美诗》中对苏比内心的揭示;②内心独白,即人物自言自语,自我倾吐想法,如《屈原》第五幕第二场"雷电颂";③梦境幻觉,即通过人物在下意识精神状态中,对生活、经历等的认识来暴露心灵深处的秘密,如安徒生《卖火柴的小女孩》写女孩在除夕夜饥寒交迫擦火柴时眼前出现的火炉、烤鸭、圣诞树等幻觉。其他如回忆联想、行动泄露、环境烘托、侧面猜测,也能反映人物的心境和思想。

2.环境描写　环境是人所赖以生存的场所。文学作品中的环境,是人物成长、活动和事件发生发展的时间、地点、周围情况、条件及气氛。环境描写的好坏,直接影响到人物的塑造、主题的表达和作品的艺术感染力。环境描写包括社会环境、自然环境和场面的描写。

(1)社会环境描写。指的是特定的时代背景和人物生活环境的描写。它可以是社会风貌、时代气氛、风土人情,也可以是家庭处所、室内陈设以及人们的社会关系等。它要求真实典型,具有时代和乡土特色。

(2)自然环境描写。就是对自然景物的描写。它包括对时令气候、风雨雷电、日月星辰、山河湖海、动物植物、楼台亭榭等的描写。其作用主要在于交代时间、地点,展示背景,衬托心境,抒情寓意。景物描写最基本的要求是景无虚设,目的明确,抓住特点,为服从于展示人物性格,推动情节发展,表达主题服务;力求做到景物和人物之间和谐统一,寓意传情。

此外,人、事、景、物等描写对象会随着写作主体的运思差异和行文特点,形成各自的描写重心有所不同的类别。

3.场面描写　指人物在一定的时间、地点内相互发生关系而构成的生活画面的描写。它是以人物为中心,由人、事、景物交织而构成,往往运用叙述、描写、抒情等多种表述方式,是自然环境和社会环境等描写对象的集中体现,因而它具有综合性的特点。它主要用于反映丰富多彩的社会生活,展开复杂多变的故事情节,塑造鲜明的人物性格,以增添艺术效果。场面,有波澜壮阔的大场面,也有一人一事的小场面。场面描写常见的有战斗场面、劳动场面、运动场面、生活场面以及各种集会场面等。总之,无论写何种场面,都应有明确的目的,要突出重点,做到"乱中有序"。如果描写较大的场面,还应力求点面结合,有较强的概括力、表现力、感染力。

4.细节描写　指对富有典型意义的细枝末节进行强调性的描写,使表达更为深刻丰富。无论对人、事、景、物、场面,都可以进行细节描写。细节描写要求真实、典型,既是有意为之,又显得自然真切。

按描写角度,还有正面描写和侧面描写之分。正面描写,是对描写对象的正面描摹;侧面描写,是通过"烘云托月"的手法对描写对象进行以"虚"写"实"的描写。按描写方法分,有白描和细描。白描,指用朴实简练的语言作传神的描写。它源于古代不着彩色、用墨线勾勒物象的"白画"。正如鲁迅所说:"有真意,去粉饰,少做作,勿卖弄。"(《作文秘诀》)白描能起到以简胜繁的艺术效果。细描是对描写对象的形态、声容、颜色、特征等,作重彩浓墨、细致入微的刻画。它如工笔画一样,既要一笔不苟地描绘出事物的模样,又要讲求光线的明暗色彩,多层次、多侧面地显示事物的本质特征,给人以立体的惟妙惟肖的感觉。

三、抒情

(一)抒情的含义与作用

大千世界的生活五光十色、丰富多彩。当生活的信息在作者心灵中引起颤动时,必然会对所遇的事物作出肯定或否定的评价,产生"喜、怒、哀、惧、爱、恶、欲"等不同情感。"情动于中而行于言"。作者行文,必然把自己的主观感受和情感表露出来,这就是抒情。无论是写古往今来之事,描千姿百态之状,绘奇观异彩之景,言经天纬地之理,都会或明或暗、或显或隐地渗入作者的情感。由于抒情在渲染气氛、开拓意境、突出主题、增强情感力方面,有其独特的作用,所以在抒情诗文中是主要的表达方式,在记叙性作品中也经常运用;在议论性和说明性文体中有时也用到,但只是作为一种辅助手段。

(二)抒情的方式

1.直接抒情　即作者不用借托,以直陈肺腑的方式表达对客观事物的情感。其优点是亲切、直截了当、痛快淋漓,有很强的艺术感染力。

2.间接抒情　就是把作者的感情自然蕴含在叙述、描写、议论中,作记人、叙事、写景、状物、议理的依附体。间接抒情可使抽象的感情客观化、具体化、形象化。常见的方法有以下几种:

(1)寓情于人。即把感情寓托在对人物身世、言谈举止、素质等的描述中。采用这种方式抒情,写人要为传情服务,而人又离不开事,所以它常和寓情于事结合在一起。

（2）寓情于事。即通过叙事来抒发情感。采用这种方式抒情,不一定讲究事件的完整性,对事件的介绍往往是截取片段,事件为抒情服务。采用这种抒情要使情感"缘事而发",情满于胸,"我"在其中。

（3）寓情于物。即通过具体物象的描写寄托作者的感情。这种抒情常借助拟人、比喻、象征等手法,借助咏物,将感情曲折委婉地透露出来,使文章蕴含深厚,情深意远。采用这种方式抒情要注意准确把握物象外形与内在气质特征,"物"与"情"之间要有相通之处,达到主观情与客观物之间的高度融合,使形象性与暗示性统一起来。

（4）寓情于景。即将主观感情高度融化在客观景物的描写之中,又称为借景抒情、移情入景。其特点是景语即情语,明写景,暗寄情,写出的是人化的自然景物,许多都带有象征意义。寓情于景,能使读者展开想象和联想,进行自由的再创造,文章因此而含蓄隽永,情丰意浓,深切动人。

（5）寓情于理。即将感情融注于议论文中,又叫说理抒情。它所言之"理",是情化了的议论。此法用得好,能强化感情,升华形象,揭示作品的思想意义,并能收到以理服人、以情感人的效果。

四、议论

（一）议论的含义与作用

议论是作者对某个问题或事件进行分析评论,发表自己观点和看法的表达方式。一般来说,完整的议论是由论点、论据、论证三要素构成的。论点,是作者的观点和主张。论点包括中心论点和分论点。中心论点是全文论述的中心,起统帅全文的作用;分论点是从属于中心论点的小论点。论点必须正确、鲜明,力求深刻新颖,不能含混不清,模棱两可。

论据,是建立论点的理由和依据,是论证的基础。论据有两种:一是事实论据,包括事例、史实、经验、统计数字等;二是理论论据,包括经典名言、公理、谚语、俗语、典故等。对论据最基本的要求是真实确凿,力求充分典型,切不可虚假,也不能罗列堆砌。

论证,是用论据来证明论点的方法和过程。它是议论的手段,论点与论据之间的桥梁。其功能是显示论点与论据之间的逻辑关系、内部联系,使观点与材料统一,推导和求证出观点。论证要合乎逻辑,切不可犯"不能推出"、机械类比、以偏概全等毛病。

议论运用广泛,在剖析事物、论证事理、发表意见、提出主张、明辨是非等过程中,不可缺少。它的作用在于使文章的观点鲜明深刻,具有较强的哲理性和理论深度,能达到以理服人的目的。

（二）议论的类型

议论的类型有立论和驳论两大类。

立论,是针对一定的问题和事件,从正面提出自己的主张和见解的议论。它是"论是",以立为主。先正面提出一种观点,然后用事实和道理进行分析论证,说明其正确,从而使观点站立起来。

驳论,是对一定的事件或问题,表示异议或否定并加以驳斥的议论。它是"斥非",以破为主。一般是开门见山地摆出敌论,然后进行批驳,揭示其危害,证明其错误,从而驳倒对方。

立论和驳论是相互联系的,常常交替使用。有时在证明时要批驳某些错误的论点;有时在批驳错误论点时要进一步提出正确的论点。立中有破,破中有立,二者呈现着对立统一的辩证关系。

(三)论证的方法

论证方法多种多样,常用的主要有三种方法:直接论证、分析论证、因果论证。

1.**直接论证**　即引用事实论据和理论论据,直接证明论点的方法。有引证、例证等。

2.**分析论证**　即通过对论据中所包含的意义影响或是对构成事物的矛盾进行分析,综合各要素证明论点的方法。有对比论证、反证等。

3.**因果论证**　即利用事物间的逻辑关系,推导出论点的方法。如归纳法、演绎法、类比法、因果法、归谬法等。

(1)归纳法。即从若干个别或特殊事实的分析中归纳出一般性结论的方法。此法所选事例要真实典型,切不可以偏概全,或用虚假事实为据。

(2)演绎法。即依据一般的原理去推导出个别事物、事理结论的方法。其特点是从一般到个别。此法可加强逻辑力量,收到先声夺人的效果。

(3)类比法。从已知的特殊事物的属性推导出相类的特殊事物的属性的方法,即说此而言彼,或从"个别"到"个别"的论证方法。此法要求类比的对象应有共同或相似之处,相同或相似点越多,推导出的结论的可靠性就越大。

(4)因果法。通过分析事理,揭示论点与论据之间的因果关系来证明论点的方法。运用此法要考虑因果之间的确定性和复杂性,不可简单化。既可用因证果,也可用果证因,还可因果互证。

(5)归谬法。即先假设对方的论点能成立,然后以它为前提,进行合乎逻辑的引申,推导出一个极端荒谬的结论来,从而驳倒对方论点的方法。此法能较充分地暴露对方论点的错误,富于幽默感和讽刺意味。

论证的方法还有例证法、引证法、对比法、反证法等,这里不再赘述。

五、说明

(一)说明的含义与作用

说明是对客观事物、事理进行解说和阐释的表达方式。解说事物,就是把事物的形态、特点、成因、构造、种类、关系、功能等情况介绍清楚;阐释事理,就是把事理的概念、内容、性质、来源、变化、意义等解说明白。说明的目的是给人以知识,因而不能带主观的感情色彩,它要求客观、科学、简明。

说明的使用相当广泛,记叙文用它介绍人物身世、地理环境、历史背景等;议论文用它解释概念,简介问题和情况,阐明主要性等。说明文离不开它,凡是宇宙空间存在的事物、现象,上至天文,下至地理,大到宇宙,小到基本粒子,都要用它进行解说。

(二)说明的方法

1.**定义说明**　即用精练概括的语言对被说明事物或事理的本质属性作确切说明。如"物理是研究物质运动基本规律的学问",把"物理"区别于其他学科的本质属性作了确切的概括。定义说明可使读者了解被说明对象的本质,常用于教科书、政策条文、理论著述和科普文章中。运用此法,注意严密的科学性,掌握被说明对象的本质特征。定义者和被定义者的外延必须相等,不能用否定形式,不能用比喻说法,不能前后循环。

2.诠释说明　即对事物或事理某些方面的特点作概括解释。如"当杜宇立国,成都平原成为农业区后,蜀人也未完全脱离狩猎生活,《华阳国志》说他们以汶山为畜牧,南中(当包括川西南)为园苑,即反映了成都平原周围仍是广阔的狩猎空间。……《禹贡》说梁州宜贡熊(黑熊,Selenarctos thibetanus)、罴(棕熊,Ursus arctos)、狐、狸(豹猫),不是没有来由的"(《四川历史农业地理》)。该书作者郭声波用括号里的文字"当包括川西南"作为对"南中"的解释,也用现代生物科学中的规范名称解释传统文献中的动物。简言之,诠释说明常用于属性解说和词语解释,在词典和科普类文章中用得最多。

3.分类说明　即按一定的标准将被说明的事物或事理划分为若干类别或方面,然后逐一加以介绍。如杨鉴普的《杨树》,先按品种将杨属植物分为五类:白杨派、黑杨派、青杨派、胡杨派、大叶杨派。然后分别介绍各派杨树的形状、用途、生长特性和分布区域。分类说明能使被说明的事物或事理具有系统性,头绪清楚,层次分明。但要遵循三条原则:一要标准统一,各类处于并列关系,互不交叉,互不包容;二要将所分内容包括无遗,穷其所"属";三要所分类别符合客观存在,具有科学性。

4.数字说明　即用确切的数字来说明事物或事理特征。数字有确数、分数、约数和信数。数字说明,能具体地介绍事物的空间、时间、本体数量和事物特征,简便明晰,具有很强的说服力。

5.图表说明　即用表格或图画形象来说明事物或事理。说明性的图表,形式上有统计表、一览表、双向表、示意图、流程图、关系图、曲线图、条形图、树形图、网络图以及复杂的插图、照片等。图表说明具有数字说明的精确性,又有直观性。它可以化繁为简,清晰地再现各数据资料间的关系,收到直观明晰的效果。

6.引用说明　即援引权威性资料、典籍、名言、诗词、成语、谚语等来说明事物或事理特征的方法。运用此法,可使内容显得确凿、充分、可信,使说明语言显明精练,富有表现力。引用说明要有针对性,要注明援引资料的名称、作者等,以便查对,切不可马虎、卖弄、堆砌,以讹传讹。

说明的方法还有很多,如举例说明、比较说明、形象说明、对比说明、编码说明等,在具体写作时,要选择恰当的方法进行说明。

第二节　辩证表达技巧

辩证技巧是根据辩证法的哲学原理,巧妙地将一些相互矛盾的现象组织在一起,并通过它们的和谐统一来显示所写对象的本质特征,掌握和恰当地运用辩证技巧,有利于真实地反映在矛盾对立统一中变化发展的客观现实,将不同时空、不同角度、不同状态的材料组合成绚丽多彩的文章。

辩证技巧种类较多,常见的有:

一、动静法

动静法是在写作活动中充分注意并着意突出客观事物动与静的辩证关系,将动态描写与静态描写结合运用的手法。客观事物有静有动,变化无穷。静要靠动来显示,如"鸟鸣山更幽";而动又要靠静来帮助,如"神女应无恙,当惊世界殊"。为动而写动,为静而写静,往往事倍功半;反之,为写动而写静,为写静而写动,则可事半功倍。因此,作者必须在感知的基础上,准确地把握事物特征,以及事物之间的动静关系。

动静法的形式主要有:

(一)以静写动

以静写动是在表现动态事物时,不把重点放在动态上,而是通过巧妙的静态描写来表现、渲染、烘托、反衬动态,显示出所表现的对象似静实动的生命力,如"随风潜入夜,润物细无声"。"无声"是静态的,却使人联想到万物的躁动和即将来临的鸟语花香的春天。

(二)以动写静

以动写静是在表现静止的事物时,巧妙地配合动态描写,以动态来表现、渲染、烘托、反衬静态,构成动与静既对立又统一的艺术境界。如杜牧在《阿房宫赋》中写宫阙楼阁的建筑美,用了"檐牙高啄"。其中一个表动态的"啄"字,把高高翘起的静态的檐角比作鸟儿伸着嘴向空中啄食的动态,在给人以动感美的同时,渲染了阿房宫的建筑美。

(三)动静对调

动静对调是将对动态事物的描写,换成对静态事物的动态描写;或将对静态事物的描写,换成对动态事物的静态描写。如托尔斯泰的《哈泽·穆拉特》中,写穆拉特与他的副官在峡谷里夜行:"峡谷上面是天空,像一条长河。满天星星在蔚蓝色的河里向着峡谷的弯曲处移动。"这儿将人的行走换成静物星星的移动,逼真地反映了二人夜行峡谷的情景。

(四)动静相交

动静相交是将动与静的事物相互联系,交织在一起来写。如南北朝民歌《敕勒歌》中:"天苍苍,野茫茫,风吹草低见牛羊。"其中,将静态的"天""野"与"风吹草低见牛羊"的动态描写交织在一起,相互影响,相得益彰,既描绘出了北方美丽的自然风光,又让人体验到一种壮阔的美感。

二、虚实法

虚实法是在写作中将"实写"与"虚写"有机结合起来加以运用的写法。"实写"是指作者在反映现实、描绘生活时所作的正面、直接的具体描写;"虚写"是指作者采取烘托、暗示等手法对表现对象所作的侧面、间接的描写。由于客观事物是复杂多样的,写作中不可能对所有的表现对象及其各个方面进行实写;加之有的作品全用实写,面面俱到,悉心勾画,不仅不能写出所反映对象的神韵,而且常使作品显得平淡、累赘。因而,采用虚实结合,彼此互相补充,既可使所反映的对象具体可感,富于直观性,给读者留下鲜明生动的印象,又能表现其神韵,留下艺术空白,引发读者的审美联想,取得含蓄凝练的艺术效果。

虚实法常见的形式有:

(一)化虚为实

一般来说,如果写作中出现实写效果不佳或者比较困难的情景,往往可用以虚显实之法,即不写客体本身而写其周围的反应或效果。如历代文学作品中表现女性之美,除了直接描写以外,往往变换笔法,通过侧面的方式来完成。王实甫《西厢记》中为表现崔莺莺美貌,写"大师年纪老,法座上也凝眺;举名的班首真呆劳,觑着法聪头做磬敲"。这与汉乐府《陌上桑》对罗敷的描写"行者见罗敷,下担捋髭须。少年见罗敷,脱帽著帩头。耕者忘其犁,锄者忘其锄"异曲同工。

(二)以实显虚

如果写作笔力需要集中于某种意蕴、情绪,或者其他不便于直接描写的抽象之物时,往往可通过对具体可感的事物或景象进行描写的方式来处理。梁代丘迟《与陈伯之书》为触发叛将陈伯之的故国情思,促其南归,在信中以写实景语动其心志,描绘江南春景灿然,"暮春三月,江南草长,杂花生树,群莺乱飞",亦为此类笔法。历代文学作品中表现愁的名句,也经常采用这种方式。如李清照《武陵春》中"只恐双溪舴艋舟,载不动许多愁"。作者意欲表达的悲愁是抽象的,但引入"舴艋舟"这一生活中可知可感的实物,将其与内心所担心的"载不动"直接联系起来,就把"愁"化为可运载的实体,突出愁之多、愁之重,使虚的精神愁苦化为具体可感知的形象之物。其遵循的也是"问君能有几多愁,恰似一江春水向东流!""试问闲愁都几许? 一川烟草,满城风絮,梅子黄时雨"的以实显虚的逻辑。

(三)虚实相映

优秀的文学作品都擅长虚实相映。从虚实表现手法的基本规律来看,实写为主,虚写为宾,虚写为实写服务。《三国演义》第五回"关公温酒斩华雄"历来是公认的虚实相映的名篇。从帐内帐外的空间关系来看,帐内是实写,战场是虚写;从人物关系来看,以写关公为主(实写),华雄为宾(虚写),从写关公的角度来看,此篇中既有实写又有虚写。关公如何在帐内应战为实写,在帐外如何斩华雄为虚写。华雄挑战时,帐内众诸侯的"大惊""失色",可反衬出关公的胆识和英勇,关公斩华雄后,"其酒尚温",则侧面衬托出战斗过程的快速、关公的勇猛过人。

此外,也有论者就虚实相映提出缘实生虚之法。比较而言,该说法更接近于一种文本内容的构思方式。这是一种在实写客观的人、事、物的基础上,描绘人物(包括写作主体)想象的事物、图景(包括幻景、梦境),以抒发人物(包括写作主体)情思的写法。这比人们通常直接使用的缘实生虚法,即在实写客观的人、事、物的基础上,通过抒情、议论生发出某些情感、认识、哲理,更富于文学魅力。

三、庄谐法

庄谐法是通过幽默诙谐的艺术方式表达出庄重严肃的思想内容的辩证技巧,又叫寓庄于谐。它能使文章和艺术作品在表达极其严肃的内容时也不缺乏轻松愉快的氛围,具有深刻性、娱乐性和暗示性。

使用庄谐法,往往在曲折、歧解、意外、巧合中使情势和场面发生逆转,在偶然中表现必然。并常常通过比喻、夸张、借代、象征、双关、谐音、反语、讳饰等手法,运用机智、风趣、俏皮、幽默的语言,对社会生活中不合理的、自相矛盾的事物或现象作含蓄的揭露、批评和揶揄,使读者在笑过之后,冷静思之,从而理解寓藏在喜剧形式之中的深刻而严肃的意义。此法尚可通过不合常规的有趣形式,使所反映的人物不仅滑稽可笑,而且可爱可亲。

四、点面法

点面法是在写作中将面的叙写与点的刻画结合起来,使二者互为补充、和谐统一的方法。此法中的“点”,是指最能显示人、事、景、物特征,最能表达作者中心意图的个别形象;“面”是指事物的整体。点的勾画,可揭示客观事物的深度,面的叙写可反映客观事物的广度,二者结合,将事物存在的整体与局部、一般与个别的辩证关系显示出来,使所反映的客观事物更加真实可信、生动具体。同时,其使文章有详有略,文势起伏跌宕,画面开阔,流转有致,避免呆板单调,还可形成二者的对比映衬,从而加强作品的表现力。

点面结合的形式,常见的有以点显面、以面带点、点面互补等。但需注意点面的和谐统一、详略适当,以显示整体神韵及全文主旨。

第三节　现代表达技巧

随着社会和时代的前进,作者思想的解放,读者欣赏水平和审美情趣的变化,文学艺术的发展,一批新的写作技巧应运而生。这些新技巧,“有的是在传统技巧中早有孕育,有的是借鉴外国现代派的,有的则是我国作者的新创造”。这些被称为现代技巧的新技巧,主要有:

一、象征

“象征”一词出自古希腊,本义是将物破成两半,各执一半为信物,合之可以检验真假。发展至今,有时被借用来指一种现代意识,有时借指一种艺术流派,更多的是用来指一种艺术技法。

作为艺术技法的象征,是指借用具体可感的形象来暗示特定的事物和情理。例如,鲁迅的《秋夜》,借用倔强挺立,不畏“凛秋”、不受“蛊惑”的两株枣树,象征敢于直面惨淡人生,具有韧性的战士,并寓赞美之情。

象征由象征体和象征义两个要素构成。象征义寓于象征体中。由于象征是借有形寓无形,借有限寓无限,借一时寓永恒,具有形象性和暗示性的特点,能开拓作品的意境,使之含蓄、深沉,增强其艺术魅力,并能促使读者去思考想象,得到艺术美的享受,因此诗歌、小说、散文等文学作品中,广为运用。它既可用于全篇,又可用于局部。运用象征,第一,要善于用丰富的联想去捕捉足以显示象征义的象征体,仔细发现和把握"物"与"义"的内在必然联系,外在微妙的类似。第二,运笔时,着力描述象征体的表层世界,力求做到"形""神"兼备,"物""义"交融,相互生发,暗示其深层的意蕴。第三,明确传统的象征法与象征主义的象征法,在"物"与"义"的类似点和寓意的明晰性上已有很大的不同。传统的象征法,有类似点,寓意明晰,易于读者欣赏理解。象征主义的象征法,虽不完全否定"物"与"义"的类似与联系,但常是隐蔽的非约定俗成的,须反复斟酌,才能有所了解。它常使主题产生多义性,能扩大作品所表现的生活领域与主观情绪。

二、意识流

意识流原是美国威廉·詹姆斯的《心理学》中的术语,特指在一个清醒头脑中源源不断地流动着的思想和意识。西欧一些文学家受其启示,利用它来捕捉人物心理活动过程的范围和轨迹,创造了意识流文学,20 世纪 20—40 年代,风行于欧美各国。意识流法是指打破时空顺序和逻辑联系,随意跳跃和闪接,运用内心独白、自由联想、梦境幻觉和回忆等方式,充分表现人物意识瞬息万变的流动状态和隐藏在心灵深处的活动的技法。

意识流在西方有普鲁斯特的"单纯型",乔伊斯的"交错型",福克纳的"复合型"。意识流在我国又有"坐标轴射式"和"环环扣紧联锁式"的说法。它突破了时空限制,采用了快节奏和多层次的结构手法,能增大作品容量,丰富作品内涵,宜于表现现代生活。

三、蒙太奇

蒙太奇是法语的音译,原为建筑学上关于构成、装配的术语,借用在电影艺术上,成为镜头(画面)之间剪辑组合的技法。由于文学艺术的各门类有其通似性,被加以改造,引进文学创作中,即是按一定的艺术构思,把不同时间、地点的生活片段有机地连接起来,使之产生连贯、对比、衬托、象征、悬念等效果,以表现作品主题的技法。

用蒙太奇可以使作品行文洗练,结构紧密,画面感强,给人以新意和艺术美的享受。用此法要注意:组织生活画面要遵循一定的生活逻辑和美学原则,连接要巧妙自然,选好连接方法。连接方法较多,常见的有对话式连接、音响式连接、人物式连接、物件式连接、处所式连接、画外音连接等。如果随心所欲,乱接一气,会使结构涣散,杂乱无章,意蕴也不明确。

四、荒诞

荒诞即荒唐怪诞,是极不真实,极不近情理,虚妄可笑而不可信之意。写作中的荒诞法又叫玄怪荒诞法。此法并非源于现代,我国古代的微型小说集《搜神记》《聊斋志异》等中多有运用。现代作家把它发展到一个新阶段,使之更系统、更引人注目,运用更广泛。第二次世界大战后,荒诞戏剧轰动了西方剧坛。

荒诞法是运用拟人、夸张、幻想、虚构、变形等方法,在荒诞中寓情理,曲折地反映生活真实的一种特殊技巧。其特点是将离奇古怪与顺理成章熔于一炉,将历史与现实剪接为一体;事实的客体是非理性的,而事实的主体是理性的;用事实的不可信,展示事实的本质可信;以表层的不科学来揭示内在的科学。它不受时空和逻辑的限制,常常将古今中外的人物聚集在一个时空里,如戏剧家魏明伦的川剧《潘金莲》,让古今中外的、真实的、虚构的人物,诸如武则天、红娘、安娜·卡列尼娜、莎莎等同时登台,参与对潘金莲这一公案的辩论。它所表明的内涵是:不同时期、不同民族、不同性格的人物,会用不同的伦理尺度评价潘金莲。因为这个道理是真实的,不容置疑的,因此川剧《潘金莲》貌似荒诞,内在却是真实可信的。

运用此法,由于情节离奇古怪,形象扭曲夸张,描述事物是反自然形态的,能引起读者的好奇心,但也造成了事实客体与审美主体之间的距离,布下了光怪陆离的、非现实的迷雾,读者要通过联想,才能理解其中的意蕴,因而它能促使读者进行深思,起到惊觉与猛醒的艺术效果。

范文选

再忆萧珊

巴 金*

昨夜梦见萧珊,她拉住我的手,说:"你怎么成了这个样子?"我安慰她:"我不要紧。"她哭起来。我心里难过,就醒了。

病房里有淡淡的灯光,每夜临睡前陪伴我的儿子或者女婿总是把一盏开着的台灯放在我的床脚。夜并不静,附近通宵施工,似乎在搅拌混凝土。此外我还听见知了的叫声。在数九的冬天哪里来的蝉叫? 原来是我的耳鸣。

这一夜我儿子值班,他静静地睡在靠墙放的帆布床上。过了好一阵子,他翻了一个身。

我醒着,我在追寻萧珊的哭声。耳朵倒叫得更响了。……我终于轻轻地唤出了萧珊的名字:"蕴珍。"我闭上眼睛,房间马上变换了。

在我们家中,楼下寝室里,她睡在我旁边另一张床上,小声嘱咐我:"你有什么委屈,不要瞒我,千万不能吞在肚里啊!"……

在中山医院的病房里,我站在床前,她含泪望着我说:"我不愿离开你。没有我,谁来照顾你啊?!"……

在中山医院的太平间,担架上一个带人形的白布包,我弯下身子接连拍着,无声地哭唤:"蕴珍,我在这里,我在这里……"

我用铺盖蒙住脸。我真想大叫两声。我快要给憋死了。"我到哪里去找她?!"我连声追问自己。于是我又回到了华东医院的病房。耳边仍是早已习惯的耳鸣。

她离开我十二年了。十二年,多么长的日日夜夜! 每次我回到家门口,眼前就出现一张笑脸,一个亲切的声音向我迎来,可是走进院子,却只见一些高高矮矮的没有花的绿树。上了台阶,我环顾四周,她最后一次离家的情景还历历在目:她穿得整整齐齐,有些急躁,有点伤感,又似乎充满希望,走到门口还回头张望。……仿佛车子才开走不久,大门刚刚关上。不,她不是从这两扇绿色大铁门出去的,以前门铃也没有这样悦耳的声音。

十二年前更不会有开门进来的挎书包的小姑娘。……为什么偏偏她的面影不能在这里再现？为什么不让她看见活泼可爱的小端端？

我仿佛还站在台阶上等待车子的驶近，等待一个人回来。这样长的等待！十二年了！甚至在梦里我也听不见她那清脆的笑声。我记得的只是孩子们捧着她的骨灰盒回家的情景。这骨灰盒起初给放在楼下我的寝室内床前五斗橱上。后来，"文革"收场，封闭了十年的楼上她的睡房启封，我又同骨灰盒一起搬上二楼，她仍然伴着我度过无数的长夜。我摆脱不了那些做不完的梦。总是那一双泪汪汪的眼睛！总是那一副前额皱成"川"字的愁颜！总是那无限关心的叮咛劝告！好像我有满腹的委屈瞒住她，好像我摔倒在泥淖中不能自拔，好像我又给打翻在地让人踏上一脚。……每夜，每夜，我都听见床前骨灰盒里她的小声呼唤，她的低声哭泣。

怎么我今天还做这样的梦？！怎么我现在还甩不掉那种种精神的枷锁？！……悲伤没有用。我必须结束那一切梦景。我应当振作起来，哪怕是最后一次。骨灰盒还放在我的家中，亲爱的面容还印在我的心上，她不会离开我，也从未离开我。做了十年的"牛鬼"，我并不感到孤单。我还有勇气迈步走向我的最终目标——死亡。我的遗物将献给国家，我的骨灰将同她的骨灰搅拌在一起，撒在园中给花树做肥料。

……闹钟响了。听见铃声，我疲倦地睁大眼睛，应当起床了。床头小柜上的闹钟是我从家里带来的。我按照冬季的作息时间：六点半起身。儿子帮助我穿好衣服，扶我下床。他不知道前一夜我做了些什么梦，醒了多少次。

一九八四年一月二十一日

——选自《病中集》，人民文学出版社 1984 年版

* 巴金（1904—2005），四川成都人，中国作家协会主席，著作有《巴金文集》14 卷，译著 50 余种，新时期的散文集《随想录》影响极大。

自 由

［印］拉·泰戈尔*

医生是怎么说就让他说去吧！打开，打开，打开我床前的那两扇窗户，让风吹进来。药？吃药早已使我厌倦。我已吃够了苦的、涩的药了。在我这一生里，每天，每夜，每分，每秒都在吃药。

活着，对我说来本身就是一种疾病。在我的周围有多少国医、西医、走方郎中！他们开着药方，送来各种成药。他们说："这样做不好""那样做是最大的过错"。我听从着每个人的吩咐，低着头，面纱掩着脸，就这样在你的家里度过了二十二年。因此，家里的、外面的人都说："她是多么贤惠的媳妇，多么忠贞的妻子，多么善良的女人！"

我刚到你家的时候，才是一个九岁的小姑娘。按着一切人的愿望，沿着这家庭里的漫长的道路，拖着疲惫的生命，度过了二十二年，今天终于走到路的尽头了。让我思索一下这生活是好、是坏、是痛苦，还是欢乐的时间在哪里？家务操作的车轮旋转着，发出单调、疲惫的歌曲，我麻木地随着它转来转去。我不知道自己是什么人，不知道外面广阔的

世界充满着什么意义,我从没有听到过在神的琴弦上弹奏出来的人类伟大的消息。我只知道,做完饭后开始吃饭,吃完饭又正是做饭的时候。二十二年,我的生命始终被捆绑在一个车轮上转,转,转。今天,我仿佛感到那个车轮快要停止了,那就让它停止吧!为什么还要吃药为难自己呢?

二十二年,每年春天都到过森林,带着花的芳香的春风都曾吹动过大地的心脏,叫嚷着:"打开,把门打开!"但是它什么时候来了,又走了,我并不知道。也许它曾悄悄震撼过我的心灵;也许它曾使我突然忘记了家务操作;也许它曾在我心上引起生生世世永恒的忧郁;也许在这撩人的春天里,在无名的哀愁与欢乐中,我的心在期待着听到谁的脚步的声音。你下班回来了,但是黄昏时你却又到邻家去下棋。算了吧,别谈这个了,为什么在今天我要想起这些生活中暂时的波动呢!

二十二年后的今天,似乎春天第一次走进我的房间里。凝望着窗外的晴空,欢乐在我的心中阵阵涌起。我是女人!我是伟大的!为了我,不眠的明月在它月光的琴弦上弹奏歌曲。没有我,天上的星星将徒然闪烁。没有我,园中花开还有什么意义?

二十二年,我一直认为我是你们这家庭里的囚徒。但是,我并不因此而悲哀。我已经麻木地度过不少岁月,如果必须活下去,我将依旧茫然度日,在这个家庭里有那么多朋友亲戚传颂着我贤淑的声誉,这仿佛是我一生中赢得那可怜的屋角里众人口中赞美的最大胜利!那羁绊我的绳索今天要被割断了,在那无边的空阔里,生与死合而为一。在无底溟渺的地方,我将不再遇到那像一粒泡沫一般的厨房的墙壁。

今天在宇宙的晴空里仿佛第一次为我吹奏起新婚的笛声。让那微不足道的二十二年躺在我的屋角里吧。那从死亡的洞房里向我传出召唤的,是我门前的乞丐,不,是我的主人。他永不忽视我,无论在什么时候,他向我伸出乞求的双手,乞求我心灵深处最宝贵的甘露。他在众星围拱的天空里向我不转瞬地凝视。啊,甜蜜的天堂,甜蜜的死——我心中永恒的乞士,在召唤他的女人!打开,打开窗子,让那无望的二十二年在时光的大海里消逝吧!

(石真 译)

——选自郭廉、葛杏春等编《外国散文欣赏》,北京出版社1985年版

*拉·泰戈尔(1861—1941),印度著名的诗人、作家和社会活动家。

听听那冷雨
余光中*

惊蛰一过,春寒加剧。先是料料峭峭,继而雨季开始,时而淋淋漓漓,时而淅淅沥沥,天潮潮地湿湿,即连在梦里,也似乎把伞撑着。而就凭一把伞,躲过一阵潇潇的冷雨,也躲不过整个雨季。连思想也都是潮润润的。每天回家,曲折穿过金门街到厦门街迷宫式的长巷短巷,雨里风里,走入霏霏令人更想入非非。想这样子的台北凄凄切切完全是黑白片的味道,想整个中国整部中国的历史无非是一张黑白片子,片头到片尾,一直是这样下着雨的。这种感觉,不知道是不是从安东尼奥尼那里来的。不过

那一块土地是久违了，二十五年，四分之一的世纪，即使是雨，也隔着千山万山，千伞万伞。二十五年，一切都断了，只有气候，只有气象报告还牵连在一起，大寒流从那块土地上弥天卷来，这种酷冷吾与古大陆分担。不能扑进她怀里，被她的裙边扫一扫吧也算是安慰孺慕之情。

这样想时，严寒里竟有一点温暖的感觉了。这样想时，他希望这些狭长的巷子永远延伸下去，他的思路也可以延伸下去，不是金门街到厦门街，而是金门到厦门。他是厦门人，至少是广义的厦门人，二十年来，不住在厦门，住在厦门街，算是嘲弄吧，也算是安慰。不过说到广义，他同样也是广义的江南人，常州人，南京人，川娃儿，五陵少年。杏花春雨江南，那是他的少年时代了。再过半个月就是清明。安东尼奥尼的镜头摇过去，摇过去又摇过来。残山剩水犹如是。皇天后土犹如是。纭纭黔首纷纷黎民从北到南犹如是。那里面是中国吗？那里面当然还是中国永远是中国。只是杏花春雨已不再，牧童遥指已不再，剑门细雨渭城轻尘也都已不再。然则他日思夜梦的那片土地，究竟在哪里呢？

在报纸的头条标题里吗？还是香港的谣言里？还是傅聪的黑键白键马思聪的跳弓拨弦？还是安东尼奥尼的镜底勒马洲的望中？还是呢，故宫博物院的壁头和玻璃柜内，京戏的锣鼓声中太白和东坡的韵里？

杏花。春雨。江南。六个方块字，或许那片土就在那里面。而无论赤县也好神州也好中国也好，变来变去，只要仓颉的灵感不灭美丽的中文不老，那形象，那磁石一般的向心力当必然长在。因为一个方块字是一个天地。太初有字，于是汉族的心灵他祖先的回忆和希望便有了寄托。譬如凭空写一个"雨"字，点点滴滴，滂滂沱沱，淅淅沥沥淅淅沥沥，一切云情雨意，就宛然其中了。视觉上的这种美感，岂是什么 rain 也好 pluie 也好所能满足？翻开一部"辞源"或"辞海"，金木水火土，各成世界，而一入"雨"部，古神州的天颜千变万化，便悉在望中，美丽的霜雪云霞，骇人的雷电霹雹，展露的无非是神的好脾气与坏脾气，气象台百读不厌门外汉百思不解的百科全书。

听听，那冷雨。看看，那冷雨。嗅嗅闻闻，那冷雨，舔舔吧那冷雨。雨在他的伞上这城市百万人的伞上雨衣上屋上天线上雨下在基隆港在防波堤在海峡的船上，清明这季雨。雨是女性，应该最富于感性。雨气空蒙而迷幻，细细嗅嗅，清清爽爽新新，有一点点薄荷的香味，浓的时候，竟发出草和树沐发后特有的淡淡土腥气，也许那竟是蚯蚓蜗牛的腥气吧，毕竟是惊蛰了啊。也许地上的地下的生命也许古中国层层叠叠的记忆皆蠢蠢而蠕，也许是植物的潜意识和梦吧，那腥气。

第三次去美国，在高高的丹佛他山居了两年。美国的西部，多山多沙漠，千里干旱，天，蓝似安格罗·萨克逊人的眼睛，地，红如印第安人的肌肤，云，却是罕见的白鸟。落矶山簇簇耀目的雪峰上，很少飘云牵雾。一来高，二来干，三来森林线以上，杉柏也止步，中国诗词里"荡胸生层云"或是"商略黄昏雨"的意趣，是落矶山上难睹的景象。落矶山岭之胜，在石，在雪。那些奇岩怪石，相叠互倚，砌一场惊心动魄的雕塑展览，给太阳和千里的风看。那雪，白得虚虚幻幻，冷得清清醒醒，那股皑皑不绝一仰难尽的气势，压得人呼吸困难，心寒眸酸。不过要领略"白云回望合，青霭入看无"的境界，仍须回来中国，台湾湿度很高，最饶云气氤氲雨意迷离的情调。两度夜宿溪头，树香沁鼻，宵寒袭肘，枕着润碧湿翠苍苍交叠的山影和万籁都歇的岑寂，仙人一样睡去。山中一夜饱雨，次晨醒来，在旭日未升的原始幽静中，冲着隔夜的寒气，踏着满地的断柯折枝和仍在流泻的细股雨水，一径探入森林的秘密,曲曲弯弯,步上山去。溪头的山,树密雾浓,蓊郁的水气从谷底冉冉升起,时稠时稀,蒸腾多姿,幻化无定,只能从雾破云开的空处,窥见乍现即隐的一峰半壑,要纵览全貌,几乎是不可能的。至少入山两次,只能在白茫茫里和溪头诸峰玩捉迷藏的游戏,回到台北,世人问起,除了笑而不答心自闲,故作神秘之外,实际的印象,也无非山在虚无之间罢了。云缭烟绕,山隐水迢的中国风景,由来予人宋画的韵味。那天下也许是赵家的天下,那山水却是米家的山水。而究竟,是米氏父子下笔像中国的山水,还是中国的山水上纸像宋画。恐怕是谁也说不清楚了吧?

雨不但可嗅,可观,更可以听。听听那冷雨。听雨,只要不是石破天惊的台风暴雨,在听觉上总是一种美感。大陆上的秋天,无论是疏雨滴梧桐,或是骤雨打荷叶,听去总有一点凄凉,凄清,凄楚,于今在岛上回味,则在凄楚之外,更笼上一层凄迷了,饶你多少豪情侠气,怕也经不起三番五次的风吹雨打。一打少年听雨,红烛昏沉。二打中年听雨,客舟中,江阔云低。三打白头听雨在僧庐下,这便是亡宋之痛,一颗敏感心灵的一生:楼上,江上,庙里,用冷冷的雨珠子串成。十年前,他曾在一场摧心折骨的鬼雨中迷失了自己。雨,该是一滴湿漓漓的灵魂,窗外在喊谁。

雨打在树上和瓦上,韵律都清脆可听。尤其是铿铿敲在屋瓦上,那古老的音乐,属于中国。王禹偁在黄冈,破如橡的大竹为屋瓦。据说住在竹楼上面,急雨声如瀑布,密雪声比碎玉,而无论鼓琴,咏诗,下棋,投壶,共鸣的效果都特别好。这样岂不像住在竹筒里面,任何细脆的声响,怕都会加倍夸大,反而令人耳朵过敏吧。

雨天的屋瓦,浮漾湿湿的流光,灰而温柔,迎光则微明,背光则幽黯,对于视觉,是一种低沉的安慰。至于雨敲在鳞鳞千瓣的瓦上,由远而近,轻轻重重轻轻,夹着一股股的细流沿瓦槽与屋檐潺潺泻下,各种敲击音与滑音密织成网,谁的千指百指在按摩耳轮。"下雨了,"温柔的灰美人来了,她冰冰的纤手在屋顶拂弄着无数的黑键啊灰键,把晌午一下子奏成了黄昏。

在古老的大陆上,千屋万户是如此。二十多年前,初来这岛上,日式的瓦屋亦是如此。先是天暗了下来,城市像罩在一块巨幅的毛玻璃里,阴影在户内延长复加深。然后凉凉的水意弥漫在空间,风自每一个角落里旋起,感觉得到,每一个屋顶上呼吸沉重都覆着灰云。雨来了,最轻的敲打乐敲打这城市,苍茫的屋顶,远远近近,一张张敲过去,古老的琴,那细细密密的节奏,单调里自有一种柔婉与亲切,滴滴点点滴滴,似幻似真,若孩时在摇篮里,一曲耳熟的童谣摇摇欲睡,母亲吟哦鼻音与喉音。或是在江南的泽国水乡,一大筐绿油油的桑叶被啮于千百头蚕,细细琐琐屑屑,口器与口器咀咀嚼嚼。雨来了,雨来的时候瓦这么说,一片瓦说千亿片瓦说,说轻轻地奏吧沉沉地弹,徐徐地叩吧挞挞地打,间间歇歇敲一个雨季,即兴演奏从惊蛰到清明,在零落的坟上冷冷奏挽歌,一片瓦吟千亿片瓦吟。

在日式的古屋里听雨,听四月,霏霏不绝的黄霉雨,朝夕不断,旬月绵延,湿黏黏的苔藓从石阶下一直浸到他舌底,心底。到七月,听台风台雨在古屋顶上一夜盲奏,千嗓海底的热浪沸沸被狂风挟来,掀翻整个太平洋只为向他的矮屋檐重重压下,整个海在他的蜗壳上哗哗泻过。不然便是雷雨夜,白烟一般的纱帐里听羯鼓一通又一通,滔天的暴雨滂滂沛沛扑来,强劲的电琵琶忐忐忑忑忐忑忑,弹动屋瓦的惊悸腾腾欲掀起。不然便是斜斜的西北雨斜斜,刷在窗玻璃上,鞭在墙上打在阔大的芭蕉叶上,一阵寒濑泻过,秋意便弥漫日式的庭院了。

在日式的古屋里听雨,春雨绵绵听到秋雨潇潇,从少年听到中年,听听那冷雨。雨是一种单调而耐听的音乐是室内乐是室外乐,户内听听,户外听听,冷冷,那音乐。雨是一种回忆的音乐,听听那冷雨,回忆江南的雨下得满地是江湖下在桥上和船上,也下在四川在秧田和蛙塘下肥了嘉陵江下湿布谷咕咕的啼声。雨是潮潮润润的音乐下在渴望的唇上舐舐那冷雨。

因为雨是最最原始的敲打乐从记忆的彼端敲起。瓦是最最低沉的乐器灰蒙蒙的温柔覆盖着听雨的人,瓦是音乐的雨伞撑起。但不久公寓的时代来临,台北你怎么一下子长高了,瓦的音乐竟成了绝响。千片万片的瓦翻翻,美丽的灰蝴蝶纷纷飞走,飞入历史的记忆。现在雨下下来下在水泥的屋顶和墙上,没有音韵的雨季。树也砍光了,那月桂,那枫树,柳树和擎天的巨椰,雨来的时候不再有丛叶嘈嘈切切,闪动湿湿的绿光迎接。鸟声减了啾啾,蛙声沉了阁阁,秋天的虫吟也减了唧唧。七十年代的台北不需要这些,一个乐队接一个乐队便遣散尽了。要听鸡叫,只有去诗经的韵里寻找。现在只剩下一张黑白片,黑白的默片。

正如马车的时代去后,三轮车的时代也去了。曾经在雨夜,三轮车的油布篷挂起,送她回家的途中,篷里的世界小得多可爱,而且躲在警察的辖区以外。雨衣的口袋越大越好,盛得下他的一只手里握一只纤纤的手。台湾的雨季这么长,该有人发明一种宽宽的双人雨衣,一人分穿一只袖子,此外的部分就不必分得太苛。而无论工业如何发达,一时似乎还废不了雨伞,只要雨不倾盆,风不横吹,撑一把伞在雨中仍不失古典的韵味。任雨点敲在黑布伞或是透明的塑胶伞上,将骨柄一旋,雨珠向四方喷溅,伞缘便旋成了一圈飞檐。跟女友共一把雨伞,该是一种美丽的合作吧。最好是初恋,有点兴奋,更有点不好意思,若即若离之间,雨不妨下大一点。真正初恋,恐怕是兴奋得不需要伞的,手牵手在雨中狂奔而去,把年轻的长发和肌肤交给漫天的淋淋漓漓,然后向对方的唇上颊上尝凉凉甜甜的雨水。不过那要非常年轻且激情,同时,也只能发生在法国的新潮片里吧。

大多数的雨伞想不会为约会张开。上班下班,上学放学,菜市来回的途中,现实的伞,灰色的星期三。握着雨伞,他听那冷雨打在伞上。索性更冷一些就好了,他想。索性把湿湿的灰雨冻成干干爽爽的白雨,六角形的结晶体在无风的空中回回旋旋地降下来,等须眉和肩头白尽时,伸手一拂就落了。二十五年,没有受故乡白雨的祝福,或许发上下一点白霜是一种变相的自我补偿吧。一位英雄,经得起多少次雨季?他的额头是水成岩削成还是火成岩?他的心底究竟有多厚的苔藓?厦门街的雨巷走了二十年与记忆等长一座无瓦的公寓在巷底等他,一盏灯在楼上的雨窗子里,等他回去,向晚餐后的沉思冥想去整理青苔深深的记忆。前尘隔海。古屋不再。听听那冷雨。

——选自《余光中经典作品》,当代世界出版社,2013 年版

*余光中(1928—2017),祖籍福建永春,出生于南京。1952 年毕业于台湾大学外文系。1959 年获美国爱荷华大学(LOWA)艺术硕士学位。先后在中国台湾、美国、中国香港多所大学任教。一生从事诗歌、散文、评论、翻译工作,涉猎广泛,驰骋文坛半个多世纪。代表作有《白玉苦瓜》(诗集)、《记忆像铁轨一样长》(散文集)及《分水岭上:余光中评论文集》等。

永远的蝴蝶

陈启佑*

那时候刚好下着雨,柏油路面湿冷冷的,还闪烁着青、黄、红颜色的灯火。我们就在骑楼下躲雨,看绿色的邮筒孤独地站在街的对面。我白色风衣的大口袋里有一封要寄给在南部的母亲的信。

樱子说她可以撑伞过去帮我寄信。我默默点头,把信交给她。

"谁叫我们只带来一把小伞哪。"她微笑着说,一面撑起伞,准备过马路去帮我寄信。从她伞骨渗下来的小雨点,溅在我眼镜玻璃上。

随着一阵煞车声,樱子的一生轻轻地飞了起来,缓缓地,飘落在湿冷的街面,好像一只夜晚的蝴蝶。

虽然是春天,好像已是秋深了。

她只是过马路去帮我寄信。这简单的动作,却要叫我终身难忘了。我缓缓睁开眼,茫然站在骑楼下,眼里裹着滚烫的泪水。世上所有的车子都停了下来,人潮涌向马路中央。没有人知道那躺在街面的,就是我的蝴蝶。这时她只离我五公尺,竟是那么遥远。更大的雨点溅在我的眼镜上,溅到我的生命里来。

为什么呢?只带一把雨伞?

然而我又看到樱子穿着白色的风衣,撑着伞,静静地过马路了。她是要帮我寄信的,那,那是一封写给在南部的母亲的信,我茫然站在骑楼下,我又看到永远的樱子走到街心。其实雨下得并不大,却是一生一世中最大的一场雨。而那封信是这样写的,年轻的樱子知不知道呢?

妈:我打算在下个月和樱子结婚。

——选自《美文鉴赏》

*陈启佑(1953—   ),笔名渡也、江山之助,台湾省嘉义市人,中国文化大学中国文学博士。现任彰化师范大学国文系所教授、中兴大学中文系兼任教授、"中国修辞学会"筹备委员、"中华自然文化学会"理事等职。

思考与练习

一、名词解释

1.白描——

2.归谬法——

3.动静法——

4.庄谐法——

5.象征——

6.意识流——

二、填空

1.景物描写的基本要求是 _____、_____、_____、_____、_____、_____。

2.常见的论证方法,主要有 _____、_____、_____、_____等。

3.说明在记叙文中,可以起到介绍_____、_____、_____等作用;在议论文中,可以用它来_____、_____、_____等。

4.蒙太奇联结方式较多,常见的有 _____、_____、_____、_____、_____、_____联结等。

三、问答

1.常用的叙述方法有哪些? 各应注意些什么问题?

2.辨析说明与叙述、描写、议论的不同特点。

3.试述抒情对叙述、描写、议论的依附性。

4.什么叫庄谐法,运用庄谐法应注意哪些问题?

5.举例说明荒诞、意识流作品各自的特点。

6.分析《自由》中梦幻手法的运用。

7.《永远的蝴蝶》的结尾才揭示信的内容,这样的处理有何深意?

四、读写训练

1.阅读萧红《呼兰河传》中描写的严寒,分析其运用了哪些写作技巧。

严冬一封锁了大地的时候,则大地满地裂着口。从南到北,从东到西,几尺长的,一丈长的,还有好几丈长的,它们毫无方向地,便随时随地,只要严冬一到,大地就裂开口了。

严寒把大地冻裂了。

年老的人,一进屋用扫帚扫着胡子上的冰溜,一面说:"今天好冷啊! 地冻裂了。"

赶车的车夫,顶着三星,绕着大鞭子走了六七十里,天刚一蒙亮,进了大车店,第一句话就向客栈掌柜的说:"好厉害的天啊! 小刀子一样。"

等进了栈房,摘下狗皮帽子来,抽一袋烟之后,伸手去拿热馒头的时候,那伸出来的手在手背上有无数的裂口。

人的手被冻裂了。

2.认真阅读余华的小说《活着》,分析其结尾的写作技巧及其反映的主题思想。

老人说着站了起来,拍拍屁股上的尘土,向池塘旁的老牛喊了一声,那牛就走过来,走到老人身旁低下了头。老人把犁扛到肩上,拉着牛的缰绳慢慢走去。

两个福贵的脚上都沾满了泥,走去时都微微晃动着身体。我听到老人对牛说:

"今天有庆,二喜耕了一亩,家珍,凤霞耕了也有七、八分田,苦根还小都耕了半亩。你嘛,耕了多少我就不说了,说出来你会觉得我是要羞你。话还得说回来,你年纪大了,能耕这么些田也是尽心尽力了。"

老人和牛渐渐远去,我听到老人粗哑的令人感动的嗓音在远处传来,他的歌声在空旷的傍晚像风一样飘扬,老人唱道——

少年去游荡,中年想掘藏,老年做和尚。

炊烟在农舍的屋顶袅袅升起,在霞光四射的空中分散后消隐了。

女人吆喝孩子的声音此起彼伏,一个男人挑着粪桶从我跟前走过,扁担吱呀吱呀一路响了过去。慢慢地,田野趋向了宁静,四周出现了模糊,霞光逐渐退去。

我知道黄昏正在转瞬即逝,黑夜从天而降了。我看到广阔的土地袒露着结实的胸膛,那是召唤的姿态,就像女人召唤着她们的儿女,土地召唤着黑夜来临。

一九九二年九月三日

——选自余华《活着》,作家出版社 2008 年版

3.以《朝霞》或《晚霞》为题,采用寓情于景的方式,写一篇1000字左右的散文。

第五章 语言素养与语言表达

第一节 写作语言的信息符号

"工欲善其事,必先利其器",语言是写作的利器。写作语言是作者与读者交流思想和情感的媒介物,是作者与读者之间传递信息的符号。写作就是运用写作语言的信息符号把作者的思维"物化"的过程,离开语言这一载体,写作的一切要素都无法表现。语言是思想的直接现实,离开思想的光秃秃的语言,没有实际用处;没有语言作为"外衣"的赤裸裸的思想也是不可能存在的。但丁在《论俗语》中说:"语言作为工具对于我们的思想之必要正如骏马之于骑士,既然最好的马适合于最好的骑士,那么最好的语言就适合于最好的思想。"古今中外的思想家、文学家大多是语言大师。孔子说:"言之无文,行而不远"(《左传·襄公二十五年》),没有语言做助力,任何真理都不会远走高飞。

语言是人类区别于动物的重要标志。它是人类传递信息、表达思想、交流感情最有效的手段。它以词汇为建筑材料,按照一定的语法规则构成语义系统,同时受自然和社会环境的制约;约定俗成的符号系统成为人们思维、情感、人格的表现形式,它随时代的发展而变化。高尔基在《和青年作家谈话》中说:"语言是文学创作的工具",学习写作必须掌握这个重要工具,认真积累、锤炼语言,培养准确、简练、晓畅、艺术地表情达意的技能和技巧。

一、写作语言的基本信息符号

在一个语言系统中,具有意义可用来代表事物的最小单位是语词。语词是任何一篇文章的信息储存、编码和输出的基本符号。没有语词就没有文章。"夫人之立言,因字而生句,积句而成章,积章而成篇。"(刘勰《文心雕龙·章句》)这里的"字"就是我们今天的语词。因此,掌握语词的多少是写作好坏的一个大问题。在评论别人的文章时,或说"语言贫乏",或说"妙语连珠",就是从这一角度出发的。古今中外的文学家、文章家,如莎士比亚、巴尔扎克、李白、杜甫、茅盾、巴金等,他们占有的语词数量远远超过一般的人。胸存语库,文章则熠熠生辉;反之,文章则黯然失色。

标点符号虽不是语词,但它在文章中起着断句清晰、使文章段落分明、语气情调鲜明的作用。郭沫若说标点符号好比音符,秦牧在《语林采英》中说标点符号是"文学中的无声英雄"。在写作中,标点符号有时能起到语词不能起到的传递信息和表情达意的作用。

二、写作语言的辅助信息符号

非语言符号有公式、图表、照片等,它们是写作语言的辅助信息符号。它们不但可以传达思想,达到交际目的,而且在一定的场合、一定的载体中还可以比语词传达得更准确、更简明。图画、照片、公式、图表在科技文章、说明文、应用文中经常使用,其作用在这些应用性载体中是语词无法代替的,如关于体操运动、舞蹈等论著、机关公文中的附件、图片新闻等。为了表达特定的思想,收到特殊的表达效果,小说、散文等文学作品也常用到非语言符号。

写作语言不是单一的用文字作为书写符号的信息符号系统,相应的辅助信息符号可以使语言简练而形象生动,具有特殊的表意作用。司马迁《史记》中将古代帝王用表列出,一目了然;列宁在叫下级写报告时主张有必要可加上附件。这些都说明了写作语言的辅助信息符号的特殊作用。

第二节 提高语言素养

写作是借助写作语言的信息符号将作者认知的成果外化,从头脑中将知识的成果"移"出来,赋予它外在的形式。文章就是由字、词、句这些语言的基本单位组成,其内容和形式都要靠语言来支撑、显现和装饰。所以,语言素养就是作者对字、词、句的掌握和运用的技能技巧。语言素养的高低是一个人写作能力优劣的重要体现。因此,我们在写作中必须重视字、词、句的掌握和运用。

一、感受、储存语言

人与生俱来就受制于特定的语言环境,即习得母语,学习一套语言符号系统。提高语言素养,首先是要熟悉这套符号系统,学会感受和接受语言。

首先,听、看、想是感受语言常用的方法。听字、词、句的发音,注意语言的轻重、声调、语调、语气等方面的变化,同一个句子因语气不同,意思就发生了变化。

看文字的形体结构,文章的组成安排。汉字的形似字较多,同音词、同义词、近义词亦不少,应注意彼此间的细微差别。如"反映"与"反应"、"服法"与"伏法"、"权利"与"权力"、"机制"与"机智"、"攻势"与"工事"等,看优秀文章是怎样用词、造句、构段,阅读各种体裁的文章,从中学习和领会语体风格。

听、看过后要思考(想),思考字、词、句的意义和情感内容。注意字词意义和用法,思考同义词和近义词的词义在程度、范围和感情色彩等方面的差异,领会文章中炼声、炼色、炼趣的词语。

其次,有意识地记忆、储存语言,建立起自己的语言仓库。想有较强的语言功底,就要掌握几千个汉字,记住常用字的形、音、义,增加词汇的储量。古今中外的优秀作家占有的词汇量远远超过一般人。据统计,莎士比亚使用的词语达17000个;鲁迅掌握和使用的词语在8000个左右。语言符号的仓库是一个奇妙而复杂的系统,人们可以借助有限的语言符号组成的复杂系统表达无限的思想内容,因为在这个系统中,语词可以灵活调遣,句组可以变化无穷,段落可以灵活安排,篇章可以适情布局。储存语言,应掌握造句的语法规律,对于优秀作品中好的句子和段落应多读多记,借鉴学习篇章布局和构段的技巧。除"心记"外,主要靠"笔记",当然还可用录音、复印等现代化手段辅助储存语言。

二、提高语言表达能力

语言表达能力是指运用语言的能力和选用适应不同文章体裁的语言的能力。

(一)运用语言的能力

从写作来讲,运用语言的能力体现在内部语言(思想语言)向外部语言(文章语言)转化上。提高语言表达能力首先是提高语言的这种转化能力;其次是提高作者的语言修养,包括会遣词造句,用词准确、鲜明、生动,造句合乎语法、逻辑,会运用多种修辞手法等。

语词是"语言链"中的一个个环节,环节的精心选择和灵活组合会产生不同的语言效应。语词往往是多义的,一种事物又可用多种语词加以表示,所以语言符号的精选是保证语言链准确、顺畅的关键。王安石"春风又绿江南岸"的"绿"就是在选择"来""到""满"等十多个动词后反复斟酌的结果。可见对语言链上的关键环节必须严格挑选,反复斟酌。此外,对语词也必须细心组合、排列。不同的组合、排列可产生不同的表达效果,甚至出现截然相反的意思,如"驰马伤人"和"马驰伤人"、"屡战屡败"和"屡败屡战"等。

句组在语言链上是表情达意的层次单位,在语言符号构建系统中是重要的"部件"。句组有形体长短、组织松紧及结构整散之分,作者可根据表情达意的需要,在运用句组时进行不同的变化。长句词多体长,表意周密;短句词少体短,结构简单,表意明快;句子组织的松紧关系到容量大小和语气的缓急,紧句和松句配合,可以调节表情达意的内在节奏,显示语言传递信息的独特效果;整句结构整齐,排列匀称,气势贯通,读来朗朗上口;散句错落有致,灵活多变,生动自然。句组的各种组合方式既可呈现语言符号排列的形体变化,又可产生多种多样的意趣和情趣变化,增强表达效果。

(二)选用不同语体的语言

文章表达思想内容的多种方式决定了文章具有不同的体裁样式,因此就有一个语言表达与文章体裁相适应的问题。这就要求作者具有敏锐的语体感,善于根据不同文章体式去选择与之适用的语体。语体是指语言在不同体裁的文章中长期形成的体式特征。大而分之,语体可分为文章语体与文学语体两种。按表达方式划分,语体又可分为下面几种基本类型:

1.叙述型语体 叙述型语体是各类文章所使用的最基本的语体。它主要运用于陈述句,不讲究句式变化,不尚修饰。其特点是文从字顺,通达质朴。

2.描写型语体 描写型语体大量使用描绘性词语,特别注意使用具有动态感和色彩感、立体感的动词和形容词。它句式灵活、修辞丰富且饱含情感。其特点是形象生动,宛然在目。

3.议论型语体　议论型语体运用概念、判断、推理的方式表达观点、主张,语词具有单义性,多用陈述句、判断句,语言鲜明犀利,具有论辩性。其特点是准确严密,逻辑性强。

4.说明型语体　说明型语体常用陈述句、判断句,结合图表、符号、数字,解释概念,说明事物的性质、类别、成因及其作用等。其特点是朴实晓畅,具有科学性。

5.实用型语体　实用型语体要求语词单义,句式完整,少用描述性、表情性的词语,常用专门习惯语。这类语体讲求实用、准确,具有简洁和模式化特点。

写作时除从文章内容出发选用语体外,还可根据作者专长选择;一篇文章宜以一种语体为基础,兼用其他语体,语体的灵活运用、互相配合会为文章增添色彩。

第三节　反复锤炼语言

锤炼语言,是对语言进行精心的辨析、选择,其目的是准确生动地反映客观事物和表达思想感情。剖析事理倾向于分析、论证和说明,依靠的是抽象的逻辑思维;状摹情态则偏向于刻画和描绘,依靠的是形象思维。在具体使用时,又因作者的习惯、经验和审美追求的不同而各异。

反复锤炼语言的基本要求是使语言准确、简明、生动、朴素

一、准确

运用语言传达思想感情,第一个要求是准确无误。"语言的准确性是优良风格的基础。"(亚里士多德《修辞学》)只有在准确的基础上才谈得上简明、生动等。

用词准确,即选择恰当、得体的词语,把所要表达的意思恰当地表现出来。一篇文章的语言质量如何与选词的准确程度关系极大,古人所谓"用字贵练"就是要求准确、恰当。怎样才能做到准确用词呢?

（一）精心选择恰当的词语,准确地再现事物的状貌

词汇的海洋辽阔无比,每个词代表着不同事物的概念和状貌,反映着不同的景象和感情。正如福楼拜教导莫泊桑写作时说的,无论叙述、描写什么,只有一个最恰当的词可用,作者应尽量在浩瀚的词汇海洋中选出那个唯一的词,他说:"我们不论描写什么事物,要表现它,唯有一个名词,要赋予它运动,唯有一个动词,要得到它的性质,唯有一个形容词。"(莫泊桑《谈"小说"》)这就要求我们精选最准确的词语去叙事、状物、表情、达意。如鲁迅的小说《药》中对杀人刽子手康大叔卖人血馒头给华老栓的几个动作描写,就十分准确而传神:"……那黑的人便抢过灯笼,一把扯下纸罩,裹了馒头,塞与华老栓,一手抓过洋钱,捏一捏,转身去了。"这几个动词的选用,就非常准确生动地表现出杀人后卖人血馒头者的凶狠、粗蛮和贪婪。

（二）精心辨析词义，特别是区别近义词的细微差别

汉语中近义词非常多，特别要细细考究它们在含义和用法上的细微差别。如列宁的《国家与革命》中的一段话，就是通过正确辨析"消灭"与"消亡"这对近义词的差异来阐述马克思主义关于国家学说的一条基本原理的：

> ……恩格斯在这里所讲的是以无产阶级革命来"消灭"资产阶级国家，他讲的消亡是指社会主义革命以后的无产阶级国家制度的残余。恩格斯认为资产阶级国家是不会"自行消亡"的，而要用无产阶级革命来"消灭"它。

如"谋取""牟取"都有取得之义，同为动词，在句中作谓语，其区别在于取得方式的不同。"谋取"是想办法取得，为中性词，常用为褒义，如"为人民谋取幸福"。"牟取"是用不正当的手段取得名利，如"牟取暴利"。下面的句子中就用错了，"我们要坚决与那些利用职权谋取名利的腐败分子作斗争"。这一句中"谋取"应该改为"牟取"。

又如"变幻"和"变换"均有改变、变化的意思，同是动词，在句中作谓语。其区别在于它们意义的侧重点不同，"变幻"无宾语，"变换"有宾语。"变幻"侧重"幻"，是不规则的改变，如"变幻莫测"。"变换"指事物的一种形式或内容换成另一种，如"变换位置"。下面句中用错了，"在当今风云变换的国际关系中，我们更要坚持独立自主的外交原则"。其中"变换"应改为"变幻"。可见，写作时如果不仔细辨析词义，随便乱用，是很容易造成误解的。

（三）仔细辨别词的感情色彩

词语的感情色彩是很细微、精妙的。首先，遣词造句应注意区别词义的感情色彩。《北京青年报》2000 年 10 月 15 日第 12 版一则消息的标题"央视文艺频道改版推迟出笼"，其中"出笼"是贬义词，词义强调不好的东西或坏人的谋划出来了。显然标题中的"出笼"应该改为褒义词"亮相"或中性词"出台"。又如《海峡导报》2002 年 3 月 6 日第 3版有一标题"交警严打路霸遭殃"，其中遭殃应改为"受罚"。"受罚"是罪有应得，而"遭殃"则是无辜的，其中含有人们的同情和怜悯。

再如："他们的表演华而不艳，美而不俗，恰到好处，这一点很值得以后的效尤者注意。"其中"效尤"是贬义词，指明知不对却照着去做，与提倡人们"效法"的原义恰好相反。

其次要分清词的分量轻重。如"满意"和"满足"是两个意思相近的褒义词，但"满意"分量轻、程度浅。"不满"和"愤怒"，其分量轻重也是不同的。"失望"和"绝望"，"失望"是感到没有希望，而"绝望"指彻底失去希望，语义比"失望"重。"作怪"和"作祟"，都可以指坏人坏思想起破坏作用，但后者语义较重，只能用于敌我之间。

除了用词准确外，用词还应符合大家说话的共同习惯，即符合现代语言的语法规则，符合文章的语体特征。如文艺语体要求生动形象，公文语体要求准确庄重等。

此外，在具体的社会文化场域中，用词准确还意味着要符合当下社会的时代潮流、伦理规范和政治语境。从写作实践来看，为避免词汇的误用和不当表达，新华社发布了《新华社新闻信息报道中的禁用词和慎用词（2016 年 7 月修订）》。它在 2015 年 11 月发布的第一批 45 条禁用词、规范用语基础上，新增 57 条内容。这些禁用词和慎用词共计四大类102 条，分别涉及时政和社会生活类、法律法规类、民族宗教类，以及港澳台和领土、主权

类方面的内容,为当代社会的通用文章提供了明确的写作规范。

二、简明

简明,就是用最少的文字表达尽量多的内容,做到"文约而事丰"(刘知几《史通·叙事》)。高尔基批评一些青年作者的语言文字太啰唆,好像"用大炮打乌鸦"。读者需要的是言简意明、表意深刻的语言,而不是空洞无物、冗长累赘的泛泛之辞。那么怎样才能做到简明呢?

(一)提炼最精粹的词语

写作的艺术就是提炼的艺术。造语以简为尚,尽量节约文字,能少说一句话就少说一句话,能少用一个字就节省一个字。鲁迅的小说《离婚》描写两个"老女人"在船舱里观察、品评爱姑的动作,不过"互视、努嘴、点头"六个字,何等简洁。辛弃疾在湖南出的赈济榜文只八个字:"劫禾者斩,闭粜者配",朱晦庵盛赞其才。

删繁就简是使语言精粹的重要手段。契诃夫认为,作品应该如同战船的甲板,那儿多余的东西是没有的。开始写作常感词语贫乏,到了一定程度词汇多了,写得长了,就要做到简洁,正如著名琴师徐兰沅总结梅兰芳的艺术经验时说的,"由简入繁繁又简,简内俱是精华点",这也是符合写作规律的。古人认为"简为文章尽境",清人刘大櫆在《论文偶记》中说:"凡文笔老则简、意真则简、辞切则简、理当则简、气蕴则简、味淡则简、品贵则简。"这段话很值得我们认真思索。

(二)熔炼含蓄的词语

写文章不能把话说尽,不要把意思全部浮露在字面上,应该"用意十分,下语三分",在必要的地方,留下开阔的可供玩味的艺术空白,藏而不露,弦外有音。如鲁迅的《为了忘却的记念》结尾非常精练含蓄:"目睹许多青年的血,层层淤积起来,将我埋得不能呼吸。夜正长,路也正长。将来总会有记起他们,再说他们的时候的。"作者的悲愤压抑之情,对革命斗争长期性曲折性的深刻认识,以及唤起民众起来同黑暗势力作斗争的勇气、信念都通过上述精练含蓄的语言表达得极其鲜明、深刻。

刘大櫆说:"文贵远,远必含蓄。或句上有句,或句下有句,或句外有句,说出者少,不说出者多,乃可谓之远。"(《论文偶记》)这就是说含而不露的文字,有时藏于句上,有时隐于句下,有时蓄于句中,有时流于句外,应根据不同内容的需要而灵活处理。

运用模糊语言有助于作品内容的含蓄与深邃。模糊语言是外延模糊,具有灵活性、不确定性、概括性的词语。在某些情况下使用模糊语言使表达的思想感情更确切简明。在文艺作品中,模糊语言随处可见,如莱蒙托夫在《当代英雄》中对主角的描写:"他中等身材,他那匀称纤细的躯干和宽阔的肩膀,表明他生有一副强健的体格,能经受流浪生活的种种艰苦和气候的变化。"如果将其身高、腰围、肩宽及忍受气候变化的温度等精确地描写出来,那就成为索然无味的体格检查表了。只有运用这种模糊语言,才能产生形象感,给人艺术享受。又如岑参的"忽如一夜春风来,千树万树梨花开"(《白雪歌送武判官归京》),贺铸的"试问闲愁都几许? 一川烟草,满城风絮,梅子黄时雨"(《青玉案》),李清照的"只恐双溪舴艋舟,载不动,许多愁"(《武陵春》),都是借用模糊语言,把愁绪的深重表达得淋漓尽致。

（三）适当选用文言词语

我国古代文言文，文辞简严，止于达意，留下许多至今仍有生气的精粹词语。虽然我们一般是不用文言写作了，但如果适当选用一些有生气、表现力强的文言词语，却可以使语言简练。2023 年 5 月 19 日，习近平在中国-中亚峰会上的主旨讲话中引用古诗说道："中国唐代诗人李白曾有过'长安复携手，再顾重千金'的诗句。今天我们在西安相聚，续写千年友谊，开辟崭新未来，具有十分重要的意义。"这一来自李白《赠崔侍郎》的文言诗文非常恰当地反映出我国与中亚各国的关系，并寄寓良多，令人印象深刻。鲁迅的作品中运用文言词语的地方也很多。《阿 Q 正传》第六章采用肃然、赧然、凛然、悚然、欣然五个文言词语写好奇的未庄人，简练而生动。应用文中也常用"顷奉、惊悉、收悉、兹就"等文言词语，但是不能滥用文言，以免为简而简，简而不明。

另外，用图式可使文章简明，特别是应用文中，常常使用图画、符号、表格等，让人一目了然，又可节省大量篇幅。

三、生动

在内容正确、情感健康的前提下，语言要力求精美、生动，切忌死板、老套。语言新鲜、活泼，富于形象性，富于美感与活力，能引起读者的阅读兴趣。语言生动和作者思想的活跃分不开，文章中生动而有文采的地方往往也是作者思想深刻而精粹的地方。语言生动，应从下面几个方面努力：

（一）选用有感触性的字眼

郭沫若曾说："语言除掉意义之外，应该要追求它的色彩、声调、感触。同意思的语言或字面有明暗、硬软、响亮与沉郁的区别，要在适当的地方用有适当感触的字。"（《怎样运用文学的语言》）为了把事物的形状和事情的情景，绘声绘色地呈现给读者，就必须认真考究语言色彩的明暗、感触的软硬及声调的响亮与沉郁。作者应注意炼义、炼情、炼趣、炼形、炼声、炼色。文学作品应从不同的感觉器官写出不同的感触，使之生动形象。如朱自清的《春》：

> "吹面不寒杨柳风"，不错的，像母亲的手抚摸着你。风里带来些新翻的泥土的气息，混着青草味，还有各种花的香，都在微微湿润的空气里酝酿。鸟儿将巢安在繁花嫩叶当中。高兴起来了，呼朋引伴地卖弄清脆的喉咙，唱出宛转的曲子，跟清风流水应和着。牛背上牧童的短笛，这时候也成天在嘹亮地响。

在这段文字中，作者从触觉、嗅觉、味觉、视觉、听觉等感觉器官写出了感触，给人以身临其境之感。

议论文中也可选用较具体形象化的语言来表达。朱光潜说："我不相信文艺创作丝毫不须讲理，不用抽象思维；我很相信说理文要写好，也还是要动一点感情，要用一点形象思维。"他还说："中国古代的散文，包括说理文，都具有美学上的价值。"（《美学老人朱光潜》）这说明议论文也是讲究鲜明生动的。马克思、毛泽东和鲁迅的文章常常运用生动形象的语言来论说事理，是我们学习的典范。

（二）讲究语言的音节美

语言和音乐一样也是有节奏的。王力在《略论语言形式美》中说："从传统的汉语诗律学上说，平仄的格式就是汉语诗的节奏，不但应用在诗上，而且还应用在后期的骈体文上，甚至某些散文作家在他们的作品中也灵活地用上了它。"如刘白羽《长江三日》：

> ……听说长江发源于一片冰川，春天的冰川上布满奇异艳丽的雪莲，而长江在那儿不过是一泓清溪；可是当你看到它那奔腾叫啸，如万瀑悬空，砰然万里，就不免在神秘气氛的"童话世界"上又涂上了一层英雄光彩。……

作者在有意无意之间，使"川、莲、溪、空"等平声字和"啸、里、彩"等仄声字在意义停顿的地方交替出现，形成了声调的高低、升降、长短的变化，形成抑扬顿挫的节奏变化，节拍协调，铿锵悦耳，自然优美。正如老舍所说："上下句的句尾若能平仄相应，上句的末字就能把下句'叫'出来，使人听得舒服、自然、生动。"（《对话浅论》）欧阳修对"仕宦至将相，富贵归故乡"修改了很多遍，最后改为"仕宦而至将相，富贵而归故乡"，加了一个"而"字，读来语气就舒缓多了。为了使音节和谐优美而朗朗上口，适当地使用对偶、排比，可以增强文章的气势，产生一种整齐匀称的美感。叶圣陶认为"声入心通"，这是很有道理的。凡是读起来非常顺畅、响亮、得"气"的文章，一般来说应是比较生动的。

（三）适当运用各种修辞手法

一般来说，比喻、比拟、夸张等可以使表达的人和事物更加鲜明；对偶、排比等可以增强文章的气势；顶真、拈连、反复等既可增强节奏感，又能使语言丰富多彩。

此外，为了表达的需要，打破语言常规，活用词语，造语多样化，富于幽默感、新鲜感等都是使语言生动的重要手段。如"一朵微笑""一峰骆驼"等语言就新鲜生动。清代戏曲理论家李渔在《闲情偶记》中要求语言要"尖新"，忌"老实"，激励人们追求豁入耳目的新颖的艺术性，不要去嚼那些陈词滥调、拙言笨语。

四、朴素

朴素，一方面是说要"简朴"，不要"以文害意"，只要"修辞立其诚"，造语是从心窝里掏出来的，即便"装饰"再多，也不失"简朴之实"；另一方面，美的语言，并不完全是外表上装饰得非常华丽的文字，许多文章的语言质朴自然，平易近人，同样给人一种美感。它是"清水出芙蓉"的淡远之美，正如老舍所说："字没有高低贵贱之分，全看用的恰当与否。连着用几个'伟大'，并不足以使文章伟大。一个很俗的字，正如一个很雅的字，用在恰当的地方便起好作用。"（《学生腔》）"文字不怕朴实，朴实也会生动，也会有色彩。"（《人物·语言及其它》）因此，深入浅出，用极平常的词语表达深刻的思想、深挚的情感和深邃的道理，乃是上乘之作。唐代陈子昂的《登幽州台歌》："前不见古人，后不见来者，念天地之悠悠，独怆然而涕下。"语言明白如话，不知倾倒过多少读者。白居易的诗歌写好要读给老太婆听，看是否能懂；宋代的王禹偁、梅尧臣等都仿效他朴素的风格；现代作家孙犁、赵树理的小说语言也是朴素自然的。有经验的作家都说，语言要达到高度的朴素是很困难的。苏东坡讲过这样的话："凡文字，少小时须令气象峥嵘，彩色绚丽，渐老渐熟，乃造平淡；其实不是平淡，乃绚烂之极也。"（《修辞鉴衡》下卷）说明随着功夫的深透，使用文字的日益成熟老练,语言运用才会达到"简易如日月,明白如天"的"淡雅高远"的艺术境界。

有些初学写作者,以为朴素的文字是没有艺术性的"劣等品",错误地把"语不惊人死不休"理解为玩弄文字技巧,追求一鸣惊人,因而写出一些矫揉造作、别扭费解的文字。这是应当避免的偏向。

第四节　学习语言的途径

毛泽东的《反对党八股》一文,是我们学习语言的必读文章。他在此文中提出的原则是我们学习和运用语言的指南。他说:"语言这东西,不是随便可以学好的,非下苦功不可。第一,要向人民群众学习。……第二,要从外国语言中吸收我们所需要的成分。……第三,我们还要学习古人语言中有生命的东西。"以此为基础,可以从下面几个方面学习语言。

一、从古典作品中学习语言

语言具有历史继承性,现代语言是在古代语言的基础上发展起来的。我国有几千年的文明史,留下了许多宝贵的文学遗产,在浩如烟海的古籍中,不但保留了前人的各种研究成果,而且凝聚着历代语言大师们锤炼语言的心血。大量的成语典故、唐诗、宋词、元曲及明清的小说,其语言是值得我们认真学习、研究和借鉴的。当然,应学习其中具有生气、有价值的东西,推陈出新,化腐朽为神奇。毛泽东化用李密《陈情表》的句子,写出"帝国主义日薄西山,气息奄奄,人命危浅,朝不虑夕";他在《浣溪沙》中借用李贺的诗句写出"一唱雄鸡天下白"。他的政论、诗词中化用前人的语言赋予新意,很值得我们学习。但切忌生搬硬套,滥用陈腐、僵死的词汇。

二、从外国语言中学习

各民族的语言都有自己的长处与特色,是人类共同的财富。任何语言都不可能是完全封闭孤立的,凡是活的语言都不怕同别的语言接触,不怕被别的语言取代。对此,美国语言学家萨丕尔有过精彩论述:"语言,像文化一样,很少是自给自足的。交际的需要使说一种语言的人和说邻近语言的或文化上占优势的语言的人发生直接或间接的接触。"(《语言论》)21世纪以来,随着各民族、各国家之间的政治、经济、文化交往的日益频繁和高科技的发展,互相吸取语言的精华以丰富本民族的语言,已成为现实。作者应阅读一些外国名著,如莎士比亚、巴尔扎克、契诃夫、高尔基等著名外国作家的作品,从他们的成果中吸取语言精华。

从汉语发展的历史看,自古至今,汉语一直都在吸收外来词。外来词已经成为汉语词汇的重要组成部分。汉语在西汉时期就从西域借用了大量词汇,如葡萄、苜蓿、胡瓜、狮子、骆驼等。从东汉末年直至唐宋时期,汉语从佛教吸取了大量词汇,很多都成为汉语中的习用词语,如世界、佛、觉悟、烦恼、解脱、实际等,以至一般人已经觉察不出它们是外来词汇。近代以来,汉语中则大量吸收了来自西方的外来词,如基因、雷达、卡通、蒙太奇、马拉松、巧克力等。汉语中还有大量从日语中借用的日译汉字词,如社会、哲学、服务、积极、消极、具体、抽象、知识、条件等。这样看来,我们应该广泛阅读世界各国的经典著作,从中吸收其精华,丰富我们的词汇,增强我们的表达力。

三、从群众中学习语言

生活是语言存在的丰富源泉。学习语言应关注社会人生,向人民群众学习,深入生活中,熟悉群众的思想、感情,学习他们的语言。"从生活中找语言,语言就有了根。"(老舍《我怎样学习语言》)群众语言很能表现实际生活,其中一些成语、俗语、歇后语非常生动,很富表现力,同时具有地方特色。老舍、赵树理的语言含蓄幽默、通俗生动、大众化,是他们善于从民族的、群众的语言中吸取养料,善于提炼口语的结果。19世纪末20世纪初,俄国著名的犹太作家肖洛姆·阿莱汉姆的后母经常用刻薄而又有趣的话骂他(有时还押韵),13岁的他在骂声中偷偷把那些词汇都记下来,并按俄文字母的顺序加以编排,后来竟辑成了一本有名的小词典《后母的词汇》。他的作品中那些尖酸刻薄而富个性的语言,大多来自当时的积累。普希金曾向莫斯科做圣饼的老太太学习语言。当然,群众语言中有不少粗糙甚至粗俗的成分,学习时应加工提炼,去掉芜杂庸俗、鄙俗的成分,使之纯洁健康。

四、从现当代作品中学习语言

学习现当代作家的作品中典范的书面语言,也是学习语言的一条较好的途径。大量的典范书面语出现在现当代人的著述中,特别是像鲁迅、茅盾、叶圣陶等语言大师,他们的作品是典范的白话文著作,确立了现代汉语的语法规范。因为当代作家发表的作品,及时地报道了当代人的社会生活,最能反映当代人思想、情感、生活的语言,往往首先出现在这些文章中。

五、学习新潮语言

语言总是随着社会的发展而发展变化的,如诗歌由《诗经》的四言到五言、七言,再到宋词、元曲,这无不和社会及语言的发展有关。在当今社会,由于香港、澳门的回归以及台湾终将回到祖国怀抱,它们的语言交融而成"流行语言",这些语言在青年一代中比较流行,如把"漂亮"说成"帅",后又说成"酷",把"运气好"说成"人气正旺"等。

另外,随着改革开放和与国际接轨,一些外文缩写的词语已直接融入我们的语言,如"VCD""MTV""CT""WTO""AA制"等;外国的某些语法也逐渐被我们接受,如"过去是,现在是,将来也是"等语法形式。虽然这些新词是否能够被汉语接受,成为规范的汉语还有一个检验使用的过程,但是我们应当积极关注,对于那些确能丰富汉语,又符合汉语发展趋势的词语,我们应当加以吸收,以显示语言的发展创新,适应社会与时代的发展。

六、向其他艺术品种学习语言

艺术领域中的不同门类,如绘画、书法、雕塑、音乐、舞蹈以及影视、戏剧,甚至广告,它们以各自不同的独特的艺术手段显示着不同的美。绘画、书法、雕塑是以色彩、线条、形体给人以美感;音响、节奏、旋律是音乐的艺术因素;舞蹈是以动作、姿态形成美的形象。影视、戏剧、广告综合了绘画、雕塑、音乐、舞蹈等各种艺术表现手段和方法,成为综合艺术。尽管艺术门类不同,但是艺术的本质和规律却是一致的。因此,写作语言可以从各种艺术门类的语言中吸收和借鉴表现技巧。在各种艺术门类相互借鉴的实践中,语言艺术与绘画、书法、雕塑艺术结下了不解之缘,中国古代的画论及书法论也同样适用于文学写作,如苏东坡评价王维的诗:"观摩诘之画,画中有诗;味摩诘之诗,诗中有画";郑板桥的"眼中之竹、胸中之竹、手中之竹",也是符合"物—意—文"双重转化的创作规律的。中国古代如王维、苏轼、黄庭坚、郑板桥等众多文学大师同时又是画家、书法家,也正因如此,古今中外的文学语言艺术,创造了无数生动的社会图景和鲜明的人物形象。从事文学创作最好能熟知一两门艺术,这样,读者可以通过文学语言听到或喜或怒、如怨如诉的音乐,看到婆娑飘逸、腾跃矫健的舞姿,给人"如闻其声、如临其境、如见其人"的感受,以引起强烈的共鸣。

范文选

写作的艺术(节选)

林语堂*

写作的艺术是比写作艺术的本身或写作技巧的艺术更广泛的。事实上,如果你能告诉一个希望成为作家的初学者,第一步不要过分关心写作的技巧,叫他不要在这种肤浅的问题上空费工夫,劝他表露他的灵魂的深处,以冀创造一个为作家基础的真正的文学性格;如果你这样做,你对他将有很大的帮助。当那个基础适当地建立起来的时候,当一个真正的文学性格创造起来的时候,风格自然而然地成形了,而技巧的小问题便也可以迎刃而解。如果他对于修辞或文法的问题有点困惑不解,那老实说也没有什么关系,只要他写得出好东西就得了。出版书籍的机关总有一些职业的阅稿人,他们便会去校正那些逗点,半支点,和分离不定法等等。在另一方面,如果一个人忽略了文学性格的修养,无论在文法或文艺的洗炼上用了多少工夫,都不能使他成为作家。蒲丰(Buf-fon)说:"风格就是人。"风格并不是一种写作的方法,也不是一种写作的规程,甚至也不是一种写作的装饰;风格不过是读者对于作家的心思的性质,他的深刻或肤浅,他的有见识或无见识,以及其他的质素如机智,幽默,尖刻的讽刺,同情的了解,亲切,理解的灵敏,愤世嫉俗的恳挚态度,精明,实用的常识,和对事物的一般态度等等的整个印象。世间并没有一本可以创造"幽默的技巧",或"愤世嫉俗的恳挚态度的三小时课程",或"实用常识规则十五条"和"感觉灵敏规则十一条"的手册。这是显而易见的。

我们必须谈到比写作的艺术更深刻的事情。当我们这样做的时候,我们发现写作艺术的问题包括了文学,思想,见解,情感,阅读,和写作的全部问题。我在中国曾提倡复兴性灵派的文章和创造一种较活泼较个人化的散文笔调;在我这个文学运动中,我曾为了事实上的需要,写了一些文章,以发表我对于一般文学的见解,尤其是对于写作艺术的见解。

(一)

一人读几个作家之作品,觉得第一个的人物描写得亲切,第二个的情节来得迫真自然,第三个的丰韵特别柔媚动人,第四个的意思特别巧妙多姿,第五个的文章读来如饮威士忌,第六个的文章读来如饮醇酒。他若觉得好,尽管说他好,只要他的欣赏是真实的就得。积许多这种读书欣赏的经验,清淡,醇厚,宕拔,雄奇,辛辣,温柔,细腻,……都已尝过,便真正知道什么是文学,什么不是文学,无须读手册也。

论文字,最要知味。平淡最醇最可爱,而最难。何以故?

平淡去肤浅无味只有毫厘之差。

作家若元气不足,素养学问思想不足以充实之,则味同嚼蜡。故鲜鱼腐鱼皆可红烧,而独鲜鱼可以清蒸,否则入口本味之甘恶立见。

——节选自《林语堂散文》,北京出版社 2008 年版

*林语堂(1895—1976),福建龙溪人。原名和乐,后改玉堂,又改语堂。中国现代著名学者、文学家、语言学家。早年留学国外,回国后在北京大学等大学任教,1966 年定居台湾。主要作品有《京华烟云》《吾国与吾民》《中国文化精神》等。

袁崇焕无韵歌

石 英*

一

袁崇焕:

三百多年前的历史曾经呼唤的一个名字,抑或是这个名字在呼唤历史。

呼唤那片被铁蹄践踏得破碎了的历史,呼唤那被硝烟模糊得面目全非的历史,呼唤那备受屈辱而又不甘屈辱的历史,呼唤那被扭曲而仍在拼命挣扎的历史。

他站了出来:

从闽西北邵武县衙惊堂木声中站起来,从父老北望的忧患目光中站起来。

当封疆大吏尽皆股栗拱手请降的时刻,当辽东名将迭遭败绩敌焰正炽的时刻,你站出来干什么? 难道你不知道自己只是一个官微职卑的六品县令?

你毫不理睬一切睥睨,也似乎对世俗的喊喳充耳不闻,携请缨印信,大步登上宁远城楼,一炮将不可一世的努尔哈赤打下马来,威慑皇太极竟至仓皇失措!

兵还是那些兵,饷还是那些饷,身后仍是那个朽如槁木的明王朝,面对的仍是那伙杀红了眼的后金骠骑恶煞,为什么,为什么你一来,形势就顿时改观? 为什么你不但不怵,还试图将拟就草稿的历史重新改写?

古人云:文以气为主;作为一支军队,一个真正的人,又何尝不是以气为主?

人!!!

二

对于古人,也不是一种声音。

有的明公评论家站出来发表高论:袁崇焕尽管大智大勇,可惜用得不当,殊不知明皇朝暮霭沉沉,清王师杲日东升,袁崇焕不识时务,以卫护腐朽生产力代表而抗拒先进生产力的,岂不是逆潮流而动?

什么?什么?

哦,明白了,他是在为古人深表惋惜:如是明智之人,倒戈随清,岂不博个封侯之位?

荒唐!如袁公地下有知,当挺身破穴,指斥这类明公引路人。

明王朝固然腐败透顶,清军难道就是仁义之师?疯狂掠夺,恣意践踏,难道就是先进生产力的代表?

袁崇焕那颗心是一个发光体,他所率的那支孤军奋战的军队是一道新的长城,在这颗心和这道长城后面,是食不果腹衣衫褴褛的平民百姓,是荒旱经年奄奄一息的田禾。

当不少同僚都俯首哀恳,露出奴性本相时,他以大炮发言:此路不通!

不能要求他不打着忠于皇帝的旗号,假如不打,恐怕他最亲信的部下也会把他诛杀。历史的悲剧也正在于此。

痛哉!

三

善者未必善报。

袁崇焕以其丰功伟绩之身反遭碎尸之祸。

固然是由于崇祯听信了清方散布的所谓通敌谋反的谣言,可是,真正的祸根究竟在哪里?

虚弱与凶残是孪生姊妹,崇祯是这两种心理的杂交胚;猜疑与阴谖一见钟情,崇祯与多尔衮既是死敌又是恋人。

统治者只是利用忠臣良将,而永远不会信任他们,他们真正信任的只能是佞臣阉党,扭曲的心理最需要畸形人的谄笑来滋润。

袁崇焕与其说是死于最残酷的凶器,不如说是死于人与人之间可能有的由极端妒恨导致的虐害狂。

他碎尸了,却恰恰又最后完成了自己的形象;他作为用来呼吸的一息终断了,但他胸中秉有的那股人间正气却冲天而起。这样,便使他能与文天祥这样的志士仁人在高天烈云间握手。

凡能以浩然正气感召人心,启人前行者,当然也应是先进生产力的代表。

历史上这样的人也许很多,但从另一种意义上说,又太少了!

——选自《天津日报》1989 年 2 月 13 日

* 石英,1934 年生,山东黄县人,当代散文家,主要作品有传记文学《吉鸿昌》、散文集《母爱》、专著《散文写作的成功之路》等。

书斋乐事

袁行霈*

"重帘不卷留香久,古砚微凹聚墨多。"这是陆游的两句诗,题曰《书室》。陆游书室的闲雅气氛,我神往已非一日了。

我的书室虽然不俗,但于闲雅二字还是不够的。一来,我的书太乱。用完之后随手一放,本来不大的桌面,堆了高高的几叠,剩下的地方仅够铺一张稿纸,搁两只手臂而已。局促之状自己也感到不便,却要拿"乱中有治"一类混话抵挡妻子的批评,而拒绝收拾。二来,读书的心情太急。自知根底不厚,又荒疏了十年,需要开快车追回过去的光阴,所以很少有细细涵泳的工夫和水到渠成的乐趣。往往是要研究某个题目了,才现找有关的书来读,有点现趸现卖的样子。我常常觉得自己的书室多了点什么,又少了点什么。大概是多了点匆匆,少了点闲静,那味儿就差多了。不过,我的书室也有好处,它有刺激力,能刺激我工作的欲望和热情。在这里,书不是为收藏而收藏的,而是为使用而收藏的。读书不是消遣,而是如蚕之食桑,期待着来日的吐丝。那一本本散乱的书提醒我还有未竟的工作,应该赶快完成。书室越乱,越是我用功的时候。"乱中有治"倒不一定,乱中有一种上进的要求和求知的快乐却是真的。

我的书室是兼做客厅的。来客多是志同道合的朋友,话题常常围绕着学问。守着几柜书,随时可以翻翻查查,寻找一点佐证,增添几分情趣,"奇文共欣赏,疑义相与析",那乐趣远非咖啡馆里的闲聊能比的。偶尔有朋友到我的书室来查找资料,我帮他一本一本地翻。翻开的书堆满了书桌、椅子,后来就索性摆在地上,终于使朋友满意而去,我再独自一本本合起上架。我这少得可怜的藏书居然解决了朋友的疑难,可见书没白买,心里的高兴就甭提了。如果这资料是在一本平时被冷落的书中找到的,就更有一种惬意,"养兵千日,用在一时",证明自己当时买这本书是有眼光的。

读书人之嗜书,有时近于贪婪。可是限于财力和书室的面积,不能想买就买。近几年书价成倍地涨,在书店遇到喜欢的书,掂来掂去,不咬咬牙是不能买下来的。有时挑些书拿在手里,付款之前自己先算算账,不免再怅怅放回几本到书架上去。每当将书买回家上了架,环视一番,在许多书脊所组成的"光谱"上,又多了一种色彩,便喜不自胜。书的增加,那乐趣并不在"物"的占有与积累,而在精神上多了一种寄托,多了一个依靠,多了一位朋友。有的书未必一页页从头读到尾,但有它和没它,心里的感觉就是不一样。买书是乐事,得到作者的赠书更是乐事。收到老师的新著,想到他们年事已高,仍不辍笔耕,敬佩之余又为他们的健康而庆幸。收到同辈的新著,想到他们在艰苦的生活条件下,做出这样的成绩,见贤思齐,备受鼓舞。收到学生的新著,想到他们锐意进取,脱颖而出,感到欣慰。我的藏书很少,没有善本,这些赠书就是我的善本。我准备积累到一定的数量,专门辟一个书橱收藏它们,算是我的特藏。

我有个习惯,每天临睡之前花一个小时浏览各种书刊,怡然独坐于书室的孤灯之下。这是我一天之中心情最舒坦的时候。既是浏览,就不必太用心,不必认真选择。当天收到的刊物,新得的书籍,和专业关系不大的"闲书",或虽非"闲书"而已久违的专业书,都是这时的读物。读的时候,不按顺序从头读起,看目录,哪里有兴趣就读哪里。或索性什么也不读,任思想自由地驰骋于广袤的天地。此时,前邻后舍灯火阑珊,家人也已入梦,唯钟声之"嘀嗒"为伴。我觉得这段时间完完全全属于我自己。我得以在书室里凝思人生、宇宙和历史,真是一大乐事。

我的书室本没有室名,偶读《老子》,其中有这样几句:"人法地,地法天,天法道,道法自然。"遂取名"法自然斋"。

——选自《光明日报》1988 年 3 月 5 日

＊袁行霈(1936—　),江苏武进人,北京大学中文系教授,后任中央文史研究馆馆长,主要作品有《中国文学史》(主编)、《中国诗歌艺术研究》、《中国文化地域通览》(主编)等。

<h2 align="center">月是故乡明　心安是归途</h2>
孟晚舟＊

舷窗外一片漆黑,机翼上的航行灯闪烁不停,在寂静的夜空中,这些许的微光显得格外温暖。此刻,我正飞越北极上空,向着家的方向前行,马上就要投入伟大祖国母亲的怀抱,阔别三年的祖国已在天涯咫尺。

近乡情更怯,不觉间泪水已模糊了双眼。在中国共产党的领导下,我们的祖国正在走向繁荣昌盛,没有强大的祖国,就没有我今天的自由。往事一幕幕闪过,恍若隔世,却又历历在目。过去的 1028 天,左右踟蹰,千头万绪难抉择;过去的 1028 天,日夜徘徊,纵有万语难言说;过去的 1028 天,山重水复,不知归途在何处。"没有在深夜痛哭过的人,不足以谈人生",一次次坠入深渊,又一次次闯入暗夜,曾让我辗转难眠,更让我刻骨铭心。

泪水抱怨化解不了愁苦,伤春悲秋翻越不过泥泞,与其困顿挣扎,不如心向阳光,冲出阴霾。有些风浪,难免艰险,唯有直面才能扬帆远航;有些抵达,难免迂回,历尽波折终会停泊靠岸。无数次奔跑,无数次跌倒,唯有此次让我倍感坚强;无数次出发,无数次归家,唯有此次让我热泪盈眶。万家灯火总有一盏给我温暖,浩瀚星河总有一颗予我希望,感动于心,感激于情。

我们祈祷和平,幸运的是,我们生在一个和平的时代;我们崇尚伟大,可贵的是,我们生在一个伟大的国家。成长在改革开放时期的我,亲眼看到、亲身经历了共产党领导下的中国和中国人民是如此伟大,全体同胞数十年如一日地艰苦奋斗,让我们的祖国走向繁荣富强,人民迈向共同富裕,为世界的和平与发展作出巨大的贡献。感谢亲爱的祖国,感谢党和政府,正是那一抹绚丽的中国红,燃起我心中的信念之火,照亮我人生的至暗时刻,引领我回家的漫长路途。

感谢亲爱的家人们,与我一起经历风雨,见证岁月,安放我所有的喜乐苦悲。是你们的遥遥相伴,陪我越过层层山丘;是你们的默默守护,带我跨出丛丛荆棘。感谢亲爱的伙伴们,有一种浪漫叫并肩作战,有一种纯粹叫全力以赴,有一种果敢叫奋不顾身,回首此间,满是静水流深的情义和雷霆万钧的担当。感谢亲爱的同事们,虽然分别已久,你们的真挚鼓励和持续坚守,让我们始终风雨同舟,艰难征程波澜壮阔,赤诚初心历久弥坚。感谢所有关心我的你和你们,就算素未谋面,你们的浓浓情意、切切问候和深深祝福,如一道彩虹,斑斓了坎坷路途上的一隅天空。

午夜梦回,最是心底那一轮明月,那一江春水,那一缕乡愁,亦是我滞留他乡三年每分每秒的心灵归宿。秋风掠过,登机前,温哥华已需寒衣加身。此时,祖国的秋日正是天朗气清、暖阳和煦,期待一年好景致,再赏橙黄橘绿时。祝愿祖国母亲生日快乐!回家的路,虽曲折起伏,却是世间最暖的归途。

　＊2021年9月25日,因中美贸易冲突被加拿大非法禁锢将近三年的华为公司首席财务官孟晚舟终于归国。此文乃孟晚舟于中国政府包机上更新朋友圈时的感言。

思考与练习

一、名词解释

1. 语言——

2. 语体——

3. 语言素养——

二、填空

1. 写作语言的信息符号可分为_____和_____。

2. 语体可分为_____、_____、_____、_____、_____。

3. 感受语言的常用方法有_____、_____、_____。

4. 运用语言的能力包括_____、_____。

5. 反复锤炼语言的要求是_____、_____、_____、_____。

三、判断(正确的画"√",错误的画"×")

1. 语言是文章的"细胞",是文章的最小单位和基础。　　　　　　　　　(　　)

2. 语言是现实生活的反映,与思维不发生直接的关系。　　　　　　　　(　　)

3. 提高语言素养的关键在于多认字。　　　　　　　　　　　　　　　　(　　)

4. 语言能力是天生的,不需要通过学习获得。　　　　　　　　　　　　(　　)

四、问答

1. 语言与写作的关系怎样?

2. 应该从哪些方面去锤炼语言,使之准确、生动?

3. 学习语言的途径有哪些? 为什么?

4. 分析《袁崇焕无韵歌》的语言特色。

5. 《书斋乐事》中的"乐事"指什么?

五、修改病句,并指出病因

1.我国足球队在迭遇失败后,连克五关,挂冠而归。

2.来这里聚会的无论老少,都被他清晰的思路、开朗的性格、乐观的情绪及坚定的信心深深地感染了。

3.这家乒乓球馆设施齐全,可为乒乓球爱好者提供不同档次的球台、球拍、球衣、球鞋等乒乓器材。

4.六年间,我国航天技术完成了从单舱到三舱,从无人到有人,从"一人一天"到"两人五天"的进步。

5.那些在各条战线上以积极进取、不折不挠的对待生活和工作的人,才是我们尊敬和学习的对象。

六、分析下列句子的优点

1.这同样微妙的神情,好似游丝一般,飘飘漾漾的合了拢来,绾在一起。这时心下光明澄静,如登仙界,如归故乡。眼前浮现的三个笑容,一时融化在爱的调和里,看不分明了。

——冰心《笑》

2.我把一切应用的东西当作艺术,我在生活中的第一件艺术品——就是小屋。白天它是清晰的,夜晚它是朦胧的。每个夜幕深垂的晚上,山下亮起灿烂的万家灯火,山上闪出疏落的灯光。山下的灯把黑暗照亮了,山上的灯把黑暗照淡了,淡如烟,淡如雾,山也虚无,树也缥缈。小屋迷于雾失楼台的情景中,它不再是清晰的小屋,而是烟雾之中、星点之下、月影之侧的空中楼阁。

——李乐薇《我的空中楼阁》

3.他慢慢地拿起烟袋,慢慢地装上烟,慢慢地点上火,慢慢地喷出青烟。……早晨,来到地头,我看着黄澄澄的阳光里,水嫩水嫩的白菜仿佛长高了许多,我禁不住心里痒痒的,手里痒痒的,嗓子里也痒痒的。

——林斤澜《学生的家信》

第六章 修改与润饰

第一节 修改与润饰的意义

一、修改与润饰的含义及其重要性

修改,指文章写作过程中,作者对其内容和形式进行多方面的修正、改动,直到最后定稿;润饰,指对文章的润色、修饰,润饰也属于广义的文章修改的范畴。

修改与润饰是文章写作过程中的重要阶段。一篇好的文章很少是一气呵成的,通常都需要在草拟过程中随时进行局部的改动,更需在初稿草成之后进行全面的反复认真的修改与润饰。修改与润饰不仅能增强文章文采和表现力,更利于文章内容和形式达到完美的统一。

修改与润饰,对于写作的成败关系甚大,历来为写作大师们所重视。清人郑燮说:"为文须千斟万酌,以求一是,再三更改,无伤也。"(《词钞自序》)梁章钜说:"百工冶器,必几经转换,而后器成。我辈作文,亦必几经删润,而后成文,其理一也。"(《退庵随笔》卷十九)古今中外的名篇佳作都是作者反复推敲、精心修改的结晶。

二、修改与润饰的作用

(一)修改与润饰可以提高文章的质量

文章不厌百回改。从某种意义上说,文章不是写好的,而是改好的。文章或文学作品是社会生活在作家头脑中反映的产物。文章品位的高低、质量的好坏、感染力的强弱,取决于文章是否准确、鲜明、深刻地反映了社会生活。杜鹏程在谈到《保卫延安》的创作经验时说:"在工作之余,一年又一年,把百万字的报告文字,改为六十多万字的长篇小说,又把六十多万字变成十七万字,又把十七万字变成四十万字,再把四十万字变成三十万字……在四年多的漫长岁月里,九易其稿,反复增添删削何止数百次。"(《〈保卫延安〉的写作经过》)

不断修改与润饰就能不断提高文章的质量。在现实的写作过程中,那种不假思索、下笔千言、一挥而就、文不加点的情形其实是极少的。千古传颂的王勃《滕王阁序》中的名句"落霞与孤鹜齐飞,秋水共长天一色"不是也有人曾为之删去"与""共"二字而使之更简捷精粹吗?(老舍《关于文学的语言问题》,见《出口成章》第64页)可见要达到预期的写作目的,在很大程度上得益于反复认真的修改与润饰。

(二)修改与润饰可以提高作者的认识水平和写作能力

写作活动是一种认识活动,写作过程就是作者准确、深刻地认识客观事物的过程。而客观事物的多重属性,决定了人们认识客观事物总要经过一个由浅入深,由感性到理性,由现象到本质的过程。比如对某一重大的社会生活、历史事件的认识,总要经过多次分析、研究、比较、选择,这种不断地摒弃自己原来不成熟的甚至是错误的认识,不仅要花费很大的精力,而且还得花费相当的时间。而修改与润饰的过程,就是调整、纠正作者的思想认识,使之逐渐接近、靠拢以至完全符合客观事物的本质属性的过程。

托尔斯泰创作《复活》正是通过无数次的修改,作品主题才得到不断深化与开拓。初稿时,作者只是想通过叙述聂赫留朵夫向卡秋莎悔罪的故事,仅仅反映了一个道德、心理问题。后来,作者经过深入分析,把问题转向了社会政治方面。不久,作者发现这一主题在揭露法庭的虚假、伪善、狠毒上还不够深刻,因此,几经思考,反复研究,最后把主题改成以批判沙皇专制制度的残酷、黑暗为主。作品主题不断调整深化的过程,正是作者正确、深刻认识社会生活本质属性的过程,也正是作者思想认识水平不断深化提高的过程。

不断修改与润饰,一方面提高了人们的认识能力,同时也提高了人们驾驭、运用语言、表现生活的能力。古人云:"文字频改,功夫自出。"(吕本中《吕氏童蒙训》)"改章难于造篇,易字艰于代句,此已然之验也。"(刘勰《文心雕龙·附会》)善写者未必能善改,要改好一篇文章常常比重新写一篇还难。可以说,修改与润饰的能力乃是更高一级的写作能力。

(三)修改与润饰能增强作者的社会责任感

毛泽东指出:"我们写文章,做演说,只要像洗脸这样负责,就差不多了。拿不出来的东西不要拿出来,须知这是要去影响别人的思想和行为的啊!"(《反对党八股》)这是从文章所具有的社会功用上强调了作者应具有强烈的社会责任感。一个作者对自己文章中的错误和毛病,敢于大胆针砭,自以为非,"拿不出来的东西不要拿出来",这是一种对社会高度负责的表现。相反,草率为之,"拿不出来的东西",硬拿出来,不论于人于己于社会都是一种不负责任的态度。

写作态度严谨的作者,总是以对社会高度负责的精神对待自己的写作,总是对自己的作品反复修改与润饰,永不满足。巴尔扎克不仅创作速度十分惊人,而且创作态度也十分严谨。他的每部作品都要改六七次。据说他坚持一定要按照他定下的规则打校样:纸张要特别长,特别宽。文本只让印在中间的一小块地方,留下很宽的空白让他修改。通常给排字工人指导用的那些修改符号还不够用,他便用自己发明的符号。一篇作品修改完了,校样四周就画满了符号。空白处不够了,他就在背面改,有时修改的部分比原文还多,一校改了,二校、三校还得改,修改的校样有时多至十五六次。即使这样,每部小说再版时,他还要重新修改,连细节也不肯放过。这种一丝不苟、精益求精的写作态度,是十分可贵的。养成修改与润饰文章的好习惯,不仅使自己的写作更臻成熟完美,同时也培养和增强了自身的社会责任感。

第二节　修改与润饰的范围

修改与润饰的范围,包括思想内容和表现形式两个大的方面。思想内容包括主题和材料,表现形式包括结构和语言等。修改与润饰应着眼于文章的整体和全局,从主题、材料、结构、语言这四个方面去考虑,看文章是否准确地反映了客观现实,是否表达恰当、精美,是否达到了内容与形式的和谐统一。

一、修正主题

主题是文章的灵魂,决定着文章的思想价值。主题是否正确、鲜明、深刻,决定着文章思想价值的有无和大小。因此,修改文章首先要在修改主题上下功夫。

(一)主题是否正确

主题正确首先是指主题要符合客观事物的本来面目,能揭示出事物的本质。比如司马迁在《太史公自序》中说:"不韦迁蜀,世传《吕览》。"意思是说,吕不韦在受到秦王的处罚,贬谪四川后,《吕览》一书才得以写成并流传于世。然而,事实并非如此。唐代史学家刘知几在《史通·杂说》中指出司马迁的说法不准确不真实。其次,主题正确还指文章主题要符合党和国家的政策法规,如果与党和国家的路线、方针、政策相背,也必须认真调整修改。

(二)主题是否鲜明集中

首先,在一篇文章中应该集中说明和解决一个问题,如果提出的问题太多,就会使文章出现多中心而最终导致无中心的情况。刘熙载说,"旨戒杂",就是指中心意思不能多,要求主旨"立意要纯,一而贯摄"(《艺概·经义概》)。魏际瑞在《伯子论文》中说:"文主于意,而意多乱文。"意多,读者就会感觉头绪乱,不得要领。其次,作者对自己提出的问题,特别是在带有倾向性的问题上,一定要有明确中肯的回答,不能含含糊糊、模棱两可。

(三)主题是否深刻

文章主题的开掘越深,越能准确地反映出客观事物的本质和规律,给人以深刻的启示和教育,文章发挥的作用也就越大。因此,修改文章应当对主题反复推敲,力求改肤浅、平庸为深刻、新颖。丁毅在《歌剧〈白毛女〉的创作经过》中谈到了作品主题修改深化的过程,他说:"首先在认识这一故事的主题的深切意义上就走过弯曲的路程。开始有的同志认为这只是一个没有意义的神怪故事;有的同志认为可以作为一个'破除迷信'的题材来写;也有的同志认为应把'反封建'和'反迷信'两种主题处理在一个材料里。经过对这个故事的仔细研究,我们才抓取了更积极的主题意义——表现反对封建制度,表现两个不同社会的对照。"即"旧社会把人变成鬼,新社会把鬼变成人!"

二、增删材料

文章思想意义的真实、典型,很大程度上取决于材料的真实与典型。对文章材料的修改,总的要求是把散乱的材料改集中,把臃肿的材料删精当,把空泛的材料改具体,把平淡的材料改生动,使文章的主题表现得更鲜明更深刻。

(一)从表现主题的需要出发处理材料

凡能有力地表现主题的材料要保留,要加强;凡与表现主题无关或关系不大的材料要删除,要调换。如魏巍写《谁是最可爱的人》时将原来的二十七个材料删去九分之八,最后只保留了最典型的三个材料,却使主题表现得相当突出深刻,成为传世佳作。又比如将李存葆的优秀作品《高山下的花环》搬上银幕时,编剧根据表现主题的需要增添了靳开来妻子到部队探亲,表现夫妻情、父子情的内容,使人物更富有感染力,作品主题更鲜明更深刻。

(二)从读者的需要(即熟悉程度)出发处理材料

文章社会价值的大小从某种意义上说是来自接受对象(即读者)的理解与认同。有些材料如果太生疏(比如太专业化、学术性很强的材料),读者理解掌握太困难,就应作具体详尽的介绍说明;反之,则可从略。比如徐迟在写《哥德巴赫猜想》时,开篇就用了很大篇幅具体详尽地介绍这一专业性甚强的数论知识。而欧阳修在《醉翁亭记》的开篇,将原稿中"滁州四面有山"以下凡数十字通通删去,并改为"环滁皆山也",其原因之一就是删去的内容(材料)在很大程度上是人们易于理解、不需赘言的。

三、调整结构

好的文章不仅要"言之有物",而且还要"言之有序"。唐彪曾引述武叔卿的一段话说:"如文章草创已定,便从头到尾一一检点。气有不顺处,须疏之使顺;机有不圆处,须炼之使圆;血脉有不贯处,须融之使贯;音节有不叶处,须调之使叶。"(唐彪《读书作文谱》卷五)这里讲的就有结构调整的问题。在写作过程中,不仅在构思时要理清思路,搭好框架,注意有序,而且在完成初稿之后,仍需在结构上作出调整,以求文气顺畅,机脉严密。

调整结构,首先要考虑为内容服务,看文章结构是否体现出了事物的发展规律和内在联系。比如鲁迅先生在1935年9月5日所写的《死》中将原稿中的二、三条遗嘱调换了一下顺序,即"二,赶快收敛,埋掉,拉倒。三,不要做任何关于纪念的事情"。调整之后的结构更符合人们认知的条理和逻辑。其次,调整结构要考虑结构各要素之间是否协调、和谐。最后,调整结构时,在逻辑合理的前提下,要力戒程式化,力求创新,不拘一格。

四、润饰语言

文章的思想内容,要靠语言来表达。加工、润饰语言是写作的基本功,也是修改文章的重要内容。历来的文章家对语言的修饰都十分重视。皮日休云:"百炼成字,千炼成句。"(《皮子文薮》)杜甫"语不惊人死不休"(《江上值水如海势聊短述》)更是传为千古美谈。司马光作《资治通鉴》,费尽了十九年心血,几经修改,在洛阳存放的未用残稿就堆了满满两屋子。曹雪芹写《红楼梦》,披阅十年,增删五次。列夫·托尔斯泰在创作小说《复活》时,对女主人公玛丝洛娃在法院里的形象刻画就修改了二十次之多。即使是具有深厚语言修养的文章高手,写作伊始,文字上的粗疏之处也在所难免,只有经过认真仔细的琢磨、推敲、修改、润饰,才能达到完美无缺的境地。马克思在谈到自己的写作时说:"除了对已经写好的东西作修辞上的润色外,我没有东西好写了,但是有时为了推敲几个句子,仍然一坐就是几小时。"(《致恩格斯》)修改与润饰语言先求达意,看用词是否精准,句子是否通顺,想要表达的意思是否准确、清楚、完整地表达出来了;后求精美,在形象、生动、精美方面狠下功夫,力求"语不惊人死不休"。

第三节 修改与润饰的方法

一、找出文病所在

准确找出文章存在的毛病及其原因,是对症修改的前提。古人云:"必先洞悉所事之条理原委,抉明正义,然后述得失之所以然,而条画其补救之方。"(包世臣《与杨季子论文书》)这里指明了修改文章的正确途径:首先找准问题的症结——判明是非;然后分析其原因;最后再对症梳理出解决问题的方法、措施。找出文病的方法主要有以下几种:

（一）阅读法

修改文章,首先须得认真阅读。一边阅读,一边思考,语句是否通顺,衔接是否紧密,声调是否和谐,以及有无丢词掉字、书写颠倒等,文字表达方面的毛病在阅读过程中是很容易被发现的。即便是内容上、结构上的问题,通过反复阅读,反复斟酌思考,也能准确无误地诊断出来,而不借助阅读的方法是很难找出文病所在的。

（二）冷却法

初稿完成后,先放一放,头脑冷静清醒了,常常会有新的见解、新的认识,此时再读文稿,就会发现原稿中的幼稚粗疏之处。李渔在《闲情偶寄》中说:"文章出自己手,无一非佳,诗赋论其初成,无语不妙。迨易日经时之后,取而观之,则妍媸好丑之间,非特人能辨别,我亦自解雌黄矣。此论虽说填词,实各种诗文之通病,古今才士之恒情也。凡作传奇,当于开笔之初,以至脱稿之后,隔日一删,愈月一改,始能淘沙得金,无瑕瑜互相之失矣。"这是写作的经验之谈。

（三）求助法

作者作文时,因受自身的学识、阅历、写作水平等的限制,文章往往难以尽善尽美。因此,文章写好之后,最好请别人提提意见,因为旁观者清,容易发现问题。曹植云:"世人著述,不能无病。仆常好人讥弹其文,有不善应时改定。"(《与杨德祖书》)北齐颜之推也说:"学为文章,先谋亲友,得其评论者,然后出手。慎勿师必自任,取笑旁人也。"(《颜氏家训·文章篇》)

二、增、删、改、调

修改与润饰主要采用"增""删""改""调"的方法。

（一）增

增即增加、补充。凡道理未说透彻、全面,材料不足,结构残缺,文字疏漏,表意不严密等,都需作增补。少则增添一词两字,多则扩写整段整节。但增补,绝不意味着单纯地拉长篇幅,其着眼点在于加强文章的准确性、完整性、深刻性和生动性。

（二）删

删即芟除、删削。凡离题之笔,冗繁之事,多余材料,重复的意思都在删除之列。古人云:"善改者不如善删,善取者不如善舍。"(魏际瑞《伯子论文》)契诃夫也说过这样一段话:"写作的艺术,其实,并不是写的艺术,而是删去写得不好的东西的艺术。"(《致 A.C.格鲁津斯基》)删繁就简,意在使文字简洁,文意精深;反之,因删削而使文意残缺、晦涩的做法则是不可取的。

（三）改

改即改动、更改。凡内容、结构、文字表达上不准确、不严谨、不精美的地方,均需改动。改动文章,需要有一字不苟、精益求精的精神。古人为一字一句而反复斟酌推敲,"吟安一个字,捻断数茎须""二句三年得,一吟双泪流",令人叹服,值得效法。

（四）调

调即调动、调整。在原有内容、文字的基础上对安排不当的章节、段落、句子或词语进行调动、组合,使文章思路清晰,文气贯通,结构严谨、协调。比如有一段文章的原文是:"文章是否写得准确、鲜明、生动,首先要看写文章的人思想立场、作风怎样。古人说'文如其人'这是说什么样的人,就写出什么样的文章,你的思想正确,态度鲜明,作风正派,那么,你写的文章就有一定的准确性和鲜明性。"这段文章逻辑上有毛病,原因出自结构混乱。经过调整,正确的顺序应该是:"古人说'文如其人',这是说什么样的人,就写出什么样的文章。文章是否写得准确、鲜明、生动,首先要看写文章的人思想、立场、作风怎样。你的思想正确,态度鲜明,作风正派,那么,你的文章也就有一定的准确性和鲜明性。"就更具条理性和逻辑性了。

第四节 文面要求与修改符号

一、文面要求

文面,即文章的外表、面貌,是一篇文章首先作用于人们视觉感官上的总体面貌。它包括文字书写、行款格式、标点符号等。只有字迹工整美观，行款格式符合要求，标点准确，才能准确、鲜明地表情达意，看起来才会赏心悦目，才会有助于读者阅读。

（一）行款格式（包括标题、署名、正文、序码、注释的格式）

1.标题　标题是文章的眉目，为了醒目，标题的字号应比正文字号大，具体要求如下：

（1）居中书写（上下各空一行，左右两侧空格相等。小标题也要居中书写，上下空行）。

（2）均匀对称（一个字的标题写于正中，两个字的标题书写时中间空一格，三字以上的按连格写。长标题需转行时，既要保持词或词组的完整，又要考虑字数上的对称和美观）。

（3）副标题写在正标题下面一行，常用破折号领起，也要居于正中，两侧空格相等（副标题较长需要转行时，可与上一行的文字对齐，不可超越破折号）。

（4）标题一般不用标点符号。有时为了强调或突出某种感情，或者引用别人的话作标题时，可以使用标点符号。

2.署名　作者署名常写在标题正下方或右下侧，上下要求空行。两个字的名字，中间要空一格。

3.正文

（1）起始行与标题、署名之间，适当地空出几行，给人以舒展大方的感觉。

（2）每段开头均应提行，空两格后书写。

（3）段与段之间不必空行。如文章分成若干部分，每部分可用空行标示，亦可用序码、小标题标示，上下各空一行。

4.序码　即文章中用以划分篇、章、节、段、纲、目的序数。序码种类繁多，应做到用法统一，格式整齐。

（1）用于篇的，如上、中、下，或甲、乙、丙、丁等；用于章的，如一、二、三、四等；用于节和纲目的，可用小写汉字或阿拉伯数字，或拉丁文，并加以方括号、圆括号来区别。

（2）篇幅不长，结构层次较简单的文稿，一般用"一、（一）"两级数码表示，结构复杂的长篇文稿则可用一、（一）、1、（1）、①等序码来逐层标示。

（3）段首序码应空一格后写章节名称。带括弧的序号无须加标点，也无须空格。不带括弧的序码后面应加上标点或空一格。

5.注释　注释是对文稿中的引文、重要资料、典故、数据等的出处、含义加以解释和说明。注释的方法和格式有以下几种：

（1）夹注（又称段中注或随文注）。即在行文中遇到需要注释的地方，就用括号或破折号随文注出需要注明的内容。

（2）脚注（又称页下注）。即在本页的下端用一横线隔开，注出本页需要注释的内容。

（3）尾注（又称文末注或总注）。即在文稿结尾之后，将全文的注释集中写出，方法与脚注相同。

（4）章、节注。即注在一章或一节的末尾，方法与尾注同。

值得提示的是，如果不涉及解释性和说明性内容，仅仅着眼于注明引文出处的注释有时也被称为"参考文献"。引文出处注释必须标明资料章节或页码等具体出处，而参考文献是对某一著作或论文的整体性参考或借鉴，是全文注释征引资料的来源，它们通常

出现在文章末尾,无需注明页码。写作格式上一般参照如下:

　　[1]张占国,魏守忠.张恨水研究资料[M].天津:天津人民出版社,1986.

　　[2]朱立元.当代西方文艺理论[M].上海:华东师范大学出版社,1997.

　　[3]王富仁.角度和意义　所指和能指:白居易《长恨歌》赏析[J].名作欣赏,1992（3）.

　　[4]李大钊.由经济上解释中国近代思想变动的原因[A]//李大钊文集.北京:人民出版社,1984.

引文出处注释则多用如下格式:

　　①张占国,魏守忠　《张恨水研究资料》,天津:天津人民出版社,1986年,第25页。

　　②王富仁　角度和意义　所指和能指:白居易《长恨歌》赏析,《名作欣赏》,1992年第3期。

（二）标点符号

2011年12月30日,中华人民共和国国家质量监督检验检疫总局、中国国家标准化管理委员会发布了《标点符号用法》(2012年6月1日实施)。其中,点号共7种:句末点号有句号(。)、问号(?)、叹号(!),句内点号有逗号(,)、顿号(、)、分号(;)、冒号(:)。标号共10种:引号（""、''）、括号（( )、[ ]、〔 〕、【 】）、破折号（——）、省略号（……）、着重号(.)、连接号（-、—、～）、间隔号（·）、书名号（《 》、〈 〉）、专名号（____）、分隔号(/)。

标点符号的位置规定如下:①句号、逗号、顿号、分号、冒号、问号、叹号均置于相应文字之后,占一个字位置,不出现在一行之首。②两个问号（或叹号）叠用时,占一个字位置;三个问号（或叹号）叠用时,占两个字位置;问号和叹号连用时,占一个字位置。③引号、括号、书名号中的两部分标在相应项目的两端,各占一个字位置,不能转行。④破折号、省略号都是各占两个字位置,上下居中,不能中间断开分处上行之末和下行之首。两个省略号连用时占四个字位置并须单独占一行。⑤连接号、间隔号、分隔号不出现在一行之首或一行之末。⑥在实际编辑出版工作中,为排版美观等需要可适当压缩标点符号所占用的空间。

（三）文字书写

文字书写既要写正确又要写好,既要工整又要美观。具体要求为:

1.正确　即不能写错别字,要避免写不规范的简化字、繁体字、异体字。

2.清楚　即笔画分明,点、横、竖、撇、捺、挑、钩、折等基本笔画要按要求写,易于辨认。字体的结构要恰当,要显示出汉字的形体美。

3.整洁　字的大小要一致,个头要匀称。字的布局做到横平竖直,疏密得当。字要写得形体秀丽,不要乱涂乱改,做到文面整洁,给人美感。

二、修改符号

修改符号是约定俗成的,不能乱用,并力求清楚美观。常用的修改符号如下:

（一）增补号（∨或∧）

把增补的字写在符号尖端的上方或下方；增补的字较多，可用 把增补的字写在稿纸的空白处，加上框线，引线的箭头指向增补的地方。

（二）删除号

删去大段文字，用 ×××；删去一行或行内较多的字，用 ///；删去一二字或标点符号，则用 或 。

（三）换位号

只有几个字换位，可用 ；如果是大段或隔行换位，则用 ，把要换位的文字加上方框，箭头指向应移入的地方。

（四）提行号

或叫分段号，把原来的一段分成两段，在需要分段的地方用|←，箭头指向应提的位置上。

（五）贯接号（←—→）

表示两段文字连接在一起，不分段，箭头两端指向应连接的两处。

（六）复原号（△△△）

标在已删去的字、词下面，表示复原。如果要恢复已删去的大段文字，则在删除的方框两边各加两个△号，如 。

（七）空行号（〉）

标在行与行之间的左端，表示两行之间要空一行。

范文选

事 事 关 心[1]

马南邨*

[1] 原文选自马南邨著《燕山夜话》合集（北京出版社 1979 年版，改文选自初中《语文》第六册，1979 年版）。

"风声、雨声、读书声，声声入耳；
家事、国事、天下事，事事关心。"

这是明代东林党首领顾宪成撰写的一副对联。时间已经过去了三百六十多年，到现在，当人们走进江苏无锡"东林书院"旧址的时候，还可以寻见这副对联的遗迹。

为什么忽然想起这副对联呢？因为有几位朋友在谈话中[，][2]认为，[3]古人读书似乎都没有什么政治目的，都是为读书而读书，都是读死书的。为了证明这种认识不合事实,才提起了这副对联。而且,这副对联知道的人很少,颇有介绍的必要。

［2］"有几位朋友在谈话中认为……"是无主兼语句,"朋友"是"有"的宾语,又是"认为"的主语,删去其中的逗号,可使句意连贯、完整。

［3］"认为"的宾语是个较长而复杂的主谓词组,为了让语气缓慢些,所以在"认为"的后面加个逗号。

上联的意思是讲书院的环境便于人们专心读书。这十一个字［很］[4]生动地描写了自然界的风雨声和人们的读书声交织在一起的情景,令人仿佛置身于当年的东林书院中,耳朵里好像真的听见了一片朗诵和讲学的声音［,］[5]与天籁齐鸣。

［4］"很":副词,表示程度相当高,有过奖之嫌,故删之,表意实在了。

［5］"朗诵和讲学的声音"与"天籁"(自然界的声音)是并列词组,当中用"与"联结,不宜再用逗号断开,故删去逗号,使句子结构紧凑,语气贯通。

下联的意思是讲在书院中读书的人都要关心政治。这十一个字充分［地］[6]表明了当时［的］[7]东林党人在政治上的抱负。他们主张不能只关心自己的家事,还要关心国家的［大事］[8]和全世界的大事［情］。[9]那个时候的人已经知道天下不只是一个中国,还有许多别的国家。［所以,］[10]他们把天下事与国事并提,可见［这］天下事[11]是指的世界大事,［而］不限于本国的事情了。

［6］没有强调状语"充分"的必要,故删去"地"字。

［7］不必强调定语"当时",删去"的",无妨于表意,而音节却更加匀称,也避免了与后一个"的"字重复,读起来就更顺畅些。

［8］原文是"国家大事"和"世界的事情"并列,改文要表达的是"国家大事"和"世界大事"这个意思,中心语都是"大事",所以采用缩合的结构,让"国家的和全世界的"并列,合起来做"大事"的定语。这样,词语简练,句式紧凑。

［9］原文"事情",指人类生活中的一切活动和所遇到的一切社会现象,词义范围很大;而"大事"只是无数"事情"中的一小部分,词义范围较小。原文"他们……关心国家的"只能是"大事",而"关心……全世界的"却是无数的"事情",前后不相称。事实上一个人要关心全世界的"事情",不仅没必要,也不可能,改文表意准确。

［10］没有明显的因果关系,不必用"所以";如果要用,则"并提"后宜断句。那么,"可见……"又跟前文连接不紧了。删去"所以",免生瑕疵。

［11］有两个前词"天下事""国事","这"指代不明;把"这"改为"天下事",表意明确。

把上下联贯串起来看,它的意思更加明显,就是说一面要致力读书,一面要关心政治,两方面要紧密结合。而且,上联的"风声、雨声"[12]也可以理解为语带双关,［即］兼指自然界的风雨和政治上的风雨［而言］。[13]［因此,］[14]这副对联的意义实在是相当深长的。

［12］"风声、雨声"加引号,表示是上联的引言,有突出它的作用,还含有所谓的"风声、雨声"的意思,引出下文双关的解释来。

［13］"即……而言"与"兼指"意思重复;删之,简练。

［14］"因此"之前三个自然段,是对开头一副对联进行介绍和分析的;"因此"之后的一句话,是对前三个自然段作小结的。由此可见,"因此"前后文字的关系,是根据与结论的逻辑推理关系,不限于因果关系,所以删去表因果关系的关联词语。

从我们现在的眼光看上去，东林党人读书和讲学，显然有他们的政治目的。尽管由于历史条件的限制，他们当时还是站在封建阶级的立场上，为维护封建制度而进行政治斗争。但是，他们比起那一班读死书的和追求功名利禄的人，总算进步[得]多了。

当然，以顾宪成和高攀龙等人为代表的东林党人，当时只知道用"君子"和"小人"去区别政治上的正邪两派。顾宪成说："当京官不忠心事主，当地方官不留心民生，隐居乡里不讲求正义，不配称君子。"在顾宪成死后，高攀龙接着主持东林讲席，也是继续以"君子"与"小人"去品评当时的人物，议论万历、天启年间的时政。他们的思想，从根本上说，并没有超出宋儒理学，特别是程、朱学说的范围，这也是可以理解的。因为顾宪成讲学的东林书院，本来是宋儒杨龟山创立的书院。杨龟山是程颢、程颐两兄弟的门徒，是"二程之学"的正宗嫡传。朱熹等人则是杨龟山的弟子。顾宪成重修东林书院的时候[，很][15]清楚地宣布，他是讲程朱学说的[，]。[也就][16]这说明他就是继承杨龟山的衣钵的。人们如果[要][17]想从他的身上[，][18]找到反封建的[革命][19]因素，那恐怕是不可能的。

[15]原文"顾宪成……宣布……"这句话中，"重修东林书院的时候"与"很清楚"都是谓语"宣布"的修饰语；修饰词和中心语之间，一般不用逗号隔开，如果要突出时间的修饰语，可写成："在重修东林书院的时候，顾宪成很清楚地宣布……"，但该文不需要强调这个时间，所以改文不采用这种句式，仅把逗号和"很"删掉，语言结构更紧凑了。

[16]"宣布"下带了个复句形式的宾语："他是讲程朱理学的，也就是继承杨龟山的衣钵的。"衣钵：本佛教用语。衣：僧尼穿的袈裟；钵：僧尼盛饭的用具。中国禅宗师父将道法传授给徒弟常常举行授与衣钵的仪式。后来比喻一般师徒之间技术、学问的传授，现多用于贬义。"宣布"的是顾宪成的自述语，他不会用贬义词来自称与杨龟山的师承关系。改文在"讲程朱理学"的后面断句，则"宣布"的宾语只到此为止，后一句"这说明他……"是作者的按说语，用上"衣钵"一词就能恰当地表达作者对"杨龟山学说"的批判的态度。

[17]要：希望得到；想：希望。这两个词意思相近，用一个即可，故删去"要"。

[18]"从他的身上"是介词词组，作"找到"的状语。状语和中心语一般不宜断开，故删去逗号。

[19]"因素"已用"反封建的"限制，表意具体、明白、准确；再用"革命"来限制，既无必要，语意也偏高，故删之。

我们绝不需要恢复所谓东林遗风，就让它永远成为古老的历史陈迹去吧。我们只要懂得努力读书和关心政治，这两方面紧密结合的道理就够了。

片面地[只][20]强调读书，而不关心政治；或者片面地[只][20]强调政治，而不努力读书，都是极端错误的。不读书而空谈政治的人，只是空头的政治家，绝不是真正的政治家。真正的政治家没有不努力读书的。完全不读书的政治家是不可思议的。同样，不问政治而死读书本的人，那是无用的书呆子，绝不是真正有学问的学者。真正有学问的学者绝不能不关心政治。完全不懂政治的学者，[无论如何][21]他的学问是不完全的。就这一点说来，所谓"事事关心"实际上也包含着对一切知识都要努力学习的意思在内。

[20]片面：偏于一面的（跟"全面"相对）；只：表示限于某一范围。删去"只"是由于这两个词意义相近，不必同时使用。

[21]"完全不懂政治的学者"与"他的学问是不完全的"，语气轻重已经十分相称，没有必要再用"无论如何"强调，删掉，语言也简洁些。

既要努力读书,又要关心政治,这是[愈来愈][22]非常明白的道理。古人尚且知道这种道理,宣扬这种道理,难道我们还不如古人,还不懂得这种道理吗?无论如何,我们应该比古人懂得更充分,更深刻,更透彻!

[22]"愈来愈……"是紧缩词组的格式之一,即"越来越……"的意思,表示程度随着时间的发展而发展。原文不在于从时间的发展来说明道理,所以不用"愈来愈……"的格式。非常:十分,极。改用"非常"来修饰"明白",加强了断定的语气,含有不可更易的意味。这一段是全文的总结,是中心所在,因此要用这种斩钉截铁般的判断句,加强文章的鼓动性和说服力。

——选自郑颐寿《文章修改艺术》,福建教育出版社 1981 年版

＊马南邨(1912—1966),原名邓拓,福建闽侯人,政治家、诗人,作品有《燕山夜话》《三家村札记》等。

也 算 下 情

王 蒙＊

"民间"常常有一些俚俗的顺口溜广为流传。有的带有迷信色彩,有的类似牢骚、怪话,有的拟喻不伦,有的文词粗鄙,有的思想离谱,尽管有诸多不足取处,但是知道知道人们有些什么说法,考虑考虑为什么会有这样的说法,也还不无意义。

"三天不学习,赶不上刘少奇"。这是我在新疆时听一批从安徽来的农民讲的话。他们甚至说这是毛主席的话。我看不是。但是这既反映了一段时期对于政治学习的热情,也反映了"文革"中人们对于被"打倒"的刘少奇同志的怀念。

"真积极,假积极,为什么不当班主席?"这是长期流行在小学生中的歌谣,反映了他们从小就对积极分子——班干部或有的某种心理。

"大跃进"中编辑出版了"红旗歌谣",其中最著名的是《我来了》:"天上没有玉皇/地上没有龙王/我就是玉皇/我就是龙王/喝令三山五岭开道/我来了"。最后两句不押韵,使人怀疑是否经过了知识分子的加工。

"生下来就挨饿/上学就停课/毕业就下乡/回来没工作……"这是80年代初期曾经流行过的"歌谣",说的是50年代末60年代初出生的那一辈年轻人的遭遇。当然不全面,但考虑一下他们的处境他们的经历对于理解那一代人还是有好处的。马克思主义讲"存在决定意识",讲"人怎样生活,就怎样思想"嘛。

类似的歌谣还有"十七十八/(此句遗忘)/二十七八/待业在家/三十七八/等待提拔/四十七八/累死白搭/五十七八/准备回家/六十七八/种树种花……"可能这一段产生于80年代初期,那时开始实行了干部、工人的退休制度,又赶上一部分"上山下乡""知青"回城市待业,歌谣描绘了这种因年龄段不同而命运不同,赶上什么算什么的情景。倒也还怨而不怒。

在强调干部"四化"的同时,自会有一些肤浅的乃至庸俗的看法、做法冒头。鱼龙混杂,泥沙俱下,本来在任何口号下做任何事情都会发生此类情况的。于是出现了下列"歌

谣":"年龄是个宝/文凭不可少/后台最重要/德才做参考。"

领导是强调革命化、年轻化、知识化、专业化,一贯强调"德才兼备"的,但"歌谣"的说法有所讽刺,暴露了反差;至少它部分地反映了一些用人的风气方面的问题。

近两三年,有一个顺口溜十分流行,话说得不大好听:

　　一等公民是公仆/子孙三代都幸福/二等公民搞承包/吃喝嫖赌都报销/三等公民搞租赁/汽车洋房带小妍/四等公民大盖帽/吃完原告吃被告/五等公民手术刀/割开肚子要红包/六等公民是演员/扭扭屁股也来钱/七等公民搞宣传/隔三差五解解馋/八等公民方向盘/上班下班都挣钱/九等公民是教员/鱿鱼海参认不全/十等公民老百姓/学习雷锋干革命。

当然这些说法不全面,不但语言而且说法都相当粗鄙陈旧。但它也多少反映了商品经济发展过程中分配上心理上的一些不平衡,例如其中有为教师鸣不平的一些话。与其责备这些说法,不如探究这些说法背后的生活现象,给以恰当的评价与引导。

好听也罢,难听也罢,这种说法(版本有好几种)已经广为流传,封禁是封禁不住的,不如面对它,进行实事求是的、高水平的分析。

从中我们也许还会联想到 80 年代中期的两句顺口溜:"十亿人民九亿砍(侃),只有一亿在发展"。应该说,这两句很精彩,早就表现了人们对于空谈、清谈、形式主义的厌恶与嘲笑。

关于吃、喝也很有一些说法:"感情深/一口闷/感情浅/舔一舔/感情薄/喝不着/感情厚/喝不够",这是自东北推向全国的劝酒歌谣,令人对没完没了地大饮之风不寒而栗。幸亏不知道是谁给补了一句网开一面的话:"感情好/能喝多少算多少",给不善狂饮无度的人留下了活路。

"喝得机关没经费/喝得伤肝又伤胃/喝得老婆分开睡/喝得告到纪委会",这似乎是劝人们戒酒的歌谣,想不到豹尾突起,歌谣的结尾是这样的:"纪委说/能喝不喝也不对"。

还有一个处世箴言式的说法:"多吃菜/少喝酒/听老婆的话/跟党走",这确实是自我保护之道,是奉公守法的大大的良民之道。

对于下乡干部的风气,也有一种说法:"呼隆一声春雷响/来了四个共产党/带着一副好麻将/一打打到大天亮",对于名为下乡实为休息、混日子的干部,这倒也算写照。

前几年一位台湾歌星唱过一首歌《跟着感觉走》,被人仿其词而改为:"跟着款哥走,拉住买单的手",不知算不算反映了商品经济发展中的一点点世态。

古代有乐府官搜集这些民谣,甚至将其作为察为政之得失的一个方面。不知道现在的热心地对群众、干部进行政治思想教育的同志掌握不掌握这些顺口溜,起码,考察一下报刊里、广播里讲的是不是与部分老百姓心里想的对得上号,摸准脉,有利于使政治思想工作有的放矢。有的放矢,才是马克思主义,无的放矢呢? 不知道该算什么主义? 反正不是马克思主义。

1992 年

——选自《王蒙文集》第 10 卷,北京华艺出版社 1993 年版

小 人 效 应
蒋子龙 *

何谓小人?《现代汉语词典》里解释为:"品格卑鄙的人。如:'小人得志'。"

可悲的是小人多"得志"。"小人得志"成了一种社会现象,形成一种很大的破坏力。

小人能量大。一个很好的单位,有一两个小人泼命一搅,或到上级部门告恶状,或在下面公开捣乱,轻者使有功的变为有过,使好人变为灰溜溜心灰意懒的人,使好单位变为坏单位,人心涣散,效率大滑坡,由盈变亏,陷于不死不活。重者能把一个好端端的人或企业毁掉。

谁没见过或听过这种小人魔术?又有多少优秀分子被这种小人魔术耍弄过?

不管人们喜不喜欢"人治",都无法否认领导者的个人因素对一个单位的决定性影响。换上一个好头头就可能使一个坏单位"起死回生",撤掉一个好头头就可能使一个好单位"落花流水"。连美国人约翰·奈斯比特都认为个人的时代已经到来,承认个人的作用是"2000年大趋势"的主线,"个人可以更加卓有成效地左右社会的改革"。既然能靠"人治",也就可以靠"人乱"。小人攻击的目标常常是那些对单位有"决定性影响"的人物。对治理企业有方的人整治一下,企业还能不乱吗?

小人真有这么厉害?是的,一个小人的破坏力往往能胜过成百上千个好人的建设力。挨过整的人都有过这样的感慨,到关键的时候,那些众多的他曾信赖的,同时也曾信任过他支持过他从他身上得到过好处的人,都帮不上他,听任一两个小人闹得天翻地覆。好人能背后着急,偷着说几句同情的话,就不错了。

好人怕惹事。软弱助长邪恶。使当代社会有形无形有意无意地纵容破坏力,不保护建设力。

不仅一般老百姓怕惹事,相当多的领导干部也怕惹事。一出了事,不先怀疑告状的,不先责怪闹事的,总是先埋怨被告,一腔怒火先对老实人发。即便查清老实人是被冤枉的,也还是要说:"你惹他干什么?终究是无火不冒烟,他抓不着你一点影子也不敢乱告嘛!"真所谓"宁得罪君子,不得罪小人"。

先告状就沾光,所以恶人先告状。神鬼怕恶,何况人乎。怕惹事就是怕小人。小人深知这一点,闹事之前先把领导困在自己的效应场里。早在许多年前,群众就为小人总结出一句话:"花上八分钱,够党忙半年。"现在打小报告的手法更先进了,意欲牵着领导鼻子走,先激怒领导,让他发脾气,讲话,做批示,成立调查组,闹得满城风雨,先祭起舆论的大刀砍杀一阵,不论将来调查结果如何,小人先胜了一招。

领导也好,舆论也好,总是对好人严,对小人宽。制度治好人。好人不善于利用正确,小人却善于制造"运动",利用"运动"。他们"没有运动盼运动,不搞运动不会动"。

他们相信,要使自己发达,最容易的办法就是让另一些人倒霉。

不损害别人的人会经常受到损害,经常损害别人的人自己安全。正如癌细胞不怕好肉,好肉惧怕癌细胞一样。

小人效应对人们的精神构成了最大的毒害。说真话并不容易,说假话也不困难。十个人叙说同一件事会说成十种样子。社会上真诚少了,歪理多了。一件事有多少人参与就有多少道理,听谁的话都有理,唯独真诚没理。

小人正是利用社会的复杂,利用人们对坏事的好奇心,不断制造"轰动效应"。好人说话做事讲究人格,自尊自重,受社会的约束,也受自己的约束。小人没有格儿,更没有自尊自重的负担,所以无拘无束,享受更多的自由,在以好人为主的社会上,小人无形中成了特殊的享受"优惠政策"的人。长此下去,不能不让人担忧,小人的队伍会逐渐扩大。

千万不要误会,小人不一定就是小人物。各个阶层都有小人——这也许就是为了维持人类的"生态平衡"。明眼人一看便懂,本文无意制造"小人恐怖"。

——选自《文汇报》1991 年 9 月

　*蒋子龙,1941 年生,河北沧州人。当代作家,主要作品有小说《乔厂长上任记》《开拓者》《燕赵悲歌》等。

思考与练习

一、名词解释

1.修改——

2.润饰——

3.文面——

二、填空

1.文章修改的范围有_____、_____、_____、_____。

2.找出文病的方法有_____、_____、_____。

三、问答

1.修改文章有什么意义?

2.常见的修改方法有哪几种? 请简述之。

3.对文字书写应有哪些基本要求?

4.王蒙的《也算下情》提出要善于从民间俚语、顺口溜中了解社会世俗形态和老百姓的心声,请搜集 5～10 条流行于校园、社会生活中反映民众心声的俚语、歌谣。

5.蒋子龙的《小人效应》提出"一个小人的破坏力往往胜过成百上千个好人的建设力",这是为什么? 能否提出防止"小人得志"的有效办法。

四、调整下列句子的顺序,使之成为一段文理通顺的文章

①这还待历史家去考查一番,而后才能断定。②祁家的房子坐落在西城护国寺附近的"小羊圈"。③"胸"和"肚"大概就是羊圈吧? ④说不定,这个地方在当初或者真是个羊圈,因为它不像一般的北平的胡同那样直直的,或略微有一两个弯儿,而是颇像一个葫芦。⑤再往前走,又是一个小巷——葫芦的腰。⑥进了葫芦脖子,看见了墙根堆着的垃

圾,你才敢放胆往里面走,像哥伦布看到海上有漂浮着的东西才敢向前进那样。⑦走了几十步,忽然眼一明,你看见了葫芦的胸:一个东西有四十步,南北有三十步长的圆圈,中间有两棵大槐树,四围有六七家人家。⑧通到西大街去的是葫芦的嘴和脖子,很细很长,而且很脏。⑨葫芦的嘴是那么窄小,人们若不留心细找,或向邮差打听,便很容易忽略过去。⑩穿过"腰",又是一块空地,比"胸"大着两三倍,这便是葫芦肚儿了。

下编

常用文体写作

第七章　新闻文体写作

第一节　新闻文体概述

新闻文体是一个大概念，它囊括了诸如消息、通讯、新闻特写、新闻专访、新闻评论、调查报告等文章体式。正是因为有了新闻的存在，才有了各种新闻传播机构（媒体）的存在。新闻天天和广大受众见面，具有广泛、深远的影响。从作者之多、作品之多、受众之多来看，任何一类其他的文体，都不能和新闻文体相比。它是一种时代的科学、时代的艺术，具有深厚的群众基础和广阔的发展前景。它真实地记录时代前进的步伐，迅捷地宣传党的路线、方针、政策，及时地反映人民的呼声，是与现代社会大众关系密切的朋友，是社会舆论的前导。

新闻凭借新鲜的事实传播信息，故有一定的信息量，是信息的载体。报道事实、传播信息是新闻的基本职能。

一、新闻的概念

新闻又称新闻报道，是迅速及时地反映社会现象和自然现象中新近发生的、有价值的事实的报道性文体。它的特性是向公众传递各种信息。

新闻之"闻"字出现得很早，古代甲骨文和金文中就有"闻"字，形似一个人竖着一只耳朵，呈"掩口屏息静听之状"。而"新闻"一词则出现在唐初。《新唐书》载，唐初文人孙处玄说："恨天下无书以广新闻。"尉迟枢把他听来的传说故事写成书，取名《南楚新闻》。诗人李咸也有这样的诗句："旧业久抛耕钓侣，新闻多说战争功。"作为新闻主要载体的报纸则始于盛唐。唐代开元年间，为了传达皇帝的政令，通报官吏升降的消息，出现了最初形态的报纸——邸报。宋代赵升的《朝野类要》中说："朝报，日出事宜也。每日门下后省编定，给事判报，方行下都进奏院，报行天下。其有所谓内探、省探、衙探者，皆衷私小报，率有泄漏之禁，故隐而号之曰新闻。"这里的"新闻"，是指当时小报上登载的发生在宫廷、官衙内的消息，这些消息都是刺探来的。

新闻，在英语中是 news。西方新闻学著作记载，苏格兰的詹姆士一世在 1423 年首次使用 news 一词："我把可喜的新闻带给你。"news 是由 new 引申过来的，new 的意思是指新鲜的事情，news 就是众多的新鲜事。在 1622 年创刊的英国《每周新闻》(*Weekly News*)

的解释更有意思,他们以北(north)、东(east)、西(west)、南(south)四字的第一个字母拼成 news,意思指四面八方的消息。之后,欧洲许多城市的报刊都以 news 一词和其他词或词组组成报刊名。

新闻的定义,据不完全统计,有一百七十多种,大致可分为六大类:

第一,事实说:"新闻就是广大群众欲知、应知而未知的事实。"(范长江)"新闻是一种令人惊叫的事情。……只有那些正在发生的、有人情味的、足以吸引大众,至少是相当一部分人的事实,才构成新闻。"(美国 戴纳)

第二,报道说:"新闻的定义,就是新近发生的事实的报道。"(陆定一)"新闻是已经发生和正在发生的事实的报道。"(美国 纳斯特)

第三,传播说:"新闻就是把最新的现实的现象在最短的时间内,连续介绍给最广泛的公众。"(德国 多维法特)

第四,手段说:"新闻是报道或评述最新的重要事实以影响舆论的特殊手段。"(甘惜芬)

第五,信息说:"新闻是经报道(或传播)的新近事实的信息。"(宁树藩)

第六,反常说:"狗咬人不是新闻,人咬狗才是新闻。"(美国 博加特)

上述许多概念其实并不是严格意义上的新闻定义,只是人们在谈到新闻的某个侧面时的一种形象的说法。新闻的概念,从形式来说,有广义和狭义之别。广义的新闻泛指消息、通讯、新闻特写、新闻专访、新闻评论、调查报告、新闻图片等各种新闻报道体裁。一句话,是各种新闻体裁的总称。狭义的新闻专指消息。

二、新闻的特性

新闻与其他文体有共性,如思想性、知识性、趣味性等,但也有别于其他文体的特性。

(一)真实性

新闻的力量首先在于真实。真实性是各种新闻文体的生命,是它们赖以存在的基础;失去真实性的新闻,会给党和国家、人民带来政治、经济、生活上极其严重的危害,也违背了中华全国新闻工作者协会最新颁布的《中国新闻工作者职业道德准则》。真实性,还是新闻文体与文艺文体最本质的区别。文艺文体可以虚构情节,塑造典型;新闻文体则要求按照事物的本来面目,实事求是地进行报道,不能有任何虚构,不能添油加醋、弄虚作假。

客观地叙述新闻事实是坚持新闻报道真实性的前提。一般来说,新闻的真实性体现在两个层次上:一是指新闻事实完全真实,不论报道具体事实(时间、地点、人物、事件、原因、过程、结果、思想、言语以及一切细节描写),还是报道概括性的事实(一个阶段、一个地区、一个单位中具有总体性的事实),都必须确有其人其事。二是指新闻要达到本质上的真实。任何事实,从不同角度看,便会有不同的观点;站在不同的立场,便会有不同的结论。新闻的真实还要求揭示事物的本质,通过对事物全面的辩证的分析,由此及彼,由表及里,引导人们透过事实看待更深的东西。"如果不是从全部总和,不是从联系中去掌握事实,而是片断的和随便挑出来,那么事实就只能是一种儿戏,甚至连儿戏也不如。"

（《列宁全集》第二十三卷第276页）

但是，并不是所有新近发生的事实都可以成为新闻，能成为新闻的事实必须要具有新闻价值，即具有能够满足社会对新闻需要的素质，这就是重要性、新鲜性、接近性、趣味性。

（二）时效性

新闻是"易碎品"，讲时效是对新闻的基本要求之一。时效性是指某则新闻在一定时间内产生的社会效果。新闻要像活蹦乱跳的大鲤鱼一样新鲜，受人欢迎。这就形象地说明了新闻报道应该迅速及时，作者要有强烈的时效感。事过境迁，新闻就变成了旧闻。为了某种需要，有意迟发新闻，则是一种特殊情况。

新闻的时效性体现在两个方面：快与新。快，是指时间；新，是指事实新、立意新、角度新、写法新。时间新，就是要迅速报道新近发生的事实，讲究时效，抓住时机。事实新，就是要报道大家关心的新鲜事，如新情况、新问题、新人物、新经验、新事件、新动向、新成就、新技术、新风尚、新知识等。立意新，就是要有新颖的主题思想，使受众得到新的启示。角度新，就是要选择新的报道角度、新的突破口，避免模式化的新闻视角。写法新，就是要用非俗套的手法表达新鲜的内容，写得生动活泼、引人入胜。

（三）精练性

"精练性"，亦即精干、短小、简练。精练，是各种新闻文体应具有的特性之一。报纸上长风刹不住，报纸杂志化，重要原因之一是对这一特性重视不够。报纸是办给读者看的，现代读者的工作、生活节奏都比较快，他们希望用较短的时间从报上得到较多的新闻信息。所以，精练不单纯是形式问题，还是文风问题、效果问题，是能否发挥新闻作用的问题。现实生活是丰富多彩的，每天都发生着大量的新鲜事，而报纸的版面有限（就是广播、电视新闻播送的时间也是有限的），这是一个尖锐的矛盾。解决这个矛盾的办法就是精练。精练，是客观的需要，是不以人的意志为转移的客观规律。当然，有的新闻稿件，因为内容的实际需要，其篇幅可以长一点。但从宏观上看，新闻应该精练，这是不能放弃的特性之一，是应当坚持的写作要领。

第二节　消　息

一、消息的含义和特点

消息，即狭义的新闻，是新闻文体中最常见的一种体裁，它以明确的思想，概括叙述的方法，简明扼要的文字，迅速及时地报道新近发生的有意义的事实。新华社（或其他新闻机构）发的"电讯"，报纸刊登的"本报讯"，电台、电视台的"本台消息"，都属于消息的范畴。

消息同其他新闻体裁一样，除具有用事实说话，新鲜、真实、及时报道等共性外，特别强调快捷、简明、短小。

（一）快捷

快捷指报道的时间要快，如同百米冲刺，在最短的时间创造最优秀的记录。它具体指事实发生同公开刊发之间的时间差越短越好。

新闻的价值往往和时效性成正比。新闻界流传着这样的行话：今天的消息是金子，昨天的消息是银子，前天的消息是石子。在新闻竞争日趋激烈的今天，消息的刊发时间甚至不是以日计，而是以时计，以分计，以秒计，可见快捷对消息之重要。

（二）简明

消息不需要巨细无遗地大肆铺陈，而是在重点突出主要新闻事实的前提下，运用概括叙述的写作方法，简明扼要的文字，对新闻事实进行报道。如事实太多、太杂，反而淹没了主要的新闻事实，冲淡了作品的主题，没有了重心。

（三）短小

消息是新闻体裁中的轻武器、短武器，它不能像通讯、调查报告那样，可以用较长的篇幅去反映新闻事实。报刊需要在有限的版面中去扩大信息量，故要求消息的篇幅要短小。首先要对报道的事实进行提炼。消息报道的事实是经过分析、筛选、综合起来的带有典型性，有说服力，能体现一定思想和观点的事实，记者要从纷繁复杂的事实中，提炼出精彩之点。语言要简洁、明白，通常只有几百字，稍长的上千字（"简讯"甚至只有几十个字）。当然，长短要根据消息的内容而定，该长则长，该短则短。

二、消息的分类

按新闻传播手段来分，有文字新闻、图片新闻、广播新闻和电视新闻。

按事实发生的地域、范围来分，有国内新闻和国际新闻。

按题材性质来分，有政治新闻、军事新闻、外事新闻、经济新闻、科技新闻、体育新闻、文教卫生新闻和社会新闻。

现在，较常用的分类法是从综合内容与形式的角度来划分的，大致有以下五种：

（一）动态消息

动态消息是最迅速及时报道国内外最新动态的新闻，又被称作"纯新闻""硬新闻"，即新闻特征最鲜明的新闻。动态消息一般篇幅短小，主题集中，一事一报，表述简洁。它只报道发生了"什么事"，一般不解释为什么。报纸上大多数的短新闻，尤其是简讯、短讯、简明新闻、标题新闻、新闻集锦，均属动态消息。

（二）经验消息

经验消息又称典型报道。它是向受众报道某地区、某单位的某一方面的典型经验和成功做法的一种消息。它有具体的做法、典型的事例、明确的观点，常用来指导一般，带动全局，有较强的针对性和指导性。在写作时，既要提出问题，又要讲清解决的办法。在叙述事实、讲清做法的基础上总结出能切实解决问题的具有指导性的经验。

（三）综合消息

综合消息也称综合新闻，是以综合反映全局情况为内容的一种消息。它报道面广，声势较大,点面结合,概括性强。它常围绕一个中心,集中全国或某个地区、某个部门、某条战线带有全局性的新情况、新成就、新动向、新问题加以综合报道。在内容上,它常常是一地多事或多地一事。它要求作者全面地占有材料,既要有全局性的材料,又要有典型性的材料。在写法上,特别要求注意把全局性材料的概括叙述与典型事例的具体叙述结合起来。

(四)述评消息

述评消息又称"新闻述评",是一种采用夹叙夹议、边述边评的方式,评述国内外重大事件的新闻报道。它介于新闻和评论之间,其依据是事实,着眼点是评论,因此事实的叙述较概括、扼要,评论则要言简意赅,一针见血。

(五)人物消息

人物消息是以写人物为主,反映某个具有新闻价值的特定人物的重要成就、突出事迹或某种有教育意义的行为的新闻报道,是介于动态消息和人物通讯之间的新闻样式。它要求抓住人物最有特点的最新鲜的事例或某个侧面,概括性地写出人物的典型事迹和精神面貌,不强调细节,也不作过多的描写。它与人物通讯相比,篇幅更简短,时间更快速,更能迅速及时地反映各条战线的新人事迹。

三、消息的要素和结构

(一)消息的要素

要把新闻事实叙述得准确、具体、完整,需要具备一定的要素。

新闻要素是指构成新闻(消息)不可缺少的基本因素。先有"五要素"之说,后有"六要素"之说。

在国内,"五要素"是 1945 年 12 月 13 日延安《解放日报》的一篇社论《从五个 W 说起》从西方引进过来的,即:何时(When)、何地(Where)、何人(Who)、何事(What)、何故(Why)。"五要素"英文单词的第一个字母都是 W,故简称为"五个 W";后来有人又在五要素上增加了一个要素——结果"如何"(How)。新闻五要素或六要素是说一条消息应该具备上述五个或六个基本因素才算完整。在一般情况下,要求新闻具备上述因素无可非议。但随着新闻(消息)向短小、多样、生动的方向发展,一句话新闻、标题新闻、图文结合新闻的出现,如强求每条新闻必须具备上述因素,未免过于拘泥陈式,不利于新闻事业的发展。只要能清楚地报道新闻事实,又不至于让受众坠入雾里云中或产生误解,要素也不一定非要齐全。

《人民日报》2008 年 5 月 13 日刊登的消息《四川省汶川县发生 7.8 级地震——胡锦涛作出重要指示,要求尽快抢救伤员,确保灾区人民群众生命安全!》简明扼要地交代了消息的基本要素:"北京时间 5 月 12 日 14 时 28 分,在四川省汶川县(北纬 31 度,东经 103.4 度)发生 7.8 级地震。"接着写"怎么样":"地震发生后,中共中央总书记胡锦涛立即作出重要指示,要求尽快抢救伤员,确保灾区人民群众生命安全。"

(二)消息的结构

1.倒金字塔式　这种结构形态如同倒过来的金字塔,其段落和层次的安排,按事实的重要性依次递减排列,把最重要、最精彩、最有吸引力的事实写在最前头,而以最不重要的事实结尾。这种结构产生于19世纪60年代美国南北战争时期,是由于战时电讯传播经常中断而逐渐形成的。

这种结构的优点是有助于迅速地传播新闻事实和信息,使读者一目了然地弄清新闻要点,节约阅读时间;它的缺陷是段落的衔接易生硬,对非事件性新闻和富有故事性、人情味的消息不太适宜。此外,由于倒金字塔结构打破了传统的叙事顺序,容易出现逻辑混乱、支离破碎的情况,用得太多还容易形成一种单一的模式化倾向。

2.金字塔式　这种结构形态像正放的金字塔。其段落和层次的安排,按事件发生的时间先后顺序排列。这种结构的优点是段落之间的衔接较连贯,符合中国读者传统的阅读习惯,需看完才知道事情的结果。它适合那些故事性强、以情节取胜的新闻,尤其适合写现场目击记。

这种结构由于按照时间先后顺序写作,也容易流于平铺直叙、记流水账。同时,由于开头比较平淡,往往不能吸引读者。

3.散文式　就是用自由、灵活的手法组织安排段落和层次的结构方式。其结构形态借用了散文的构成方式,像散文那样富于变化,自由腾挪,没有框框,浑然天成。这在新闻结构已经模式化的今天,无疑是一种突破。《广州日报》2008年10月12日刊登的《国宝大熊猫和狗原来是"近亲"》,开头就是一个倒金字塔式的导语:"大熊猫为什么是'黑眼圈'?为什么身为'熊'却不冬眠?为什么对竹子情有独钟?大熊猫和'狗熊'是近亲吗?未来的大熊猫会是啥模样?这些问题将随着大熊猫'晶晶'基因组被解读而一一解答!"这一连串的问题制造了悬念,引起了读者的阅读兴趣。随后介绍深圳华大基因研究院绘制熊猫基因图的结果,揭示熊猫基因的秘密。消息的结尾部分说明此项研究旨在为动物保护和研究提供范例。

4.综合式　这类消息的开头是一个带有悬念的导语,巧妙地点出最精彩或最重要的新闻事实,吊住读者的胃口,然后再抖开包袱。它往往就是倒金字塔式和金字塔式相结合,或倒金字塔式和散文式相交叉,等等。这种结构方式既有倒金字塔式的吸引力,又有散文式的笔法,比较生动。《人民日报》2000年4月11日刊登的《人有爱心鸟有情——青岛呵护生态人鸟同乐》,开头就是一个倒金字塔式的导语:"虽然已经过了海鸥北飞的正常时间,前往青岛旅游观光的游人却惊喜地发现,仍有成群结队的海鸥翔翔在青岛湾,恋恋不舍。是什么原因使得海鸥'乐不思蜀'?答案是六年前青岛市林业局与青岛晚报社联合发起的'挽留海鸥'行动。"第二段就以时间为序叙述六年来青岛市政府为挽留海鸥所采取的措施以及青岛人所付出的努力,结尾段则点明了保护生态环境的意义。

以上结构方式比较常见,但并不是所有的消息都是这样的结构方式。报道的内容千变万化,报道的形式也是千变万化的。如果同时报道两件事则可以用并列式或对比式结构;经验性消息则常采用总结式结构;某些重大事项和记者招待会则常用对话式和问答式结构等。

四、消息的写作

(一)拟制标题

消息的标题是全文的眉目,它用醒目的文字标出报道的内容,点明意义,吸引读者。

"题好一半文",必须要精心制作标题。拟制标题应根据内容的需要,做到题文相符。其总的要求是:准确、新颖、概括简明、醒目。其常见形式有:多行标题、双行标题、单行标题。

1.单行标题,醒目突出 单行标题力求简洁明了地提炼出消息内容的精华,醒目朴实地告诉读者。例如:

神七,神气!
(《人民日报》2008 年 9 月 27 日)

把好时光打包带走
(《上海青年报》2012 年 8 月 15 日)

一本字典,托起山里娃希望
(《广西日报》2011 年 10 月 12 日)

火车首次跨越"世界屋脊"
(《人民日报》2007 年 8 月 9 日)

2.双行标题,虚实结合 双行标题又称复式标题,是由肩题和正题或者正题与副题分别搭配而成的一种消息标题。由于正题常以概括内容为主,因而又称为实题;而与之相配的肩题或副题常以阐明意义、渲染气氛、说明背景、补充印证为主,被称作虚题。虚实结合,相得益彰,宣传效果较强烈。例如:

10 万解放军武警官兵投身抗震救灾(引题)
立体突击,筑起生命通道(正题)
(《人民日报》2008 年 5 月 17 日)

一幅画轴 打开精彩(引题)
彰显中华五千年文明(正题)
(《人民日报》2008 年 8 月 9 日)

我首座乏燃料核反应堆建成(正题)
为充分利用核能源开辟了一条崭新途径(副题)
(《光明日报》1991 年 8 月 9 日)

3.多行标题,密切配合 "多行标题"即三行以上的标题。消息与一般文章不同,除了正题以外,还有引题和副题,甚至还有提要题。

引题又称肩题、眉题,其作用是介绍背景,说明事因,烘托气氛,阐明意义,引出正题。

正题又称主题、主标,一般要求能对消息主要内容或含义作概括和说明,力求简明突出。在标题中,正题的地位最突出,字号也最大。副题因在正题之下,又称辅题、事题、子题,多用来弥补正题的不足,补充和介绍新闻的次重要事实,点明意义,扩大效果。三题相辅相成,更能激发读者的阅读兴趣。例如:

格日力领衔的藏族高原遗传适应机制合作研究获国际性重大成果(引题)
国际高原医学界"哥德巴赫猜想"被破解(主题)

为有效破译高原病发病机制提供科学依据(副题)

(《青海日报》2010 年 5 月 18 日)

百年奥运梦　今夜终成真(引题)
第二十九届奥林匹克运动会在北京隆重开幕(主题)
胡锦涛出席开幕式并宣布本届奥运会开幕(副题)

(《人民日报》2008 年 8 月 8 日)

(二)提炼导语

导语是消息特有的一个概念和组成部分,它是新闻的开场白(第一句话或第一个自然段),与一般文章开头不同,它要用简洁凝练的语言概括新闻中心内容或提炼新闻事实的精华,形成"倒金字塔"。

导语的特点是:出语不凡,巧于开篇;突出主要内容;吸引、诱导读者欲知后事;传播更多的信息。

导语主要有以下几种:

第一,叙述式。开门见山,用凝练的语言,简明扼要地叙述出一则消息中最主要的事实。

第二,描写式。以展示事物的形象或场景为主要目的,抓住新闻事实中生动的形象、富于个性的细节绘声绘色描写,给读者以现场感。

第三,结论式。即在导语中先将结论告诉读者。

第四,提问式。在导语中用明确而吸引人的提问,引起读者的浓厚兴趣。

第五,引语式。在导语中适当引用新闻中主要人物的精辟语言。

第六,评论式。在叙述新闻事实的同时,对此事作出画龙点睛的评价,揭示其因果关系或现实意义。

如《奥斯卡金像悉数被盗》的导语:"就连好莱坞也编造不出这样的故事:为了侦破一起神秘的盗窃案,一个联合特别行动小组成立了;联邦调查局也被请来了;一条特殊的电话热线开通了,悬赏破案的奖金是 5 万美元。"这个描述式的导语充满了悬念,引人入胜。读者不禁要问:究竟是什么被偷了？从而产生阅读的好奇心。

(三)展开主体

主体是消息中承接导语提及的内容而展开的部分,它是一则消息的躯干,既是安排新闻事实的部分,也是表现主题的部分。主体部分应与导语相一致,不能形成两个中心,也不能与之重复。应善于在导语基础上展开阐述,回答与之有关的问题,并提供有关的次要材料及新闻背景,补充导语中未涉及的新闻材料,使消息写得详细、完整,突出与深化主题。

主体所及篇幅较长,层次段落应分明,起承转合要自然。写作中应尽量避免机械重复的导语内容,叙述语言应富于变化,行文有波澜,以保持读者的阅读兴趣。

(四)揭示背景

新闻背景是有关新闻事实的历史条件和现实环境的材料。它不属于报道的事实,却可用来衬托、解释、说明新闻事实。写好背景,可以使消息枝叶并茂、丰富饱满,增加新闻的可信度和说服力。

背景材料既可独立成段，也可穿插在行文之中，它们或介绍有关知识，开拓读者眼界；或注释有关问题和术语，启迪思维；或巧妙安排，间接透露作者观点。从不同角度突出事实的意义，衬托和强化主题。

背景材料一定要紧扣报道主题或主要事实，要少而精，防止喧宾夺主；同时，背景材料要有明确的针对性，回答读者关心的问题。

背景材料有以下几种：

1.对比性材料　提供新闻对象的历史材料，通过事实比较来衬托新闻对象的形象。

2.注释说明性材料　这类背景材料，往往用来点明新闻事实产生的原因、条件和环境，通过横向或纵向的联系，把事情的来龙去脉、因果关系交代清楚，有助于读者对新闻的理解。

3.分析解释性材料　对于一些专业性较强或错综复杂的新闻事实，一般读者难以明了，需要有一些分析解释性材料来引导读者理解阅读。

再见，莫尔斯电码

路透社伦敦(1999年)2月2日电　发出"泰坦尼克"号遇难信号和第二次世界大战结束消息的莫尔斯电码，昨天成为科学技术无情发展的牺牲品。

对在海上遭遇危难的人来说，三点三横三点曾代表着SOS——众所周知的轮船遇难求救信号。

现在，莫尔斯电码正在被所有超过300吨的轮船上安装的卫星"救难信号"系统取代，这些轮船必须装载卫星和无线电设备以发送和接收遇难警报。

国际海事组织的罗杰·科恩说："莫尔斯系统曾在贸易和历史的发展中发挥过无法估量的作用——但是这套系统已经过时了。"

莫尔斯电码是马萨诸塞州的人像画家萨缪尔·莫尔斯于1832年发明的——其功能恰好足够应付横跨大西洋的海上航行。

这套系统可称为因特网19世纪的前辈，在其鼎盛时期被人们赞誉为"思想的瞬时大道"。

到莫尔斯去世的1872年，世界上已建立了65万英里的电报线路和3万英里的水下电缆。

马可尼发明无线电后，莫尔斯电码又有了崭新的用途。1899年，人们首次用莫尔斯电码报道了英吉利海峡的一次海难。

1912年"泰坦尼克"发出"SOS。速来。我们撞上了冰山"这条重大消息后，悲剧降临。

几英里之外的"加利福尼亚"号客轮本应能够救起数百条生命，但是这条船上的报务员不值班，因此没有收到这条信息。从此以后，所有的轮船都开始了全天候的无线电信号监听。

这条消息采用倒金字塔结构，在导语中写"莫尔斯电码"已经过时的主要事实，主体部分介绍"莫尔斯电码"的发明、使用及其历史功绩，结尾再以全天候的无线电监听代替

"莫尔斯电码"的事实,呼应开头,使之完整、有力。

(五)巧撰结语

结语是消息的结束句或结尾段,它对新闻事实进行小结,以显示消息形式上的完整性和内容上的深刻性。有的消息太短,内容已表述清楚,也可不要结语。

结语不能与导语、主体重复,而应顺势而行,自然结束。既不要草率收尾,也不应拖泥带水。同时结尾应紧扣主题,切忌空泛;力求简洁、有余味。

结语的方式一般有:

1.自然收尾法 大多数消息采用这种方法,即在主体部分已经将必要的新闻内容交代完毕,全文至此自然收尾,不再增加结尾段。

2.拾遗补缺法 这种结尾有个较为明显的结尾段落,它主要用于补充新闻导语和主体部分未提及的新闻要素,使新闻报道完整、圆满;或者补充有关背景材料,使新闻报道更加充实、可信。

3.总结法 这种结尾方法画龙点睛,总括全篇,突出主旨。

第三节 通 讯

一、通讯的含义和特点

通讯是以叙述、描写为主,兼用其他表现方法,及时具体地报道有新闻价值的人物、事件、工作经验和山川风貌的一种新闻体裁。

通讯和消息,是新闻媒体使用频率最高的文体。通讯运用多种表现方法,寻找不同的角度,对新闻事实或人物作比较充分的独家报道,生动形象,感染力强,能产生消息所难于达到的纵深性和形象性的特殊新闻效果,为群众喜闻乐见,有较大的社会作用。

通讯除具有新闻的普遍特征以外,还有它自身的特点,这就是:

(一)独家性

由于在时效性上允许一定的伸缩度,通讯作者便能较大限度地发挥自己的创造力,只要不违背新闻规律,可以按照自己的认识和选择进行写作。即使是同样的题材,记者也可以寻找各自不同的角度,写出各具特色的通讯。这种只有一家新闻机构单独报道的新闻,具有特殊的新闻价值和一定的权威性。独家性在新闻激烈竞争的时代尤具重要的意义。

(二)形象性

通讯不但要有事实的具体性,还要有生动的形象性。它使用形象化的描写手法,不只是简笔勾勒出事物或人物的轮廓,还可以适当展开,再现出生动的能激发人们思想感情的生活图景,既有事实说服力,又有形象感染力。

（三）纵深性

由于通讯的篇幅比消息的篇幅长，通讯作者的思维天地广，操作的灵活度也要大一些，故能表现新闻事件或人物更深层的联系和底蕴。既可以描述事物的概貌，又能够提供精妙的细节，对于看不到的幕后的东西，以及体现在事情过程中的情感波澜，作者都可以描述、解释和表现，这使通讯能够应对电视媒介的强大挑战。

二、通讯的分类

常见的通讯有人物通讯、事件通讯、工作通讯、概貌通讯等，它们都具有通讯的共性，也有各自的个性。

（一）人物通讯

人物通讯是以写具有新闻价值的典型人物为主的通讯。它可以写人物的一生，可以写人物奋斗历程中的某一阶段、某一侧面的先进事迹；也可以写人物的二三事或一个典型的生活片段；还可以写人物群像。

人物通讯具有以下特点：

1.人物选择的典型性　人物通讯必须善于从特定的典型环境中发现人物、认识人物、了解人物，从而再现典型人物，突出典型人物的典型性。只有突出人物的典型性，才能更好地发挥人物通讯的激励教育作用。

2.人物形象的生动性　人物通讯是以写人为中心的，而"人以事显，事因人生"，必须以事写人，以事托人，这就离不开生动的细节。人物通讯总是深入挖掘真实典型、具体形象、富有新意的细节来表现人物生活的特定时代精神、环境气氛和生活气息，于细微处见精神，从而揭示主题。

（二）事件通讯

事件通讯是以写现实生活中有深刻思想意义的典型事件为主的通讯。它不是孤立地写事（因为任何事件都与人相关联），但它突出的是事件，侧重报道某个事件的发展过程。事件通讯的特点如下：

1.内容的新闻性与具体性　事件通讯介绍的事件应该是新近发生的、人民群众普遍关心的，它本身就是新闻。具体性是基础，不具体就写不出详细经过，展不开故事情节，也就构不成一篇完整、生动的通讯。

2.事件的典型性与重要性　不论取材大小，都应选择典型的、能够很好地体现一种思想、对群众有普遍教育作用的事件加以报道。事件越典型，其意义越大；事件越重要，越能引起广大读者的兴趣。当然，这个要求也不是绝对的。事件通讯可以有各种事件类型：重大事件、突发事件、一般事件、趣味事件等，但一定要有某种典型性。

3.情节的完整性与形象性　事件通讯应详细地介绍事件发生的过程、背景、原因及意义，使报道有一定的深度。事件通讯虽以记事为主，但不可不见人，而应以事观人。同时，描写新闻事件要求形象生动、具体而丰满，能充分揭示蕴涵于事件中的意义，给人以深刻的启发和教育。

（三）工作通讯

工作通讯，主要是指问题性、论述性、经验性的通讯。它以提出问题、分析问题和介

绍经验为主要内容,以指导工作和思想为主要目的。工作通讯的特点:

1.**现实针对性** 工作通讯应抓住当前实际工作中比较重要的、具有普遍意义的问题以及广大干部群众十分关心的问题,有的放矢,有感而发,积极解决问题。

2.**分析说理性** 工作通讯是在叙述典型事例的基础上,寓理于事、深入浅出地对事实进行精辟的分析,特别是对一些人们常见的但未能引起重视或没来得及深入思考的问题,经过入情入理的分析,提出深刻的见解,使人受到启迪。

3.**评议性** 在分析说理上,工作通讯可以发表作者的评议,或赞或贬,或评或议,使文章显得更有生机和活力,诱发读者的参与意识。

(四)概貌通讯

概貌通讯又称风貌通讯。它以作者实际感受来抒写客观概貌,反映某地区、某部门、某条战线总的风貌或巨大变化。它既不围绕某一个典型人物,也不围绕一项中心事件进行报道,而是集中多方面的情况,通过有重点、有声势、有气氛的记叙,突出表达一个主题,使读者获得鸟瞰式的印象。概貌通讯的特点:

1.**强烈的现场感** 概貌通讯要体现社会风貌的变化发展,就要求作者深入观察与现场体验,通过生动的笔触引领读者进入作者描绘的大千世界。

2.**缘物寄情** 概貌通讯以叙事为主,但仍然允许作者发表议论和抒情,往往是叙议结合,情景交融,作者与角色物我交融。

3.**较强的知识性与趣味性** 概貌通讯以介绍风土人情为主要内容,涉及各地民风民俗、天文地理、山川河流、四季风光等,内容十分广博。作者借富饶的祖国与壮丽的山河来寄寓深刻的思想感情,融情趣理趣于一炉,引人入胜。

三、通讯的写作

(一)精心选材,抓住典型

通讯报道是靠典型材料组成的。人物通讯要写典型人物,事件通讯要写典型事件,工作通讯要写典型经验,概貌通讯要写典型地区或典型单位。不抓住典型,通讯写作就寸步难行。这就要求记者在采访中要去发现具有典型意义的报道对象。典型,就是在群体中最具代表性,最能集中概括某一社会现象本质特征的人物和事件。典型最具有新闻价值,通讯的作者不能像小说家那样去创造一个典型,只能从生活中去发现、选择、确定典型,进而如实地反映典型。怎样去选择和抓住典型呢?

1.**要选择和抓住能体现时代精神的人和事** 这样的人和事符合社会发展的大方向,符合党和国家在一定时期的路线、方针、政策。宣传这样的典型,有利于表彰、树立先进,推动物质文明和精神文明的建设。如《英雄的赞歌——记独臂英雄丁晓兵》《闪耀在手术刀上的道德光芒——记医德高尚医术高超的好军医、北京军区原外一科主任华益慰(上篇)》《风雪中,伫立着四位"厚道"的农民工》这三篇通讯,主题不仅都具有十分鲜明的现实针对性,而且都很大程度地超越了一般好人好事的层面,尤其是"英雄主义""道德的光芒""做人的准则"更是展现出了具有普遍意义的深刻的思想光芒,鲜明而深刻地体现和弘扬了我们时代的主流价值,甚至也具有了无可争议的、永恒的普世价值——也正是从这样的角度而言,这些通讯中的人物,无论是重大典型的丁晓兵、华益慰,还是普通的农

民工,他们都因其言行的真实和其生命中所体现的崇高而形象丰满、感人至深。(第17届中国新闻奖获通讯类一等奖)

2.要选择人民群众最关心的事　2008年5月12日,一个让中国人难忘的日子。《绵阳晚报》在全国媒体中第一家派出采访小分队赶赴极重灾区北川,13日凌晨1:30,记者从绵阳出发到北川,记录了地震给人们带来的惨烈伤痛,反映了人民解放军、武警战士及当地干部群众在第一时间抢险救援的英勇和艰辛,于5月14日发表了题为《一座县城瞬间夷为平地　救援!救援!千军万马进发北川》的现场通讯(第19届中国新闻奖三等奖作品)。

3.要收集、选择生动感人的具体材料　有了具体的情节和细节,写作时才有丰富的材料,不至于只有骨头,没有血肉。比如《这三年习近平春节下基层听民声　始终将百姓冷暖记心头》(中国网2016年2月6日)就选用了2013—2015年春节前夕,习近平总书记到基层看望老党员和困难群众,听民声、解民意、送温暖、拉家常的细节来塑造人物形象。

(二)抓住事实,提炼主题

在有了材料和典型之后,分析研究典型的特殊性和普遍性就是一个至关重要的问题,即提炼主题。分析研究典型,就要弄清这样一些问题:这是一个什么样的典型?它的本质特征是什么?它具有怎样的思想意义?我们不能把通讯简单地写成一部"好人好事录"。因此,能否高瞻远瞩地提炼出反映时代特征的主题,并且从这个角度来表现先进人物的精神和思想风貌,就成为决定人物通讯成败、优劣的关键。

主题要靠事实来表现,典型的事实是提炼主题的基础。提炼主题、表现主题,靠的就是事实,所以主题一定要符合报道对象的客观实际,符合典型本身的特点。例如,罗健夫不图索取,只求奉献,成为优秀知识分子的典型;孔繁森不畏高寒缺氧、生活艰苦,舍己为公,一心为了藏族人民的幸福和边疆的发展,成为人民公仆的不朽表率。这些人物形象无不是靠他们典型、真实的事迹(事实)作为依托而立起来的。

(三)展开情节,巧妙布局

通讯比消息要详细而具体,写作时要求展开情节,巧妙安排结构,做到严谨生动,引人入胜。

展开情节就要把一件事发生、发展、变化、结局的完整过程表现出来,要有感人的典型细节,要有人物活动的生动场面。而事件(故事)完整过程的安排,可以不拘一格,有多种行文布局方式。

通讯安排结构的方式处在不断的改革创新之中,常用的有以下几种:

1.纵式结构　即按事物发生、发展、延伸、推进的顺序来组织材料。可分为两种:

(1)时间顺序。即以时间的推移为顺序来安排材料,事物发展的阶段性同文章结构的层次性相互吻合,线索清晰,层次分明。

(2)逻辑顺序。即按照作者思维的逻辑顺序来组织材料,也就是以作者的思想为线索,用材料来阐明作者的观点。

2.横式结构　即按照事物性质安排材料。它不受时空限制,只需把材料归纳综合,从几个方面来表现主题。这种结构又可细分为两种方法:

(1)时空变换法。即把不同地点、不同时间发生的几个故事用一个主题思想串在一起。在时间和空间上,可以跳来跳去。

（2）并列法。即把不同侧面的事实分别写出来，又合总在一起，以强化通讯的主题思想。

3.纵横交叉式结构　纵式结构和横式结构各有优点和长处，但又有其不足。横式结构不易承上启下、一气呵成；纵式结构不易在时空上跳跃，容易拖沓冗长。于是有些通讯就采取二者结合的方法，取其长避其短。这种纵横交错式结构既注意了时间上的连贯性，也注意到了材料的性质类别，具有较大的灵活性，交织错综，有条不紊，富于变化。

（四）多样手法，多样组合

通讯以叙述、描写作为主导表达手法，同时也强调表达手法的多样组合。如在叙述、描写中插入精辟、恰当的议论和自然真挚的抒情。除一般常用的手法以外，在严格遵守新闻真实性原则的前提下，通讯还可以适当地借鉴文学的、政论的、影视艺术的、绘画艺术的许多手法，为描写人物、描述事件、表现主题服务。事实上，许多优秀的通讯都或多或少地成功运用了多种技法。例如，《"我们穷得只剩下钱了！"》就运用了电影分镜头的写法，《汉城决战的最后四十秒——男子4×100米决赛画外音》借鉴了影视中的特写镜头和画外音的技巧，让人耳目一新；获奖通讯《英雄携手飞天——神舟六号航天员费俊龙、聂海胜出征记》使用蒙太奇手法拼贴材料；优秀通讯《历史的审判》则是成功地运用了鞭辟入里、发人深省的议论，让人感到痛快淋漓。可见，通讯的表达手法是多种多样，不拘陈式的。写作时要巧妙组合各种表达手法，不断创新。

第四节　新闻特写

一、新闻特写的含义和特点

新闻特写是既区别于报告文学，又区别于消息、通讯的新闻体裁。它摄取新闻事实中最富有特征和表现力的片段，通过多种表现手法作具有强烈的视觉效果的生动刻画，使其产生强烈的现场感和立体感，从而更集中、更突出地表现新闻事实及其主题。它突出的表现手法是借用了摄影式的"特写镜头"。所以，"新闻特写"就是用摄影式的"特写镜头"，突出而形象地反映新闻事实的某一片段的新闻体裁。其基本特点是：

（一）截取片段，细节"镜头化"

特写不像一般的通讯那样要求新闻要素齐全，它是对新闻事件或新闻人物进行集中的描绘，抓取一两个有特色的场面或镜头，写得有情有景、绘声绘色，充分展示生活的横剖面，使已经发生过的事实重现在读者眼前，如临其境，如闻其声，如见其人。因此，特写比通讯更集中、细腻、活泼，更有感染力。这种形象化地再现新闻事实的作用及其立体效果，是一般消息、通讯、调查报告所不能替代的。

（二）特殊视角，以小见大

特写切忌流水账，也不采取鸟瞰全貌、尽收景色的笔法，而是选择一个特定的角度，从一点、一个侧面切入，并加以放大，别开生面。可以撇开一个事件的全过程，专写一个焦点；可以放弃一个场面的全景，只描摹一个亮点；还可以截取时间进程中的一瞬间，展示其耀眼的光芒；甚至可以从某一个富有情趣的细节入手，深入挖掘，追根溯源，反映出内在的本质属性。

二、新闻特写的类型

新闻特写有很多分类法，如"瑞狄克分类法""柏德分类法""阿伦森分类法"等，这里仅介绍国内常用的类型。

（一）人物特写

以写新闻人物为主要内容，要求绘声绘色地再现人物在某种场面（环境）中的行为，并透视其思想境界。这种特写要求有强烈的"动感"，在动作中展现人物的个性和精神境界。如《习近平：新时代的领路人》（新华网 2017 年 11 月 17 日），在访问欧洲时，他随口提及多位法国和德国文化名人，拉近了与当地民众的距离，增强了亲切感。

（二）事件特写

以写新闻事件为主要内容，重在摄取新闻事件中最典型、最感人、最壮观的场面，通过再现场面的规模、气氛，完成新闻主题。如再现香港回归这一历史性时刻的特写《激情十秒》（新华社北京 1997 年 7 月 1 日 1 时 30 分电），再现我国航天尖端技术的特写《"我们的飞船回来了"》（《光明日报》2002 年 4 月 2 日）等。

（三）旅行特写（含社会风情特写）

以旅行所见所闻为主要内容，再现旅途见闻中最生动的片段，或社会风情的特写。如范长江的《中国的西北角》中，不少篇章堪称旅行特写的佳作；《"我们不会忘记过去"——以色列行》（《中国青年报》2010 年 1 月 10 日）亦是。

三、新闻特写的写作

（一）抓重大题材

当发生重大政治事件、社会事件、激烈的战斗和取得重要成就的关键时刻，或者对社会影响较大的新闻人物活动时，除发消息作简要报道外，以采用新闻特写进行富有现场感而又翔实的报道为宜。它可以较集中而突出地描绘某些重大的人物活动和事件中富有特征的片段场面，使报道再现当时的具体情景和活动。

（二）抓现场感

新闻特写不仅要用事实"说话"，主要的是要用活生生的形象"说话"。采访时特别要注意通过立体观察，抓情节，抓情景，抓现场感，抓人物的言行笑貌等特征，抓一切能构成画面的材料，这样写出来的新闻特写才生动形象、感人。

（三）善于"放大"

从表现方式上说，要用摄影式的特写镜头的手法来写，抓住报道的重心去"放大"，包括事件发展的关键、情节展开的高潮或人物活动的中心等。这种"放大"，一定要做到"放大"而不失其真。

(四)结构灵活

新闻特写没有固定的结构模式,要求灵活多样,但一般在开头要把新闻事件的起因、新闻人物的由来以及背景等简单地点明,让读者了解报道的原因与内容。好的新闻特写,入题快,一开头便能紧紧抓住读者。在展开描写时,不应平铺直叙,而要波澜起伏,一层又一层地深入发展。

第五节　新闻专访

一、新闻专访的含义和特点

新闻专访又称专题采访,是对新闻人物、事件、问题或风貌进行专门采访而写成的纪实性新闻体裁。为称呼的简便,人们只取"新闻专访"后面的两个字,称之为"专访"。专访既不同于消息,也有别于一般通讯。它比消息详细、生动,容量也更大;写作手法比消息更灵活、自由。与通讯相比,突出的区别在于它更"专",有浓厚的"访"味。

专访除具有一般新闻所具备的特征外,还有自身鲜明的特征:

(一)鲜明的专题性和针对性

专访的专题性,是它的性质决定的。它不是"仙女散花",而是看准对象抛"绣球"。它的"专",首先是采访对象的"专";其次是采访题目的"专";第三是场合的"专"。它不可能面面俱到写许多问题,必须选定某一个题目,针对某一个专题、某一个特殊场合,进行集中、深入的采访,对广大人民群众迫切关心的问题进行迅速的采访报道。

(二)人物、现场、记者的"三位一体"性

专访都离不开人,即专访对象。既然是专门访问,必然有访问的现场与谈话,这就要求记者(或作者)要出现在报道之中。正因为作者亲临现场,直接向受众讲述所访所得,才更突出了现场感和真实感。被访问的对象和现场、记者这三者同时出现在一篇文章之中,既突出了新闻性,读者也倍感自然、可信。

二、新闻专访的类别

(一)人物专访

人物专访以人物作为专访的对象,它着重报道人物的事迹和经历,这是专访中最常见的一类。

人物专访的对象有引人注目的新闻人物,如风云人物、先进人物、社会名流等,或者某些与重要新闻事件或新闻人物有关的知情人。例如,"美联社"记者约翰·罗德里克

1978 年写的人物专访《访荣毅仁》,以西方记者常用的手法,在大量的背景材料中客观公正地报道了荣毅仁的外貌、经历、政治态度、现在的工作和生活情况,揭示了中华人民共和国成立后我党对民族资产阶级的政策和现今我国的"红色资本家"为祖国的现代化建设所做出的积极贡献,内容充实丰富,饶有兴味。

(二)事件专访

事件专访以一个新闻事件为主要采写内容。它的重点是写事,以新闻事件为中心再现记者的采写过程。当然,写事也要涉及人,但不像人物专访那样始终是围绕人物来写。它写人物,是写那些与事件相关的人物,以人显事,事在人中。

(三)问题专访

问题专访是以解答、阐明或揭示社会生活与实际工作中群众普遍关心和迫切需要解决的某一问题为主要内容的专访,这类专访尽可能提出解决这些问题的办法。如精神文明建设、价格改革中的问题,城市住房问题,贫困山区脱贫致富问题,都可采写成问题专访。

(四)地方风物专访

地方风物专访是以报道具有特定新闻价值的地方风貌、风土人情、革命旧址、名胜古迹为主要内容的专访。它的重点不在写人或事,而在于记写作者的见闻,涉及必要的人或事的叙写,写作手法自由灵活。好的地方风物专访,如同一篇优美的散文。

三、新闻专访的采访

(一)访前准备

1.背景材料的准备　尽可能收集一切直接或间接涉及采访对象的材料和线索,熟悉采访对象。"专访"必须要去"访"采写的对象,并且要在文章中表现"访"的场面氛围。为了使采访顺利进行,在采访前应该对访问对象的基本情况,如生平、性格爱好、专业、专长以及家庭情况有所了解。假如你要采访一位作家,就应对文学创作的知识以及他的作品有一定了解,否则便会影响采访的进行。

2.思想认识上的准备　充分掌握社会舆论对采访对象的各种评价,形成自己的初步态度和认识。但不能带着成见去采访,不能主题先行。

3.理论政策上的准备　以马列主义基本理论为指导思想,以党的政策为尺度,衡量其现实意义和历史价值。

4.拟订采访提纲　采访前,应列出调查目的、对象、方法、地点、时间、具体问题。这样才能避免漫无边际,以提高采访质量。

(二)选准采访的场所、时机

专访的写作,要选择访问的最佳场所和时机,这是增强专访的新闻性和现场感,引起读者兴趣的重要因素。采访应抓住以下时机:与事件有关的现场访问;与工作有关的典型场合;读者最关心的时机,人物感受最独特、最强烈的时刻。

(三)讲究提问艺术

采访的根本目的是了解人物与事件的本质面貌。采访的基本手段是谈话,效果好坏取决于谈话艺术的高低。采访时要避免喧宾夺主、反客为主,或者天马行空、漫无中心的现象。

要善于诱导,启迪对方的思路。提问没有固定的模式,应因人而异、巧妙灵活。如对方离题太远,可以用礼貌的语言加以引回;在采访过程中,如话题有变,应及时修正先前的设想,尊重客观实际,抓住新的材料。

如何才能进行深入细致的采访以便了解事物的本质呢?

1.用真诚架起沟通的桥梁　采访能不能成功,第一步是能否迅速接近采访对象。采访和一般的工作不同,也和交朋友不完全一样,后者可以靠日积月累的了解,逐渐掌握情况,了解对方。在多数情况下,采访必须在比较短的时间内取得被采访者的信任,使他们愿意接近采访者,肯讲心里话。被访者肯不肯、敢不敢、愿不愿告之实情,主要是看采访者有没有正确的采访态度。采访者的真诚是沟通双方的桥梁,两颗心一经碰撞,便会产生一种信任的气氛,使采访变得像朋友之间的谈心,流畅自如。所以,正确的态度是打开被采访者心灵的一把钥匙。

2.从外围突破　有人讲,采访是六分跑、三分想、一分写。不管这个比例是否合理,它却说明了采访需腿勤,多跑点路,多了解些人,多掌握些材料。这是写作的保证。

采访有时并非只采访当事人一人,与当事人有关的人物也应列入采访名单,从他们身上往往能获得许多有用材料。徐迟称这种战略为"打外围"。在突破外围时,不要忘了被采访者的女性亲友。因为男士往往回顾一些梗概,或是作一些结论性的判断,而他们的女性亲属则比较心细,总是记得许多事的细枝末节,而细节对专访无疑是更重要的。

(四)注意观察

在采访中,特别是在人物采访中,我们应该十分重视观察,观察人物的外貌特征、举止行为特点,观察他在不同情况、不同场合的待人接物、为人处世的不同表现,观察他同周围人的关系等。这种观察最好是在人物的行动中进行,在人物没有戒备或没有觉察的情况下进行,这会使我们获得非常珍贵的能表现人物本质特征的材料。

同时,人物专访、问题专访,可以容纳适当的环境描写;而地方风物专访、事件专访,就应用较多的笔墨对环境进行描绘,因而,在采访中应特别注意对环境进行仔细的观察,尤其是与众不同、具有个性特色的环境,应一边观察一边记录,印象才深刻真切。

四、新闻专访的写作

(一)突出新闻由头

新闻由头是指采写这篇专访最重要的新闻价值点,或是最主要的缘由。如果采访社会名流,他的最新动态、最新成就或谈话,可作为专访的新闻由头。普通人的某一点非常突出、新鲜、吸引人的事,也可作为新闻由头。从时间上讲,专访所报道的事件或人物中新近发生的、很有意义的事实,也可作为新闻由头。一篇专访,由于突出了新闻由头,就写出了新闻性,增强了时效性,给人一种新鲜感。《我们万众一心,前进》的新闻由头,就是创作于 1935 年,又历经了 47 年之后的《义勇军进行曲》重新被定为国歌这个新闻事实,再由这个新闻由头引出了对知情权威人士夏衍的专访。

（二）正确用好第一人称

专访都采用第一人称写法，这是它与消息和一般通讯的区别之一。在专访写作三要素中，作者是要素之一，专访正是通过作者自己的亲身见闻来表现采访对象，故显得亲切、真实、自然。

专访中的第一人称，大多用"我""我们""记者""笔者"等词来体现。

（三）写活现场，突出场面感

专访有一个特点，就是现场感强。文字访问的作者可用一定的笔墨描写现场氛围、现场情景，使读者如临其境，增强真实性和感染力。

（四）穿插背景材料

专访不仅要注意表现平面，还要注意表现纵深。适当穿插背景材料，介绍人物、事件、问题的来龙去脉，对于揭示其本质意义和深化主题，都有着重要的作用。至于选用人物背景还是历史背景、地理背景、事件背景，要根据表达主题的需要来确定。

（五）要突出"专"字

专访不是一般的访问，因此要在"专"字上下功夫。所谓"专"，也就是专门、特定之意。"专"体现在人物之专、地方之专、事件之专、问题之专、角度与主题之专等方面。凡是不具备专访条件或不便于写成专访的，切勿勉强，应采用其他体裁来写作。

（六）灵活运用人物"引语"

专访离不开"访"，"访"就要突出人物的谈话。在引用人物的谈话时，应分清主次，引用能表现主题和富有个性的话。不能搞成一个呆板的模式，第一段是"我访问了某人"，接下来就是"他说""他接着说""他笑着说""他最后说"，这种写法既呆板又机械，新闻效应不强。

专访的"引语"宜灵活采用问答式、交叉式、插入式等多种方法，力求把人物"引语"与全篇描述结合在一起，做到水乳交融，交相辉映。

范文选

【消息】

全国铁路昨起实施新的列车运行图，
7 对"复兴号"动车组列车达速，运营时速 350 公里！
"复兴号"跑出最快速度

本报讯（记者　梁建刚　通讯员　许文峰　陆应果）　昨天起，全国铁路实施新的列车运行图。

其中最为亮眼的莫过于 7 对"复兴号"中国标准动车组列车，在京沪高铁按时速 350 公里运行，全程最快运行时间仅 4 小时 24 分。这意味着中国成为全世界高铁商业运营速度最快的国家之一。

时速提升"复兴号"更抢手

昨天 8 时多，在上海虹桥站，崭新的"复兴号"高铁动车组 G2 次列车停在 1 号站台。

来往的旅客取出手机、相机,纷纷与"复兴号"合影留念。9 时,由上海铁路局上海客运段担当乘务的 G2 次列车,准点从虹桥站按 350 公里时速首发。开出仅 10 分多钟,"复兴号"就行驶到昆山站附近,此时车厢显示屏显示时速达 351 公里。

按照计划,铁路部门安排 G1/G2、G3/G4、G5/G6、G7/G8、G9/G10、G13/G14、G17/G18 次 7 对"复兴号"列车在京沪高铁按时速 350 公里运营,其中上海虹桥站出发的最早一班"复兴号"为 G6 次,7 时整发车,最晚一班为 G8 次,19 时发车。速度优势,使得"复兴号"相当抢手,记者查询发现,接下来两天上海到北京的"复兴号"列车车票均已销售一空。

"复兴号"提速,票价保持不变,带给旅客的却是全新感受。车厢内二等座座椅前后排空间比"和谐号"宽敞,座椅宽度和靠背高度有所增加,旅客乘坐更舒适;车厢内设充电插座、USB 接口,为旅客带来方便;车厢内稳定高速的 WiFi 信号,让乘客看视频、处理工作时不卡壳。

推出新服务方便旅客出行

随着新列车运行图实施,上海铁路局推出了一系列新服务。

"复兴号"列车提供免费 Wi-Fi 服务,铁路部门对京沪高铁相关车站无线上网设备进行调整,优化了 9 个车站 Wi-Fi 设备布局,滁州、定远等 4 个车站新建免费 Wi-Fi 并投入使用。

针对上海虹桥、南京南站单日发送旅客最高分别达 28.3 万人次、17.4 万人次的实际情况,铁路部门在这两个车站试点推出大站智能导航,旅客通过"12306出行"客户端,可自助完成进站、候车、换乘、出站位置引导,以及重点旅客服务预约等功能。同时,这两个车站还新建了单独的母婴候车区和儿童免费候车娱乐区。其他客流量较大车站则结合实际设置相对封闭的母婴哺乳区,满足母婴旅客对私密性的要求。

最近,铁路部门还对铁路售票系统、自助售票机等进行了优化升级,增加了港澳台同胞自助购取票服务覆盖范围。目前,上海铁路局在长三角地区 99 个车站、138 台自动售票机上安装台胞证等电子证件识读器,港澳台同胞可在这些自助设备上刷卡购票、取票。

未来"复兴号"列车将扩容

据介绍,目前上海铁路局配属 CR400BF 型"复兴号"动车组 17 组,计划至年底配属 25 组。这意味着,未来"复兴号"列车将扩容。

为做好京沪高铁达速,铁路部门从技术规章、应急处置、设备检修、人员培训等方面提前做好准备。上海机务段从 350 名动车司机中选拔出 38 名优秀司机,分批赴广州、长春、青岛参加相关理论及跟车实习,确保扎实掌握"复兴号"动车组列车操纵技能。

铁路部门还制定联动应急预案,一旦发生列车大面积晚点等情况,将提前联系虹桥枢纽 ERC 指挥中心,提请交管部门采取增派出租车、夜宵公交车等方式,协助做好旅客引导疏散。

——选自《解放日报》2017 年 9 月 22 日

【通讯】

60年，和国家主席的两次握手

（记者 陈耀辉 谢晓林 赵赫男） 2016年12月12日，金英淑上了央视《新闻联播》。这一天，在北京，她受到国家主席习近平的接见。

60年前，1956年11月16日，也是在北京，金英淑受到毛泽东主席的接见。

跨越60载，和两位国家主席握手，这位84岁的老人有哪些不同寻常的人生经历？

寻常之中的不寻常

金英淑没有传奇经历，她只是一位平凡的老人。

金英淑所在的梅河口市，和中国大多数县城一样普通。一条河流从城中穿过，两岸分布着普通的居民区，四五层的楼房居多。金英淑就住在这样的楼房里，楼道不宽，格局简单，普通得不能再普通。

金英淑的履历也很普通。朝鲜族，1932年生，1948年结婚，1952年加入中国共产党，先后在公社、县妇联、市技术监督局工作，1987年退休，成为这座城市几万名退休人员中的一员。

她被人们称道的事看起来也很寻常。比如，在战争时期支援前线为战士做鞋垫、给部队送大肥猪；比如，戴上袖标到市场做义务质量监督员，组织商家搞"流动红旗"竞赛；比如，自己花钱育树苗、育花籽，帮助街道绿化美化；比如，捐款捐物建立第一个社区图书室，组织社区"守望幸福先锋队"，协助管理社会治安；比如，带头捐款2万元组建"爱鑫基金会"，专项扶助困难家庭……

这些事，普通人也可以做得到。

然而，金英淑做过的这些事中，却包含着诸多不寻常。从16岁送郎参军上战场起，金英淑开始做好事，一做就是68年，时间跨越一个甲子。

如今，金英淑和老伴儿虽然已是耄耋之年，但依旧身体硬朗，心情开朗，性情爽朗，做好事的劲头儿丝毫不减。

是什么信念，让她一生坚守？是什么力量，支撑她一生为善？

1956年，握手——要一辈子做好事

1956年11月16日，金英淑作为全国烈军属社会主义建设积极分子代表来到北京，接受毛主席的接见。

她当时24岁，全身心扎根农业生产，一门心思搞农作物良种培育。她带领一群年轻人钻进山沟开荒种地，把水稻和稗子杂交、把西红柿和土豆杂交……整整3年，不断失败，又不断试验，终于培育出新品种。

她是带着4粒新培育出的农作物种子进京的。毛主席接见她时，握着她的手，连说："好！好！好！"毛主席和代表们合了影。在那幅长长的老照片上，她和毛主席坐在第一排，在毛主席右侧的第9个位置。

"毛主席的手特别大，特别有劲儿！"和主席握手那一瞬间，成为她一生永恒的记忆。"那天晚上，我反复回想着和毛主席握手的情景。我想起了童年生活的凄苦，在人家沽水

缸里捞食物吃;我想到了入党誓词,这些年党培养我成长……"那一夜,金英淑想了很多。

从那时起,她下定决心:一辈子跟党走! 自己文化水平不高,干不了大事,那就一辈子为人民做好事。

初心既定,60年不改。

"她就像亲娘一样关心我"

在梅河口市光明街道前途社区,困难户没有不认识金英淑的。

56岁的张兆梅,2012年夫妻双双下岗,生活没了经济来源,两个女儿还要上大学,这个家庭顿时被阴霾笼罩。

"生活压力太大了,孩子他爸撑不下去,自己蹽了。我心想,这下完了,天塌了!"张兆梅想起伤心往事,情不自禁流下泪来。"就在我快绝望的时候,金大娘来了,她安慰我别着急,说大家一起想法子帮你过这个坎儿。"

金英淑和社区工作人员给张兆梅送来5000元钱,又帮助她收拾房子,修顶棚、装暖气、贴瓷砖,还送来米面、被褥、围裙等物品。在大家的帮助下,张兆梅的包子铺开张了。为了节省成本,金英淑还把自己做的咸菜送给包子铺卖。

"二闺女上大学的钱,也是金大娘拿来的。其实大娘家也不宽裕,给我送咸菜的盆,使用多年,磕得坑坑洼洼。"

靠着金英淑和社区的帮助,张兆梅一家生活有了着落,现在俩孩子都在大学读书。"日子有了盼头,孩子他爸又回来了。遇到金大娘这样的好人,我真不知道说啥好,就盼着大娘健康长寿!"

42岁的张丽萍,是一个身高只有1.4米的"小矮人"。离婚后自己带着一个孩子,住在郊区一所破旧的平房里,靠捡破烂儿维持生活。

屋漏偏逢连夜雨。8年前,她9岁的儿子骨折,住院押金要6000多元。"这么多钱,我上哪儿弄去呀?"一时间张丽萍愁眉紧锁。

金英淑听说后立马赶过来,从兜里掏出500元钱,交给张丽萍说:"这些先交上,不够的咱们再想办法。"

孩子出院后,金英淑通过"爱鑫基金会"捐给张丽萍3000元,自己又拿出500元买了个电子秤,帮助张丽萍办起了废品收购站。

"这些年,她就像亲娘一样关心我。"张丽萍说起金英淑,满怀感激。"金大娘经常给我送米面、衣服;知道我家缺烧柴,大娘和大爷就捡树枝、木板,捆得溜齐搬回家,打电话让我去取;每次在街上见到我,都嘱咐我慢点骑车,早点回家。金大娘的帮助和鼓励,让我对生活又有了心气儿。"

社区居民钟淑琴,50多岁,丈夫去世了,自己带着一个儿子生活。为了维持生计,她把房子卖了,买了辆手推车,到学校附近卖文化用品。

一天夜里,车被偷了,车上的货物也被连窝端了。钟淑琴拍着大腿号啕大哭:"天呐,以后这日子可怎么过啊!"

金英淑闻讯赶来:"别哭,有社区在,有我在,咱们一起想办法!"金英淑把自家的推车送给钟淑琴,又帮她筹集到进货的钱,孩子上学的学费也按时送了过来。

后来,钟淑琴的儿子考上了北京一所大学,读了研究生,还找了个女朋友。

儿子结婚庆典那天,钟淑琴特意把金英淑请来,安排她在家长席位就座。一对新人来到金英淑面前,鞠躬致谢:"没有金奶奶的帮助,就没有我们的今天! 祝奶奶健康长寿!"婚礼现场顿时掌声雷动。

在县城里,金英淑和老伴儿靠退休金生活,平时十分节俭,省下来的钱都捐给了社区里的贫困户。这些年,金英淑捐出去 10 多万元,帮助了 10 多个家庭。在她的带动下,社区里很多居民也参与进来,跟着她一块儿助人为乐。

有人请她详细讲讲做过的好事,她却说,都是过去的事儿,记不得了。

为善而心不着善,这是一种境界。

2016 年,握手——把好家风传下去

2016 年 12 月 12 日,84 岁的金英淑作为首届"全国文明家庭"代表,在北京接受习近平主席的接见。

如同 60 年前一样,她换上了自己最喜爱的朝鲜族衣裙。习主席紧紧地握住她的手,那一刻她万分激动,大声地说:"习主席您好!"合影时,她依然坐在头排,在习主席右侧的第 3 个位置。

当晚,金英淑一夜无眠。她想起习主席和她握手时的情景,耳边回响着主席铿锵有力的话语:"广大家庭都要弘扬优良家风,以千千万万家庭的好家风支撑起全社会的好风气。"

她也想到了此刻留在家里、在电视上看着她的老伴儿李重焕。她得到的荣誉也应该归功于老伴儿。李重焕比她大两岁,参加过四保临江、解放四平、辽沈战役、平津战役等大大小小几十次战役,从北向南,一直打到海南岛,后来又参加了抗美援朝战争。离休后老伴儿的工资比她多,每次扶贫捐款他都占大头儿。老伴儿当过炮兵,在战场上,耳朵被炮声震得有点儿背。每次和他商议捐款的事,他都像在战场上下令开炮喊"放"一样,说的就是一个字:"行!"

她想到了子女们。她初婚的丈夫在抗美援朝战争中牺牲。后来经人介绍,她和李重焕结了婚。李重焕前妻病故,留下 3 个年幼的孩子。金英淑没有再生育,她把 3 个孩子当成亲生子女抚育,孩子们也把她当亲生母亲。后妈难当这本"难念的经",在这个家庭并不存在。子女对两位老人极为孝顺,对他们所做的扶贫助困之事也非常理解和支持。这使得金英淑能够心无旁骛,初心不改;也使得她始终拥有愉快的心态、健康的身体和旺盛的精力。

"84 岁了,我还要干下去! 我要把我的好家风传下去!"她订了 13 日返程的车票,回去后要和老伴儿、社区领导、那些志同道合的"守望幸福先锋队"的老朋友们一道,商量商量 2017 年要做的事儿。

——选自《吉林日报》2016 年 12 月 8 日,获第二十七届中国新闻奖通讯类三等奖

【专访】

中国"氢弹之父"——于敏

王梦悦*

于敏是一个神秘人物,由于保密的原因,他的著述多未公开发表。直到 1999 年 9 月 18 日,于敏才重回公众视野,作为 23 名"两弹一星功勋奖章"获得者代表发言。在这之

前,因为从事工作的保密性,他隐姓埋名长达 28 年。惊天的事业,沉默的人生,这句话浓缩了于敏与核武器研制相伴的一生。

"中国国产专家一号"

1926 年 8 月 16 日,于敏生于河北省宁河县芦台镇(今属天津市)。他在天津耀华中学念高中时,就以各科第一闻名全校。1944 年,他顺利考入北京大学工学院机电系。后来于敏发现,因为是工学院,老师讲课更强调知识的运用,而他对新知偏偏喜欢寻根探源。他喜欢沉浸在"纯粹"的理论之中,高深的物理学像一块巨大的磁石吸引着他。于是,1946 年于敏转到理学院物理系,将自己的专业方向定为理论物理。他在理论物理方面的天赋很快展现出来,并以惊人的记忆力和领悟力赢得教授们的欣赏。1949 年于敏本科毕业,随后考取研究生,两年后以优异的成绩毕业。很快,他被慧眼识才的钱三强、彭桓武调到中科院近代物理研究所,专心从事"原子核理论"研究。

这期间,于敏与杨立铭教授合著了我国第一部原子核理论专著《原子核理论讲义》。彭桓武称赞于敏是"国际上一流的"核物理学家。曾有一位日本专家来中国访问,听了于敏关于核物理方面的报告后问道:"于先生是从国外哪所大学毕业的?"于敏风趣地说:"在我这里,除了 ABC 外,基本是国产的!"这位日本专家赞叹道:"你不愧是中国国产专家一号!"

中国的"氢弹之父"

1961 年 1 月的一天,于敏奉命来到钱三强的办公室。一见到于敏,钱三强就直截了当地对他说:"经所里研究,请报上级批准,决定让你参加热核武器原理的预先研究,你看怎样?"从钱三强极其严肃的神情和谈话里,于敏明白了,国家正在全力研制第一颗原子弹,氢弹的理论也要尽快进行。接着,钱三强拍拍于敏肩膀,郑重地对他说:"咱们一定要把氢弹研制出来。我这样调兵遣将,请你不要有什么顾虑,相信你一定能干好!"片刻思考之后,于敏紧紧握着钱三强的手,点点头,欣然接受了这一重要任务。"这个决定改变了我的一生。"从此,从事氢弹研究的于敏便隐姓埋名,全身心投入到深奥的核理论研究工作中。当时国内很少有人熟悉原子能理论,在研制核武器的权威物理学家中,于敏又是唯一没有留过学的人,但是这并没有妨碍他后来站到世界核科学的高峰。彭桓武院士说:"于敏的工作完全是靠自己。他没有老师,他的工作是开创性的。"钱三强称,于敏的工作"填补了我国原子核理论的空白"。

研制工作初期,于敏几乎是从一张白纸开始。他拼命学习,在当时中国遭受重重封锁的情况下,尽可能多地搜集国外相关信息,并依靠自己的勤奋进行艰难的理论探索。从原子弹到氢弹,按照突破原理试验的时间比较,美国人用了 7 年零 3 个月,英国是 4 年零 3 个月,法国 8 年零 6 个月,苏联 4 年零 3 个月。其中一个重要原因,就在于计算的繁复,而中国的设备更无法与他们比。国内当时仅有一台每秒万次的电子管计算机,并且95% 的时间分配给有关原子弹的计算,只剩下 5% 的时间留给于敏用来氢弹设计。不过,穷人有穷办法,于敏记忆力惊人,他领导下的工作组人员,人手一把计算尺,废寝忘食地计算。一篇又一篇的论文交到了钱三强的手里,一个又一个未知的领域被攻克。4 年中,于敏、黄祖洽等人提出研究成果报告 69 篇,对氢弹的许多基本现象和规律有了深刻的认识。

1964 年 10 月 16 日,我国第一颗原子弹爆炸成功,在世界上引起轰动。1965 年 1 月,毛泽东在听取国家计委关于远景规划设想的汇报时指出:"原子弹要有,氢弹要快。"周恩来总理代表党中央和国务院下达命令:把氢弹的理论研究放首位。这年,于敏调入二机部第九研究院。9月,38岁的于敏带领一支小分队赶往上海华东计算机研究所,抓紧设计了一批模型。但这种模型重量大、威力比低、聚变比低,不符合要求。于敏带领科技人员总结经验,随即又设计一批模型,发现了热核材料自持燃烧的关键,解决了氢弹原理方案的重要课题。于敏高兴地说:"我们到底牵住了'牛鼻子'!"他当即给北京的邓稼先打了一个耐人寻味的电话。为了保密,于敏使用的是只有他们才能听懂的隐语,暗指氢弹理论研究有了突破——"我们几个人去打了一次猎……打上了一只松鼠。"邓稼先听出是好消息:"你们美美地吃了一餐野味?""不,现在还不能把它煮熟……要留做标本……我们有新奇的发现,它身体结构特别,需要做进一步的解剖研究,可是……我们人手不够。""好,我立即赶到你那里去。"

年底,于敏开始从事核武器理论研究,在氢弹原理研究中提出了从原理到构形基本完整的设想,解决了热核武器大量关键性的理论问题,并在平均场独立粒子方面做出了令人瞩目的成绩。1967年6月17日早晨,载有氢弹的飞机进入罗布泊上空。8时整,随着指挥员"起爆"的指令,机舱随即打开,氢弹携着降落伞从空中急速落下。十几秒钟后,一声巨响,碧蓝的天空随即翻腾起熊熊烈火,传来滚滚的雷鸣声……当日,新华社向全世界庄严宣告:中国的第一颗氢弹在中国的西部地区上空爆炸成功!

多年后,诺贝尔奖得主、核物理学家玻尔访华时,同于敏晤面,称赞于敏是"一个出类拔萃的人",是"中国的氢弹之父"。

"自己是一个和平主义者"

在研制氢弹的过程中,于敏曾3次与死神擦肩而过。……

但在中国核武器发展历程中,于敏所起的作用是至关重要的。于敏说,自己是一个和平主义者。正是因为怀抱着对和平的强烈渴望,才让本有可能走上科学巅峰的自己,将一生奉献给了默默无闻的核武器研发。于敏认为自己这一生留下了两个遗憾,一是这一生没有机会到国外学习深造交流;二是对孩子们关心不够。其实,于敏的一生中,应该说有无数次出国的机会,但是由于工作的关系,他都放弃了。

从1961年到1988年,于敏的名字一直是保密的。1988年,他的名字解禁后,他第一次走出了国门。但是,对这一次出国,于敏至今说起来甚感尴尬,但也颇有自己的一番心得。由于工作的关系,于敏此次出国是以某大学教授的身份去美国访问。在不到一个月的时间内,尽管去了许多地方,但他始终像个"哑巴",要问也不方便问,要说也不方便说,让他备受"折磨",很不好受。从此以后,他就决定不再出国了。

于敏家里客厅的墙上高悬着一幅字:"淡泊以明志,宁静以致远。"他婉拒"氢弹之父"的称谓,他说,中国核武器事业是庞大的系统工程,是在党中央、国务院、中央军委的正确领导下,全国各兄弟单位大力协同完成的大事业。2015年1月9日10时,北京人民大会堂,89岁的"2014年度国家最高科学技术奖"获得者于敏坐着轮椅,缓缓来到主席台中央,接过国家主席习近平颁发的荣誉证书。这是党和国家的崇高褒奖,也是一名科技工作者的最高荣耀。

——选自《共产党员》2015年第2期,有删节

*王梦悦,新闻工作者,其他情况不详。

【特写】

严复的字，令故宫"破例"

新华社北京 12 月 29 日电（屈婷　曹鹏远）　临近新年，故宫博物院"破例"为一位近代名人开办书法陈列展——在延禧宫内的素色墙壁上，那些斯文、俊雅的字迹来自福州人严复。

严复有许多赫赫有名的头衔：思想家，教育家，翻译家……但他作为书法家的一面却鲜为人知。从 12 月 28 日起整整一个月，严复的临帖、信札、批注、对联、题赠、译著等百余件珍贵文物，戏剧性地"重回"他几番沉浮、命运悬系之地，供世人品味其中深意。

展览词中如此评价严复的字：他的书法如其学术，都经过了广泛取法、长期研炼，我们不但可以从容欣赏其"池塘春草、清水芙蓉"的美学风格，更可细心体会其"绎新籀古、光气垂虹"的思想境界。

故宫延禧宫院内，最为显眼的莫过于西洋风格的残破建筑"灵沼轩"。故宫博物院院长单霁翔在开幕式上风趣地将它戏称为"最老的烂尾楼"。

但他话锋一转："建筑的残破说明了国难深重的历史。"灵沼轩修建两年后，辛亥革命爆发。1912 年，溥仪退位。同年，严复入京，任北京大学首任校长。

"在这里举办这个展很有意义。"单霁翔说，故宫为此策划了一年，希望"为人们打开认识严复和那个时代的窗口"。

中国众多研究严复的专家学者、海内外严复家族后人也出席了开幕式。因为身体原因，耄严倬云发来贺信写道："先祖父一生事功，大半凝结在文字上。他的书法是一生精神面貌的传达，睹其字可以参究其治学处世之道矣。"

头发花白的严孝潜代读了"姑姑"们的贺信。他带着女儿在故居照片与严复家书前长久地驻足，"很熟悉、很高兴"。

"据我所知，故宫极少专门为一位近代人物举办书法展，今天这份特别的待遇给了严复先生。"福建省委宣传部副部长徐姗娜说，"我以为，先生是有资格来领受这份殊荣的。"

在一面深红色的幕墙上，四张照片展示了严复从青年到老年的形象。年轻的他在巴黎梳着长辫、戴着小帽，到了中年，他有时一副西方绅士打扮，有时着长袍马褂；晚年的严复坐在椅上，短发立着，眼神犀利。

如同个人形象一样，严复在那个时代站在了中西方文明交汇和冲突之间。他倡导的"信、达、雅"的翻译标准被国人所熟知。严复用高超的翻译技巧，把《天演论》《原富》《法意》等西方经典带给国人，被喻为思想的"盗火者"。

在中国社会科学院近代史研究所研究员雷颐看来，严复和梁启超是近代以来影响中国最大的两位启蒙思想家，"如果说梁启超的启蒙是宣传式的，那么严复更注重学理性的思辨。"

在单霁翔看来，书法透着人的思想和精神境界。在国家文物鉴定委员会委员、文物专家谢辰生的推荐下，单霁翔在福州市严复翰墨馆第一次观赏了不同时期的严复书法真迹，被其中不为人知的风采所触动。

同样受到触动的还有严复的同乡——严复翰墨馆创始人郑志宇。十年前，郑志宇因为机缘巧合迷上了严复的书法,于是投入 2 亿元,收得近 300 件严复墨宝、信札及其著作的孤本典藏,建起一座民间博物馆。

今天,郑志宇觉得严复是"回到故宫了"。"从福州到北京,一南一北,观者仿佛跨越时光,看到一位思想者从侯官走向京城,改变了整个中国近代思想史。"他说。

书法家、首都师范大学教授叶培贵认为,严复的思想新,书法却"旧"。"他一贯地以颜书为骨架,结体外拓,以王羲之、孙过庭为血脉,笔调流利;一贯地神澄气定,从容俊雅,始终都是一种极斯文的书写。"

叶培贵认为,鉴赏严复的字,相比临帖,信札似乎更有价值和意趣。"明清以来,很多书法家是职业的,他们的书写是为了打动世人,但严复不是。书信往来,就更不会炫技了,而纯粹是他内心的写照。"

在展厅,30 岁的赵然边看边拿小本记录。他是逸清斋书法课堂的老师,打算在网上写个心得,让更多人前来。"你看,他的运笔多么精到,多么用功,真让我既叹服,又感动。"他说。

——选自新华网 2017 年 12 月 29 日

思考与练习

一、名词解释

1.消息——

2.倒金字塔——

3.新闻背景——

4.通讯——

5.新闻特写——

6.新闻专访——

7.时效性——

8.新闻要素——

二、填空

1.新闻的特性有_____、_____、_____。

2.事件通讯的特点有_____、_____、_____。

3.新闻特写突出的表现手法是借用了_____。

4.常见的新闻专访有_____、_____、_____、_____。

三、判断(正确的画"√",错误的画"×")

1.真实发生的事实都可以成为新闻。　　　　　　　　　　　　　　　　　　(　　)

2.副题用来弥补主题之不足。 （　　）
3.新闻专访就是要在"专"字上下功夫。 （　　）
4.特写借鉴了电影特写镜头的表现技法。 （　　）
5.消息必须具备五个"W"。 （　　）
6."新闻是易碎品"是指新闻价值的时效性。 （　　）

四、问答

1.比较消息与通讯的异同。
2.通讯为什么要选择具有典型意义的人或事？怎样选择？
3.简述新闻特写的特点。
4.如何认识新闻专访的"专题性"？
5."中国氢弹之父"于敏，是什么力量支撑他隐姓埋名近30年，终于使我国的第一颗氢弹爆炸成功？

五、读写训练

请将所给材料改写为一条300字左右的消息。

这是世界最高海拔的电动汽车挑战赛，这也是中国新能源力量的直击；这是全国最大规模的锂产业链展示，这也是青海加快与世界对接、拓展国际合作的平台，更是青海向世界传达和谐美丽、传播绿色环保的大窗口。

6月15日，作为2015中国·青海绿色发展投资贸易洽谈会最重要的内容，环青海湖（国际）电动汽车挑战赛引擎开赛，率先拉开青洽会大幕，新常态下新的征程阔步迈来。

很多人都在问，青海为什么要举办电动汽车挑战赛？

答案其实很简单：就是因为"锂"，为了"锂"。

作为一个资源型省份，青海拥有全国三分之二的锂资源储量，居全国首位，资源优势无须赘言。

但资源优势并不等于发展优势，要以"锂"走遍天下，青海尚需要把锂储量优势转化为锂产业乃至新能源产业发展的优势，并以此带动推进全省产业结构转型提质。

可喜的是，通过电动汽车挑战赛这个窗口，我们看到了一条清晰的锂电池全产业链正在青海逐步形成。

近期连日采访，我们感受到了青海锂电新能源产业发展的"热度"。

浩瀚的柴达木盆地有着突出的资源优势，自2003年以来，青海省不少有超前意识的企业积极探索盐湖提锂技术，经过多年努力，成功生产出碳酸锂及相关系列产品，形成了锂电产业较为完备的上游产业。

在西宁，在南川工业园区，我省不断强化实施"产业链招商"，泰丰先行锂能、青海拓海新材料、青海绿草地新能源等锂电池产业相关的正极材料、负极材料、隔膜等生产企业陆续落地，中下游产业也是热火朝天。

比如，泰丰先行用上游企业供应的碳酸锂原料，生产磷酸铁锂、锰酸锂等正极材料，再为下游的电池企业、电动汽车厂商供货。

当全球的"果粉"们为新款iPhone（苹果手机）疯狂的时候，很多人不知道，他们手中苹果手机里锂电池的正极材料与"青海造"相关,源自与青海企业泰丰先行一脉相承的大集团。

生产锂电产品,有了正极材料,还要有配套的负极材料。

"石墨是锂电池生产中不可缺少的负极材料,在西宁甘河工业园区有一家生产高纯石墨的企业,这就解决了电池企业负极原料的问题。"西宁南川工业园区经济和科技发展局相关负责人陈永华说。

有了生产正极材料的企业,有了生产负极材料的企业,也有了生产铜箔、铝箔的企业,具备了这些东西,青海就有了发展动力和储能电池的工业基础。由此,吸引世界上著名的时代新能源集团来到青海,加盟到青海如火如荼的"锂"产业大发展中。

"这里是动力电池的生产车间,你们看,铝箔表面黑色的涂层就是正极材料。我们将上游企业泰丰先行供应的磷酸铁锂和其他原料混合搅拌均匀后,喷涂在铝箔上制作电池的正极。"在青海时代新能源科技有限公司200多米长的生产车间内,储能产品市场总监王志红透过玻璃窗介绍着锂电池的制作工序。

当宝马、一汽等知名车企设计的新能源概念车席卷各大车展之时,很多车迷不知道,其采用的动力源很多是"青海造",很多源自这家企业。

是锂,将这些分散的产业企业关联起来,串起了青海的千里生产线,将青海整个锂电产业链和相关产业联系起来,最终形成全产业链。

因为有这样的"锂"全产业链,我们有底气举办电动汽车挑战赛,也有底气去畅想青海造的新能源汽车。

电动汽车顾名思义就是纯粹靠电动驱动的车辆,动力电池是电动汽车的关键技术。

青海时代新能源科技有限公司储能产品市场总监王志红介绍说,公司计划10年内分三期建成动力及储能电池项目,整个项目竣工投产后,可年产5 GWh动力及储能锂电池。未来随着该项目的全面建成,青海有望成为未来生产电动汽车心脏——动力电池的重要产地之一。

目前,青海的企业已与宝马、一汽、北汽等国内外知名车企展开深度合作。

"我们已实现碳酸锂、磷酸铁锂和动力电池的产业化生产,电动汽车前端产业初步形成。在这基础上,若有针对性地加强电动汽车相关产业招商引资,青海完全有可能制造出新能源汽车。"

鉴于此,根据国家关于推进新能源汽车产业发展的一系列重大决策,为贯彻落实国家新能源汽车发展战略,我省也于今年印发《加快青海省新能源汽车推广应用实施方案》,从产业发展、推广应用和配套体系三个方面明确了青海新能源汽车推广应用主要目标。

更为值得一提的是,为确保新能源汽车尽快更多地投入推广应用,我省确定了一系列鼓励性政策措施和优惠措施,包括加大整车生产资质申报工作;构建零部件制造产业基础;保障充电设施用地;推行差别化交通管理措施;落实电价扶持政策;加强财政扶持力度等。

有"锂"走遍天下!青海有资本这样牛。我们相信,在全球经济发展进入新常态的今天和未来,有丰富的锂资源优势,有不断完善的锂产业优势,有正在打造的电动汽车挑战赛这个平台,青海的优势资源转化必然加快。

第八章　诗歌写作

第一节　诗歌的文体特征

一、诗歌的含义

《诗·大序》说："诗者,志之所之也。在心为志,发言为诗。情动于中而形于言,言之不足,故嗟叹之,嗟叹之不足,故永(咏)歌之,永(咏)歌之不足,不知手之舞之足之蹈之也。"这段文字说明,古代的诗是一种综合艺术。到了后来,诗随时代要求以及它自身的艺术特点和功能的不同而独立出来,但因为诗在很大程度上还保留了歌的许多艺术特性而被现代人称为诗歌。

关于诗歌及其特质,古今中外的诗人及诗论家的论述不胜枚举,有侧重于从社会、伦理角度论述的;有侧重于心灵感悟、内在表现角度的;有侧重于语言、形式的;也有侧重于从情绪放射、情感体验角度来讨论的……所有的论述都无法全面地概括出诗歌的艺术特征,从而给诗歌下一个权威的定义。这是因为,诗歌本身是一种随时代的变化发展而产生的丰富的、特质的、独特的文体现象,并且这一发展变化过程是持续的,永远也不会完结。因此要想给诗歌下一个确切的定义相当困难。但是,如果我们跳出不同时代对诗歌的不同要求与限制,从诗歌历史的深处着眼,就会发现一个简单的事实:无论古诗还是新诗,我们都称之为诗歌,其间必然存在一个一以贯之的本质属性,正是这个本质属性,超越了不同时代对诗歌的具体要求与限制,从而使不同时代的诗歌都享有"诗歌"这个共同的称谓。

那么,这个本质属性是什么呢? 其实很简单,那就是"诗意"。因此,对于诗歌,我们就可以有一个简单且根本的表述:具有诗意并且符合特定时代诗歌文体特征的文学作品,就是诗歌。关于诗意,本是诗歌研究首先应该面对的问题,却又往往被忽略了,因此,对于诗歌的认识,人们总是陷入诗歌的某些侧面或枝节,舍"源"逐"流",最终变得模糊不清、莫衷一是。诗意是诗之为诗的关键。但对于什么是诗意,也是需要严格界定的,不然,非诗、劣诗、坏诗同样会模糊诗歌的本来面目,进而损毁诗歌的艺术尊严。诗意,从最高的意义上说,就是生命的韵致,也就是一种区别于日常生活状态的内在精神的存在方式。它超越了现实、功利和理性,是生命中蕴含的微妙而深厚的"意味"。

当然,如果我们考虑到诗歌中其他一些较为固定且带有普遍性质的特质,可以对诗歌的本质特征进行一些补充性的描述:诗歌是一种以充沛的激情和丰富的想象为方式,以意象创造、意境构建为最高美学目的,以分行与和谐韵律为外在优美形式,采用不断变化的形式和复杂而纯粹的文学技巧,表达人对世界独特的生命体验和内心感受,深刻地揭示事物内在本质的精美的文学样式;是诗人在一种纯粹、本真的生命状态中与宇宙交流与对话的一种表达形式。在文学的"四分法"中,它与小说、戏剧、散文并列存在。

二、诗歌的特点

(一)强烈的抒情性

感情是构成诗歌最基本、最直接、最重要的因素。严羽说:"诗者,吟咏性情也。"(《沧浪诗话》)钟嵘也言:"感荡心灵,非陈诗何以展其义?非长歌何以骋其情。"(《诗品·序》)俄国文论家别林斯基也说:"情感是诗的天性中一个主要的动力因素,没有感情就没有诗人,也没有诗歌。"(《论文艺》)他们都强调了感情对于诗歌的重要性。这就说明,抒情性是诗歌这一艺术形式的根本特征。感情是诗歌的原动力,抒情是诗歌的最终目的。虽然其他文学样式同样也依赖和强调感情,但任何文学体裁对于感情的依赖都不如诗歌那么典型、那么强烈。

首先,诗歌的抒情性表现为诗人感情的真挚与强烈。诗人要有一颗多情、敏感善悟及好奇之心。要用一颗纯朴之心、童贞之心去爱人、体物;用超然而冷峻的目光去审视芸芸众生、大千世界。只有这样,才能强烈感受、深刻体验、真诚领悟来自浩瀚时空和生命内部的永恒启示。强烈的感情主要指诗人自身内蕴的生命冲动和丰沛激情,同时也指诗人(审美主体)对所要表达的对象(审美客体)情感体验的强度和思想认识的深度。只有强烈地感动自己,才会强烈地感动别人。

其次,诗歌的抒情性还表现为情感抒发的深沉与含蓄。诗人有了真挚、强烈、丰沛的情感体验,不一定能写出好诗,还必须将感情进行沉淀和内化,并找到感情与语言、诗歌技巧的契合点,才能将感情深沉而含蓄地体现在作品中。正如英国诗人柯勒律治所说:"诗歌起于宁静的回忆。"诗歌是对情感、情景和事物的情绪性记忆的表达,而非对情感、情景和事物的原样再现。所以,直抒胸臆从来不是优秀诗歌的根本做法,直接、外露的情感往往只能产生表面的感染力,读者也只能从中获得短暂的感动。诗歌从根本上说是一种内视艺术,而非外倾抒发。深沉而含蓄的情感表达应是诗歌抒情性特征的内在原则,诗歌情感的内在强度和长期有效应是诗人的自觉追求。将诗歌的抒情性特征仅仅理解为情感的泛滥和宣泄是肤浅的、笨拙的,只有深沉而含蓄的情感表达才会让诗歌产生真正的艺术魅力,从心灵深处长久地感动读者。请看徐志摩的抒情短诗《沙扬娜拉》:

> 最是那一低头的温柔
> 恰似水莲花不胜凉风的娇羞
> 道一声珍重,道一声珍重
> 那一声珍重里有甜蜜的忧愁

生离死别的场景是诗人最爱吟咏的主题。此诗描写的正是诗人离开日本时与情人离别的凄怨与忧伤。其构思明显受到柳永《雨霖铃》的影响。它减少了柳词中的铺叙,而是抓住了日本女子"一低头"的瞬间印象,集中表现了她那惊人的娇艳、温柔、羞涩和充满东方情韵的凄怨之美。尤其在离别中,这美,这万种风情更令人柔肠寸断。对于诗人来说,那无言的刹那胜过了全部。强烈的感受,深切的体会,饱满的激情,都蕴含在深沉而含蓄的诗歌意境之中,诗也因此而感人至深。

(二)表达的精练性

这里的精练性,是指用尽量少的语言文字和篇幅,去准确表达最为丰富复杂的情感信息和事象信息。虽然古今中外各种文类都要求自身的高度概括和集中,但只有诗歌才在真正意义上具备了这一特质。没有任何一种文学作品可以像诗歌那样,在寥寥数语、短短几行中,传达给读者生动完整的画面和无穷无尽的想象并引发强烈深沉的共鸣。诗歌的语言表达原则就是以少胜多,以无言胜有言。诗歌是一种追求语言节制的艺术,以有限的语言表达无尽的情思。汉高祖的《大风歌》曰:"大风起兮云飞扬,威加四海兮归故乡,安得猛士兮守四方。"三句写他自己的风云历程,写出自己的渴望欲求,写尽了自己的帝王霸气。"风萧萧兮易水寒,壮士一去兮不复还",同样如此。追溯更远,"断竹,续竹,飞土,逐肉",更是如此。中国如此,西方也如此。

如沈尹默的《月夜》,只有数句:

> 霜风呼呼的吹着,
> 月光明明的照着。
> 我和一株顶高的树并排立着,
> 却没有靠着。

又如庞德的《在一个地铁车站》也只有这么两句:

> 人群中这些面孔幽灵般显现
> 湿漉漉的黑色枝条上的许多花瓣

但两首诗中的意蕴却让人寻思不尽。在诸种文体中,诗歌尤其强调借助语言的张力,在有限的文字中去传达更大的信息容量和创造最丰富的意蕴以及宏大的情感空间。

(三)独特的意境美

意境美是诗歌追求的最高美学目标。意境至少包括两层含义:一是诗歌在意义、意味、意蕴上应达到一种美学高度,让读者长久地停留在诗歌创作的空间感里,久久徘徊不忍离开;二是指诗歌创作主体与创作客体的水乳交融。这就是朱光潜所说:"情景相生而且契合无间,情恰能称景,景也恰能传情,这便是诗的境界,每个诗的境界都必有情趣和意象两个要素。情趣简称情,意象即是景。因情趣是可比喻而不可直接描绘的实感,如果不附丽到具体的意象上去,就根本没有可见的形象。"(《论诗》)我们常说作诗如绘画,从最简单、直观的层面说,一首诗是否有意境,首先得看它是否写出了渗透着诗人情感的情景和画面,情景与画面是意境得以存在的基础。由此可见,诗歌的意境是诗人的主观之意与客观之境整合而成,可供读者进入丰富联想的一种艺术空间。

意境是由一个一个的意象整合而成的。在马致远的《秋思》中,我们可以把意象一个一个分别独立出来,其中有"枯藤""老树""昏鸦""小桥""流水""人家""古道""西风""瘦马""夕阳""断肠人""天涯"。如果离开这一组意象而像论文写作那样,去直陈这首诗的意境,意境便不复存在,整个作品就只剩下单一明了的意思而失去丰富的想象和意味,变得索然无趣。因此我们说,意象是诗歌构成意境的最基本的元素。它是被创作主体主观认知,并赋予主体色彩和象征化了的各种物体,是心化之物、情化之物、意化之物。意象小于意境,如果说意境是一幅画,意象则是画面中各不相同又彼此相融且含蕴着诗人情感的小事物。

诗人创造的意境美很重要的是它的独特性。"昔人已乘黄鹤去/此地空余黄鹤楼/黄鹤一去不复返/白云千载空悠悠"与"前不见古人/后不见来者/念天地之悠悠/独怆然而涕下",同样是追怀伤世,同样运用质朴清澈之语,同样连接着久远的时空,但却有着明显不同的意境:前者旁观立场和心态明显,后者主体意绪突出;前者飘逸洒脱,后者深沉凝重。究其意象,前者灌入了一个"空"字,而后者的意象却是孑然一身的诗人独立高台"怆然而涕"。根据意境而选择与之贴切的意象,不同的意象整合出不同的意境,是诗歌意境创造的正途,也是理解诗歌意境与意象关系的一种途径。

(四)和谐的音乐美

诗歌的音乐性是诗歌与读者沟通最为便捷有效的桥梁,帮助读者进入诗歌境界,理解诗歌意境并最终记忆诗歌,也是诗歌自产生以来最本质的美学特征之一。

古代诗歌与音乐一体,所谓"在辞为诗,在乐为歌"。音乐艺术通过完全抽象的非语义的声音媒介的排列来完成包括旋律、节奏、和声、对位等构成的形式结构。诗歌也完全通过语言的节奏来构成诗歌的音乐感。诗与音乐相通,主要是因为诗与音乐都是来自灵魂深处的洋溢着感性生命的旋律。伏尔泰说:"诗是灵魂的音乐。"孚勒说:"诗是寄寓于文学中的音乐,而音乐则是声音中的诗。"诗歌的音乐性表现在两个方面:一是语言的节奏。如声音的停顿、轻重缓急、长短变化,它包括诗人对词、词汇、音节、停顿等各种自然音素在语音、语气、语感等诸方面的内在感觉。二是语言的韵律。它除了讲究平仄、押韵的诗歌规则以外,还指诗歌的整体"旋律感",比如诗歌中的词、句子,句子间的自由组合;句型的变化,行与行、段与段之间的上下连接、过渡、转换、彼此照应以及整首诗的视觉感、色彩感,词汇与声音的和谐性、美感等。比如戴望舒的《雨巷》即是一首旋律感很强,节奏徐缓、柔和,音调自然和谐的诗作。又如徐志摩的《再别康桥》:

> 轻轻的我走了
> 正如我轻轻的来
> 我轻轻的招手
> 作别西天的云彩

这是一首音乐感非常强的诗。节奏轻柔、委婉,语气充满忧伤和深情,宛如冥想。整首诗虽不严格押韵,但非常注意对意象的选择、安排,句型非常新颖;行与行的连接,段与段的内在联系、呼应、过渡都非常自然,非常注意诗歌的整体感觉。尤其是整首诗在语气上的变化,微妙而又深切动人。

而现代诗歌的自由倾向越来越明显,诗人们似乎忘掉了诗歌的音乐美这一特质,既不讲究语言的节奏,也不讲究语言的韵律,率性而为。他们认识不到音乐美对于诗歌的重要性,缺乏对音乐美的自觉追求,以致诗歌的形式越来越散乱,诗意越来越散淡,从而降低了诗歌的难度,削弱了诗歌的美感,最终让诗歌的发展陷入了迷乱的境地,也让读者渐渐疏远了诗歌。这应该引起人们的高度重视和深刻反思。

三、诗歌的分类

经过长期的演变发展,诗歌形成了多种多样的类型。按不同的角度及标准,可以有多种分类。单以内容性质划分,可分为抒情诗、叙事诗和哲理诗三大类。

(一)抒情诗

抒情诗或抒情歌,原特指古代希腊合七弦琴吟唱的诗,现泛指以抒发感情为主要内容的诗歌。抒情性本来就是诗歌的根本特征,许多广为流传的诗篇都是以抒情见长的。抒情诗一般没有完整的故事情节,不详述生活事件的过程,也不致力于塑造人物形象,而是重在直抒诗人的思想感情及内心感受,这是它的一大特点。

(二)叙事诗

叙事诗指用诗的形式来叙述完整的故事情节,描绘人物的性格和环境,反映现实生活的诗作。叙事诗介于小说与抒情诗之间,因此有人也称之为"诗体小说"。但它与小说的区别也是明显的。叙事诗尽管有比较完整的故事情节和人物形象,但它作为诗歌体裁的一种,仍是偏重于抒情,而不仅仅是叙事。在叙事诗中,叙事仅是手段,抒情才是目的。何其芳说,叙事诗人"不是在讲说一个故事,而是在歌唱一个故事"(《谈写诗》)。在我国文学史上,著名的叙事诗有《孔雀东南飞》《木兰辞》等。

(三)哲理诗

哲理诗是表现诗人的哲学观点、反映哲学道理的诗,也被称作说理诗。这种诗意在表达诗人对社会人生和事象万物的哲学感悟,并对读者产生启发作用,在内容上讲究深刻、含蓄、隽永,在表达上则多将哲学的抽象哲理含蕴于鲜明的艺术形象之中。哲理诗篇幅短小精悍,却能发人深省,如苏轼的《题西林壁》:"横看成岭侧成峰,远近高低各不同。不识庐山真面目,只缘身在此山中。"朱熹的《观书有感》:"半亩方塘一鉴开,天光云影共徘徊。问渠那得清如许?为有源头活水来。"陈毅的《冬夜杂咏·青松》:"大雪压青松,青松挺且直。要知松高洁,待到雪化时。"写作哲理诗,用语要自然,感悟要透彻,避免概念化、模式化,切忌人云亦云,枯燥无味。

第二节 诗歌的艺术构思

在诗歌创作中,诗人的艺术构思与诗歌感知是密不可分的。感知里面孕育着构思,构思里又包含了感知。感知的方式多种多样,其作用往往决定着诗歌的构思。

一、提炼主题

主题即诗歌的意义,或曰诗歌所涵摄的精神性因素,与形式一起构成诗歌的两大要素。主题是诗歌的思想,情感的核心,诗歌的灵魂。有了意义,诗歌才具有内在的支撑,反之则显得空虚、苍白、贫乏,徒具诗形而缺乏诗意。

诗歌主题一般又分为"整体性主题"与"个别性主题","单一性主题"与"多重性主题","显性主题"与"隐性主题"等。

(一)整体性主题与个别性主题

诗歌的整体性主题是指诗人在整首诗歌中所呈现的总体主题倾向,或指整首诗歌最终所表达的总体精神高度。如但丁诗歌的主题即表达了西方文艺复兴时期人在宗教束缚和政教一体的黑暗统治下寻求自身解放的呼告,它言说了人在受难过程中的信仰、激情以及人性的庄严、神圣;歌德的诗歌主题歌唱了资本主义上升时期人类的感性生活,深刻揭示了人类精神被物质分裂、异化的可能性;荷尔德林毕生用诗歌讴歌和寻找人类的精神家园;惠特曼的诗歌倡导人类个性的解放;叶芝、庞德的诗歌表达了对当代生活的厌恶和拒绝;里尔克的诗歌讴歌了人性及人类的尊严;艾略特的诗歌表达了对历史、文化的怀疑与无情批判……所有这些诗歌都有一个共同的主题特征:站在整个人类历史、文化及精神的高度上进行思索和歌唱。

诗歌的个别性主题是指在一首诗中诗人具体呈现和表达出来的精神内涵及思想意义。如闻一多的《死水》表达了诗人对传统文化及残酷现实的无情批判和愤怒诅咒;戴望舒的《雨巷》表达了知识分子在现实生存环境中脆弱的心态和迷惘、幻灭的情绪。

从文学史上看,诗人都较为重视对具体诗歌的主题的提炼而往往忽视对诗歌整体性精神高度的追求和设计。这点尤其值得诗人们深思和反省。一般来说,只注重对具体诗歌的主题进行提炼而不看重整体性主题,往往表明诗人的创作比较随意、零散,其诗歌的精神指向因此不系统,缺乏强度、深度和高度。优秀的诗人则十分重视对诗歌整体性主题的开掘,同时又能在具体的诗歌中体现整体性主题。

(二)单一性主题与多重性主题

诗歌的单一性主题是指诗人在一首诗中基本上只表达一个主题。因一首诗的容量有限,诗人往往只在诗中表达一个主题,如上面所举的闻一多和戴望舒的诗。这种创作倾向,在古典、现实主义及浪漫主义诗歌中较多见。在西方现代主义诗歌及当代诗歌的创作中,往往既注意一首诗的"所指"(单一性主题),也追求诗歌的"能指"(多重性主题)。

(三)显性主题与隐性主题

如徐志摩的《再别康桥》,诗歌表层表达了对留学剑桥那一段自由美好生活的回忆和眷恋(显性主题),但透过表层,诗人真正表达的是再次惜别康桥时灵魂深处泛起的对整个西方文化、文明以及生活方式的深情膜拜与无限憧憬(隐性主题)。

二、捕捉意象

诗的主题确立之后,需要捕捉生动、鲜美、富于诗意的意象并将它表现出来。但主题往往是在写作中逐渐展开的一个过程——它可能受到某种给人以强烈的印象或动人的意象的启悟而逐渐明晰起来。因此,在写作中主题与意象是一个有机的联合体。西方意象主义诗人认为意象是诗人情感及思想的复合体。神秘主义哲学家柏格森认为:整个世界即是意象的总和,意象有外在和内在之别。外在的构成物质,内在的构成精神。柏氏理论揭示了意象内涵的精神性。柏格森还认为直觉(艺术感触、生命体验)即是在主体(诗人)对客体(意象)的内在体验中,主客体完全相融,从而领悟到一种理性无法体验的东西。这里,表明了意象不仅是艺术表现的手法,而且还是艺术感知的方式。

意象是诗人思想的客观对应物,是"在一瞬间呈现理智和情感的复合物的东西"(庞德)。诗人的天职,便是在生命中寻找、感受、体验、呈现那些含意深远的独特的意象,寻找思想与意象的神秘契合,并且让意象来直接表达、呈现诗思。

诗人艾青特别强调"感官"突入对象的意象诗学观。意象在艾青那里,既不是一般的客观事象,也不是感情的替代物,而是被当作"具体化了的感觉",是诗人感官向题材的"迫近",是诗人主观意识与对象的"拥抱"。他视意象为现实人生与情感体验表达的通道。人们所熟悉的"土地"与"太阳"两个在他诗中常见的意象,既蕴含了诗人对生活的独特感受,也体现了其诗作与时代精神的紧密联系。如果说"太阳"意象体现出他对时代精神和人类生命形式的理想化想象,那么"土地"意象似乎更多地切入了他关怀民族苦难和生存现状的沉痛情绪,如《我爱这土地》:

> 假如我是一只鸟,
> 我也应该用嘶哑的喉咙歌唱:
> 这被暴风雨所打击着的土地,
> 这永远汹涌着我们的悲愤的河流,
> 这无止息地吹刮着的激怒的风,
> 和那来自林间的无比温柔的黎明

诗中的"土地"意象,既单指脚下的土地,也被赋予多重意指功能,包含河流、风和生出黎明的树林。诗人用由一系列"的"字组成的长句,在"土地""河流""风""黎明"等意象前面,分别加上"永远汹涌着我们的悲愤的""无止息地吹刮着的激怒的""无比温柔的"充满了强烈动感和比对度的形容词和程度副词,穷尽其相,淋漓酣畅地抒发其深厚沉实的感情。这些情感强度和暗示意味强烈的意象让抽象的爱国思想无比生动、形象、庄严地呈现出来。其意象的寻找过程,同时也是确立、提炼、升华思想的过程。

三、选择角度

选择角度是指作者精心选择审视与表现客体的最佳切入点。选择角度包含观照对象及表现对象两个方面。当然,在实际写作中,二者往往是同步的,往往选择了观照的方式(角度),也就决定了表现的角度;反之亦然。

(一)冷静观照,由外向内

冷静观照是指作者在审美观照中始终把自己置身于对象的外面,从不同的角度,用不同的思想方法对客体进行精神与现象、内容与形式、历史与现实的冷峻思考与审视。

其角度应是由外向内的穿越透视。与"体验"相比,"观照"带有更多的理性色彩,相当于古典诗学中的"灵心妙语"和华兹华斯的"沉静中的回味"。比如,卞之琳的《断章》:

> 你在桥上看风景
> 看风景的人在楼上看你
> 明月装饰了你的窗户
> 你装饰了别人的梦

短短四句,跳跃性大,诗意晦涩,但也体现了从外向内的审视角度。

（二）内在体验,由内向外

内在体验是一种生命体验。它是指生命全部投入（全神贯注）对象的一种亲历过程,是超过一般经验认识的无法言说的生命沉醉、体验与思考,它是以纯然原始、本真甚至无意识的生命状态对生命本身最彻底的感性穿透,充满活跃、热烈、冲动、神秘的意蕴。这即是说诗人在对物（以我观物）的认知中,也包含对生命自身的深刻体察和内省。其角度是由内向外的绵延、辐射。如里尔克的《豹》:

> 它的目光被那走不完的铁栅栏
> 缠得这般疲倦,什么也不能收留
> 它仿佛只有千年的铁栅栏
> 千条的铁栏后便没有宇宙
> 强韧的脚步迈着柔软的步容
> 步容在这极小的圈中旋转
> 仿佛力之舞围绕一个中心
> 在中心一个伟大的意志晕眩
> 只有有时眼帘无声的撩起
> 于是有一幅图像浸入
> 通过四肢紧张的寂静
> 在心中化为乌有

这是一首著名诗作。它通过诗人对豹的生存困境内在的独特体验,再通过外在的"铁栅栏"的意象,深刻地揭示了豹（以及诗人自己）在现代社会压抑下失去自由、意志、生命活力（力之舞）以及生存权利的沉重灾难和痛苦。德国美学家里普斯说:"审美的欣赏并非对于一个对象的欣赏,而是对于一个自我的欣赏。"对物的体验,实际上是诗人一种实现"物我同一"的审美升华。

四、结构安排

诗歌一般分外在结构（表层结构）与内在结构（深层结构）。按诗歌情绪的发展、思想的展开、思维的跃动等内在因素构成的整体结构称为内在结构;遵循意义（内容）表达的要求而表现出对意象、词汇、句法、句型、段落、过渡、照应等形式因素的选择和运用,称为诗的外在结构。内在结构是诗的骨架,外在结构是诗的血肉。在创作中,二者往往是水乳交融、浑然一体的。有关诗歌的艺术表现手法、技巧(外在结构)将在下一节论述,这里仅讨论诗歌的内在结构。

(一)展开式结构

美国诗评家哈罗·奥斯本说:"要认识一首诗就必须将这首诗作为一个整体来认识。"所谓"整体",即指诗的结构。一首诗的艺术魅力除来自外在结构以外,还来自其思想的深度、情感的真挚饱满以及深邃而超远的意境,即诗歌内涵的开拓——这是诗人思想感情的升华与结晶。展开式结构即是在一首诗中将诗情及诗思层层展开的一种结构,其特点往往是在诗的结尾点出主题,达到全诗的高潮。中国古典诗歌往往采用这种结构。

如陶渊明的《饮酒·其五》:"结庐在人境,而无车马喧。问君何能尔?心远地自偏。采菊东篱下,悠然见南山。山气日夕佳,飞鸟相与还。此中有真意,欲辩已忘言。"诗一开篇,诗人便用一系列优美、纯朴的意象——东篱、采菊、南山、山岚、夕阳、飞鸟,着力渲染其返归自然的忘形、喜悦、陶醉,紧接着笔势如奇峰突起:"此中有真意,欲辩已忘言。"意境开阔,格调高远。既点明了题意,又深化了主题。可谓融诗情于哲理,化哲理为诗情的神来之笔。

(二)多层式结构

多层式结构是指一首诗除具有一个明显的主题(意义)外,还同时隐藏着一个或多个潜在意义,即诗歌的多层意指。比如,中国古典诗论中讲究的"言外之意""象外之象"之说,西方的现代主义(表现主义、意象主义、达达主义、唯美主义、超现实主义、象征主义)尤其强调诗歌的多重意指功能,在作者对客体的两种不同的观照、体验中找到共同的规律,因此在表现 A 经验时,有意将它与其有密切关系的 B 经验交汇、重叠,从而产生一种诗歌幻觉或象征的东西,如带有梦境色彩的现实,或具有现实外表的梦境。

美国诗人罗伯特·弗罗斯特的很多诗都表现出这种呈现多层结构的超现实主义的特征或象征主义的倾向。如《没有被挑选的路》,写他在秋天的森林中漫步,此时面前呈现出两条同样幽美的路,但他却只能选择其中的一条。最后他感叹道:"若干年后的一天/我将边走边叹息/林中那两条小路摆在我面前/那多少有人走的成了我的挑选/这块择造成了重大的差异。"诗人绝不仅仅在写对一条小路的选择,它超出了人生的经验,为我们提供了诗歌的多重指向:是对人生道路的悔悟,还是对自己随波逐流的人生态度的自责?是指一个重大抉择就能改变人的一生,还是指人的一生充满了各种选择的可能性?……"诗无达诂",意义的多重结构极大地拓展了诗歌的表现空间。

第三节　诗歌的艺术表现

怎样有效传神地表达诗意,有效生动地传达诗人的情感和思想,是诗歌的艺术表现方式,即诗歌的外在结构。诗歌的艺术表现与其他文学体裁一样,是在不断发展变化的。通过创新和追求,新的艺术表现形式在不断地出现,传统的艺术表现形式也在不断地更新,比如中国传统艺术表现中的"炼字",在现代诗歌尤其是先锋诗歌创作中就几乎被遗忘。他们把艺术表现的创新看得比诗歌内容更为重要。尽管如此,我们仍然只从艺术表现的角度,来介绍一些当代诗歌创作中常见的表现方法,总的来说,下列手法既有传统的一面,也有创新因素的介入。

一、意象

意象,就是寓"意"之"象",也就是用来寄托主观情思的客观物象,它具有某种特殊含义和文学意味,是创作主体经过独特的情感活动而创造出来的一种艺术形象。意象既有抽象的理性意义,又有强烈的感性特征。它是主客观紧密结合的"思想和感情的复合体"。这一复合是诗人在瞬间形成的,能使诗人的思想和感情集中而准确,同时也是含蓄地加以形象化的呈现。诗歌是一种需要意象思维的艺术,诗歌的写作也就是意象思维行进的过程。意象的来源,实质上也就是诗人对社会、自然的态度在一些和这态度有某方面相似的事物身上的投射。当然相似也只是主观上的,它受制于时代、环境、情感、知识,更受制于意象的传统制约。意象的设置,能将诗人抽象的思想和感情变得具体,产生视觉效果,实现艺术化表达,进而激发读者无尽的优美的想象。

客观物象是意象中的基本的要素,选择什么样的物象入诗,主体对物象取什么样的心态,或物象引发主体什么样的情感,可以因其异同透视诗人特有的文化心态与审美倾向,辨识意象所蕴含的民族性与时代性特征。中国古代诗人与中国现当代诗人在意象的经营上有着鲜明的共性。比如对自然物象的相亲相近,外部的风云变幻、花开花落、日月轮回等引起的生命共感,往往引发诗人心灵与自然意象的凝合。这种富于中国特性的传统文化心理情结,依然深深植根在中国现当代诗歌意象之中。

二、象征

象征的原理在于:诗人打破生命形态与非生命形态的物理阻隔,将主体的生命活动移置到对象(客体)中,使自在的物与自为的人相互融合,双向交流,从而达到物我同一之境。一般而言,象征具有重复与持续的意义。一个意象如作为呈现与再现不断重复,就变成了一个象征。象征是以某一特定的形象体现或暗示超越这一形象的含义和观念。艾青曾指出:象征是事物的影射,是事物相互间的借喻,是真理的暗示和譬比。诗人在创作时,为了揭示出生活的丰富内涵和深刻的意蕴,往往不直接点破,而是利用事物间的相关性、对应性和异质同构的联系,把自己所要表达的暗示给读者。象征的运用可以避免诗歌就事论事,可以突破狭隘的格局,拓展诗歌的意义空间。可以说,象征是诗歌构思中一种重要的思维方式,它体现了诗歌意义的基本指向,是诗歌意义的最终凝结点,是提升诗歌高度的重要方式。如唐代诗人戴叔伦的诗《画蝉》:"饮露身何洁,吟风韵更长。斜阳千万树,无处避螳螂。"表面在写蝉,但却通过象征手法暗示风雅高洁的生活背后弱肉强食的残酷社会现实。

象征有"个人象征"和"传统象征"之分。"传统象征"既属于个人,即诗人凭审美直觉或灵感在生活中偶然所得,也属于集体,属于民族,凝聚着某个民族默认的某些特定的内涵和情思。如果离开该民族的文化传统,则很难把握与体验。比如汉语中"柳"谐音

"留",《诗经》又有"昔我往矣,杨柳依依"之句表达离愁别绪,故柳树被视为惜别的象征。又如《离骚》以来的香草美人传统,皆源于传统文化的沉淀。故"传统象征"在同一文化背景中能得到广泛理解。至于"个人象征"则是作者独特的匠心和巧慧的表现。比如芒克的诗歌《阳光中的向日葵》中的向日葵形象,"把头转向身后/就好像是为了一口咬断/那套在它脖子上的/那牵在太阳手中的绳索",迥然有异于传统象征中太阳与向日葵之间和谐的、单向度的忠诚关系,而表现出激烈的紧张感。那"怒视着太阳的向日葵",也反映出诗人心中的向日葵具有高度的意识自主性和顽强的行为对抗性。此种个人象征,乃是诗人深入反思特定社会文化时期有关文化现象的个性化表达结果。

三、直觉

直觉是人的一种纯粹的心灵活动。它排除理智的一切控制,脱离一切美学和道德的约束,是在一种无意识的精神状态中对某一事物本质的顿悟。诗的创造是不可重复的情绪体验过程,其不可预知性及诗人展开想象活动的先导便是直觉。因此,直觉往往被诗人用以表现一种瞬间印象和潜意识。这种瞬间印象和潜意识,往往能揭示事物的新的本质,并由此塑造事物的新的形象,从而呈现出一个微妙而崭新的艺术世界。诺瓦利斯说:"诗之感通于神秘之感,皆精微秘密,洞鉴探隐,知不可知者,见不可见者,觉不可觉者。如宗教之能通神格天,发而为先知预言者也。"(《碎金集》)朱光潜先生在其《诗论》中也论述直觉道:在凝神注视梅花时,你可以把全副精神专注在它本身形象,如像注视一幅梅花画似的,无暇思索它的意义或是它与其他事物的关系。这时你仍有知觉,就是梅花本身形象(form)在你心中所现的意象(image)。

直觉思维曾给北岛的诗歌带来很高的审美价值。它把真实的客观世界予以摧毁掉,实现了诗歌美与真的分离。"楼梯绕着我的脊椎/触及正在夜空/染色的钟。"(北岛《剪接》)外在的无生命之物"楼梯",除了能绕着我体内的"脊椎"之外,还能触及让天空在报时声中染上夜色的钟。这种诗句不是对现实世界的再现与复制,而是诗人通过移植、拼接、组合现实中毫不相干的材料,创造出一个虚妄而超验的世界的结果。它反映的是诗人的心理真实和自由体验,释放出非逻辑性的令人难以忘怀的艺术力量。

四、内心独白

独白的产生与诗人的性格和际遇有相当大的联系。独白往往指诗人在一种迷幻、梦魇乃至潜意识的心理状态中,用极具个人风格和情感色彩甚至神经质的语言来揭示内心活动的一种独特表现手法。独白的产生,可以在各民族的文化积淀、文人的思想及其生存状态、价值取向中找到原因。独白常常产生于诗人情绪震荡、心灵躁动不安之时,他们坚定或怀疑自我人格,表达某种信心,或抒发内心的痛楚。

何其芳的《罗衫》是一首运用内心独白的诗歌典型。"我是曾装饰过你/夏季的罗衫,/如今柔柔地折叠着,和着幽怨。/襟上留着你嬉游时双桨打起的荷香,/袖间是你欢乐时的眼泪,慵困时的口脂……"诗人以罗衫之口,诉说与主人昔日相依相伴的快乐,以及如今在寒冬将至被折叠起来时的幽怨。在独白过程中,读者听不到另一个主人公"你"的说话与回应,只是一个没有言语的听话人,但读者却能够从"我"的独白中清晰地看到另一个对象"你"的存在。通过罗衫之口,隐射现实中存在的两个角色之前亲密无间而后疏远的某种问题。

五、通感

通感是指人的视、听、嗅、味、触几种感官能力以及意觉之间,打破界限、互相替代的一种感知方式。如"嘈嘈切切错杂弹,大珠小珠落玉盘",就是把听觉转换成了一种视觉,把琵琶弹奏的音乐改变成了用眼睛能看见的跳动着的"珠"的形象。在当代诗歌创作中,通感的运用更为广泛,更强调通过它来传达丰富、绵延并富于变化的诗意。这就不仅仅是把一种感知转成另一种感知,而是运用多种感知方式去同时感知表达对象,使通感变形成交感。

何其芳的《预言》诗集中,"青色的夜流荡在花阴如一张琴。/香气是它飘散出的歌吟。"(《祝福》)又将"在六月槐花的微风里新沐过了的"鬃发,形象化为"流滴着凉滑的幽芬"(《夏夜》),视、嗅、听三种感官的交融互渗,生动地表现出夜的柔美与深浓的抒情性氛围。舒婷的《四月的黄昏》中也有"四月的黄昏,流曳着一组组绿色的旋律"之句。其特定艺术效果的形成,就得力于通感的使用。余光中的《西螺大桥》也是一首运用通感手法的典范诗歌,试看其中的诗句:

> 蠢然,钢的灵魂醒着。
> 严肃的静铿锵着。
> 西螺平原的海风猛撼着这座
> 力的图案,美的网,猛撼着这座
> 意志之塔的每一根神经,
> 猛撼着,而且绝望地啸着。
> 而铁钉的齿紧紧咬着,铁臂的手紧紧握着
> 严肃的静。

全诗乃是对意觉印象的铺写,"严肃的静"与"意志之塔的每一根神经"都是意觉的感受经验,诗人通过意觉中"严肃的"印象展现出"静"和"铿锵着"这样的猛烈对抗,通过由视觉与触觉所引起的听觉感官的强烈共鸣,以及动荡在诗行间的巨大力流,塑造了西螺大桥所反映的"桥"的现代形象,让读者的灵与肉,也随着力量的流转而强烈运动开来。

第四节　诗歌的语言

一、诗歌语言的重要性

语言对于诗歌的重要性,不少诗人、诗论家作过精辟的分析和论述。海德格尔指出:

"语言是存在的家园";德里达认为:"语言是一种心灵的书写。"这里所谈的"语言",已经超出了语言作为思想工具的思维范畴,甚至也不仅指诗歌的形式与表现技巧,而是将语言提高到一个形而上的高度,即语言直接关系到人的存在、存在理由、存在方式等核心问题。人们怎样言说,便是怎样存在。一个诗人便是用诗之言说寻找、体验、建构自己生命的图像、灵魂的内涵、世界的真相。在诗的王国里,语言试图挣脱各种束缚,获得自身最充分的自由。它按照情感的内在要求和独特的生命图式自由地组合,不愿接受语法的规范和逻辑的约束。但语言是传统而非个人的产物,它不依赖个人而独立存在;相反,个人却生活于传统之中。因此,不是个人在说着自己的语言,而是语言通过个人而使自身得以展示。这就是说,语言的共同性、历史性决定了语言是不自由的。诗人生活在历史中,他的写作不可避免地会受到传统的制约,受到现存语言规范的制约。可以说,严格意义上的诗歌写作,正是在这样的悖论中展开的:一边面对规范语言的格套,陷入不自由的状态;一边听从本真生命的牵引,向往自由的境界。不言而喻,诗人要想获得心灵的自由,就必须冲破语言的牢笼,在语言的实验和探索中,创造出独具生命意识及主观色彩的全新的语言。正如休姆所说:"为了清楚而精确地表达他所了解的,他必须与语言作一番可怕的斗争。"(《论浪漫主义与古典主义》)语言是一首诗歌成败的关键,也是诗人的心灵自由能否实现的决定性因素,因此,诗人必须具备一种高度自觉的语言意识,并由此创造出具有诗化色彩的诗家语,从而实现"诗意地栖居"。对诗人而言,语言是他首要的根本的职责。艾略特曾说过:"诗人作为诗人只对本民族负有间接义务,而对语言则负有直接义务,首先是维护,其次是扩展和改进。"(《艾略特诗学文集》)

二、诗歌语言的"生态化"

人类神话时代终结后,自然语言朝着理性(逻辑)语言和感性(诗性)语言两个方向分化。理性语言关注词的内涵而趋向逻辑(语言的实用性);感性语言关注词的情感及外延而呈现为意象(语言的诗性功能)。然而随着工业文明和后工业时代的到来,语言的诗性功能被实用功能日益逼迫而失去它绚烂而美丽的天空。人们再也不能像人类儿童时代那样"诗意地栖居"——语言诗性功能的丧失使现代人极少体验到来自语言的审美激动。因此,就其本质而言,现代是一个非诗的时代。面对这样的生存境况和诗歌的困境,诗人肩负的神圣使命便是恢复人的感性能力,恢复人和世界神秘而自然的亲和关系。这里的"恢复"实际上是一种"返回",是对"语言"的返回,即打破理性语言对人感性生命的桎梏和异化,返回到人类初始时语言的本质状态以及人类直觉、整体的思维方式中,用充满童贞、爱意、纯粹、透明的"生态化"的诗性语言交流感情,把握世界。

三、诗歌语言的选择

诗歌应尽量选择那些保持高度纯洁和充满象征意味的词或意象,让词性松弛、柔软,富有弹性和生命的强度,让词语返回到生活本身,从而折射出透明而纯澈的光芒。尤其要注意词与词、意象与意象的组合与搭配,往往是让两个以上的词或意象通过奇妙组合、重叠,构成含蕴丰富、辐射力强的意境。

如曾获得香港中文大学《独立时代》杂志社微情书大赛一等奖的诗歌《你还在我身

旁》："瀑布的水逆流而上,/蒲公英种子从远处飘回,聚成伞的模样,/太阳从西边升起,落向东方。/子弹退回枪膛,/运动员回到起跑线上,/我交回录取通知书,忘了十年寒窗。"其每一行诗句都是选择独立而无直接逻辑联系的生活事象作为意象,但它们间共同的情感联系却是一致的,都是能反映时光倒流这一情感期待的典型意象。它们的组合,使其下面的诗句在传递与诗人内在情感一致的核心事象时,在意象层面上聚合得更为集中、鲜明,"厨房里飘来饭菜的香,/你把我的卷子签好名字,/关掉电视,帮我把书包背上"。并在诗歌最后一行,点出"你还在我身旁"这一内蕴丰富、意境深远的情感主题,令人无限唏嘘、惆怅。

此外,对于词或意象的选择,在同一首诗中,还要尽量保持词或意象的纯洁性、和谐性及同一性。比如,下面这些词和意象的组合,就符合上述要求:天堂和鸟儿,大地与鲜花,纤指与群星,花瓣与指头,银色与歌唱,钟声与玫瑰,天鹅与忧伤,坛和山峰,落日与黄金,菊花与刀……因此,应尽量选用那些能够激发人的思索,唤起人深切回忆和无限遐思的词和意象。

四、诗歌语言的修饰

诗歌要尽量运用那些充满生命力与表现力的语言来表达感情,传递思想;要尽量避免直露,保持高度的含蓄和情感张力,要创造性地运用比拟、隐喻、象征、暗示、通感、层递、摹绘等修辞手法,增加诗歌的容量、空间及表现力。正如艾略特所言:"诗人必须变得愈来愈包罗万象,愈来愈隐晦,愈来愈间接,这样才能够用——必要时打乱——语言来表达他的思想。"正像古希腊抒情女诗人萨福所指出的,诗人不但要"用她粉红的纤指使群星隐退",他(她)还必须用他(她)语言的黄金创造出新的星群,使日益暗淡的天空永远星光闪耀。

范文选

青史腾辉·颂二十大

赵安民 *

擘划鸿图禹域新,文韬武略壮乾坤。
笙箫锦瑟齐欢奏,时代强音鼓舞人。
浩瀚华章风雅韵,高瞻远瞩励言深。
颂歌献给二十大,青史增辉千载春。

——选自《文艺报》2017 年 11 月 20 日

* 赵安民,《颂歌献给二十大》2022 年 10 月 19 日《青烟威文学》。

树

郑　敏[*]

我从来没有真正听见声音
像我听见树的声音,
当它悲伤,当它忧郁
当它鼓舞,当它多情
时的一切声音
即使在黑暗的冬夜里,
你走过它也应当像
走过一个失去民族自由的人民
你听不见那封锁在血里的声音吗?
当春天来到时
它的每一只强壮的手臂里
埋藏着千百个啼扰的婴儿。

我从来没有真正感觉过宁静
像我从树的姿态里
所感受到的那样深
无论自哪一个思想里醒来
我的眼睛遇见它
屹立在那同一的姿态里。
在它的手臂间星斗转移
在它的注视下溪水慢慢流去,
在它的胸怀里小鸟来去
而它永远那么祈祷,沉思
仿佛生长在永恒宁静的土地上。

选自郁葱《抗战诗篇》,花山文艺出版社,2015 年版。

*郑敏(1920—2022),女,福建闽侯人,"九叶"派重要诗人。著有诗集《诗集一九四二～一九四七》《心象》《寻觅集》《早晨,我在雨里采花》。

最珍贵的信

[法]莫里斯·马格*

噢！千万不要撕掉你母亲寄来的信：
它们是你生活中最最珍贵的礼品。
对你来说这世上永存不朽的东西，
还不就是一颗热爱你的妇女的心？

"亲爱的孩子，亲爱的孩子，"这些信说，
"我多么为你担心那些巴黎的夜景！"
这话语犹如泉水，这声音好比展翅，
信是灰白头发下闪着泪花的眼睛。

啊！这些充满了忧虑和不安的信件，
它们绝不损害你，它们会治愈心病！
表面上兴高采烈，背后却隐藏泪水，
无数往事袭来，笔迹变得战战兢兢。

"天哪！我怎么就捉摸不透他的心思？
最好我能永远和他寸步不离才行！
随着岁月过去，我们已不再有儿子……"
唉！跟这种爱相比，你的爱显得太吝！

谁还会给予你这样一种深情厚意？
像人们在旧书中把一朵花儿夹紧，
你要保存这个遥远而纯洁的心迹。
噢！别把这颗慈母心撕成碎片抛尽！

从童年起，大量无私的爱把你抚育……
你已习以为常，如此轻易，如此冷静……
这些信件，你阅读的时候无动于衷，
但想一想，想那些收不到者的心情……

（金志平　译）

——选自《外国千家诗》，辽宁少年儿童出版社 1985 年版

---

*莫里斯·马格（1877—1941），法国现代诗人，有诗集《嘴唇与秘密》等。

南京大屠杀死难者国家公祭鼎铭文①

泱泱华夏,赫赫文明。	仁风远播,大化周行。
泊及近代,积弱积贫。②	九原板荡,百载陆沉。
侵华日寇,毁吾南京。	劫掠黎庶,屠戮苍生。
卅万亡灵,饮恨江城。	日月惨淡,寰宇震惊。
兽行暴虐,旷世未闻。	同胞何辜,国难正殷。
哀兵奋起,金戈鼍鼓。③	兄弟同心,共御外侮。
捐躯洒血,浩气干云。	尽扫狼烟,重振乾坤。
乙酉既捷,家国维新。④	昭昭前事,惕惕后人。
国行公祭,法立典章。	铸兹宝鼎,祀我国殇。
永矢弗谖,祈愿和平。⑤	中华圆梦,民族复兴。

——选自新华社 2014 年 12 月 14 日通稿

思考与练习

一、名词解释

1.诗歌——

2.意境——

3.意象——

4.通感——

5.象征——

二、填空

1.诗歌必须借助于_____构成诗歌的音乐感。

2.诗歌的艺术构思包括_____、_____、_____、_____四个环节。

3.诗歌的表现手法,常见的有_____、_____、_____、_____、_____五种。

4.诗歌创作选择角度,是指精心选择审视与表现_____的最佳切入点。

---

① 2014 年 12 月 13 日是我国首个南京大屠杀死难者国家公祭日。当天公祭仪式上"国家公祭鼎"揭幕,并永久设立在侵华日军南京大屠杀遇难同胞纪念馆集会广场上。

② 泊(jì)及近代:意指到了近代。泊:到。

③ 金戈鼍(tuó)鼓:意指金色的戈鼍皮的鼓。鼍:扬子鳄。

④ 乙酉:1945 年。

⑤ 永矢弗谖(xuān):语出《诗经·卫风·考盘》,意指永不忘记。矢:发誓。谖:忘记。

5.诗歌要尽量运用那些充满_____与_____的语言来表达感情,传递思想。

三、判断(正确的画"√",错误的画"×")

1.感情是诗歌的生命。没有感情就没有诗人,也就没有诗歌。 （   ）

2.诗歌的意境就是意和境的合成。 （   ）

3.诗歌的展开式结构就是展开情节的结构。 （   ）

4.直觉就是直接感觉,就是一种无意识的顿悟。 （   ）

5.通感是感觉转移,是"五官"感知能力的综合。 （   ）

四、问答

1.什么是诗歌的音乐性? 诗歌的音乐性表现在哪两方面?

2.什么是诗歌的整体性主题和个别性主题? 二者的区别是什么?

3.诗歌意象与意境间有何基本关系?

4.语言对于诗歌创作有何重要性?

五、读写训练

认真阅读《孩子快抓紧妈妈的手》一诗,写作一篇诗歌评论(1000字以上)。

孩子快抓紧妈妈的手
苏善生*

孩子快
抓紧妈妈的手
去天堂的路
太黑了
妈妈怕你
碰了头
快
抓紧妈妈的手
让妈妈陪你走

妈妈
怕
天堂的路
太黑
我看不见你的手

自从
倒塌的墙
把阳光夺走
我再也看不见
你柔情的眸

孩子
你走吧
前面的路
再也没有忧愁
没有不爱读的课本
也没有成长的烦忧
你要记住
我和爸爸的模样
来生还要一起走

妈妈
别担忧
天堂的路有些挤
有很多同学朋友
我们说
不哭
哪一个人的妈妈都是
我们的妈妈
哪一个孩子
都是妈妈的孩子
没有我的日子
你把爱给活的孩子吧

孩子
不要哭
沉重的砖头
用爱挪走
孩子
慢慢地走
有天下妈妈眼睛的照耀
天堂的路会好走

妈妈，你别哭
泪光照亮不了

我们的路，

让我们自己

慢慢地走

妈妈

我会记住你和爸爸的

模样

记住我们的约定

来生我们一起走

——转载自《重庆时报》2008 年 5 月 25 日 16 版

＊苏善生，山东临沂人，初中毕业后进入房地产行业。2008 年，时为青年作家，从事文化传媒行业，有数十万字的作品发表于全国各大杂志与期刊，作品中对人性、社会与生死等话题有深刻探讨。

2008 年"5·12"四川汶川大地震后，这首小诗在网上迅速流传。它的浓浓母爱和真真切切的亲情感动着亿万人的心，令人泪流满面，唏嘘不已。

第九章　散文写作

第一节　散文及其艺术特征

一、散文的名称

散文,是一种重在写实,充满诗意,自由活泼,篇幅短小,不拘格律声韵,侧重反映和表现内心体验与情感的迅速简捷的文学样式。

在古代,散文是一个广泛的概念,指与韵文相对的一种文体,称"文"或"笔"。曹丕《典论·论文》中的"文"包括"奏议""书论""铭诔"和议论等实用文章;刘勰在《文心雕龙·总术》里对"文笔"说加以解释,指出:"今之常言,有文有笔。以为无韵者笔也,有韵者文也。"这里的"文"指诗、辞、赋等作品,"笔"指各种散体文章。

在古代,散文还有与骈文相对的"古文"的称谓。齐梁时期,骈文兴起,多用对句,以四六字句为基本,追求音调谐和,繁用典故,文辞华美。这种追求形式美而影响文意畅达的文章,引起了许多有识之士的不满,衍及唐宋,韩愈、欧阳修等人高举"古文"运动的旗帜,倡导恢复秦汉以前的散文传统。经过唐宋八大家的拼搏,终于使濒于僵死的古文得以复苏。这时期的散文,称为古文。

"散文"这一名称正式被提出来,是南宋末年的罗大经。他在《鹤林玉露·刘锜赠官制》中说:"益公常举以谓杨伯子曰:'起头两句,须要下四句议论承贴;四六特拘对耳,其立意措词,贵于浑融有味,与散文同。'"同期的王应麟在《辞学指南》一书中,将文体分为"散文"和"四六"。可见,南宋末年已开始使用"散文"这一名称。到了清代以后,"散文"的使用更为广泛。以上事实说明,我们的祖先约在800年前就开始使用"散文"这一名称,它是指那种不押韵、不重排偶的散体文章,以区别韵文、骈文。

现代散文的概念,随着西方散文理论的渐次输入,使它从广阔的范围浓缩到"与诗、小说、戏剧并举;而为新文学的一个独立部门的东西,或称白话散文,或称抒情文,或称小品文"(朱自清《什么是散文》)。这一认识的深化是人们反复争论和思考的结果。

中华人民共和国成立后,关于散文有过两次较大规模的研讨。一次是20世纪60年代初的"笔谈散文",一次是80年代初的"复兴散文"。徐迟在第一次讨论中,明确地提出"狭义""广义"散文的称谓。他说,一些人喜爱的抒情散文,"实际上是一种狭义的散文。

另外,还存在着广义的散文,种类甚多。""看起来,我们必须具有狭义的与广义的散文的两种概念,才能正确地、全面地对待散文。"(徐迟《说散文》)这一主张得到普遍的赞同。巴金在《谈谈我的散文》中说:"只要不是诗歌,又没有完整的故事,也不曾写出什么人物,更不是专门发议论讲道理,却又不太枯燥,而且还有一点点感情,像这样的文章我都叫作'散文'。"秦牧在《杂文小识》一文中也认为,只要不属于诗歌、小说、戏剧、长篇报告、寓言之类,而又篇幅较短小的都是散文,"照我看来,游记、速写、随笔、杂感,统统都是散文。"因此,散文可以是犀利的投枪,银光闪闪的匕首,又可以是余音袅袅的洞箫,给人愉快休憩的小夜曲;可以是轻妙的世态风俗画,又可以是色彩鲜明的玛瑙。它可以欢呼、呐喊,可以漫谈、絮语,可以抨击、怒骂,可以浅唱、低吟……它是激越的风暴,又是月光下潺潺流动的小溪。宽博的领域为散文的繁荣和发展提供了广阔的天地。

二、散文的分类

由于分类的标准不同,散文存在着多种分法。从写作主体与客体的关系来看,散文可分为再现型(重客观纪实)、表现型(重主观情感抒发)和思辨型(重主体思考)。这里,我们仍采用传统的分法,按表述方式的不同,将散文分为下列三类。

(一)抒情散文

抒情散文是以抒情为目的的散文。它通过记人叙事、写景状物、直抒胸臆来表达作者对具体的人、事、景、物的一种强烈的感情。

抒情散文在记人叙事时要注意准确传神。就是说,写人要做到"人不走样,话不走音",这就要求作者善于抓住人物立身行事的三两个典型细节,抓住人物外形、神态、语言等方面的特点进行描绘;记事,要抓住事件发展的线索,按时间、空间或认识的深化,依次进行叙述。

抒情散文在写景状物时要求清晰生动而有所寄托。写景状物,如作素描,应先定角度,再抓景物的特征(时令的、地域的、时代的),最后要透过表象,开掘深刻的意蕴。这样才能使烟云泉石,"有所寓焉"。

抒情散文在直抒胸臆时,要注意情感宣泄的"度"。强烈与委婉,直喷与含蓄,均需依据内容而定,不能随意为之,越"度"而发,有失分寸。

(二)记叙散文

记叙散文是以记叙人、事为主的散文。它同抒情散文的区别在于:虽然两者都要记人叙事,但抒情散文重在情感的抒发,而记叙散文重在人、事、地的记录,所以记叙散文与小说一起同属于叙事体的文学。常见的记叙散文有回忆录、传记、游记等。虽然回忆录、传记有独立成体的趋势,但人们仍将它们列入记叙散文的范畴。

1.回忆录 一种回忆自己或他人的生活经历和社会活动的散文体裁。回忆录有真实性和文学性的特点。真实性要求人真、事真、地真;文学性要求用形象化的手段去记人叙事。因此,回忆录文笔亲切,真挚动人。

2.传记 一种记载人物事迹的散文体裁。传记具有三种类型:一是他人所作之传记;二是自己所作之自传;三是自己口述而由他人代笔写的传记。传记既是具有史料性的历史文学,又是富有文学色彩的艺术作品,它具有历史性、文学性、评述性的特点。历史性,要求所写的人、事、景、物以及时代、环境均需有历史的真实感,而不能子虚乌有,任意虚构;文学性,指传记要运用文学的手段,通过巧妙的构思、形象的描写、朴实的语言来展现历史生动的面貌;评述性,指作者在记叙中采用夹叙夹议的手法,褒贬善恶,抒发爱憎。

3.游记 一种记述旅游过程中所见所闻和独特感受的散文。它以轻快的笔调,或记某地的政治社会生活,或叙风土人情,或描山川景物和名胜古迹……以绮丽的山水画卷使人接受爱国主义的教育和美的陶冶。游记,一般来说具有地域性、知识性、时代性、审美性的特点。

（三）议论散文

议论散文是以议论为主的文学散文,它要求形象的描绘和议论,寓思想于形象之中。所以,议论散文可说是诗与政论的结合。议论散文包括随笔、杂文（小品）。由于杂文（小品）已独立成体,这里着重介绍随笔。

随笔:一种杂记见闻、随手笔录、不拘一格的散文体裁。在古代,随笔称为笔记文学,凡录秘藏,叙异事,说仙佛人鬼,描山川景物,议身边琐事,谈读书心得,述出游怀古等,均为随笔。随笔的可贵处在一"随"字,故短小的形式、博杂的内容、浓郁的个性、诚实的风格,自然成了随笔的特征。短小的形式,是因为它大多发表在报刊上,受版面的限制。但短小不是空泛、贫乏,而是精深和简括。博杂的内容,指随笔的题材领域无比宽广,天文地理、动植飞潜、声光雷电,均可摄来,随手录下。浓郁的个性,指随笔记录的是作家心灵深思冥想的音乐,读者从文章里可以洞见作者人格的色彩。诚实的风格,指随笔的亲切感和诚实性,作者一不摆架子,二不板面孔,三不训斥人。一切话均从心底流出,没有半点儿虚假。

三、散文的艺术特征

（一）写实

写实,即对实人、实事、实物、实情的描写。散文家吴伯箫指出:"说真话,叙事实,写实物、实情,这仿佛是散文的传统。古代散文是这样,现代散文也是这样。"（吴伯箫《散文名作欣赏·序》）写实,就把散文同以虚构为主的小说区别开来。

散文的写实,是因为它是最接近现实生活的文学样式。记人叙事,写景状物,抒情表意,多姿多态的现实生活触动了作家,于是"有感而发",优秀的散文作品便随之而诞生。写实,就能"疾虚妄""绝假纯真",体现时代的特色,真切感人!

自然,写实不等于生活机械的摹写,它仍然需要艺术的剪裁、加工和提炼;也需要运用比喻、拟人、象征、暗示等多种多样的艺术手法。

（二）情真

情真,即感情真挚。散文同诗歌一样,是侧重抒发情感和表达内心体验的文学样式,它对客观社会生活的再现,往往融合于对自己主观情感和体验的表现之中,这就形成了散文表现性和抒情性的特点。因此,情真是散文区别于戏剧、电影等其他反映型艺术的地方。

情真,就要写自我的真情实感。因为自己没有真情实感,就不可能感动别人。只有作家先笑,才能引出别人脸上的笑容;先哭,才能在别人脸上引起哭的反应。诸葛亮的

《出师表》、林觉民的《与妻书》以及方志敏的《可爱的中国》，都是饱含真情的散文佳作。

情真，就要忌假。假人假事，假山假水，假情假义，这种情假之文，纵然其词艳丽，长于巧思，仍不能掩盖其苍白的情感，只能给人以矫揉造作之感。因此，散文要在反对作假的前提下，通过"我"来表达真情。这种浓郁的"自叙传"色彩，给散文增添了真情的诗美。

（三）意随

泰戈尔曾经说过："诗像一条小河，被两岸夹住。……流得曲折，流得美。……散文就像涨大水时候的沼泽，两岸被淹没了，一片散漫。"（冰心《谈点读书与写作的甘苦》）这个生动形象的比喻，道出了散文的一大特征：意随。

意随，就是作者的思绪如行云流水，兴之所至，笔之所录，自由自在，无拘无束。正如苏轼在《自评文》中谈他的散文时所说："吾文如万斛泉源，不择地皆可出。在平地滔滔汩汩，虽一日千里无难，及其与山石曲折，随物赋形，而不可知也。所可知者，常行于所当行，常止于不可不止，如是而已矣。其他，虽吾亦不能知也。"意随，决定了散文题材十分广泛，诸如地方风习、街头景色、往事漫忆、感事述怀以及天上地下、古往今来……凡有助于表达作者思绪的事物，均可入题。意随，也决定了散文的联想十分丰富。在写作过程中，常常思接千载，视通万里，联想绵延，使作品思路开拓，蕴蓄深远。因此，从外部特征来看，意随就是"散"，这是散文根本素质之所在。

（四）笔活

笔活，即笔法灵活。就是说，散文的创作不受任何音韵格律的限制，而是自然有致、极其随便的。艾青说："格律是文字对于思想与情感的控制，是诗的防止散文的芜杂与松散的一种羁勒。"（艾青《诗论》）笔活，就把散文与诗歌区别开来。

笔活，还指散文的表现手法是多变化、极自然的。一般来说，它往往采用第一人称的写法，以"我"的见闻为线索，把有关表现主题的材料组织起来，熔记叙、描写、抒情、议论、说明于一炉。但有时也可用第二人称、第三人称，通过直呼、追忆对比，将穿插、倒叙、勾连、呼应等艺术手段交相使用，造成文章波澜层叠的气势。此外，散文还大量使用象征、暗示、虚拟、移觉等艺术手法，组成情深意挚、色彩纷呈的画面。由于散文的笔法灵活多变，所以使文章显得自然流畅。

第二节　散文的构思

散文的构思，是作者感受生活有了真知灼见之后，按其写作意图对生活材料进行分析、研究，为寻求恰当的表现方法将它具体、生动、形象地表现出来的一系列思维过程。构思要奇巧，要抓住以下环节，才能给文章增添诗美。

一、精心选材

散文是主观抒情性强的文体。散文的材料，一般来说有两大类型，即形象性的材料和理念性的材料。大千世界,林林总总,小至滴水之微,大至世界风云变幻,均可进入散文世界,因而散文的材料具有广泛性、多样性、美感性、知识性和趣味性的特点,作者应从广阔的生活海洋和丰富的内心世界中去发现、去开掘、去提炼。

（一）调动主体感知,在生活中发现美

法国雕塑家罗丹说:"美是到处都有的,对于我们的眼睛,不是缺少美,而是缺少发现。"(《罗丹艺术论》)散文作者选材的过程,就是从生活中发现美的过程。因此,我们应具有一双"发现美"的眼睛。这就要求作者要热爱生活、思索生活,从而提炼出富于美感的质料。张晓风的《谢谢》从生活中的一声"谢谢"说起,揭示出"人要有一颗感恩的心,对我们曾身受其惠的人,对我们曾身受其惠的天,对我们身受其惠的万事万物,说一声'谢谢'!"人文主义的思想充溢其间。从生活中去发现美,就是要做到"眼中摄美"!

（二）加强思索忆念,在心灵里"拾贝"

散文是"情种"的艺术,无论是有生命的和无生命的事物,经过作者内宇宙(内心世界)的过滤,着上"人情"之味,给平凡的世界增添许多美韵。而人的内心世界又是无比丰富广阔的。雨果曾说:"世界上最宽广的东西是海洋,比海洋更宽广的是天空,比天空更宽广的是人的心灵。"所以,我们一定要从内宇宙中去开掘丰富的宝藏。

在内宇宙中挖掘,要"思中见珠"。即对生活中平凡的事物,经过深入思考,提炼出令人深思的理念来。如水仙,冬天之花,实为平凡,但它"借水开花""水沉为骨玉为肌",甘于清贫,实乃花中之君子!"思中见珠"就是要在"平凡"中见"奇崛"!

在内宇宙中挖掘,要"忆中拾贝"。一个人的人生经历是丰富多样的,有顺有逆,有好有坏,有美有丑,因此"忆"是人生的一座仓库!我们可以从"忆"中去拾取许多有价值的东西。鲁迅的《朝花夕拾》中的十篇散文,就是青少年时代的片段回忆。虽然均系生活"琐事",但"琐事"不"琐",联结着时代的风云。"忆中拾贝",可以开拓无限美好的空间!

在内宇宙中挖掘,还要"想中选粹"。就是说在想象和向往中,选取那些"粹"叶和精华。鲁迅的《好的故事》借助梦幻,描写了一幅"美丽、幽雅、有趣"的充满生机、和平、幸福的图景,从而同现实"昏沉的夜"进行对比,表现他对现实的厌倦与对美好生活的追求。"想中选粹"也是开掘内宇宙的重要方法。

（三）选取"笋尖"和"菜心"式的材料

秦牧在《散文创作谈》中指出:"笋尖比笋身好吃,菜心比菜梗好吃,厨房大师傅是深知'此中三昧'的。但是,有的人写起文章来,却忘记了这个道理,不去区别什么是生活材料中的笋尖和笋身,菜心和菜梗;捡到一点有些儿光泽、有些儿意义的事情就写,结果只能写出很平常的作品。"这是很有见地的经验之谈。

哪些是"笋尖"和"菜心"式的材料呢?

1.富有独特个性的材料　即为我所有,别人所无的材料。正如古人所说:"须教自我胸中出,切忌随人脚后行。"独特的身世、独特的遭遇、独特的思绪,是具有独特的美的材料。张燕玲的《此岸,彼岸》(《散文选刊》2004 年 5 期)写他于 2002 年农历的七月中元节,在中国台湾的基隆、花莲村、埔里见到的台湾各姓氏和台湾老兵举行盛大的"鬼节"祭拜的普渡仪式,从而表达出"在台湾海峡的彼岸,我认识的这群与我们骨肉相连却苦海无涯的群体,却是一个被遗忘被漠视的群体"。这是特殊的经历提供的了解、认识台湾民心的独特的材料,具有"笋尖"和"菜心"的特质。

2.极具典型意义的材料　即那些能通过"个别"反映"一般"，通过"个性"表现"共性"的材料。朱自清的《背影》集中描写父亲在浦口车站送别的情景。作者不是精粗不分地一一照录，而是挑拣那些最能充分表现父爱的材料。比如以父亲决定送"我"上车为例，父亲"因为事忙""本已说定"，并已托付茶房照顾"我"，对茶房又嘱咐再三；而"我"又"年已二十""北京已来往过两三次"，并两三回劝阻，父亲有充足的理由可以不送。但他终于"决定还是自己送我去"。这里，按"理"可不送，按"情"必亲送。"情"战胜了"理"，把父亲的一腔挚爱之情表现得真切动人；其他如看行李、拣座位、买橘子等细节，均在委婉曲折之中展露真情，在纤毫琐细之内透出父爱！而"我"睹背影，流眼泪，点点滴滴浸满了辛酸与愧悔。作者写出了"人人心中所有""个个笔下所无"的真情实感，故《背影》能超越时空，引起多少读者的共鸣！这是"笋尖"和"菜心"式的材料所产生的艺术效应。

3.新鲜、生动的材料　即那些反映新事物、新发现的材料。这些材料的特点是"新"。因此，我们要善于抓住新的事物和新的感受。比如，《台湾当代大学生散文选》中不少描写"大一"生活的篇章，或述"无限欢欣地跨入渴望已久的高等学府"时的心态，或描"在教室与教室之间匆忙'奔波'的滋味"，或绘"去瞻仰一下老教授的风采，为了去撷采一些智慧的佳果"……对刚入大学的新生来说，是新鲜、生动、奇异的材料。

二、重视立意

立意，就是确立一篇文章的中心、意旨。"意"是文章的统帅和灵魂。散文的"意"应作宽泛的理解，它也许是一种思想，一种观点，一种见解，也许是一种感受，一种情绪，一种意趣。

立意贵在新颖。作者要有新发现、新见解，给读者以新鲜的感受和启迪。黄庭坚诗云："文章切忌随人后，自成一家始逼真。"主张写文章要独具慧眼，自出机杼。为此，作者要运用翻新、出新、创新的方法。翻新，即"翻前人已发之意"，写翻案文章。白坤峰的《无法带我们突围的苏东坡》（《散文选刊》2004 年 5 期）翻余秋雨的《苏东坡突围》一文之意，认为苏东坡并不是"突破尔虞我诈的官场虚伪和世态炎凉的人际关系，在遭贬谪中大彻大悟"，而是"划完了他生命的抛物线，走向了成熟、闲适、麻醉、麻木、绝望"，这是体制与文化的悲剧。所以，"所谓的苏东坡突围，实质上是找到了'阿Q主义'这副灵丹妙药！我们貌似突围了，其实是走进了自我麻醉的迷雾"，认为"我们告别苏东坡之时，也是中国民主法制成为常识之日"。出新，"扩前人已发之意"，补充完善前说。韩愈的《师说》给人以新的启示，将孔子的"三人行必有我师"的观点作了透彻的分析，认为"闻道有先后，术业有专攻"，是为师的纵向和横向的理由。创新，"发前人未发之意"，即"取人所未用之辞，舍人所已用之辞；取人所未谈之理，舍人所已谈之理；取人所未布之格，舍人所已布之格"（董其昌《画禅堂随笔》），在语言、说理、布局方面均有自己独到的发现。吴祖光的《高尚的白杨树》从平凡的白杨树身上，发现它"具有一种独特的向上性""在和同类共处的地方，不管多么拥挤，只知天天向上"，不像人类"常常打横拳，伤害别人"，从而揭示出：竞争才能取得超越同辈的成就。但竞争不能损人利己，应当与人为善。这是独特的发现，是颇具新意的。

立意贵在深刻。作者要透过物象的表层，开掘深刻的意蕴。一是要由表及里，寄托深远。所谓"意深义高，虽文词平易，自是奇作"。二是要"托义于物，小中见大"。三是要"因事明理,平中见奇"。散文常以山川草木、花鸟虫鱼、凡人小事作为表现对象,但作者不能停留于就事论事、就人写人,而是要目光如炬、洞幽烛微,从凡人、凡事、凡物中引发出深刻的哲理。比如屠格涅夫的散文《麻雀》,写的是一只老麻雀拼死掩护自己的幼雏,竟使图谋不轨的猎犬望而却步。事小物小,作者却发掘出"爱,比死亡和死之恐惧更强大。只有它,只有爱,才能维持和推动生活前进"的大道理。

三、构制成篇

散文构思的最后一道工序,就是布局谋篇,把独特的情思纳入和谐得体的艺术框架之中。即在自由灵活、不拘一格、潇洒自如的行文中,要求思路清晰、文理自然;在匀称和谐的格局中,做到波澜起伏、曲折多姿。其间,要注意几点:

(一)选好角度,捕捉文眼

"横看成岭侧成峰,远近高低各不同。"(苏轼《题西林壁》)生活是复杂的、多色彩的,具有多样性和多面性。同一事物,从正反侧、左中右、上中下不同的方位去观察,就会呈现不同的风采和面貌。构思要奇巧,作者就要像画家和摄影师一样,找到新的最佳的表现角度。林非的《山》既没有从正面写山的巍峨、壮丽,也没有从侧面写山的峰峦起伏,而是从"爬山"的角度,写母亲对他的教诲:"男子汉志在四方,长大了,要走遍天下的名山大川!"从而引出对母亲深情的怀念:"你鼓励我爬山的精神,几十年来无时无刻不在催促我前行",谱写了一首"千里之行,始于足下"的不断"攀登"曲!

选好角度,还要善于寻觅反映事物本质的焦点——"文眼",把遍地的珍珠有机地连缀起来,组成一个完整的、光彩夺目的艺术品。高尔基说:"应采取微小而具有特征的事物,制成巨大的典型的事物——这就是文学的任务。"(《论文学》)他的《海燕》通过"海燕"这一"点",展示了一个面对狂风暴雨、雷鸣电闪、波涛汹涌而高傲飞翔的革命者形象。捕捉到了"文眼",文章的"意"一下就飞腾起来。一般来说,"文眼"是作品中的一物、一景、一器、一皿,甚至是一词一话,它是作品主题的凝聚点,有显示和象征作品主题思想的作用。

(二)牵住线索,随物赋形

线索是把材料组织成一个有机体的脉络,有内外之别,明暗之分。外线、明线,即贯串于作品中的物象,看得见,摸得着。内线、暗线,即作者思想感情的起伏变化。茅盾在《白杨礼赞》中,透过白杨这一"物象"伟岸、正直、朴质、严肃形象的描写,引申出对"坚强不屈""傲然挺立"的北方军民,"在华北平原纵横激荡用血写出新中国历史的那种精神和意志"的赞美!随物赋形,即随客观物象的变化而变其形,显其神。欧阳修的《醉翁亭记》随"游踪"的变化,显现了琅琊山的山形山貌和四时之景,以及作者"与民同乐"的思想情感。

(三)以意役法,尺水兴波

即以作者的情感流向为主线,使用抑扬、勾连、置换、突变、幻觉、悬念等方法,纵横交错地粘连、融会一切使情感得以产生和寄托的事物,使人觉得峰回路转、柳暗花明、尺水兴波、澜回波谲。

（四）多姿多彩，形态各异

散文的结构形态，常见的有：连贯式，即以一件事、一个人、一种情景为中心，随着时、地的转换，清晰完整地再现事物发展的过程。聚焦式，即把视点集中于一个场面，镜头对准一个主要人物或事物，犹如电影中的特写，既无明显的纵向推进，也看不出横向展开，笔墨凝聚在一个"点"上，显现其特有的光彩。板块式，即像拼板块一样，把几组生活片段或场景进行排列组合，从各个层面共同表现一种思想情趣。蛛网式，即以某事、某物、某情、某理为中心，打破时空界限，文思向四周辐射，像蛛网似的纵横交织，但都围绕"网心"而奔涌奔腾，收敛绾束。采用哪种结构形态，作者要根据内容而定，做到形神和谐、文质兼美。

第三节　散文的意境

散文是美文。散文"美"的灵魂是意境。

意境，是"文艺作品中所描绘的生活图景和表现的思想感情融合一致而形成的一种艺术境界"（《辞海》）。散文的意境，就是散文作者的情与所描绘的客观的境（景）交相融合而熔铸在作品中的优美的艺术境界，即所谓内情与外物的统一。具体说来，"意"是散文作者的思想情感，"境"（景）是作品中描绘的自然景物和生活形象。意境是散文作者主观之"意"与客观生活之"境"的辩证统一。二者之间，"意"起决定作用而又依附于"境"（景），"境"在"意"的制约和烛照下具有腾飞的生命力。

意境是评价散文作品优劣、好坏的审美标准之一。"有境界则自成高格。""文学之工不工，亦视其意境之有无与其深浅而已。"（樊志厚《人间词乙稿·序》）因此，散文作者在进行散文创作时，必须努力"寻求诗的意境"！

一、意境的构成要素

（一）诗情

诗情是散文作品中荡漾着的牵魂摄魄的氛围和情韵。它如同果汁一般，耐人寻味。苏联散文家康·巴乌斯托夫斯基在《散文的诗意》一文中说："真正的散文饱含着诗意，犹如苹果饱含着汁液一样。"杨朔说："不要从狭义方面来理解诗意两个字。杏花春雨，固然有诗，铁马金戈的英雄气概，更富有鼓舞人心的诗力。你在斗争中，劳动中，生活中，时常会有些东西触动你的心，使你激昂，使你欢乐，使你忧愁，使你深思，这不是诗又是什么？凡是遇到这样动情的事，我就要反复思索，到后来往往形成我文章里的思想意境。"生活是诗情的源泉，诗情来源于"动情的事"。"动情的事"是散文作者捕捉和酿造诗情的触角和酶剂。散文作者对生活的感受愈强烈，见解愈深刻，他对诗情的捕捉和酿造就愈敏锐、愈浓烈。

（二）哲理

哲理是社会和人生的一些原理。恩格斯指出：哲理是在最崇高的土地上成长起来的许多高尚的强有力的思想。散文中的哲理,是散文作者通过对生活的感受和思考,在谈天说地、写景状物中揭示出来的生活的本质和人生奥秘的真谛。一篇散文作品,如果能点染上一层哲理的光环,它就如火石电光,将作品的意境烛照得通红透亮。

哲理的提炼,自然同散文作者的思想境界、艺术敏感、深入的思考是分不开的。为了使深奥的、抽象的道理浅显化,散文作者常用暗示法、托物寓意法以及点睛法等手段来提炼哲理。

(三)画意

画意是散文作者倾注了强烈的感情而创造出来的一幅幅色彩鲜明的、能引起人们丰富想象的、给人以美感的艺术画面。它是"画"与"意"的有机结合,既是实景的再创造,又是真情的抒发。王国维在《人间词话》中说:"故能写真景物,真感情,谓之有境界,否则谓之无境界。"画意是散文意境美的重要标志。如中国台湾作家王武刚的散文《道不完的乡情》中的一段描写:

> 春季里:梨白桃红,莺啼燕语;那烟景文章,那春暖花香,叫人陶醉在欣欣向荣的景物里,心旷神怡!
> 夏季里:稻浪涟漪,柳绿垂岸;那池荷芬芳,那佳木繁荫,夏日游憩于林泉之胜,一身暑气全消。
> 秋季里:桂香菊黄,归雁南飞;那凉风习习,那蓝天白云,予人以清新爽朗,胸怀豁达之快!
> 冬季里:雪飞冰凝,水落石出;那青松翠柏,那吐蕊寒梅,令人领悟岁寒节操之高雅。
> ……

作者通过富于色彩感的词汇的描绘,再现了一幅江南绮丽的"四季风光图",寄托了他道不完的乡情、诉不尽的乡思、割不断的乡愁,表达了对大陆故土的无限眷恋!

(四)谐趣

谐趣是散文作者志趣的反映。丰子恺的散文《口中剿匪记》,通过"我"口中病牙的作恶和医生的忠告,然后机智地一转:"原来我口中的国土内,养了一大批官匪,若不把这批人物杀光,国家永远不得太平,民生永远不得幸福。"明写病牙,暗指国民党反动派,给作品增添了不少谐趣。

二、意境的创设

(一)意象的捕捉

意象,指散文作者在生活中感受到而储存于大脑中的不定型的形象,这一形象是未来作品中倾注作者情感的特定形象的物质基础。意境讲究"象外之象""景外之景",但它们必须在最初的"象"和"景"之上产生。所以,捕捉最初动情的审美意象,便成了意境创造的前提和基础。

意象能否产生"象外之象""景外之景",是同意象本身是否典型分不开的。如果意象典型,它可以使作品的画面具体形象,鲜明突出,同时还可引出隐藏于画面内的许多形象来。比如,朱自清的散文《荷塘月色》,意象为月色下的荷塘和荷塘上的月色,均具有朦胧美。这组意象是典型的,它不仅使人感到鲜明生动,而且能使人联想到在荷塘月色下徘徊踱步、忧思重重的作者;联想到月夜的宁静,荷塘的幽香;联想到蛙的喧闹、蝉的鸣叫……产生许多"象外之象""景外之景"。意象不是孤立的,只有整体的意象才能导向意境的产生。所以,散文作者从生活中去捕捉活生生的情景时,要注意形象的整体性,这样才能创造出优美的意境,使读者心驰神往,如临其境。

(二)理想的追求

理想,是人们对美好事物的追求。周谷城在《所谓意境》一文中说:"理想在现实生活中实现,就成为历史;在艺术作品中实现,就叫做意境。"散文中的意境,可以说是散文作者的美学追求在作品中的显现。这说明:意境产生于人们对理想的追求之中。因为,有理想,才有真情;有理想,才有创造的动力。刘白羽曾说:"散文就象每朵浪花都属于大海,每一点艺术创造,都是作者的血水浇灌的鲜花,你的作品都有你的生命烙痕,无论多少,只有如此,这才是你的艺术创造。正是沿着这个途径,我写《昆仑山的太阳》,写社会主义山河之美,就是写社会主义祖国之美。"(《天涯何处无芳草》)他把自己同祖国的山河、祖国的命运联系在一起,胸襟博大,具有高尚的理想追求,因而他能把强烈的爱国之情泼洒在他所描绘的客观事物上,从而创造出雄浑深厚的意境。

(三)联想与移情

联想,是由一事物想到另一事物的心理过程,两种事物无论在时间、空间、性质、形态上都有着相似或相异的特点。散文作者运用联想,可以扩大作品的意象和内蕴,从而把自己主观之情同客观之境(景)更好地融合在一起。移情,是散文作者将自己主观之情移注到本来不具有人的感情色彩的审美对象上去,使无生命的自然物具有人的感情色彩,以此实现物我相合,情景交融。以人度物,物色带情,寄情于景,托物言志,是移情的主要方式。移情能化虚为实,化静为动,增添作品的意蕴美和深沉感。如韩静霆的散文《圆月》,联想就十分自然。首先,作者紧扣1982年中秋节与国庆节"双节同日"的巧合进行联想,想到了古诗词中对月的描写;想到了慈禧太后的"祭月";想到了旧社会"月儿弯弯照九洲,几家欢乐几家愁"的苦难;想到了解放后"歌声唱得月儿圆"的各民族的团结。其次,作者将中秋节的"团圆"之意与国庆节的"爱国"之意加以移情,组成"祖国团圆"的深刻内蕴,从而落笔在台湾同胞的回归和祖国的统一上。联想与移情的运用,可以将情与景、实与虚、有限与无限统一起来,从而达到幽深而高尚的艺术境界。

第四节　散文的笔法

一、散文笔法种种

笔法,本于书法和绘画艺术。引申到散文中,则指散文写作的技巧和方法。

笔法,既是散文家写作经验的结晶,又是人们对浩繁的散文作品进行研究、分析、提炼和升华的结果,它是带规律性的东西,是一个客观存在。清代汪琬在《尧峰文钞·答陈霭公论文书》中指出:"大家之有法,犹奕师之有谱,曲工之有节,匠氏之有绳度,不可不讲求之而自得者也。"另一方面,"文无定法",前人总结出来的任何笔法都只能有一定的规定性和制约性。因为,作品都是作家心灵的结晶,"文成而法立""能为文,则无法如有法;不能为文,则有法如无法。"(袁枚)因此,不能把笔法当作僵死的教条,而必须在"入法"的基础上"出法",即"不入于法,则散乱无纪;不出于法,则迂而无以尽文"。反对"死法",提倡"活法",创出"新法"。

下面,举几种常见的散文笔法。

(一)记事写人法

1.顺叙、倒叙、插叙 顺叙,即作者按照事件的开端、发展、高潮、结局的"自然时序"进行记述,作品的段落、层次与事情的发展过程基本一致。倒叙,即作者将事件的结局或某个突出的片段提到开头来,造成悬念,然后再依"自然时序"进行叙述。插叙,即作者在叙述过程中将原来的叙述暂停下来而插入有关事件的叙述。

2.一线串珠法 线,线索;珠,材料。一线串珠,即以鲜明的线索把散乱的材料串联起来,组成浑然的整体。正如秦牧所说:"用一根思想的线串起生活的珍珠,珍珠才不会遍地乱滚,这才成其为整齐的珠串。"丁榕的《五十一颗心》写女教师的孩子不幸被砸死后,班上学生以"童心"的名义送她一本贴着51张照片的相册来安抚她的心。相册是孩子们童心的象征,相册是贯串全文的线索。

3."画眼睛"法 鲁迅指出:"要极省俭的画出一个人的特点,最好是画他的眼睛。"这种"画眼法"如作广义的理解,则指通过人物富于个性特征的细节,包括外貌、表情、动作等方面的东西来刻画人物。魏巍的《我的老师》,除了写蔡老师的外貌、表情外,还写了她的动作。作者说:"她从来不打骂我们。仅仅有一次,她的教鞭好像要落下来,我用石板一迎,教鞭轻轻地敲在石板上,大伙笑了,她也笑了。"蔡老师一"打"一"笑"的动作,写出了她疼爱学生的心理。

(二)绘景托物法

1.时空交织法 绘景必须将时空交织起来,进行生动的描摹。因为景(境)作为一种客观存在,自然要打上时空的烙印。春夏秋冬,晨昏昼夜,远近高低,同一景(境)在四季、早晚、各个方位和地点,显现出来的景色不同。因此,绘景时既要考虑时间因素,又要考虑空间因素。只有把二者结合起来,绘景才能清晰、逼真。

2.移步换形法 指随着作者观察点的变化,景物也不断变换。但在换景时,一定要注意先交代"步移"。方位混乱,景象也就模糊;方位有序,层次清晰,不紊不乱。

3.点面与繁简法 点构成画面。点和面的关系是局部和整体的关系。绘景就是由点及面,才能形成完整的自然画卷,给人以美感。杨星火的《春雨》写道:"翠绿的麦苗儿,捧着水珠;鲜红的桃花花瓣上,滚动着水珠;鹅黄色的柳枝上,挂着串串水珠;上学的藏族少女发辫上,也戴着亮晶晶的水珠儿。举目望去,这春雨中的藏族山村,多象一个缀满珍珠宝石的童话世界!"作者由麦苗、桃花、柳枝、少女发辫等各点上,画出了一幅藏族山村的蒙蒙春雨图。

画面是讲究比例、平衡、对称、疏密的。因此,绘景必然要运用繁笔和简笔。这就是说,画面的主体部分要繁,陪衬部分要简,只有繁简得当,画面才完整而和谐。

4.移觉法 移觉,又称通感,是在散文绘景中常常使用的一种笔法。它是人的各种感觉器官的共鸣,即视觉、听觉、味觉、嗅觉、触觉、心理感觉等的相互转移。移觉的前提是移情于物,使物生情。鲁彦的《听潮》描绘海睡时写道:"海在我们脚下沉吟着,诗人一般,那声音仿佛是朦胧的月光和玫瑰花间的晨雾那样温柔,又像是情人的蜜语那样芳醇地、低低地、轻轻地,像微风拂过琴弦,像落花飘零在水上。"作者把听觉形象的声音转移为视觉形象的月光、晨雾,喻为嗅觉形象的芳醇以及富于动态美的拂过琴弦的微风、飘零水上的落花。移觉法的使用,可以化静为动,化抽象为具体,增添作品意境的深邃和优美感。

(三)布局安排法

1.抑扬法 散文在叙事抒情中,对一定的事件、人物采用先收后放或先压后张的手法。鲁迅的《阿长与〈山海经〉》,先写阿长的絮絮叨叨和粗野,这是抑;后写阿长用自己的钱为"我"买《山海经》,给"我"幼小的心灵以慰藉,显示出劳动人民"伟大的神力",这是扬。抑扬笔法常使情节出人意料,作品也就显得跌宕起伏,曲折多姿,有气有势,生动感人!

2.悬念法 作者在布局安排中巧设悬念,然后跟踪追溯,探明就里,使文章波澜起伏。何为在《第二次考试》中抓住陈伊玲倒嗓的事件,深入发掘,发现了陈伊玲公而忘私、乐于助人的闪光思想,使人震撼。

3.详略法 作者在布局安排中,按人物和事件的重要性决定其详略。鲁迅的《藤野先生》详写遇见藤野、受教于藤野、辞别藤野、想念藤野,而略写遇见藤野之前在东京、仙台的见闻。

(四)意旨显露法

1.一字经纬法 即由一字突出主旨,由一字来结构全篇。刘熙载说:"余谓眼乃神光所聚。""眼",文眼;"神光",主旨。这就是说:主旨凝聚的文眼,常常体现为一个关键的字。如欧阳修的《醉翁亭记》以一"乐"字作经纬,虽句句写山水,却句句记太守之与民同"乐",文眼闪亮,意旨显豁。

2.卒章显志法 指在文章的结尾点明意旨。徐迟的《枯叶蝴蝶》,记述了峨眉山的特产之一:枯叶蝶的习性与遭遇,它的翅膀很美丽,但它收敛的时候,却像长在树枝上的枯叶。尽管它装模作样,保护自己,最后还是被捉,几乎濒临灭绝的边缘。最后,作者用抒情的笔调点题:"我们既然有一对美丽的和真正的翅膀,我们永远也不愿意阖上它们,做什么要装模作样……我要我的翅膀两面都光彩夺目。我愿自然界的一切都显出它们真象。"卒章显志,给文章增加了深度和力度。

二、散文笔法的更新和拓展

随着西方现代派表现技巧的引进,散文作品中主体意识的加强,散文与诗歌、小说、戏剧、电影等文体的交叉和渗透,散文笔法得到了更新的拓展,显现出多元化的趋势,引进了一些其他文体的现代手法。常见的有内心剖析、梦幻、象征、怪诞、意识流、蒙太奇,这些现代手法在本书第四章中已有表述,这里不再赘述。现代笔法的运用可使散文写作更好地走向开放与多元。

第五节　散文的语言

散文的语言一定要有文采,有情味,具有美感。因为散文篇幅短小,语词精粹,容不得半点语言渣滓。秦牧说:"一座大山上有小堆的乱石,时常无损于大山的壮观。但如果一个小园中有一堆乱石,就很容易破坏园林之美。"(《散文领域——海阔天空》)同样,散文的语言一定要精粹和优美,因为任何冗词败笔在有限的篇幅里都会显得格外的刺眼和难以掩饰。虽然,散文的语言不如诗歌那样精练,也不如小说那样富有个性,但它朴素、瑰丽、蕴蓄、飘逸,具有强烈的美感。

一、朴素美

朴素美,指平易自然,不加修饰,活脱脱地再现生活真实的语言美。艾青以形象的语言进行论述说:"朴素是对于词藻的奢侈的摈弃,是脱去了华服的健康的袒露;是挣脱了形式的束缚的无羁的步伐;是掷给空虚的技巧的宽阔的笑。"(《论诗》)可见,散文语言的朴素美主要指散文语言的简洁、自然和缜密的美。

简洁,即语言精练,用词准确,恰如其分,不可更易。自然,就是合乎事物本来面目的语言,它不矫揉造作,繁冗含混。缜密,就是语言的内蕴丰厚,不空洞,也不浮夸铺张。总之,简洁、自然、缜密的语言是实实在在、不事虚假和雕琢的语言。

二、瑰丽美

如同生活的多色彩一样,散文的语言也是多色彩的,具有瑰丽美。散文语言的瑰丽美,指散文语言具有绘画一般的"应物象形""随类附采"的表现力和造型力。散文语言的瑰丽美,常常借助于色彩词的运用来创造一幅幅五彩缤纷的具体可感的艺术画面。

三、蕴蓄美

蕴蓄美,指散文语言精炼形象,具有浓缩隽永的特色。即是说,这种语言具有"言不尽之意于言外"的韵味,它能使人"玩之者无穷,味之者不厌"(《文心雕龙·隐秀》)。冰心散文的语言是以蕴蓄美著称的。她的《纸船》,是写她在出国途中怀念母亲的。在远洋轮上,她把一张张的纸片叠成一只只的小船儿抛下海里,表面看来似乎为了驱赶旅途的寂寞,其实她另有所托、别有所寄。具有蕴蓄美的语言,不是故弄玄虚、朦胧晦涩,而是在通俗、平淡无奇之中珍藏着深厚的内蕴和无穷的境界。

四、飘逸美

飘逸美,指散文语言活脱潇洒,富于变化。散文作家运用语言时,要注意句式的参差之美,即长句、短句、奇句、偶句交相配置;要注意语言的抑扬和音律美,即平、仄、高音、低音、清音、浊音和谐配搭,构成流畅、自然、谐美的情韵。

范文选

衣锦未还乡
施建石[*]

今年,是周恩来诞辰 120 周年,又一次来到淮安,拜访周恩来纪念馆和周恩来故居,感慨万千。我清楚地记得,1976 年高中毕业前不久的 1 月 9 日早晨,我正在吃早饭准备上学,听到广播里播出了周恩来总理逝世的讣告。惊闻噩耗后这几十年来,我一直思考周总理怎么就不回老家淮安看看呢? 1966 年,哪怕一次、哪怕顺带也好。

是太忙太忙吗? 是的,但也不全是。

1958 年 7 月,淮安县副县长王汝祥去北京见周总理时发出邀请:"总理,您老离开家乡这么多年,现在家乡变化不小,请总理回去看看呗。"对家乡人的邀请,周总理点了点头。他感慨地说"是啊,我何尝不想回去看看。"他微笑着给王汝祥讲了个故事:"有这么一个摆渡的,他在湍急的河流中,把船划到河中心。这时,他感到很疲劳,而对岸又是旅客很向往的地方,你说这个摆渡的该怎么办?"

1960 年春,淮安县委去北京看望周总理。其间,周总理不但回忆了童年生活的情景,而且仔细地关切询问:"文渠呢,还有水吗?""小时候,我常从勺湖坐小船,过北水关,到河下去玩。河下那时候可热闹呢。"并满怀深情地谈及淮安城里的东岳庙、三思桥、驸马巷。

1939 年春天,周恩来以国民政府军事委员会政治部中将副部长的身份,踏着抗日硝烟来到我国东南前哨的浙江开展抗日活动。3 月 28 日至 31 日,他以"到绍兴祭祖"为掩护,与浙江地下党组织联系布置革命工作。

1941 年春,周恩来在重庆曾作过一次情理交融、十分感人的露天演说。在演说中,他提到,"母亲冷落的坟地还在日占区,自己多么希望能回家乡去清扫坟上的落叶啊"。

1946 年的一次采访中周恩来对记者说:"我已经 36 年没回过家了。估计母亲坟前已经杂草丛生了吧。"当时中共代表团从重庆迁到南京。南京离淮安近在咫尺,他是有机会回淮安的。

1950 年 1 月,他还在中南海怀仁堂为动员干部过好"土改关"所作的报告中,曾坦陈自己的思乡之情,以及 4 年前没能回老家的原因。他回忆道:"那时我就很想从南京回到淮安看看,因为淮安还有我两个母亲的坟。"但他考虑再三,还是克制住浓浓的思乡之情,没有回去。他说:"当时我考虑是下边三个原因:一、淮安当时虽是解放区,但当时国家还十分不太平,蒋介石极有可能会引发内战。如果我当时回了,一些因我回去而见过我的亲友等人,肯定会受到国民党反动派的关注。一旦内战真的爆发,那亲人的安全肯定会受到威胁和追害。二、当时我们中共中央华中分局所属的苏皖边区政府正在搞土改，我回去后，周、万两家我的亲戚中会有部分人因为与我这层关系而给地方土改带来困难。三、当时时局不稳，我回淮安就必然牵动中共中央华中分局地方各级领导，给他们增加安全保卫和接待工作方面的麻烦。"他近在咫尺而没回日思夜想的淮安，没到母亲的坟前尽儿子的一份孝道，是出于对家乡亲人安全的考虑和不给基层组织添麻烦。

1949 年后，周恩来仍然一直未回淮安。1958 年曾盛传周总理要回淮安看看，于是当地官方拓宽了南门大街，又将周总理记忆中的镇淮楼改造成独栋的楼宇。周恩来的秘书王伏林回忆也说："总理离家后，虽然没有回过一次，但他经常思念淮安，思念家乡。那年，总理从广州飞北京，快到淮安上空时，特意走到驾驶舱中，从飞机上看淮安。"那是 1959 年元月，当时驾驶员降低了飞行高度，在淮安上空盘旋了三圈。俯瞰淮安后的周总理回到座位，一言未发，陷入了深深的沉思。后来，他对身边工作人员说："淮安的变化不大，大运河、(文峰)宝塔、镇淮楼都还在，只有南门大街好像变宽了。"

少年时就有报国大志、乳名"大鸾"的周恩来，在修身课上接受校长点名提问时就清晰而坚定地说出了"为中华之崛起而读书"的名言，他此后一生也都一直在用实际行动施展自己的抱负、践行自己的诺言。

1961 年 9 月，周恩来在庐山开会，去看望住在附近的表妹万贞时，万贞的嗣子钟则朱曾问他为什么不回去。周总理摇摇头说："现在不能回去。一回去就找麻烦，亲戚们全找来了。我满足不了他们。我要等到大家的生活都提高了，我再回去。"

1963 年 7 月 22 日，周总理在为北京市高等学校应届毕业生所作的报告中曾提到："我参加革命的时候，一个亲戚也不来找我。解放后，来到北京，当了总理，都来了，有 100 多人。"正因为如此，1964 年 6 月，周总理在京剧现代剧座谈会上时说："对亲属问题，建国以后我就下了个决心。我说，我那个家暂时不要回去。为什么？我是个封建家庭出生的人，你回去，你不一定见他，他就可以拿你的名字到处吹嘘，他说他是总理的什么人，那个地方就受压力。"由此可见，周总理之所以没有再回故乡淮安，不是因为对淮安没有感情，而是不想让他家乃至家乡获得特殊照顾。

周总理不只自己不回家，还阻止弟弟周恩寿回去。有一回，周恩寿被周恩来叫到中南海西花厅观赏盛开的海棠花，周恩寿乘着周恩来兴致很高的机会委婉地说："哥哥，听尔辉来信说，驸马巷老家的房子太破旧，尤其是你住过的房子，再不修就要倒塌了。淮安县委已经说了，要帮着把房子修葺一次，先把住在里面的几户人搬出来。要不要我回去一次，看看怎么修？"周恩来随即明确回答说："不用了。淮安县委来人，我已经给他们讲过了。院里的住户不需搬迁，我们的房子，尤其是我住过的房子，要塌就让塌掉，塌平了最好，不许翻盖维修，更不允许搞什么纪念馆组织群众参观。我平生最恨的就是封建主义的那一套：衣锦还乡、光宗耀祖。只要活着，就不许搞。"

即便如此，周恩寿仍希望有商量的余地："你是总理，你回去有光宗耀祖之嫌，我平民百姓一个，难道也不能回去看看吗？"周恩来没有丝毫退让之意："不能，就因为你是周恩来的弟弟！你想想，如果你回去，县委能不派人接待你陪同你吗？添麻烦的事，你又何必去做呢？"以致周恩寿夫妻到死后，把骨灰葬到淮安才得以"回家"。

1956 年 10 月 29 日，周恩来写信给当时的淮安县人民委员会："前几日接到县人民医院来信，知我婶母的病最近又复发，陶华(杨氏儿媳，周尔辉之母)来信说你们也常派人去看望和给治疗，谢谢你们亲切的关心和照顾。我婶母的病我们知道是无法治疗，今后一切治疗还要麻烦你们。不向外地转治。如果治疗无效，一切后事也请你们代为办理。但要本着节约和简朴的精神办理。现寄去人民币 200 元作为治疗和办理后事的费用。如不够时，请你们先垫付，事后来信说明支付情况，我再补钱去。"80 岁的杨氏病逝后，周恩来收到了县人委的汇报与办理杨氏后事的费用单据后，于 1957 年 4 月 19 日又写信给县人委："来信收到，几年来你们对我伯母的照顾与关怀，尤其在她患病、住院治疗期间，为了她的健康、住院治疗，的确给你们增添了不少的麻烦，今特向你们表示谢意。我伯母家现有陶华等人，今后她的生活费用均由我这儿寄给，请当地政府对她勿再予照顾。现寄去安葬我伯母费用所欠垫款 25 元，请查收。"

1961 年，淮安县委送了一些藕粉、莲子、工艺品、针织品等家乡土特产给周恩来和邓颖超。国务院总理办公室的信上写道："在中央三令五申不准送礼的情况下，你们还这样做是不好的。现在周总理和邓大姐从他们的薪金中拿出 100 元寄给你们作为藕粉等的偿付价款，其他的一些针织品以后有便再带给你们。总理并指示将中央不准请客送礼的通知寄给你们一份，请仔细研究，并望严格执行。"

周恩来虽然衣锦未还乡，但是家乡人民敬重他，也理解他。

《文艺报》2018 年 6 月 18 日　星期五

槐园梦忆
——悼念故妻程季淑女士
梁实秋*

美国不是一个适于老年人居住的地方。一棵大树，从土里挖出来，移植到另外一个地方去，都不容易活，何况人？人在本乡本土的文化里根深蒂固，一挖起来总要伤根，到了异乡异地水土不服自是意料中事。季淑肯到美国来，还不是为了我？

西雅图地方好，旧地重游，当然兴奋。季淑看到了她两年前买的一棵山杜鹃已长大了不少，心里很欢喜。有人怨此地气候潮湿，我们从台湾来的人只觉得其空气异常干燥舒适。她来此后风湿关节炎没有严重的复发过，我们私心窃喜。每逢周末，士耀驾车，全家外出郊游，她的兴致总是很高，碱水公园捞海带，植物园池塘饲鸭，摩基提欧轮渡码头喂海鸥，奥仑匹亚啤酒厂参观酿造，斯诺夸密观瀑，义勇军公园温室赏花，布欧尔农庄摘豆，她常常乐而忘疲。从前去过加拿大维多利亚拔卓特花园，那里的球茎秋海棠如云似锦，她常念念不忘。但是她仍不能不怀念安东街寓所她手植的那棵面包树，那棵树依然无恙，我在 1973 年 1 月 11 日（壬子腊八）戏填一首俚词给她看：

恼煞无端天末去。几度风狂，不道岁云暮。莫叹旧居无觅处，犹存墙角面包树。
目断长空迷津渡。泪眼倚楼，楼外青无数。往事如烟如柳絮，相思更是春常住。

事实上她从来不对任何人有任何怨诉，只是有的时候对我掩不住她的一缕乡愁。

在百无聊赖的时候季淑就织毛线。她的视神经萎缩，不能多阅读，织毛线可以不太耗目力。在织了好多件成品之后她要给我织一件毛衣，我怕她太劳累，宁愿继续穿那一件旧的深红色的毛衣，那也是她给我织的，不过是四十几年前的事了。我开始穿那红毛衣的时候，杨金甫还笑我是"暗藏春色"。如今这红毛衣已经磨得光平，没有一点毛，有一天她得便买了毛线回来,天蓝色的,十分美观,没有用多少功夫就织成了,上身一试,服服帖帖。她说:"我给你织这一件,要你再穿40年。"

岁月不饶人,我们两个都垂垂老矣,有一天,她抚摩着我的头发,说:"你的头发现在又细又软,你可记得从前有一阵你不愿进理发馆,我给你理发,你的头发又多又粗。硬得像是板刷,一剪子下去,头发渣溅得满处都是。"她这几句话引我想起英国诗人朋士(Robert Burns)的一首小诗:

约翰·安德森我的心肝

约翰·安德森我的心肝,约翰,

想当初我们俩刚刚相识的时候,

你的头发黑得像是乌鸦一般,

你的美丽的前额光光溜溜:

但是如今你的头秃了,约翰

你的头发白得像雪一般,

但愿上天降福在你的白头上面。

约翰·安德森我的心肝!

约翰·安德森我的心肝,约翰,

我们俩一同爬上山去,

很多快乐的日子,约翰,

我们是在一起过的,

如今我们必须蹒跚的下去,约翰,

我们要手拉手的走下山去,

在山脚下长眠在一起,

约翰·安德森我的心肝!

我们两个很爱这首诗,因为我们深深体会其中深挚的情感与哀伤的意味。我们就是正在"手拉着手的走下山"。我们在一起低吟这首诗不知有多少遍!

季淑怵上楼梯,但是餐后回到室内需要登楼,她就四肢着地的爬上去。她常穿一件黑毛绒线的上衣,宽宽大大的,毛毛茸茸的,在爬楼的时候我常戏言:"黑熊,爬上去!"她不以为忤,掉转头来对我吼一声,做咬人状。可是进入室内,她就倒在我的怀内,我感觉到她的心脏扑通扑通地跳。

我们不讳言死,相反的,还常谈论到这件事。季淑说:"我们已经偕老,没有遗憾,但愿有一天我们能够口里喊着'一、二、三',然后一起同时死去。"这是太大的奢望,恐怕总要有个先后。先死者幸福,后死者苦痛。她说她愿先死,我说我愿先死。可是略加思索,我就改变主张,我说:"那后死者的苦痛还是我来承当罢!"她谆谆的叮嘱我说,万一她先我而死,我需要怎样的照顾我自己,诸如工作的时间不要太长,补充的药物不要间断,散步必须持之以恒,甜食不可贪恋——没有一项琐节她不曾想到。

我想手拉着手的走下山也许尚有一段路程。申请长久居留的手续已经办了一年多,总有一天会得到结果,我们将双双的回到本国的土地上去走一遭。再过两年多,便是我们结婚50周年。在可能范围内要庆祝一番,我们私下里不知商量出多少个计划。谁知道这两个期望都落了空!

4月30日那个不祥的日子！命运突然攫去了她的生命！上午10点半我们手拉着手到附近市场去买些午餐的食物，市场门前一个梯子忽然倒下，正好击中了她，送医院急救，手术后未能醒来，遂与世长辞。在进入手术室之前的最后一刻，她重复的对我说："华，你不要着急！华，你不要急！"这是她最后对我说的一句话，她直到最后还是不放心我，她没有顾虑到她自己的安危。到了手术室门口，医师要我告诉她，请她不要紧张，最好是笑一下，医师也就可以轻松的执行他的手术。她真的笑了，这是我在她生时最后看到她的笑容！她在极痛苦的时候，还是应人之请做出了一个笑容！她一生茹苦含辛，不愿使任何别人难过。

我说这是命运，因为我想不出别的任何理由可以解释。我问天，天不语。哈代有一首诗《二者的辐合》写1912年4月15日豪华邮轮铁达尼号在大西洋上做处女航，和一座海上漂流的大冰山相撞，死亡在一千五百人以上，在时间上空间上配合得那样巧，以至造成那样的大悲剧。季淑遭遇的意外，亦正与此仿佛，不是命运是什么？人世间常没有公道，没有报应，只有命运，盲目的命运！我像一棵树，突然一声霹雳，电火击毁了半劈的树干，还剩下半株，有枝有叶，还活着，但是生意尽矣。两个人手拉着手的走下山，一个突然倒下去，另一个只好跟跟跄跄的独自继续他的旅程！

我曾引录潘岳的悼亡诗，其中有一句："上惭东门吴。"东门吴是人名，复姓东门，春秋魏人。《列子·力命》："魏人有东门吴者，其子死而不忧，其相室曰：'公之爱子，天下无有，今子死不忧何也？'东门吴曰：'吾常无子，无子之时不忧；今子死，乃与向无子同，臣奚忧焉？'"这个说法是很勉强的。我现在茕然一鳏，其心情并不同于当初独身未娶时。多少朋友劝我节哀顺变，变故之来，无可奈何，只能顺承，而哀从中来，如何能节？我希望人死之后尚有鬼魂，夜眠闻声惊醒，以为亡魂归来，而竟无灵异。白昼紫想，不能去怀，希望梦寐之中或可相觌，而竟不来入梦！环顾室中，其物犹故，其人不存。元微之悼亡诗有句："唯将终夜常开眼，报答平生未展眉！"我固不仅是终夜常开眼也。

季淑逝后之翌日，得此间移民局通知去检验体格然后领取证书。又逾数十日得大陆子女消息。我只能到她的坟墓去涕泣以告。6月3日师大英语系同仁在台北善导寺设奠追悼，吊者二百余人，我不能亲去一恸，乃请陈秀英女士代我答礼，又信笔写一对联寄去，文曰："形影不离，五十年来成梦幻；音容宛在，八千里外吊亡魂。"是日我亦诵持金刚经一遍，口诵"一切有为法，如梦、幻、泡、影，如露亦如电，应作如是观"，而我心有住，不能免于实执。50余年来，季淑以其全部精力情感奉献给我，我能何以为报？秦嘉赠妇词：

> 诗人感木瓜，乃欲答琼瑶。
> 愧彼赠我厚，惭此往物轻。
> 虽知未足报，贵用叙我情。

缅怀既往，聊当一哭！中心伤悲，掷笔三叹！

——选自梁实秋散文集《槐园梦忆》，江苏人民出版社2014年版

* 梁实秋（1903—1987），北京人，文学家，翻译家，1949年去台湾，任台湾师范大学外文系主任、文学院长等，著作甚丰，有《雅舍小品》《雅舍杂文》《梁实秋论文学》等三十余种，译有《莎士比亚全集》等，主编《远东英汉大辞典》等数十种英汉辞典和英语教科书。

春花秋月系忧思

程树榛*

古体诗词是中国文学长廊上最炫目、最独特、最具有魅力的瑰宝。中国的知识分子几乎都是从牙牙学语时便开始学会背颂唐诗宋词。那些脍炙人口的名章佳句,常常伴随着一个人整整的一生,成为生活中不可或缺的情愫。

我对古体诗词可以说是有着与生俱来的爱好,特别是对南唐二主的词,更是情有独钟。

"春花秋月何时了?往事知多少!小楼昨夜又东风,故国不堪回首月明中。雕栏玉砌依然在,只是朱颜改。问君能有几多愁?恰似一江春水向东流。"这是南唐后主李煜词中的名篇《虞美人》。一千多年来,这一任何人读后都会回肠荡气的绝唱,在人们心灵里激起多少波澜。说到李煜,我们不能不首先想到他的父亲李璟。在历史上,李璟是个懦弱之君,但他却是一个颇有成就的词人。在他为数不多的词作中,借思妇、征夫之口,抒发了自己由人生之风、政治之雨而掀起的仇恨之情,表现了一种深沉、复杂而又真实的心态,其情味浓烈的愁恨基调,具有鲜明的艺术特色,每每产生强烈的艺术感染力;特别是他那清新自然、少雕饰却抒情深挚、意味浓郁的语言,令人常有余音绕梁之感。试举《摊破浣溪沙》一词为例:手卷真珠上玉钩,依前春恨锁重楼。风里落花谁是主?思悠悠。青鸟不传云外信,丁香空结雨中愁。回首绿波三楚暮,接天流。

类似的还有数篇,都具有鲜明的艺术特色和强烈的艺术感染力,每每掩卷之后,仍觉余味不绝。

青出于蓝而胜于蓝。李煜的词则有更高的成就。李煜的词分为前期和后期。前期的作品主要反映他的帝王享乐生活。就其题材来说是不足取的。但是,由于它的描写乃真情实意的流露,不论是凄风苦雨、莺啼燕舞,还是静院空庭、雁叫砧寒,均无丝毫掩饰和虚假造作,因而更接近于普通人生活实际,符合普通人思想感情,故具有普遍的社会意义和艺术感染力。我们随便举出一首《菩萨蛮》,即可见一斑:花明月暗笼清雾,今宵好向郎边去。划袜步香阶,手提金缕鞋。画堂南畔见,一向偎人颤。奴为出来难,教君恣意怜。

其后期的作品,主要是写亡国后的生活感受。那首《虞美人》便是他此一时期最典型的代表作。虽然是作者个人独特经历的产物,却又综合了人生的某些共同体验,因而它不但能使心怀亡国之痛的人感同身受,而且也可以令那些伤春悲秋的人心有灵犀,更会让生活道路坎坷的人共洒珠泪。

文学是一种时代的、历史的现象,南唐二主的词虽然在思想内容上谈不上多少进步意义,但从某个侧面来赏析,它们也具有一定的时代感和历史感。尤其难能可贵的是,李煜把民间的俚语杂曲,变成了可登大雅之堂的文人词作,反过来它还保留了民间文学的清新和质朴,值得我们今天的某些诗人认真学一阵子的。今日诗坛,不管是边陲小报,还是国家名刊,却常常充斥着杂乱的、语焉不详的"诗篇"。随手录下某名刊的二首诗,请大家欣赏,

其一:"这个醉酒的女人我不认识/她一直对着我重复/他是爱我的/他是爱我的/他是爱我的//他是爱我的/突然举起酒杯就摔/我仿佛看见酒杯就是她的心……"其二:"我抽烟的脸,因岁月抽空而/低沉警觉,像一张放大的网/扑捉着脱落的鱼//复活的衰老,踩蹓着烟

灰色的/母亲。不能有更多的心碎。否则平原/便放飞不起,一只往事的风筝……"

读了这些诗像是走入五里雾中,不知所云。我原以为自己才疏学浅、孤陋寡闻,难以领会这高深的诗意,但我请教了一位曾获得"鲁奖"的老诗人,他竟然和我一样难以理解。我们仔细琢磨:这些诗恐怕只能在一个或几个小圈子里自我欣赏。特别令人忧心的是,诸如此类的诗篇,比比皆是,遍地开花。

从《诗经》《楚辞》及至现当代,不乏脍炙人口的名章佳句,为什么现在的诗却越来越令人看不懂了呢?更加令人遗憾的是,对此种现象大家几乎都熟视无睹,不能不使我辈普通读者忧心忡忡了。需要特别说明的是,我并非一味地反对自由体的新诗,当代许多诗人的佳作,还是令读者再三吟诵、品味的。只不过我想强调一下,既然是中国诗歌就应该有中国作风、中国气派、中国韵律、中国格调,为中国人所喜闻乐见。读了李后主的词,除了惊叹前人艺术禀赋的高超、对艺术完美的追求外,又"触景生情"无端地产生了这样不合时宜的感慨,是不是有点"庸人自扰"之嫌?

(《文艺报》2015 年 9 月 11 日,71 版)

＊程树榛(1934—2022),江苏人,《人民文学》杂志社原主编,著有长篇小说《大学时代》《钢铁巨人》等,获奖多次。

爱情神话

斯　好＊

台湾张晓风女士写过一篇温婉动人的"爱情观",她说:

爱一个人就是满心满意要跟他一起过日子,天地鸿蒙荒凉,我们不能妄想把自己扩充为六合八方的空间,只希望以彼此的火烬把属于两人的一世时间填满。

爱一个人原来就只是在冰箱里为他留一只苹果,并且等他归来。

爱一个人就是在寒冷的夜里不断地在他的杯子里斟上刚沸的热水。

爱一个人就是喜欢两人一起收尽桌上的残肴,并且听他在水槽里刷碗的音乐——然后再偷偷把他不曾洗干净的地方重洗一遍。

等等。等等。

张女士的爱情完满甜蜜,令我感动也令我钦羡,可是这样完满幸福的爱情毕竟寥若晨星,在众多有缺憾的人生看来,它近乎神话。

对我来说,爱一个人就是欣喜于两颗心灵撞击爆发出来的美丽时,在心中一遍又一遍地祈祷这不是幻影,也不是瞬间,而是唯一的例外,是真实的永恒。

爱一个人就是即使虚妄即使短暂也仍抑制不住馈赠的冲动,而终于伸出手去,递上你的心你的灵魂,哪怕梦幻再度破碎,哪怕灵魂从此分裂,你无力拒绝那样若有若无若远若近若生若死的一种情感。

爱一个人就是当他审视你时,你平生第一次不自信,于是时光倒流,你一夜之间回到二十年前,那时在你小女孩的心中,除了渴望美丽还是渴望美丽……

爱一个人就是真切地想做他的左右臂膀,做他的眼睛,甚至做他的闹钟——当平庸的现实、丑陋的现实张开大口逼近他时,你要在他心里尖锐地叫起来,使他一个箭步,潇洒地跳开。

爱一个人就是从不写诗的你居然写下这样的诗句:

多么想有你的电话从天边传来

多么想有你的问候伴一束鲜花

多么想在雷雨交加的正午有你顽强的臂膀支撑

多么想共下舞池和你在那清丽的夜晚

多么想当老迈病痛的晚年到来和你相视而笑

多么想在这忧伤沉闷的夜晚有你突然从天而降。

爱一个人就是渐渐对他滋生出母性情感,爱他所长,宽宥他所短,并且一改不爱写信、不爱记事的习惯,不断将你的感受、发现、读书心得写下来寄给他,希望一封接一封的长信,能使他开阔,使他丰富。

爱一个人就是面对巨大的心灵距离却视而不见,反而时时刻刻庆幸你的富有。你相信这个世界上快要消失的那份真情正牢牢握在你手中。你看见晨星会笑,看见晚霞会颔首,遭遇晦暗的严冬也不再皱眉。你以微笑面对一切,因为你感觉比整个世界都强大。

爱一个人就是明知不可却不断重复致命的错误:倾诉你的情感与思念,倾诉你对他的珍惜与依恋,并且自欺欺人地相信他没有一般男性的浅薄与无聊。

爱一个人就是在极度失望后,保险丝终于嗞嗞地燃烧起来,枷锁卸下,心重新轻松起来,自由起来,可是只要一句话,一个关切的神情,就会轻而易举地将你扔进新一轮的燃烧。

爱一个人就是一边怨恨他一边思念他,一边贬低他一边憧憬他。刚刚下逐客令宣布永不再见,翻转身却又七颠八倒地拨动电话寻找他。

爱一个人就是有一天当幻影终于彻底还原为幻影,真实终于完全显露出冷酷时,你虽有预感却仍旧目瞪口呆。你的心口一阵痉挛,你的大脑出现空白。你不相信这是真的,不相信你最珍惜的原来最虚幻、最孱弱。

爱一个人就是从那天起你不再怜悯聋哑人——没有语言能力的人不必倾听谎言,信赖谎言。没有语言能力的人不必为冰凉的语言所伤害。心灵永远只为心灵所审视,心灵永远只为心灵而洞开,聋哑何妨?

爱一个人就是大恸之后终于心头一片空白。你不再爱也不再恨,不再恼怒也不再悲哀。你心中渐渐滋生出怜悯,怜悯曾经沉溺的你更怜悯你爱过的那人,怜悯那份庸常,还有那份虚弱。

这时,爱一个人就变成了一段经历。这段经历曾经甘美如饴,却终于惨痛无比。这段经历渐渐沉淀为一级台阶——你站到台阶上,重新恢复了高度。

——选自《斯妤抒情散文选》,时代文艺出版社 1992 年版

*斯妤(1954—),福建厦门人。1973 年赴厦门郊区海沧公社插队务农,后任《青年文学》编辑、编委,专业作家。1979 年开始发表作品。1990 年加入中国作家协会。著有散文集、小说集 20 余部:长篇小说《竖琴的影子》、《斯妤文集》(4 卷),散文集《两种生活》《某年某月》《风妖》《斯妤散文精选》,小说集《出售哈欠的女人》《寻访乔里亚》等。曾获"鲁迅文学奖"。

淡之美

李国文*

淡,是一种至美的境界。

一个年轻的女孩子,在你眼前走过,虽是惊鸿一瞥,但她那淡淡的妆,更接近于本色和自然,好像春天早晨一股清新的风,就会给人留下一种纯净的感觉。

如果浓妆艳抹的话,除了这个女孩表面上的光丽之外,就不大会产生更多的有韵味的遐想来了。

其实,浓妆加上艳抹,这四个字本身,已经多少带有一丝贬义。

淡比之浓,或许由于接近天然,似春雨,润物无声,容易被人接受。

苏东坡写西湖,有一句"欲把西湖比西子,浓妆淡抹皆相宜",其实他这首诗所赞美的,"水光潋滟晴方好,山色空蒙雨亦奇"也是大自然的西湖。虽然苏东坡时代的西湖,并不是现在这种样子的。但真正懂得欣赏西湖的游客,对那些大红大绿的,人工雕琢的,市廛云集的,车水马龙的浓丽景色,未必是多么感兴趣的。

识得西湖的人,都知道只有在那早春时节,在那细雨,碧水,微风,柳枝,桨声,船影,淡雾,山岚之中的西湖,像一幅淡淡的水墨画,展现在你眼前的西湖,才是最美的西湖。

水墨画,就是深得淡之美的一种艺术。

在中国画中,浓得化不开的工笔重彩,毫无疑义,是美。但在一张玉版宣上,寥寥数笔,便经营出一个意境,当然也是美。前者,统统呈现在你眼前,一览无余。后者,是一种省略的艺术,墨色有时淡得接近于无。可表面的无,并不等于观众眼中的无,作者心中的无,那大片大片的白,其实是给你留下的想象空间。"空山不见人,但闻人语响。"没画出来的,要比画出来的,更耐思索。

西方的油画,多浓重,每一种色彩,都唯恐不突出地表现自己,而中国的水墨画,则以淡见长,能省一笔,决不赘语,所谓"惜墨如金"者也。

一般说,浓到好处,不易;不过,淡而韵味犹存,似乎更难。

咖啡是浓的,从色泽到给中枢神经的兴奋作用,以强烈为主调。有一种土耳其款式的咖啡,煮在杯里,黳黑如漆,饮在口中,苦香无比,杯小如豆,只一口,能使饮者彻夜不眠,不觉东方之既白。茶则是淡的了,尤其新摘的龙井,就更淡了。一杯在手,嫩蕊舒展,上下浮沉,水色微碧,近乎透明,那种感官的怡悦,心胸的熨帖,腋下似有风生的惬意,也非笔墨所能形容。所以,咖啡和茶,是无法加以比较的。

但是,若我而言,宁可倾向于淡。强劲持久的兴奋,总是会产生负面效应。

人生,其实也是这个道理。浓是一种生存方式,淡,也是一种生存方式。两者,因人而异,不能简单地以是或非来判断的。我呢,觉得淡一点,于身心似乎更有裨益。

因此,持浓烈人生哲学者,自然是积极主义了;但执恬淡生活观者,也不能说是消极主义。奋斗者可敬,进取者可钦,所向披靡者可佩,热烈拥抱生活者可亲;但是,从容而不急趋,自如而不窘迫,审慎而不犹躁,恬淡而不凡庸,也未始不是又一种的积极。

一个人活在这个世界上,不管你是举足轻重的大人物,还是微不足道的小人物,只要有人存在于你的周围,你就会成为坐标中的一个点,而这个点必然有着纵向和横向的联系。于是,这就构成了家庭、邻里、单位、社会中的各式各样繁复的感情关系。

夫妻也好,儿女也好,亲戚、朋友也好,邻居、同事也好,你把你在这个坐标系上的点,看得浓一点,你的感情负担自然也就重;看得淡一点,你也许可以洒脱些,轻松些。

譬如交朋友,好得像穿一条裤子,自然是够浓的了。"君子之交淡如水",肯定是百分之百地淡了。不过,密如胶漆的朋友,反目成仇,又何其多呢?倒不如像水一样地淡然相处,无昵无隙,彼此更融洽些。

近莫近乎夫妇,亲莫亲于子女,其道理,也应该这样。太浓烈了,便有求全之毁,不虞之隙。

尤其落到头上,一旦要给自己画一张什么图画时,倒是宁可淡一点的好。

物质的欲望,固然是人的本能,占有和谋取,追求和获得,大概是与生俱来的。清教徒当然也无必要,但欲望膨胀到无限大,或争名于朝,争利于市,或欲壑难填,无有穷期;或不甘寂寞,生怕冷落,或欺世盗名,招摇过市。得则大欣喜,大快活;不得则大懊丧,大失落。神经像淬火一般地经受极热与极冷的考验,难免要濒临崩溃边缘,疲于奔命的劳累争斗,保不准最后落一个身心俱悴的结果,活得也实在是不轻松啊!其实,看得淡一点,可为而为之,不可为而不强为之的话,那么,得和失,成和败,就能够淡然处之,而免掉许多不必要的烦恼。

淡之美,某种程度近乎古人所说的禅,而那些禅偈中所展示的智慧,实际上是在追求这种淡之美的境界。

禅,说到底,其实,就是一个淡字。

人生在世,求淡之美,得禅趣,不亦乐乎?

——选自《广州日报》1994年9月18日

*李国文,1930年生,上海人。中国铁路文协副主席,《小说选刊》主编,主要作品有长篇小说《冬天里的春天》(获首届茅盾文学奖)、《花园街五号》等。

思考与练习

一、名词解释

1.散文——

2.随笔——

3.随物赋形——

4.意境——

5.笔法——

二、填空

1.我国散文的名称,是南宋末年_____在他的_____一书中提出来的。

2.我国现代散文的概念,是指与_____、_____、_____并举的一种叙事抒情的文学样式。

3.散文的艺术特征有_____、_____、_____、_____。

4."笋尖"与"菜心"式的材料指_____、_____。

5.散文的构思要奇巧,一定要抓住_____、_____、_____、_____四个环节。

6.散文意境的构成要素有_____、_____、_____、_____。

三、判断(正确的画"√",错误的画"×")

1.散文是注重写实抒情的文学样式,因此纪实散文完全拒绝一切虚构。　　(　)

2.散文的特点是"形散神不散",这一传统说法是完全正确的。　　(　)

3."散文是大可以随便的",因此散文写作不便讲究章法结构。　　(　)

4.创造意境,是一切优秀散文的最高美学追求。　　(　)

5.抓住动情点是意境创造的关键。　　(　)

6.散文笔法的更新与拓展,是散文创作多元化的必然趋势。　　(　)

四、问答

1.简述散文及其名称的演变。

2.长期以来,人们将"形散神不散"作为散文的艺术特征,你认为对吗? 为什么?

3.散文作者如何从生活海洋和内心世界中去选取材料?

4.散文的立意,如何做到新颖和深刻?

5.怎样创设散文的意境?

6.有人说:"散文是走路,诗是跳舞。""散文是说话,诗是唱歌。"你认为对吗? 为什么?

五、读写训练

1.散文是通过叙事、写景、状物、写人来抒情的,请按照下列要求写四则抒情散文。

(1)以"母亲的心"为题,选择几则典型事例,写出母亲对儿女的爱护和关心。

(2)以"春天"为题,围绕"绿"字,写出春天不同地区的景色。

(3)仔细观察天空的云,地上的树,园圃的花草,选取一物,细致描绘,并暗示一定的哲理。

(4)教师节到了,大学生们到老教授家里去贺节。老教授治学严谨,沉默寡言,感情挚重。他招呼大家坐下,一一请吃糖果。然后回答大家的问题,并打开书柜,端出卡片盒,给大家讲治学的方法。请将这一过程写出来,突出老教授的肖像、神态、行动、心理、语言特点。

2.认真阅读散文《在法的门前》,就其思想和表达技巧进行分析,写作一篇1000字左右的散文评论。

在法的门前

[奥]卡夫卡

  法院门口站着一个值班的门警。一个乡下人来到这个门警跟前,要求让他进去。可是,那个门警说,他不能马上让他进去。那个人想了一想之后,就问,那么,以后是不是可以让他进去。"可以的,"那个门警答道,"但是此刻不行。"法院的门像平时那样开着,而且那个门警又走到另一边去了,那个人便探头往门里偷望了一下。门警见了,笑着说:"如果你竟那么想进去,那就不妨未经我的许可进去一下吧。不过你得注意,我是有权力的。我只是一个最低级的门警。每一间屋子的门口都有门警,而且一个比一个权力大。甚至连第三道门的门警怎么一副模样,我都不敢望一望呢。"这个乡下人料不到会碰上这许多困难,照他想来,法院嘛,应该是每个人随时都可以进去的,当时他又更仔细地看看那个门警,但见他身穿皮袍,一只鼻子又大又尖,一部又长又稀的鞑靼胡子,他便打定了主意还是等他允许了再进去。门警便给了他一只小凳子,让他坐在门边。他就坐在那里,长年累月地等下去。他作了许多次尝试,想使门警让他进去,死乞白赖地搞得那个门警也厌倦了。门警常常跟他聊上几句,问问他家乡里的情况和其他一些事情,可是那些问题都是不关痛痒的,好像是大人物在提问题,可是,说到后来,总是说还不能让他进去。那个人这趟出门时本来随身带着许多东西,他把所有的东西都送掉了,不管是多贵重的东西,希望贿赂那个门警。门警一切都收下了,不过,在收每一件礼物的时候,总是说,"我收下这件东西只是为了免得你觉得还有什么事情没有完成。"在这许多年中间,那个人简直是一直守着那个门警。他忘记了还有许多其他门警,总以为阻拦他进去的只是这个人。开头几年,他大声诅咒自己的命运不好;到得后来,因为年纪老了,他就只能暗自嘀咕。他变得幼稚可笑了,因为他长年守在门口,甚至连门警那件皮袍领子上的跳蚤都认识了,他竟去求跳蚤帮他来劝这个门警回心转意。最后,他的眼睛变得看不清楚了,他不知道究竟是他周围的世界真的变得黑下来了还是他的眼睛在捉弄他。可是,这时在黑暗里,他却能够看到一道永不熄灭的光芒从法院那扇门里射出来。如今他的生命已是快要结束了。在他死前,根据他在法院门口坐了那么久所得到的经验,他在自己心里总结了一个问题,这是他从来没有向那个门警提出过的问题。他用手招招那个门警,因为他那僵硬的身体再也抬不起来了。门警不得不把身子弯得老低才能听到他说话,因为这两个人的身体大小不同,这就使得那个人十分吃亏。"你现在要问些什么?"门警问道,"你真是贪心。""人人都拼命要到法院里去,"那人答道,"可是,这些年来怎么只有我一个人跑来要求进去呢?"门警看到这个人筋疲力尽,听觉衰退,所以在他耳边大声吼道:"除了你,谁都不能进去,因为这门本来就是为你而开的。我现在要去把它关上了。"

  ——译文参照叶廷芳主编《卡夫卡全集》第3卷,洪天富等译,河北教育出版社1996年版,有少许改动

第十章 杂文写作

第一节 杂文及其特征

一、杂文的含义

杂文是指一种形象与说理相结合的短小精悍、犀利泼辣的议论性散文,或文艺性短论。它包括杂感、杂谈、批评性随笔、小品文、读后感、序跋、札记等。杂文直接而迅速地反映和评论社会事态,对有害的事物及时给予反响和抗争,以敏锐的触角捕捉人们最关注的问题,常常一语道破现象下的本质。内容上多是对社会问题的讽刺、揭露、批判、抨击、针砭,艺术上幽默、辛辣、尖锐、精悍,具有强烈的战斗性。瞿秋白在《鲁迅杂感选集·序言》里称它为"战斗的阜利通——Feuilleten"(欧洲报纸上的文艺性论文),有的又称它为社会批评。

杂文将深刻、敏锐的思想和真诚、炽热的情感浓缩于千字文中,把艺术性与说理性融为一体,篇幅短小而内涵丰富,形式多样,题材广泛。常常通过对假恶丑的揭露和批评来肯定和赞扬真善美,体现了强烈的使命感、责任心、正义感和忧患意识。与其他文学作品相比,杂文有着更强的社会性和人民性。

二、杂文与政论、随笔的区别

长期以来,对杂文的界定众说纷纭,倾向于政论、杂感、杂谈,近年来又与某些随笔混为一谈。如此,将淡化杂文的文学性、形象性和批判性,降低杂文的感染力和说服力、思辨力。唐弢说:"杂文是诗与政论的结合。"杂文具有的诗的形象性、议论的政治性、思想的深刻性,使它与政论、随笔等有着明显的区别。

(一)选取题材的角度不同

政论文选取的题材是当前国内国际生活中重大政治事件,或对这些事件进行抨击,或阐明党和政府的政策与态度。随笔常常是个人的所见、所闻、所思、所忆、所梦等,偏重自我情怀的抒发。杂文则大中取小,从广泛的政治、经济、文化等领域的某一点、某一小事进行议论,"针砭时弊、批评世俗、反思历史、解读人生"。正如鲁迅所说:"杂文有时确很像一种小小的显微镜的工作,也照秽水,也看脓汁,有时研究淋菌,有时解剖苍蝇。"(《做杂文也不易》)

(二)思维方式不同

别林斯基说过:"哲学家用三段论法,诗人则用形象和图画说话。""一个是证明,另一个是显示,可是他们都是说服,所不同的只是一个用逻辑结论,另一个用图画而已。"杂文既需要哲学家的三段论法,又需要诗人的形象和图画;既需要证明,又需要显示。在一篇杂文里,既有切合现实的事例和精辟的议论,又应有富于诗情和形象的语言。因此,杂文的思维方式是逻辑思维和形象思维的结合。而政论则通过推理、判断、概括进行逻辑思维;随笔则有感而发,就事论事,没有完整的形象思维或严格的逻辑推理。

(三)表现手法不同

杂文常常采用比、兴手法,以形象的叙述和描绘来反映生活、表达思想,文笔尖锐,犀利泼辣。从表达方式看,杂文常将叙述、描写、议论、抒情熔于一炉,以显示主题。而政论则主要用议论和说明的表达方式。随笔以叙述为主,即使某些以议论为主的随笔也停留在一些天南地北的述说上,少有批判的光芒。

三、杂文的特征

(一)战斗性

在各类文学样式中,杂文以针砭时弊、激浊扬清为使命,战斗性是它鲜明的特征。鲁迅在《且介亭杂文·序言》中说:杂文"作者的任务,是在对于有害的事物,立刻给以反响抗争,是感应的神经,是攻守的手足"。杂文是"位卑不敢忘忧国""路见不平一声吼",对社会生活中的种种偏差、逆流、谬误、丑恶等给予及时的反应和敏锐的抨击,以期"引起疗救的注意"。事实上,开启现代杂文先河的,正是资产阶级改良派和革命派的许多时论。挽救民族危难,揭露社会积弊,介绍西方文明,传播新学说,提倡现代意识,一直是现代杂文优秀的战斗传统。所以,无论是催促新的产生,还是抨击旧的时弊,都要求杂文要紧扣时代的脉搏,抓住新鲜话题,作一针见血的剖析,惩恶扬善,颂美贬丑,护真打假,催人警醒。

(二)论辩性

杂文的战斗性是通过论辩性来实现的。鄢烈山说:"真正的杂文,一方面是文学创作,一方面是论辩性的说理。"杂文常常通过对纷繁复杂的世相的剖析,一语道破现象下的本质,说出人们心中所想或想说却未说出的话来。杂文思辨的威力是通过阐发事理来实现的。所以,写杂文时,要求作者以清晰的思路,通过逻辑判断、推理等方法,对问题进行透彻的分析。在批驳时要抓住对方矛盾,击中要害,克敌制胜。在议论时,作者须具备高度的政治敏感,善于从复杂多变的事物中,透过表面现象,抓住问题的本质,这样,其论证才能使人信服,具有很强的说服力。

林非说:"鲁迅创造的这种杂文文体的表现手段是丰富多样的,有的篇章并无诗意,有的篇章并无形象,更多的篇章也没有'社会相'的类型形象,只有用对社会心理契机和思想文化性格的剖析这一点,才能够对这种文体的艺术特征得出全面的认识和说明。"(《中国现代杂文史〈序言二〉》)这里的"对社会心理契机和思想文化性格的剖析",即是论辩性的具体表现。

(三)形象性

杂文是文学家族的一员,是借助形象来说理的文字,这是杂文与一般政论的主要区别。杂文常将生活中的具体现象化为"议论而兼叙述者",根据逻辑思维形象地反映生活,使逻辑的说服力和形象的感染力有机地统一起来,迸发出一种既有情又有理的逼人力量。杂文原则上是以文学手段来表达思想、见解的,作者的观点和情感,通过具体的、形象的、使人可以感受的方式,曲折而含蓄地表现出来。

形象性是杂文文学性的重要体现。为使杂文的批判对象更具普遍性和概括性,进行杂文创作时,要能抓住事物的本质特征,勾形画像,惟妙惟肖,并与现实生活紧紧联系在一起,从而塑造出富于典型意义的艺术形象。但杂文的典型是某种思想的典型,而非报告文学的典型是真实的典型、小说的典型是艺术(虚构)的典型。

加强杂文的形象性,要求作者在充分发挥想象的基础上,广泛采用比喻、对比、夸张等修辞方法,特别是比喻,能够将许多抽象道理既通俗易懂又深入浅出地向人们作出透彻的说明。杂文的形象性及可读性是杂文能得到广大读者欢迎、喜爱的重要原因之一。

四、杂文的发展

在我国,杂文有着悠久的历史传统。早在先秦诸子百家的著作中,那些"议论而兼叙述"的"杂说",应该是我国早期杂文的最初萌芽。如孟子的《齐人》,庄子的《逍遥游》《秋水》,荀子的《劝学》,韩非子的《说难》等,用寓言、比喻的方法阐明事理,既有逻辑的说服力,又有形象的感染力,可以说具备了后来人们所说的杂文的基本特征。至于两汉、魏晋时期的"清言"和笔记中,也有不少杂文的影子。

到了唐宋,"杂说"大量涌现,其中许多优秀的篇章,如韩愈的《原毁》《杂说四》《师说》,柳宗元的《捕蛇者说》等,既有个人孤愤郁结、怀才不遇的泄怨,也有对社会弊病的尖锐批评。他们或寓理于事,或因事生理,正是我国古代杂文的承继与发展。而宋代周敦颐的《爱莲说》、王安石的《伤仲永》、苏轼的《日喻》等,评人论事,夹叙夹议,寄物明理,"言必中当世之过",而且短小精悍,笔力浑厚,杂文创作的水平又达到了一个新高度。此后,元、明、清几代,都有杂文佳作出现。

但杂文作为一种独立的文体则开始于"五四"新文化运动前后,由于革命斗争的需要,《新青年》《向导》《政治周报》等纷纷开辟"随感录"专栏,评述政治,针砭时弊,宣传新思想,同时对杂文的写作方法进行新的探索。到20世纪二三十年代,以鲁迅、瞿秋白等为代表的杂文作家,使杂文的发展产生了"质"的飞跃,把杂文创作推向了一个新高峰。正是由于鲁迅等人在开拓和造就杂文文体的自觉意识方面的巨大贡献,使得杂文到现代后产生了广泛的影响,取得了独立的文体地位。

中华人民共和国成立后至20世纪80年代前,杂文几起几落,但还是有一些优秀杂文出现,如邓拓的《燕山夜话》、秦牧的《鬣狗的风格》等。

到20世纪80年代,国家实行改革开放,思想解放,禁锢解除,杂文开始勃兴。这一时期的杂文振聋发聩,具有强烈的忧患意识、批判意识和超前意识,极大地推动了思想解放和社会主义精神文明建设。

进入 20 世纪 90 年代,尤其是 1992 年邓小平"南方谈话"发表以后,排除了"姓资姓社"的干扰,思想进一步解放,杂文创作开始进入鼎盛时期。90 年代的杂文呈多格局发展,其数量之巨,内容之广,艺术表现手法之娴熟,风格流派之多样,都是 50 年来空前的,堪称精品者也最多。众多报刊纷纷开辟杂文专栏,杂文作品剧增,杂文书刊畅销,杂文读者群空前扩大。

杂文的发展如同其他文体一样,需要一个民主、宽松的社会氛围。改革开放给杂文提供了一个宽松的生存环境。如今,我们已进入中国特色社会主义新时代,这是一个全面除旧布新的时代,新旧体制交替,新旧观念碰撞,新旧习惯冲突,国门打开后的正负面影响等,都从社会各领域中反映出来,真善美与假恶丑在冲突中相互长消。这些都为新时代以激浊扬清为己任的杂文创作提供了绝好的繁荣机遇。随着文化的大发展、大繁荣,杂文创作又进入一个新阶段。对民主体制的呼唤,对人性和人本主义的呐喊,对传统文化的考量,对贪污腐败等社会弊端的针砭,成了新时代杂文创作的重要命题,发挥了越来越大的战斗力。

第二节　杂文的艺术构思

一、大中取小，小中见大

"大中取小,小中见大",是杂文选取材料和提炼主题的原则。"大",即指那些关系着社会利益的带有全局性的问题;"小",即指全局中那些具体的甚至细微的事物。"大中取小",就是从重大的社会问题中选取最能反映事物本质的一点或者一个侧面切入,经过分析揭示出事物的深刻意义;"小中见大",就是从日常生活的细小事情着笔,发现它蕴含的重大的社会意义,开掘出深刻的主题,如从一滴水见太阳,借一斑略知全豹,以一目尽传精神。比如鲁迅的《"友邦惊诧"论》写的是 1931 年"九一八"事变后,东北三省沦陷,大学生们上街请愿,要求抗日。反动派则学帝国主义的腔调,在一则"通电"里,提出一个"友邦惊诧"论:"友邦人士,莫名惊诧,长此以往,国将不国!"鲁迅抓着这一"小",痛加驳斥:"好个'友邦人士'!日本帝国主义的兵强占了辽吉,炮轰机关,他们不惊诧;阻断铁路,追炸客车,捕禁官吏,枪毙人民,他们不惊诧。中国国民党统治下的连年内战,空前水灾,卖儿救穷,砍头示众,秘密杀戮,电刑逼供,他们也不惊诧。在学生的请愿中有一点纷扰,他们就惊诧了!"鲁迅通过一系列事实的反衬和对比,分析了"友邦人士""惊诧"的是中国人民的爱国行动,揭穿了"友邦人士"是日本帝国主义的一丘之貉,国民党反动派是"友邦人士"的忠实奴才的这个"大"。文章尖锐泼辣,笔锋犀利,一针见血,具有极强的战斗力。

又如摩罗的《牺牲》(《今晚报》1999 年 12 月 19 日),写了这样一个事件:苏联的"联盟一号"飞船从太空返回地球时,由于减速伞无法张开,将在两个小时后撞上地球,最高苏维埃召开紧急会议后决定将这一悲剧向全国直播,让死难者家属和全国民众为飞船上的宇航员送行。作者将这个故事讲给那些大学生听,并问他的学生:假如这件事发生在中国,又假如你是中国的决策者,你会作出什么样的决定? 学生们的回答是:将那即将殉难的宇航员当作一个教育的工具。作者因此感到深深的悲哀,因为学生们意识不到"这一事件充分体现了对生命的虔敬和面对死亡的严肃"。接着,文章又写到 20 世纪 90 年代初浙江千岛湖惨案后,当地的某些官员试图掩盖真相和对死者家属缺乏同情心,指出"要懂得生命的尊严,实在是太难",具有相当的现实意义。

要做到"大中取小,小中见大",应从以下几方面努力:

第一,敏锐地捕捉萌芽状态的事物。如近年来一些影视剧大肆给皇帝歌功颂德,皇帝形象光彩照人,人们已经习以为常了。而孙少山却在《被粉饰了的皇帝》(《东北之窗·南聊北唠》1999 年 9 月 28 日)一文中,一针见血地指出这是一种不正常的现象,这种美化皇帝的行为"有意或无意地"掩埋了"人类的真正的历史"。

第二,独具慧眼,透过现象看本质。如"近日新闻称陕西省某县警察残酷虐待、刑讯逼供无辜群众,致其死亡。该警察被判入狱两年,缓刑三年。报纸基调是仿佛正义得以伸张,大快人心"。(《南方周末·百姓茶坊》1998 年 12 月 4 日佚名的《绝不宽容》)作者却对判决结果"感到毛骨悚然"。因为作者认为:"法律的前提是每个公民在被法院定罪之前,都是无罪的","刑讯逼供就是一个公民对另一个公民的侵害",不能"因为他是警察就给他杀人而从轻发落的特权"。这篇短文透过现象看出了本质,认为要将"依法治国""法律面前人人平等"落到实处,还有待于方方面面转变观念。

第三,心有灵犀,触类联想。这就是要做生活的有心人,不放过生活中的点滴感受,及时抓住那些稍纵即逝的念头,触类联想,开掘本质,铺就成文。傅文彩的《诸葛亮的出身》(《新民晚报》1984 年 5 月 15 日)一文,从游览襄阳古隆中武侯祠见到的"诸葛亮简介"这件小事谈起,揭露和批判了当时还存在于一些人头脑中的"左"倾思想的流毒。这条"简介"是这样写的:"诸葛亮,字孔明,今山东沂南县人,出身地主家庭……"作者在慨叹"诸葛亮至今还没有落实政策"的同时,以历史事实来说明,决不能用现代眼光给古人划阶级成分。作者最后愤慨地写道:

> 诸葛亮"出身地主家庭",或者本身就是"地主",又怎样? 难道就可以掩盖他"大名垂宇宙"的光辉,难道可以影响人们一唱三叹吟诵杜甫歌颂他的名句:"出师未捷身先死,长使英雄泪满襟"?
>
> 如果我的话说服不了那些"左"先生,那就请按现代知识分子政策中"重在表现"这一条,把这篇诸葛亮简介中的"出身地主家庭"划去了吧!

在文章里,作者心有灵犀,从一则"简介"出发,触类联想,提炼出继续清除"左"的流毒的重大主题,可谓是一篇思想深刻、谐趣横生的妙文!

二、针锋相对,爱憎分明

杂文是一种个性鲜明的文体,爱与憎都毫不掩饰。萧丁在《杂文的启蒙》中说:"杂文大都是久积于内的心火的喷射。既有对美好事物的热情颂扬,也有对丑恶现象的愤怒鞭挞,爱憎鲜明,看问题尖锐。"杂文乃不吐不快之言。

杂文是勇敢者的艺术,它嬉笑怒骂,针砭时弊,敢于撕破假面,敢于向被认为是神圣不可侵犯的东西挑战。唐宪宗要把放在凤翔法门寺的一块佛骨迎入宫中,兴师动众,掀起迷信狂热,韩愈看不惯,以《谏迎佛骨表》上书说:古时没有佛,皇帝命很长,汉明帝时佛教传入,明帝只做了十八年短命皇帝,建议把佛骨扔到河里,或放火烧毁。其鲜明的爱憎,其大无畏的气概跃然纸上。韩愈是古代无畏的杂文家,苏东坡评价他的作品特色是:勇夺三军之帅。鲁迅同样如此,军阀段祺瑞的枪声未息,他就写出《无花的蔷薇之二》和《记念刘和珍君》,记录了刽子手的罪恶;后来,当五位左翼青年作家被害,他又秉笔直书《在黑暗中》《黑暗中国的文艺界的现状》《为了忘却的记念》等文。鲁迅强烈的爱憎和倾向性在他的杂文中得到了充分的反映。可以说,一篇杂文如果没有对现实的及时的反映,没有强烈的针对性和鲜明的个性,是没有感染力和批判力的。

三、反意反题,翻出新意

反意反题是常用的逆向思维的方法。

反意指对某个问题反他人已发之意,即他人对其性质、意义的认识是如此,我则有相反的认识。同一问题从不同角度,或以不同观念去审视,往往会得出不同结论。如杨世运的《可怕的"防范意识"》(《南方周末·周末茶座》1999年10月22日)针对河南省《公安月刊》的几位民警记者,身着警服,对郑州等几座大城市少年儿童的防范意识做了一番游戏测试,并得出中国的少年儿童太缺乏防范意识,太容易相信"好心人"的结论一事提出相反的看法,认为"如果孩子们的'防范意识'强烈到测试者期望的那种程度,那就太可怕了"。孩子们如果都变成"心眼多多,对谁都不相信",那么"这世界就太丑陋了!"

不同的结论,有时有正确与谬误之分,有时则并非如此,而是各有合理性。如《阿Q真的阔了起来》与《阿Q的诉讼状》两文,对"不三不四"(阿Q代称)赚大钱的认识就截然相反,却很难说谁的观点更正确,而应当承认两文对问题的思考都值得重视。不同乃至相反认识的比较和互补,可以帮助人们全面而深入地看待问题,这也正是杂文较之其他文学作品更富于警示作用的原因。

反题指根据熟语、古语、成语以及他人杂文的标题,反题成文。如《论"费厄泼赖"应该实行》是反鲁迅的《论"费厄泼赖"应该缓行》,《天下有道则庶人议》是反《天下无道则庶人议》等。有的杂文,题目上看不出是反题,但内容是对某个命题唱反调,也属于反题。还有的杂文,反题而不反意,反题是为了从一个新的角度去认识问题。如一篇以《建议取消"教师节"》为题的杂文,表面上与设立"教师节"的意义唱了反调,实际上是讲"教师节"越来越流于形式,各地庆祝"教师节"做的表面文章越来越引起教师们的反感。该文的真正用意是希望"教师节"名副其实。文章采取了正话反说的方式,令人警醒。

通过反题反意,进行创造性的思维,翻出新意,显出个性,是杂文构思的有效方法之一。

四、画龙点睛，升华意旨

在材料的选择、提炼并发掘出深刻的意蕴之后，作者还应以尽可能巧妙的方法进行"达意"，使杂文的主旨明白清晰。画龙点睛指杂文在赋形造象或论事说理中，以显著的一笔将事物的神聚于某一点，或将论说的理归结于某一宗，从而使主题昭然。如林放的《逐臭》，先据报载，叙某处摆了一桌请某局长的宴席，酒过三巡，菜还未吃，局长大人离席去厕所，一桌人全员起身，拥护着局长如厕。服务员见主客离座，误以为老爷们醉饱散席了，不客气地蜂拥而上，狼吞虎咽，将酒菜一扫而光。正在"紧吃"之时，主客们浩浩荡荡地从厕所回来，在场各色人等无不尴尬万分。文中在引了"海畔有逐臭之夫"的典故后，说那几位抢吃的伙计大可不必脸红，"他们只不过嘴馋罢了，应当脸红的倒是那些陪同局长如厕的东道主和客人"，"因为他们的骨头贱！"这最末的一笔，便是对"拥护局长如厕"的"画龙"之后的"点睛"，揭露深刻，讽刺犀利！

第三节　杂文的表现技巧

一、形象说理，寓理于形

形象地说理，将抽象的道理融入平凡的生活描述中去，使"理"浅近明白，易于为人接受，是杂文的突出特征。杂文形象说理的方式，常用的有：

（一）画像

直接描绘形象，无论美与丑的事物都赤裸裸地暴露在读者面前，裁判评说，自然分明。如叶延滨的《时刻准备着》（《燕赵都市报·青园》1999 年 11 月 11 日）以漫画式的笔调描绘了几幅常见的会议发言图："我没有准备发言，大家的发言很好，我很受感动，主持人一定要我讲几句，讲什么呢？我没有想好，看来，不讲不行，那么我就说两点，不对的地方请大家批评指正……"；"我没有读过这部长篇小说（也可以是另外的一本什么书），太忙，一忙就顾不上读书，落后了。……刚才又听到许多专家的发言，很受启发，就讲几点不成熟的感想，与作者共勉，我想这是一本很有意义的小说，特别在今天……"；"我没有研究过你们这个课题（也可以是事情、问题），没有发言权。……要说点意见也只能供你们参考。首先要思想上……然后要发动群众依靠……要坚持原则……要解放思想……要抓大事抓方向……要注意严谨的作风不放过那些看起来小实际影响大的事情……"，这几幅画面形象地画出了某些只讲套话、空话的官僚主义者的像。

（二）取类型

杂文刻画典型，增加形象性，常采用"取类型"的方法。鲁迅说，他的杂文"论时事不留面子，砭痼弊常取类型"。所谓"取类型"，就是将某一类人物的心态、思想、性格特征的某一侧面集中,概括起来,用一具体事物或已有的文学形象加以类比,使之成为社会思想的"类型形象"。在鲁迅的杂文中,这种"类型形象"有媚态的猫、势利的狗、嗡嗡的苍蝇、哼哼的蚊子……近来有几篇写乡下人的杂文,如孙少山的《城里人乡下人》(《东北之窗·五星级茶座》1999年第3期)、张世旺的《乡下人的性格》(《湖南税务报》1999年10月15日)等,就以"取类型"的方法,概括了乡下人的性格特征。

(三)打比方

在杂文中常常贯串着生动的比喻,使议论形象化。鲁迅在《革命文学》中用"从喷泉里出来的都是水,从血管里出来的都是血"的生动比喻,说明只有革命人才能写出革命文的道理,把世界观对创作的决定作用讲得明白易懂。《吸血鬼的高调》(《人民日报》1976年11月21日)描写蚊子吸血时,在"未叮之前,要哼哼地发一大篇议论,像是发表什么演说""吸饱了又哼哼而去。既要吸血,又要唱高调,便是蚊子的最可恶处",以此类比"四人帮"既吸人民的血,又唱着"革命"的高调。《阿斗扶不起怪谁》(《杂文选刊》2000年1期)以诸葛亮等大臣扶不起一个碌碌无为的阿斗来比喻中国的国家男子足球运动员,尽管国家和足迷百般呵护,给他们提供了留学、高薪、高待遇、请洋教练等优越条件,但他们冲出亚洲、进军奥运会却一次次失败,一次次令中国人民大失所望。生动的比喻,揭示出了中国足球队不思进取的症结!

(四)讲故事

采用讲故事的方式,也可加强杂文的形象说理。洪烛的《满汉全席》(《长江文艺》1999年11期)讲清入关之前也很朴素,但当他"坐定江山之后,越来越讲究排场——表现在饮食方面,就是形成了满汉全席"。接着介绍了满汉全席的吃法:"需分全日(早、中、晚)进行,或分两日甚至三日才能吃完——可见其菜肴品种的繁多。"最后指出:满汉全席大多在宫廷及官场盛行,类似于后来的公款吃喝。如此长年累月地吃下去,还不把江山给吃空了?把老百姓吃苦了?所以,大清王朝是最先从饭桌上开始腐朽的,它首先失败在饭桌上,然后才失败在战场上!故事的讲述自然使人想到当今的腐败之风,深刻的分析不禁使人悚然、警醒!

(五)语言形象化

这也是杂文形象说理的重要方法,它可以加强杂文的感染力。如同是谈"人性的阶级性"问题,毛泽东在《在延安文艺座谈会上的讲话》中说:"有没有人性这种东西?当然有的。但是只有具体的人性,没有抽象的人性。在阶级社会里就是只有带有阶级性的人性,而没有什么超阶级的人性。我们主张无产阶级的人性,人民大众的人性,而地主资产阶级则主张地主资产阶级的人性,不过他们口头上不这样说,却说成唯一的人性。"而鲁迅在《"硬译"与文学的阶级性》一文中却用形象化的方法说:"文学不借人,也无以表示'性',一用人,而且还在阶级社会里,即断不能免掉所属的阶级性……自然,'喜怒哀乐,人之情也',然而穷人决无开交易所折本的懊恼,煤油大王哪会知道北京捡煤渣老婆子身受的酸辛,饥区的灾民,大约总不会去种兰花,像阔人的老太爷一样,贾府上的焦大,也不爱林妹妹的。……"前者是政论,直截了当;后者是杂文,则生动活泼、幽默风趣,富有艺术感染力。

二、涉古论今，强烈对比

"比较是医治受骗的好方法。"（鲁迅）杂文要"杂"，还需作者神驰笔骋，联想丰富，涉古论今，强烈对比，诸如中外对比、古今对比、正反对比、美丑对比等，以明辨是非，阐明道理。如余杰的《送你们回雍正王朝》（《今晚报·副刊》1999 年 6 月 26 日）通过比较电视剧《雍正王朝》中的雍正皇帝与历史上真正的雍正皇帝，驳斥了某些人对雍正皇帝大唱赞歌的荒谬。荆中棘的《葡萄酒债案》（《新民晚报·夜光杯》1999 年 3 月 3 日）从《参考消息》上的两条消息谈起，一条是以色列前总理内塔尼亚胡因有人告发而宣布将向政府偿还他和妻子在纽约一次用餐时喝掉的一瓶价值 230 美元的葡萄酒费用。另一条是德新社报道《中国人"餐桌上的一场革命"》："越来越多的中国人开始饮用葡萄酒了。"作者进而指出：在中国，大量高档葡萄酒是在公款吃喝中挥霍掉的。通过中外对比，人们认识到中国的廉政建设尚需加强。鄢烈山的《论"一致通过"》（香港《大公报》1991 年 3 月 9 日）也是从一则消息谈起——波斯湾战争爆发前夕，据巴格达消息，伊拉克国民议会曾以口头表决方式一致通过决议，支持萨达姆总统在科威特问题上"不妥协"立场。然后涉古论今，联系到袁世凯复辟帝制等 20 世纪中国几场著名的"一致通过"，讽刺了所谓的"一致通过"不过是独裁统治的一块遮羞布而已。

三、巧用曲笔，绵里藏针

杂文的风格多样，既可嬉笑怒骂、锋芒毕露、讥讽鞭挞、辛辣风趣，亦可意境深邃、机智灵动、绵里藏针，虽是严厉批评，却犹如献上一朵红玫瑰，令人喜爱。台湾作家柏杨说："杂文，像一支钢鞭，要用爱心挥舞。"只要能把握事物的本质，能启智怡情，不妨巧用曲笔，将杂文写得生动一些，耐读一些，使读者在忍俊不禁中受到深刻的教育。杂文家何满子即是一例。他强记博闻、学养丰厚，其杂文看似不动声色，实则绵里藏针、见微知著。如《胡思敬想象中的豪奢》（《光明日报》1992 年 1 月 11 日）似乎在讲一些趣事：江南农妇设想皇帝砍柴用金砍刀；清末进士胡思敬的《国闻备录》认为清末民初大僚的奢侈靡费是一顿杀两鸡两鸭，用火腿煨汤喝，以为这就是穷奢极欲，属于暴殄天物了。作者指出，其实这些不过是他一个穷翰林的想象，实际情况不知要奢华多少倍。这篇杂文并没有明确地针对什么，但当我们饶有兴趣地读完以后，联系实际，却能引起深思。

四、夸张反语，幽默讽刺

杂文的说理性表现为洞察入微，透过表象，抓住本质。这种说理性不是僵硬呆板的说教，而是表现为诙谐幽默的理趣，以达到讽刺的效果。鲁迅说："讽刺的生命是真实，不必是曾有的实事，但必须是会有的实情。"（《什么是"讽刺"》）这种讽刺的效果，常常通过夸张和反语的笔墨来实现。

夸张是常用的讽刺手法。如丁贤华的《"会"瘾发行》（《喜剧世界》1998 年第 11 期）写阿发乡长退休后无会可开，憋得难受。其妻召开家庭会议，让阿发过一下"会瘾"。阿发在作了长篇大论后，精神果然好转，并宣布以后"要保持每周一会"。这是一个颇具幽默讽刺意味的故事。

巧妙地运用反语,也能收到特殊的讽刺效果。鲁迅抨击复古派借"保存国粹"之名维护封建文化之实时说:"即使无名肿毒,倘若生在中国人身上,也便'红肿之处,艳若桃花;溃烂之时,美如乳酪。'国粹所在,妙不可言!"(《随感录三十九》)这种表面上肯定赞美,实际上否定嘲笑的话,富有强烈的幽默讽刺色彩,爱憎分明,鞭挞有力,而又意味深长。又如野凡的《小人自白》(《青岛日报》1999 年 1 月 29 日),则通篇反话正说,让一个小人一本正经、满腹委屈地诉说自己的经历、特征、烦恼等,活脱脱地刻画出一个小人的嘴脸。

第四节 杂文的"杂味"

一、思维的"杂"

杂文是"叙事兼论说",是用文学笔调进行议论、说理,是形象思维与理性思维的交互运用,是形象性与思辨性的完美结合,这就决定了杂文思维的"杂",既可驰骋想象,旁征博引、挥洒自如,也可心思缜密、条分缕析。如徐城北的《人的一生》(《羊城晚报》1995 年 11 月 25 日)幻想出时间隧道的主人把几名不同年龄的地球人,都"回复"到 20 岁光景,各自代表着 20 世纪 30 年代、50 年代、60 年代后期和 90 年代,通过他们对《钢铁是怎样炼成的》一书中关于"人的一生应当这样度过"这句名言的争论,表现出不同时代的人不同的价值观。这篇杂文的思维方式,确实别具一格。

二、取材的"杂"

杂文的取材范围是很"杂"的。宇宙之大,苍蝇之微,日月星辰,花鸟虫鱼,古今中外,东西南北,世上百态,人情物理等均可作为杂文取材的对象。杂文取材上的"杂",更体现在一篇作品的具体内容上:它的材料可以是斑驳纷呈的,或说东道西、海阔天空,或话说当前,又去攀古。总之围绕中心论题和相关材料可以信手拈来。杂文可说是"杂花生树,群莺乱飞"的文学反光,如台湾杂文家何凡,他的杂文专栏分类竟达 33 类(潘亚暾《杂文小品化初探》),可见杂文若是不"杂",便味同嚼蜡,也就不能迅速地评论万般世态,其艺术魅力也就丧失殆尽。

三、表达手法的"杂"

杂文可以综合运用多种表达方式,叙述、描写、议论、抒情常交错出现在一篇文章中。如鲁迅的《论雷峰塔的倒掉》,全文是一篇借题发挥、触及时事的评论文章,以议论为主,但作者在介绍"白蛇传""蟹和尚"等民间传说时,却大量运用了叙述和描写。同时,作者字里行间处处表达了对白蛇娘娘的深切同情,对封建恶势力法海之流的无比憎恨。文章的抒情成分是很重的,给读者以强烈的感染。这种将多种表达方式熔铸为一炉,显得摇曳多姿,风采动人。魏明伦的杂文,行文如戏文,讲究对偶,抑扬顿挫,如行云流水,独树一帜,为杂文百花园添了一朵异葩。

四、体式的"杂"

杂文没有固定的体式,有的是一篇议论短文,有的如一篇散文,有的通篇叙事,有的如一幕短剧,有的是一个寓言故事,有的是一封书信,还有序跋、随想札记……形式多样,而且还在不断创新。如李骏亮的《〈废话〉周刊创刊辞》(《文字自由谈》1999 年第 6 期)宣布其选稿方针为:信马由缰,言之无物,篇幅越长越好……苏中杰的《新编〈声律启蒙〉》(《喜剧世界》1998 年第 11 期),仿古代的《声律启蒙》,采用韵文形式,揭露和鞭挞了人间百种丑态。它们的体式都颇有新意。

五、语言的"杂"

杂文的语言要求生动形象、尖锐泼辣;笔调轻松而思想深刻,幽默风趣而切中时弊;嬉笑怒骂汇于一篇,激情雄辩熔于一炉;既饱含哲理、活泼鲜明,又庄谐并存、妙趣横生,这就是所谓的杂文笔调。文、理、情并茂的杂文笔调带来了杂文语言风格的异彩纷呈。它可以写得幽默诙谐,也可以写得庄重严肃;可以委婉含蓄,也可以明快酣畅;可以恣肆汪洋,也可以简洁精悍;可以色彩斑斓,也可以质朴淡泊。各种笔法在杂文中各施其长,相互渗透,融为一体,形成了颇具"杂味"的语言。

文白相间也是杂文语言的一大特色。在早期杂文中表现得尤为突出,现代作家中也有采用此种语言,形成独特风格的,如魏明伦。请看这位"巴蜀鬼才"是怎样介绍自己的:"蛰居巴蜀小城,半生从事戏文。敝姓魏,这个字不能简化,一半委,一半鬼。姓氏注定委身于鬼,写起戏来便有些鬼聪明、鬼点子、鬼狐禅,总爱离经叛道,闯关探险。于是招来褒贬不明的绰号——戏鬼!"(《巴山鬼话》)以文言语式写"自白",庄谐并出,颇具"杂味"。

范文选

中国人失掉自信力了吗?

鲁　迅*

从公开的文字上看起来:两年以前,我们总自夸着"地大物博",是事实;不久就不再自夸了,只希望着国联①,也是事实;现在是既不夸自己,也不信国联,**改为一味求神拜佛②,怀古伤今了**——却也是事实。

于是有人慨叹曰:中国人失掉自信力了③。

如果单据这一点现象而论,自信其实是早就失掉了的。先前信"地",信"物",后来信"国联",都没有相信过"自己"。假使这也算一种"信",那也只能说中国人曾经有过"他信力",自从对国联失望之后,便把这他信力都失掉了。

失掉了他信力,就会疑,一个转身,也许能够只相信了自己,倒是一条新生路,但不幸的是逐渐玄虚起来了。信"地"和"物",还是切实的东西,国联就渺茫,不过这还可以令人不久就省悟到依赖它的不可靠。**一到求神拜佛,可就玄虚之至了,有益或是有害,一时就找不出分明的结果来,它可以令人更长久的麻醉着自己。**

中国人现在是在发展着"自欺力"。

"自欺"也并非现在的新东西,现在只不过日见其明显,笼罩了一切罢了。然而,在这笼罩之下,我们有并不失掉自信力的中国人在。

我们从古以来,就有埋头苦干的人,有拼命硬干的人,有为民请命的人,有舍身求法的人,……虽是等于为帝王将相作家谱的所谓"正史"④,也往往掩不住他们的光耀,这就是中国的脊梁。

这一类的人们,就是现在也何尝少呢?他们有确信,不自欺;他们在前仆后继的战斗,不过一面总在被摧残,被抹杀,消灭于黑暗中,不能为大家所知道罢了。说中国人失掉了自信力,用以指一部分人则可,倘若加于全体,那简直是诬蔑。

要论中国人,必须不被搽⑤在表面的自欺欺人的脂粉⑥所诳骗,却看看他的筋骨和脊梁。自信力的有无,状元宰相的文章是不足为据的,要自己去看地底下。

九月二十五日

——选自《且介亭杂文》(《鲁迅全集》第6卷,人民文学出版社1981年版)。本篇最初发表于1934年10月20日《太白》半月刊第一卷第三期,署名公汗。文中加粗的语句,是最初发表在《太白》月刊上时被国民党书报检察机关删去了的。

　*鲁迅(1881—1936),周树人,浙江绍兴人,字豫才。原名周樟寿,字豫山,1898年

---

① 国联:"国际联盟"的简称,第一次世界大战后于1920年成立的政府间国际组织。它标榜以"促进国际合作,维护国际和平与安全"为宗旨,实际上是英法等帝国主义国家控制并为其侵略政策服务的工具。1946年4月正式宣告解散。"九一八"事变后,蒋介石即在南京发表讲话,声称"暂取逆来顺受态度,以待国联公理之判决"。国民党政府也多次向国联申诉,要求制止日本帝国主义的侵略,但国联采取了袒护日本的立场。它派出的调查团到我国东北调查后,在发表的《国联调查团报告书》中,指出日本发动"九一八"事变并非"合法之自卫手段",但居然承认日本在中国东北的特殊利益。国联对日本的侵略不采取任何制裁的措施。
② 求神拜佛:当时一些国民党官僚和"社会名流",以祈祷"解救国难"为名,多次在一些大城市举办"时轮金刚法会""仁王护国法会"等。
③ 中国人失掉自信力了:当时舆论界曾有过这类论调,如1934年8月27日《大公报》社评《孔子诞辰纪念》说:"民族的自尊心与自信力,既已荡焉无存,不待外侮之来,国家固早已濒于精神幻灭之域。"
④ "正史":清高宗(乾隆)认定从《史记》到《明史》共二十四部纪传体史书为正史,即二十四史。梁启超在《中国史界革命案》中说:"二十四史非史也,二十四姓之家谱而已。"
⑤ 搽:用粉末、油类等涂在脸上或手上等。
⑥ 脂粉:比喻美化、伪装。

改为周树人,字豫才。中国现代伟大的文学家、思想家、革命家。主要代表作有小说集《呐喊》《彷徨》《故事新编》,杂文集《坟》《且介亭杂文》《伪自由书》《南腔北调集》,散文集《朝花夕拾》,诗散文集《野草》等,有《鲁迅全集》18卷。

耗 子

冯骥才 *

省里要下来一帮人,到连续四年保持"无鼠城市"的某市——请不要猜测"某市"是哪个城市——检查鼠情。据说只来一天,当天返回去,采用抽查方式,周一早晨到。该市有关领导听到消息,如同听到火警,紧急召集开会研究对策。诸事安排齐备,只剩下一件挠头的事:该市老鼠分布最稀薄的只有向阳区,但怎么能把省里那帮人引到向阳区去?如果他们是群耗子就好了,抓把米一引,准行。倘若他们非要自己选择地区检查咋办?

好法子不是想出来的,都是逼出来的。

接待处侯处长向负责此事的左主任献上一条妙计。这计策乍听荒唐,细想很绝,有点儿冒险,但非此别无它策。就用这法子了。

周一上午,省里那帮人来了。自然是好烟好茶往桌上一摆,寒暄、打趣、闲扯一通过后,左主任汇报了该市"防鼠措施二十条"。左主任之所以使用"防鼠"一词儿,不用"治鼠、打鼠、除鼠、灭鼠"一类的词儿,表明一个无鼠城市的独有角度、独有概念、独有气概。他所讲的措施之具体、之缜密、之有效、之坚决,令省里那帮人交口称赞。随后,侯处长捧出一个大漆托盘,盘中放一个景泰蓝笔筒,筒内插着七张叠成尺状的纸条。侯处长说:"我们市总共有七个区,这七张纸条上各写着一个区的名字,请领导们任意抽选。"

左主任笑呵呵地说:"随便抽,抽到哪个区就去查哪个区,反正在哪儿也找不到一只耗子!"

省里那帮人中职位最高的一位上来,伸手从笔筒里"唰"地抽出一张纸条,打开一看,嘿,闻名全省的无鼠先进区——向阳区!

这位省领导打趣说:"我要是再抽一次呢?"

左主任的脸顿时如放电影时胶片突然断了,不但笑容,连表情也没了。侯处长却神态从容自若,笑眯眯地说:"只要领导们愿意多看看,就不用抽了,一个个区挨着看,下边区里都是求之不得啊!"

省里那帮人哪肯多看,抽查一个就要返回去。侯处长是十分精通领导心理学,才敢这么说,才敢把七个纸条全写上"向阳区",确保万无一失。

于是,市里这帮人陪同省里那帮人来到向阳区,又是寒暄、喝茶、抽烟、听汇报,然后下去检查工作。但向阳区共有八十多条街道,不能全查,还得抽签。这个区的爱民道是上过报纸头条的"无鼠一条街",一抽偏偏就抽上爱民道。侯处长笑了,背过脸朝左主任挤挤眼。

早上六点钟,爱民道居民就接到通知,各家要在屋内沿墙边撒一条石灰线。检查有没有耗子,全靠这条灰线。倘有耗子走动,必然踏这灰线,留下足迹。故此,各家必须留一个人守在屋中,还要走动和出声,吓唬耗子躲在洞里别出来,还不准各家做饭炒菜,怕香味勾引耗子跑出来觅食。人们从清早等到晌午,仍不见省里、市里、区里那些人来,有些居民到街道居委会报告说,已经发现石灰线变模糊了,那些人怎么还不来,等得居民们饿了,耗子也饿了。

过一会儿,有消息传来说,原来省里那帮人在区里抽完签,已经十一点钟,便由市里和区里的人陪同,到龙凤大酒家吃"工作餐"去了,吃完饭立即就来检查。于是居委会要大家坚持最后的时刻,直到胜利。可是,直等到两点钟仍不见人影。一些居民户已经听见耗子饿得"吱吱"叫,还有人家看见耗子公然在屋里跑来跑去,找东西吃,吓也吓不走,用脚跺地板也不搭理。再这样等下去,爱民道该成为"老鼠一条街"了。

就在这时,区里来人满面笑容地说,省里那帮人吃完饭,时候不早,还要赶路回去,决定不来了,已经打道回省。检查工作圆满结束。

过几天市里又来人,由区里领导陪同,赠给爱民道一块匾,上边写着漂漂亮亮七个大字,是:无鼠街道最光荣。

——选自《北京文学》2005 年第 4 期

*冯骥才(1942—),天津人,当代著名作家、文学家、艺术家,民间艺术工作者,民间文艺家,画家。中国文学艺术界联合会执行副主席,中国小说学会会长,中国民间文艺家协会主席,国际民间艺术组织(IOV)副主席,中国民主促进会中央副主席,全国政协常委,中国文学艺术界联合会第十届荣誉委员。代表作有长篇小说《义和拳》(与李定兴合作)、《神灯》;中篇小说集《铺花的歧路》《啊!》《斗寒图》;短篇小说集《雕花烟斗》《正义的感召》等。散文《珍珠鸟》等多篇文章入选中小学、大学课本。

柏拉图的斧子

陆春祥*

美国作家贾德森和我说,在纽约大都会博物馆的地下室里,有一把历史悠久的斧子。这把斧子是柏拉图用过的,它由锋利的青铜斧头和结实的高加索山黄杨木手柄构成。

以下大概是博物馆演绎的故事。

柏拉图有把自己用的斧子,然后把它传给了弟子。有一天,斧子的手柄劈裂了,于是它被换成了一把橡木的。斧子在哲人弟子手中一代代传下去,一直传到了小亚细亚,那里的阿拉伯人,在西方中世纪时期,曾经是希腊哲学与科学智慧的守护人。尽管悉心保护,但斧子还是被腐蚀了,斧子换成了锋利的大马士革钢斧头。接下来,斧子又传到了新大陆,这个时候,斧子的手柄也出现了问题,又被换成了山核桃木的。

2500年来,这把斧子还经历了一些其他的修理与更换,现在依然锋利美观。

这基本上可以看成一个寓言了。它告诉了我们什么?这把斧子虽然不断在变,但其间的规律却非常明显:延续与变化。人们仍然认为它是柏拉图的斧子。虽然材质换过了,但产权一点也没变。

柏拉图那把斧子,它的斧头、它的手柄,注定要被改变的,因为时间,时间就是一个历史的检验器,任何东西都会在她面前显形。斧子,青铜质,也会长铜锈;木手柄,很快会腐烂,再长也不过数十年,即便不烂,出土后也会随即风化。但是,只要斧头和手柄不同时消失,那么,代表柏拉图的符号就可以延续,这个延续的过程就是不断地修理和充实,并不是高高地搁起来供起来,它还是可以为人们实用,能帮助人们劈柴、生产,总之,它还是人们日常生活中须臾不可少的。

现在,让我们将这把斧子看成是一种持久的制度。

有什么制度是可以一直延续的吗? 几乎没有,不要说数千年,几百年也很少,有的时候,就是坚持几十年也难能可贵了。但是,现在我们要梳理的是,在被延续的制度中,有多少传承下来的影子呢? 比如"法",从汉谟拉比法典一直到现代的司法制度,尽管有许多的不同,也只是根据各国的实情必须要体现的不同而已,但它所秉承的公正公平,相信一定会当做法理的主要精神被尊重被执行。即便是封建帝王,为了治理好国家,使之万世长存,也会谨遵"王子犯法与庶民同罪",他绝不容许有谁凌驾于法律之上,除了他自己以外。在人类社会发展的长河中,有这么一点点被延续和继承,足够了。

当然,无论从什么角度看,制度肯定有好的有不好的。因此,能延续的制度也不见得都是好制度。而且,事与愿违的是,好的制度往往会失传,或者只在纸上流传,供人敬仰,坏的制度反而长期留存。柏杨先生说的酱缸文化,就淋漓尽致地将一些不如人意的东西展现。比如官场上的一些潜规则:媚上谄上、奉承溜须、假话大话,几乎人人痛恨,但又似乎不用人教,大家都会,似乎是本能,早就生理性具备了,谁要是没有或者不会,那就不要在官场上混了,趁早退出,混了也不会有好结果的。这一点如何理解? 这就好比柏拉图的斧子,已经掺入别的物质,斧子变形了。不过,我们仍然可以把它看成是柏拉图的。因为这已经涉及斧子内部的构造问题了,也就是说,这是一把什么性质的斧子,和我们讨论的制度的持久其实是两个概念,但是,整体观察柏拉图的斧子,就必须要分析到它的内部。

柏拉图的这把斧子,一定还会长久地放在博物馆中供人瞻仰。但在科学快速发展的今天和以后,我们宁愿它只是静静地躺在那里,成为象征,而不要成为羁绊。

——选自《文艺报》2012 年 4 月 9 日

*陆春祥,当代作家,浙江散文学会会长,已出版杂文随笔集《新世说》《病了的字母》《用肚皮思考》等多种。

幸福递减律
江曾培*

平时用水,家中有人大手大脚。洗一块手帕,要冲几盆水。我对节约用水,虽"言之谆谆",但家里人"听之藐藐"。水,似乎来得容易,不足珍惜。日前,我们居住区断水,日常生活顿起困扰。对家中残留的一小盆水,大家都精打细算起来,先作洗脸用,再作洗抹布用,最后还用它来冲马桶。水,显示了它平常少为人感到过的珍贵。

由此我想到一篇题为《幸福递减律》的作品,文中提及不少类似的情景:

一位美国青年在非洲沙漠里,口渴难熬,当时得到一杯净水,给他带来无比的满足与幸福。而当他回到美国,到处都有饮用水,一杯净水给他的幸福降到零。

一个中国老太太,"文革"期间在东单菜市排队买鱼,冻了两三个钟头,买回一条胖头鱼。中段清蒸,尾段红烧,鱼头做砂锅,一条鱼让全家高兴两个礼拜。后来去了美国,鱼随时可以买到,再不用排队,她却觉得美国鱼没有当年北京鱼好吃。

朱元璋还是个穷小子时,一天又饿又病,乞得一碗杂七杂八的汤水,上面漂着几片青菜,浮着几块豆腐,觉得滋味美极了。后来他当了皇帝,山珍海味越吃越没胃口,下旨御厨做当年的所谓"翡翠白玉汤",可是御厨做来做去,也做不出朱元璋要的当年的美滋味。

这些现象表明,同样的物品,对处于不同需求状态的人,其幸福效益是不一样的。这在西方经济学中,把它概括为"边际收益递减规律"。这就是说,人从获得一单位物品中所得的追加的满足,会随着所获得的物品增多而减少。按《幸福递减律》作者林火女士的观点,这是经济发展中的一个悖论。经济发展本是为了给人类创造更多幸福,但经济越发展,物质的边际效益就越递减,人们从物质当中得到的幸福就越少,悖反了经济发展的根本目的。据此,有人说,上帝所以不时在人间制造一些天灾人祸,就是为了解决这个悖反律。在战争中,在灾难中,物质的边际效益就会陡然增加。我们自然不会赞同"上帝"的做法,但到底应该怎样解决,人们似乎还在探索中。在我看来,不贪得无厌,不暴殄天物,永远怀着一种"常将有时思无时"、"常将甜时思苦时"的心态,也许不失为控制"幸福递减律"的一种方式。时下无论国内外,都有些富裕程度相对较低的人,从物质中获得的快乐与满足,超过富裕程度高的人,原因与这种心态不无关系。他们在走向富裕时,没有忘记沙漠中的口渴,没有忘记无鱼无食、又饿又病的日子。

此外,要控制"幸福递减律",还在于要"恒念物力维艰","常思一饭一粥来之不易"。先哲们早有这样的话:得之愈艰,爱之愈深。如果认为自来水的"水"真的是"自来"的,取之不尽,用之不竭,那自然就不会珍爱它了。断水这件"坏事"教育了人,人们认识到水的来之不易,水的弥足珍贵,从而在对自来水的享用中,增添了珍贵感、幸福感。这似乎可以表明,人们从物质享受中获得的幸福与愉快,不仅与物品本身有关,而且与人的心境、心态有关。健全文明的心态,也有助于人们不至于在物欲横流中,让"幸福递减律"下去。

——选自《解放日报》1994 年 8 月 9 日

* 江曾培,1933 年生,安徽全椒人,曾任上海文艺出版社总编辑、编审,主要作品有《艺林散步》《小说虚实录》、杂文散文集《春夏秋冬集》等。

思考与练习

一、名词解释

1.杂文——

2.杂文的形象性——

3.反意法——

4.取类型——

5.杂文笔调——

二、填空

1.中国杂文的最初萌芽是_____。

2.杂文的特点有_____、_____、_____。

3.杂文加强形象性的方法有_____、_____、_____、_____、_____。

4.20 世纪 90 年代杂文发展的特点是_____。

5.就思维方式而言,杂文创作中是_____思维与_____思维的交互运用。

三、判断(正确的画"√",错误的画"×")

1.早在明清时期,中国杂文就成了一种独立的文体。 （　　）

2.鲁迅在造就杂文这种文体方面的贡献是最大的。 （　　）

3.杂文的战斗性决定了每篇杂文都要尖锐泼辣,一针见血。 （　　）

4.所谓"反题"指与他人的标题相反。 （　　）

5.杂文较其他文学作品有着更强的社会性和人民性。 （　　）

四、问答

1.进行杂文的艺术构思时要注意哪几点? 请举例说明。

2.杂文与政论、随笔的主要区别何在?

3.如何理解"杂文是勇敢者的艺术"?

4.试述你对杂文"形象说理,寓理于形"技巧的认识。

5.杂文的"杂味"表现在哪些方面? 并作简要分析。

五、读写训练

认真阅读《治吏》一文,分析其论证的方法。

治 吏

虞 丹

1975 年,毛泽东在逝世的前一年,留下来一些话。他说:"治党治国就是治吏。如果臣下个个寡廉鲜耻,贪得无厌,而国家还无法治他们,那非天下大乱不可。"看看吏治的现状,觉得这些话讲到点子上。

大政治家的目光敏锐而超前。进城前 3 天,机关食堂加餐,挨了毛泽东的批评。毛泽东说:"要想做脱离人民群众的事情,什么时候都可以找到借口。""如果这样吃下去,不用多久,我们餐桌上的菜饭就会摆满。到那时,我们越把为人民服务喊得越响,人民群众越恨我们。"毛泽东大喝一声,目的何在? 他要震醒我们的一些同志,不要以为依靠群众的必要性看起来似乎不如执政前那样迫切,不要以为脱离群众的危险性看起来似乎不如执政前那样严重。

我们今天重读《毛选》第五卷,可以看出,毛泽东自从进城后就很为治吏这件事操心。

他反复叮咛:"脱离群众,官僚主义,势必要挨打。"他严重警告:"现在,有一些人,好像得了天下,就高枕无忧,可以横行霸道了。这样的人,群众反对他,打石头,打锄头,我看是应当,我最欢迎。"他语重心长地打招呼:"我们一定要警惕,不要滋长官僚主义作风,不要形成一个脱离人民群众的贵族阶层。"从这些话中,不难发现,毛泽东对治吏问题,经三令五申,尚未得到解决,有不满和不安,有苦恼和焦灼。

提出治吏问题,提出"治党治国就是治吏"这一原则,就是大贡献。提出问题的人不一定善于解决问题,这是可以理解的。前人的失利给后人的启发,它使我们认识到,治吏不可性急,不可单打一,不可忽略治本。

腐败现象是多种因素交互作用的产物。有政治体制上的原因,有经济体制上的原因,还有文化上的原因。中国是农业人口最多的国家,也是阿Q文化积淀很深的国家,阿Q高喊造反完毕,回到土谷祠中时,盘算的是,一旦成为未庄的新主人后,先要复仇泄愤,还要接收财物,还要占有异性。这也就是步官僚的后尘,走公权私用的老路。1936年,斯诺初见鲁迅,打听阿Q的下落。鲁迅回答:"更糟了,他们现在还在管理国家哩!"今天的大吏陈希同之流,中吏胡建学之流,小吏郑元盛之流,都是阿Q的子孙,都是阿Q式的革命党人。

历史已经证明,阿Q文化不是大批判所能批倒的,不是大民主所能打倒的,不是群众运动所能轰倒的,不是"文化大革命"所能砸得稀巴烂的。历史还将证明,现在我们走的社会主义市场经济这条道路,是让未庄干净、彻底地消失的道路,是让阿Q永远退出历史舞台的道路。有位哲学家说得对:"市场经济使几千年来饱受封建束缚的中国人民解放出来,其意义之深远,还只是初露端倪。"

——选自《新民晚报》1996 年 10 月 4 日

第十一章　报告文学写作

第一节　报告文学及其特征

一、报告文学的含义

报告文学是运用文学的表现手段真实、及时地反映现实生活中具有重大意义的事件和人物的一种文学体裁。它既是报告,又是文学,是新闻体裁与文学体裁联姻而产生的一种边缘文体,有时又称作"特写""速写""文艺通讯"等。高尔基说它是"介乎于调查报告与短篇小说之间的一种文体"。我国当代报告文学家黄钢说得更具体:"准确的提法应该是:报告文学是一种极富战斗性的、兼有时代的报告的特色的,以特定的新闻性的内容为题材的,以文学的形象为手段的'独特的独立文学样式'——它是现代文学中新发展起来的一种'独立的文学部类'。"

二、报告文学的特征

报告文学的名称,就标志着它具有新闻与文学的双重属性。此外,报告文学还有一个有别于一般新闻和文学作品的显著特征,即它的政论性(或称理性)。新闻性(报告性)、文学性、政论性(理性),构成了报告文学的三个基本特征。其新闻性,使它和小说之类允许虚构的文学作品严格区分开来,有人誉之为"报春花朵";其文学性,使它与一般的通讯报道又有明显的不同,有人誉之为"艺术文告";其政论性,使它成为文艺战线上富有战斗力的"轻骑兵",有人誉之为"理性长剑"。

(一)新闻性

新闻性又叫报告性,是指报告文学所反映的人物事件,必须是现实生活中新近发生的、具有新闻报道价值的真人真事。新闻性是就题材和内容而言的,是报告文学最重要、最本质的属性。新闻性具体体现在真实性、准确性和及时性三个方面。真实性,要求时间、地点、人物都要真实确切,不能虚拟,对事情的起因、经过、结果必须如实反映,不能随意拼凑、移花接木。准确性,要求材料必须准确可靠,不能胡编乱造,小到具体的细节诸如人名、地名、数字等都必须一一核实，不能出差错。及时性，要求报告文学和其他新闻体裁一样，必须讲求时效，尽可能快地反映生活中最近出现的新事物、新形势、新问题。报告文学的新闻性要求作者必须具备敏感的素质，要像新闻记者那样能够不失时机地捕捉生活中适于写作的信息和线索，准确地把握时代的脉搏，以最快的速度催开这"报春花朵"。

（二）文学性

文学性是指报告文学可以采用除虚构以外的任何文学表现方法来报告真人真事，它是就报告文学的表现形式而言的。在忠实于生活真实的前提下，报告文学的文学性主要是通过把人物形象描绘得栩栩如生，将人物性格展现得色彩鲜明，精心选择表现角度，着意安排情节结构，锤炼润饰语言文字来实现的。这些正是报告文学较之一般的新闻报道的优点和长处，也是其魅力之所在。捷克著名报告文学家基希把报告文学称为"艺术文告"，强调了报告文学的文学性特征。

（三）政论性

政论性，又称理性，是指报告文学作者站在时代生活的前沿，对所记人物、事件、问题所作的政治性评判、社会性评判、思想性评判，或哲理的、伦理的、美学的评判。它是在新闻性和文学性基础上产生的报告文学的"新质"，是新闻和文学所缺少（或不够明显）的特征。报告文学的政论性，要求作者以崭新的视角、敏锐的思考、正确的判断、鲜明的政治立场、强烈的感情色彩去反映现实生活中的真人真事，对它们品头论足，或褒扬奖掖，或贬斥抨击，始终闪烁着理性的光芒，好比挥舞着"理性长剑"在时代前沿阵地上冲锋陷阵的"轻骑兵"。政论性使报告文学发挥着强大的战斗作用，政论性是报告文学作者在准确把握时代精神、深入观察和思考生活现象之后迸溅出来的思想的火花。

三、报告文学的发展

报告文学是在近代工业的发展和新闻出版事业逐渐兴盛发达的基础上产生的。早在18世纪后半叶，德国进步作家盖奥尔格·弗斯特尔就写出了《莱茵河下游景色》和《环游世界的旅行》两本书，记录了作者旅行之处的所见所闻，向世人披露了殖民主义的种种劣迹，已经初步具备报告文学的基本特征，可以说是萌芽时期的报告文学作品。19世纪上半叶，德国海涅的《旅行札记》、英国狄更斯的《美国杂记》、法国司汤达的《罗马·那不勒斯·佛罗伦萨》，这些都是优秀的报告文学作品。报告文学的最后成熟则是在无产阶级革命时代。法国新闻记者利沙加勒的《1871年公社史》是这一时期的代表作品。作者以巴黎公社革命参加者的身份向世界报告了巴黎公社的战斗经历，使该书成为这一伟大历史事件的珍贵文献。报告文学的正式得名则是在第一次世界大战后的德国，德语称为Reportague。十月革命时期，美国左翼作家约翰·里德于1917年夏天到俄国，1918年返美后写成了长篇报告文学《震撼世界的十天》，生动地报道了十月革命最初几天的情况，列宁为此书作了序，希望把它推荐给全世界。十月革命以后，报告文学在世界各国日益繁荣起来。优秀的报告文学作品不断涌现，如捷克作家基希的《美国的天堂》《秘密的中国》《列宁同志问候您》，美国作家埃德加·斯诺的《西行漫记》（即《红星照耀中国》）、史沫特莱的《中国红军在前进》《伟大的道路》，捷克作家尤利乌斯·伏契克的《绞刑架下的报告》等，都是记录了时代风云的优秀报告文学作品。

报告文学传入我国是在 20 世纪 20 年代。瞿秋白的《饿乡纪程》《赤都心史》是我国早期报告文学的佳作。叶绍钧的《五月卅一日急雨中》记载了 1925 年震惊中外的"五卅惨案"的实况。20 世纪 30 年代夏衍的《包身工》，宋之的的《一九三六年春在太原》；40 年代刘白羽的《光明照耀着沈阳》，华山的《英雄的十月》；50 年代魏巍的《谁是最可爱的人》；60 年代穆青等的《县委书记的榜样——焦裕禄》，王石等的《为了六十一个阶级弟兄》；70 年代末徐迟的《哥德巴赫猜想》《地质之光》，理由的《扬眉剑出鞘》；80 年代陈祖芬的《祖国高于一切》，鲁光的《中国姑娘》，李延国的《中国农民大趋势》，钱钢的《唐山大地震》，麦子枢的《西部大移民》；90 年代李存葆、王光明的《沂蒙九章》，黄传会的《"希望工程"纪实》《中国山村教师》，乔迈的《中国之约》，邓贤的《中国知青梦》，李鸣生的《澳星风险发射》等，都是我国报告文学史上传诵一时、脍炙人口的名篇。但在早期，由于缺乏作为独立文体的个性和普及性，报告文学长期处于边缘文学的尴尬境地，被视为"二流文学""亚文学"，直到 60 年代，其地位才有所提升。而稍后徐迟的《哥德巴赫猜想》的发表，是我国报告文学新里程的开始，也是我国报告文学步入成熟的标志。

总之，报告文学作为"报春的花朵""艺术的文告""理性长剑""文艺战线上的轻骑兵"，是在时代大潮的冲击下产生和逐渐发展壮大、逐渐兴盛繁荣起来的，当今时代风云变幻的国际国内形势，必将造就更多杰出的报告文学作家和优秀的报告文学作品。

第二节　报告文学的采访

报告文学的采访在本质上和其他新闻报道的采访是相近的，新闻采访的基本要求和方法都适合报告文学的采访。但由于报告文学表现形式上的文学性，又要求它的采访比一般新闻采访更深入、更细致、更全面。具体地讲，报告文学的采访需在以下三个方面下功夫。

一、善于发现具有"永久性"意义的人物与事件

报告文学在收集素材、确定采访对象、选取题材的过程中，要遵循一个总的原则，那就是：选择那些能够概括时代精神的、具有永久性意义（重大的社会意义和历史意义）的人物和事件。正如美国作家埃德加·斯诺的《西行漫记》的序中所说："如果说这篇报道享有比大多数新闻更加有效的生命的话，那是因为它不仅不是一种不经久的新闻'特稿'，而是包容了许多永久性的历史的事实。"所以，报告文学作者必须有一双敏锐的眼睛，要善于发现现实生活中那些具有"永久性"意义的人物和事件。"永久性"意义的人物和事件应具备时代性、新闻性、典型性这样一些基本条件。时代性，就是要求通过采访对象能够反映出特定时代的风貌，触及时代的矛盾，揭示时代的本质，体现时代的精神。新闻性，就是要求采访对象具有一定的新闻价值，必须是读者大众普遍感兴趣的、不平常的人物和事件。典型性，是指采访对象包含深刻的社会和思想意义，既要有鲜明的个性，

又要有普遍的共性,是个性与共性的有机统一。例如,《哥德巴赫猜想》所选的主要采访对象陈景润及其相关的事迹就具有"永久性"意义:当时,正值我国经历"十年内乱"、粉碎"四人帮"之后拨乱反正、百废待举的特殊年代,国家和人民呼唤科学春天的到来,知识和人才急需得到正确的社会定位,于是徐迟选取了陈景润这个默默无闻地勇攀科学高峰的数学家作为知识分子的典型。陈景润对世界数学难题的求证这一事实,也是很有新闻价值的。陈景润勇攀科学高峰、献身科学事业的精神影响了整整一代知识分子和青少年。

二、深入现场,捕捉生动的细节

在选好采访对象以后,为了把作品写得真实、感人,还必须深入现场,仔细捕捉生动的生活细节,以便更充分地发挥其"文学性"的功能。理由说报告文学的写作是"六分跑,三分想,一分写",说出了亲临现场采访的重要性。在这方面堪称典范的是夏衍《包身工》的采访。《包身工》写于1936年,作者早于八九年前就开始了解"包身工"制度,到1935年,他又集中时间认真地收集有关包身工的材料。但是,"单凭收集材料是不行的,非得实地观察不可",于是他在工人帮助下,偷偷地到包身工工作的车间里观察了数次,又到包身工的工房里做了两个多月的"夜工"才比较详细地采访和观察到了包身工们的日常生活情况,这为后来的写作打下了坚实的基础。在《包身工》中,我们仿佛亲临其境看到了包身工们如何被骗进工厂,如何过着奴隶般的生活,仿佛看到老板娘如何用刚梳过头的油手在"猪猡们"的饭食里裸手搅动,仿佛看到"芦柴棒"那瘦骨嶙峋的身影……作品的细节如此真实感人,正是作者不辞辛劳地深入现场观察的结果。

三、内外结合,全面了解

新闻采访中有所谓"打外围"的采访方法,就是通过采访主要人物周围的人去了解和熟悉主要人物。因为单凭采访某一人物或某一事件所得来的材料显然是不够的,况且,我们对事物本质的分析和认识也有赖于掌握全面而具体的材料,"兼听则明,偏听则暗"。因此,在报告文学的采访中,为了更全面、更细致、更深刻地掌握写作素材,除了认真做好主要人物和主要事件的采访工作外,还必须运用"打外围"的采访方法,做到"内外结合,全面了解",才能获取深刻、细致、全面的材料,为下一阶段的构思打下坚实的素材基础。如赵瑜的长篇报告文学《马家军调查》便是在多方采访、调查的基础上写成的,一经面世,引起巨大关注。

第三节　报告文学的构思

构思是采访结束后要做的主要工作。实际上,从采访获得素材的时候就已经开始了构思。在采访过程中,作者总会从所见所闻中受到程度不一的"刺激",或悲或喜、或愤或忧,产生各种感触,甚至人物形象在头脑中模模糊糊地晃动着,事件线索断断续续忽隐忽现……这就是构思的开始,只不过此时处于朦胧、模糊、杂乱的构思初始状态。采访结束以后,作者开始集中精力整理全部材料,在比较、鉴别、选择、分析、组合、挖掘的基础上逐渐使杂乱无章的头绪明晰起来。构思要完成的主要任务是:提炼并确立主题,选择表现角度,剪裁布局和谋划结构。为此,必须做到以下几点。

一、聚焦材料,巧取角度

所谓"聚焦",就是在分析研究所有材料时,让它们像光线穿过凸透镜那样,集中在某一个"焦点"上。这个"焦点"必须是光彩夺目的,是主题所由产生的地方,是作品之"神"的寓所。"聚焦"的过程其实就是从所有材料中寻找主题的过程,这是构思过程中最关键、最辛苦的一步。如钱钢的《唐山大地震》,作者耗费了大量的时间和精力,并基于自己当年在唐山抗震救灾近三个月的亲身经历和感受,同时引用大量数据、报刊资料、备忘录以及口录,可谓获取了丰富的素材。在如何安排材料的问题上,作者没有直扑"抗震救灾"这一既好写又讨巧的角度,而是采用"全景""全方位"的结构,选取具有震慑力的亮点,用人与自然的关系这一"神"凝聚全篇,使得文章跳脱了悲情的惯见模式,情感与理性交织迸发了强烈的震撼力。

"聚焦"之后的材料,像整装待发的士兵等待着作者去调用,这时就涉及一个表现角度的问题。好比照相,同样一个人,可以从各个角度去拍摄,同样一则材料,也可以从多个角度去表现,"横看成岭侧成峰,远近高低各不同",但无论如何,其中肯定有一个"最佳角度"。所谓"巧取角度",就是要在多种角度的比照中找到这个"最佳角度"。"最佳角度"至少必须符合以下两个条件:①这个角度必须能够最充分地反映事物的本质,最有力地揭示材料的价值;②它还必须能够最合理地利用材料,最有效地表现材料。黄宗英的《美丽的眼睛》所摄取的基本事实是:兰州大学化学系进修生杨光明,在上海炼油厂参加一项试验工作时,不幸在一次火灾中被严重烧伤,上海瑞金医院的医护人员全力以赴,从死神手中夺回了她的生命。这些材料可以从赞颂医生医术高明创造奇迹的角度去写,也可以从歌颂杨光明挺身救火不怕牺牲的勇敢精神角度去写……应该说这些角度都是比较好的,但黄宗英摒弃了这些老套的角度而选择了一个"最佳角度":通过杨光明那双"美丽的眼睛"把分散的事件集中起来,从中看到伟大祖国的光明前途和希望,看到人们"烈火熔铸出的美丽的心灵"。从这一角度去透视材料,可以说看到了蕴含在材料中的最本质的东西,使所摄材料得以充分利用和有效表现,深刻地揭示了抢治杨光明重度烧伤事件的时代意义和社会价值。

二、深入开掘,表现富有时代精神的主题

所谓"时代精神",是指一定历史阶段的人民大众在为实现主要历史任务的斗争中所表现出的积极奋进的精神状态,是一定历史时期人民群众意志和愿望的体现。随着历史的发展,时代精神的具体内涵和要求不断变化。当今的时代精神,就是高举习近平新时代中国特色社会主义思想伟大旗帜,团结在党中央周围,坚持改革开放,建设有中国特色的社会主义,走富民强国之路,实现中国人民在中国共产党的领导下从站起

来到富起来,再到强起来的跨时代的飞跃,实现中华民族伟大复兴的中国梦而不懈奋斗。只有提炼和开掘出反映时代精神的主题,报告文学才能震撼人心,发挥"轻骑兵"的威力。

那么,怎样才能开掘出足以反映时代精神的主题呢?

(一)拨响亿万人民的心声

20世纪60年代初期,天灾人祸给我国的社会主义建设事业带来了严重的困难和危机,那时候,自力更生、奋发图强、战天斗地的精神代表了亿万人民的意志和愿望。穆青等的《县委书记的榜样——焦裕禄》塑造了焦裕禄这个抱病坚持工作,带领兰考人民与自然做斗争,直至献出自己生命的典型形象。当时的国情及时代特征正需要这种"焦裕禄精神",这种精神成为鼓舞全国人民继续进行社会主义建设的重要力量,是时代精神的重要体现。徐刚的《守望家园》更是契合当下全世界、全人类对环境问题的关注,对我们所生活的地球所作的深刻反思。作者用客观的笔触,对人类世界的行为进行了认真的解析和描写,用大量足以令人震惊的事实报告了地球的满目疮痍以及人类生存环境所面对的严重危机,具有科学和文学的双重意义,其体现出的面对自然时的博大胸怀和终极关怀,读后激荡人心。

(二)敢于揭示时代最本质的矛盾

每个时代都有其错综复杂的各种矛盾,报告文学作家要善于发现、勇于探索、敢于揭示这些矛盾中的本质矛盾。如何建明的长篇报告文学《中国高考报告》便将目光投射于与中国千千万万家庭密切相关的高考事件,勇敢地对这一社会现象及其背后的制度模式提出疑问,发人深思。正如作者在开篇所说:"正因为我感觉到高考在中国人心目中的分量太重了,故而决心去冒一次巨大的风险和代价,来完成这部涉及中国亿万人命运的高考报告,因为它实在是和平时期中国百姓生活中倾心倾力的第一大事。"

(三)勇于揭露和批判社会发展中的弊端

历史的发展不可能都是一帆风顺的,每个时代不可能都是阳光灿烂,必然有其阴暗面。从整体上说,报告文学主要应歌颂时代的光明一面,但对于社会发展中的弊端也应该坚决地揭露和批判,这是报告文学作者的天职。孟晓云的《胡杨泪》对我国旧有人事制度扼杀人才的猛烈抨击,卢跃刚的《以人民的名义》对专横跋扈的地方官员一手遮天、非法拘禁和迫害人民代表、拉帮结派、排斥"异己"的丑恶行径表达了极大愤慨和严厉批判……这些优秀篇章充分显示了作者敢于揭露和批判社会阴暗面的胆略和勇气,说出了人们想说而又有所顾忌的话,从反面体现了时代精神。

三、选好场景,精心谋篇

场景是人物活动的具体舞台,也是事件发展的基本构成要素,无论写人还是叙事,都涉及选择哪些场景来表现的问题。报告文学既要强调真实感又要强调形象感,达到身临其境的表达效果,因此,应特别重视场景的描述,场景选择得好,则有助于突出其新闻性和艺术性的特征。为了更好地突出主题,《包身工》作者截取包身工起床时、用餐时、劳动时、病倒时等一系列具体场景,细致而生动地描绘了包身工们悲惨的奴隶式的生活。选好了场景,还必须将它们有机地组织起来,也就是要精心地安排结构、谋篇布局。例如,

《包身工》所截取的众多场景,本是分散的,但作者却把它们集中在一天来写,采用纵式结构,使文章条理清晰、主题鲜明突出。

第四节　报告文学的人物塑造

作为一种叙事文体,报告文学的主要任务是写人。即便是以报告事件为中心的报告文学,也是离不开写人的,因为人物是事件的发动者、参与者、推进者,离开了人,事件就失去了存在的意义。

一、报告文学人物与小说人物的区别

众所周知,即便以真人真事为原型的小说,其人物形象也是不同程度地加工虚构出来的,没有虚构就没有小说人物形象的艺术魅力。而报告文学中的人物形象则必须以现实生活中的真实人物为加工对象,从现实人物的真实事迹中进行集中概括,以不违背生活真实为原则。简而言之,报告文学的人物典型是真实的典型,而小说的人物典型是艺术(虚构)的典型。前者"实"中有"虚",以"实"为主;后者"实"中求"虚",以"虚"取胜。

二者除了在本质上有"真实"与"虚构"之分外,在人物性格历史是否完整及其塑造方法上也有明显的不同:报告文学中的人物性格历史并不要求完整,所以更重视在横切的生活场景中去展现人物的性格特征;而小说中人物性格成长的历史要求脉络清晰,所以更倚重完整而曲折的故事情节。

二、报告文学对人物塑造的要求

(一)显现人物的思想与情感

没有思想的人物,只是"行尸走肉",不会有任何认识价值;没有情感的人物,不但没有任何感染力,而且不真实。所以,报告文学在塑造人物时,必须充分地显示其深刻的思想和丰富的情感。

在报告文学中,人物是时代精神的载体,人物的思想价值和情感内涵是最富于时代特征的。因此,显现人物的思想和情感,一方面需要截取人物思想中与时代精神契合的真实片段,另一方面还必须用时代精神去浸润和照耀他们的喜怒哀乐、七情六欲,使其有所升华。只有这样,才能塑造出既有深刻思想又有丰富情感的典型人物形象。

(二)显现人物的鲜明个性

报告文学中的人物形象,不但有着"共性"的光辉,还必须是"历史的这一个",必须富有鲜明的个性色彩。如刘亚洲的《恶魔导演的战争》中的沙龙,就是一个具有鲜明个性特征的人物。作者总结说:这个人物极富冒险性,极其残忍,又极其勇敢,"比巴顿还巴顿"。他具有诡谲的战略头脑和高超的指挥现代化战争的艺术,从他战前亲自潜入黎巴嫩首都贝鲁特进行冒险侦察,到发动全面进攻时身先士卒,受到以色列官兵狂热的拥戴;从第四次中东战争中对巴列夫防线的尖锐批评,到出人意料地偷渡大苦湖扭转战局,一直到 1982 年在贝卡谷地精心导演电子战……这样一个娴熟地驾驭现代化战争艺术的奸雄足以令世界不安。作为特定时代的战争恶魔形象,沙龙的个性是异常鲜明的。

三、报告文学人物塑造的具体方法

(一)独特的肖像描写

报告文学中的肖像描写与小说中的肖像描写之间没有本质上的区别,只有"度"上的不同,即一定要再现真实人物的真实风貌,不可过度地"文学化"。如鲁光的《中国姑娘》中对于二传手孙晋芳的肖像描写:"身材匀称,体格壮实健美。在高个如林的同伴中,她的个头并不高,也许还稍微矮了一点,两只眼睛是细眯着的,一流汗,就眯得更细,难怪同伴们都亲昵地称呼她'小眯'。不过,透过那细眯的眼缝,闪射出来的却是机敏、聪慧而又幽默的目光,她的神态从容不迫,颇有一种大将风度",很好地把握了"度",深得人物性格之"要",透着人物内在气质和精神力量的"本真"。

(二)独特的行动描写

报告文学中的行动描写(包括生动典型的细节),除了遵循其他文体中的人物行为描写规则之外,还必须强调人物行为的生活真实感、自身行为符合逻辑性等方面的要求,从而显示出行为描写在报告文学中的独特性。如徐迟的《地质之光》中对李四光拨转地球仪的细小动作描写、穆青的《一篇没有写完的报道》中对植树老人潘从正打老婆的动作描写等,都充分地展现了人物思想情感的内在逻辑和行为本质,有着"历史的厚重感"。

(三)独特的语言描写

报告文学作者对人物的了解、把握,主要是通过当事人和知情者的"谈话"而获取的,这为人物典型语言的提炼提供了极大的便利。报告文学中成功的语言描写,总是能够紧扣说话的现场气氛,给人真实之感;同时,人物总是处于特定的大时代中,其语言也会从一个侧面反映出特定的时代精神。如徐泓的《吴仪:中国开放的形象》中写吴仪 1992 年 8 月以北京市副市长、中国对外贸易经济合作部部长的身份在俄罗斯远东地区考察时,接受一群俄罗斯记者的突袭式采访的情景,其语言描写是相当精彩的。作者紧紧抓住吴仪"中国开放的形象"的鲜明特征,用寥寥数笔勾勒出人物的语言环境,处处突出采访的现场感,把吴仪的话表述得精炼、恰当,突出了吴仪在改革开放时代的"女强人"形象。尤其是"我要垦荒,为自己创造生存的条件"这句话,赢得了外国记者的高度赞扬,确是吴仪内在特质和中国人民族性格完美而鲜明的再现。

(四)独特的心理描写

报告文学中的心理描写,要求作者写出人物的精神风貌,写出人物的灵魂本质。报告文学的文体特征,还允许作者在心理描写中掺进作者自己的主观评价或抒情。如理由的《扬眉剑出鞘》中对搏击中的栾菊杰受伤后的一段心理描写,其时她被对手的断剑误伤,仍然瞒住众人,继续拼搏,"千万不能叫人知道我受伤了,只要能把五星红旗升上去让我去死也干,拼,拼了!"使栾菊杰的拼劲、狠劲、韧劲和不服输的个性十分鲜明突出,充分地展现了中国体育健儿的风采。紧接着这段心理描写后有一段简短的抒情,使人物的心理活动更富感染力,让读者对她的敬意油然而生。

第五节 报告文学的表现技巧

报告文学可以充分地发挥它作为边缘文体的优势,向各种体裁借鉴,以丰富自己的表现手法和表现技巧。

一、小说笔法

报告文学可以借鉴小说的诸多表现技巧,在情节安排、形象刻画、环境描绘诸方面兼具小说之长,从而增强其可读性和吸引力。在叙事上,它可以借用小说笔法中常见的悬念、设伏、擒纵、抑扬、张弛、曲直、虚实乃至意识流等手法,把本是散乱零碎的事件讲述得波澜起伏、跌宕有致。在人物和环境的描绘上,它可以借用小说擅长的白描、细刻、烘托、铺张等多种手法,使读者产生如临其境、如见其人之感。如黄宗英的《大雁情》就颇具"小说风范"。文章叙述了西安植物园助理研究员秦官属的追求和悲哀境遇,她执着于杨树树种的研究和改良,却遭遇了种种猜忌、误会和非难。作者以五个"她"作小标题来结构全文,层层释疑,步步深入,充分地调用了小说的诸多表现技巧,使人物形象栩栩如生,故事情节环环相扣。

二、散文笔法

报告文学在借鉴散文笔法时要尽量发挥其"散"的优势,使文章在选材、立意、结构、语言、风格诸方面多姿多彩。如李存葆、王光明合作的《沂蒙九章》,几乎全用散文笔法,在选材立意、谋篇布局方面均有所突破。其取材之广泛、人物之众多、手法之多样,深得散文之"精要",把沂蒙山人几百年来的穷与富、苦与乐、喜与忧乃至崇高与卑微、圣洁与龌龊、聪慧与愚昧等熔于一炉,让读者看到这片"纳蒙山之灵气,汲沂水之膏泽"的古老土地上生生息息的人们,如何克服艰苦的自然环境和险恶的社会环境,如何创造一个个举世瞩目的辉煌和奇迹,如何从贫困落后走向富裕发达……这其中贯串着一个鲜明的主题:英雄的土地养育着英雄的人民,在革命战争年代为中国革命作出过伟大贡献的沂蒙山人,在今天,同样创造了令世人景仰的丰功伟绩;"沂蒙山精神"是中华民族自力更生、艰苦创业、不屈不挠、无私奉献、努力开拓进取精神的充分体现。这一主题统摄全文,使其"形散而神聚"。

三、戏剧笔法

报告文学对戏剧笔法的借用,主要体现在"集中"和"冲突"两方面。所谓集中笔法,就是对生活素材本身进行量体裁衣的剪裁和精心组织,选择好最具表现力的、典型的场面、环境,让人物、时间、场景相对集中,以便更有效地展现生活中的真人真事。所谓冲突笔法,就是抓住生活中的主要矛盾冲突,并把主人公置于矛盾冲突的旋涡中去展示其鲜明的个性。当然,报告文学中的集中和冲突只是相对的,不能像戏剧中那样高度集中和冲突,不能"太像戏"。

四、影视笔法

影视艺术的主要特征在于调动各种表现手段对观众(读者)造成极强的视觉冲击力,无论是特写、全景、中景、近景的区分,还是俯拍、仰拍、平视的角度,或者推、拉、摇、移、跟的运动,或者节奏的起伏,或者各种各样蒙太奇手法的运用等,其最终目的都是要让形象诉诸观众(读者)的眼睛。既然报告文学具有文学性,也涉及塑造形象的问题,它可以借鉴影视艺术的多种表现技巧来达到叙述感人故事、塑造动人形象的目的。像闪回跳跃、多视点转换、场面内的运动与节奏、背景置换、声画分合、交叉剪辑等影视中常用的手法,已在一些报告文学作品中运用得相当娴熟。

五、诗歌笔法

诗歌的特点是想象丰富、情感饱满、意境深邃、语言精练。在遵循真实性原则的前提下,凡是诗歌中用于想象、抒情、造境、炼语的各种修辞手法和表现技巧,都可以用于报告文学中。如徐迟的《生命之树常绿》中对我国著名植物学家蔡希陶的赞美,是通过赞扬蒲公英来实现的:

　　那样地富丽堂皇呵!当果子成熟后,冠毛带着它们随风起舞。那样地美妙而婀娜呵!它们飞飏而去,纷纷飞走了,消失不见了,只留下了一个花轴。人们常常惋惜:只要轻轻地向它吹一口气,这美丽的结构呵,就被毁了,就不再存在了。

　　但是它们几曾消失了呢?它们飞舞着,作为种子而飞翔,而后降落到大地之上,重新定居下来了,扬畅了,生长了,以几何级数的增长,开放了更多得多的花序,又结出更加多得多的美丽组合的果球。用不到惋措的呵,更不需要伤感!倒不如赞扬它,咏吟它,歌唱它,欢呼它呵——大自然的朴素和华丽的统一!毁灭与生命的统一!

这段文字熔抒情、描写、议论于一炉,综合运用了象征、拟人、排比等修辞手法,表现了主人公崇高而圣洁的精神境界,想象丰富,意境高远,诗意浓郁。对诗歌笔法的成功运用,使《生命之树常绿》具有"诗"一般的魅力。

六、杂文笔法

杂文的特点是"寓理于象",与报告文学的"政论性"有相似之处,因此,揭露型的报告文学可以借用杂文笔法,充分发挥其"轻骑兵"的威力。从表达方式上说,"寓理于象"和"政论性"实际上就是一种形象化的议论。这种议论在报告文学中所占比重虽然不大,却最能体现作者的睿智和风格,也是报告文学"理性"的主要承载者。所以,要使报告文学更好地发挥社会作用,借鉴杂文"寓理于象"的议论方法是一种很有效的手段。如涵逸的《中国的小皇帝》中写到孩子们的劳动教育问题时,有一段议论,通过对洗手洗脸穿衣戴帽等日常小事的高度概括,形象地勾勒出当今"小皇帝"们因被迫放弃劳动,一心求学而养成的骄横,字里行间透着无可奈何和深深的忧虑,也是对溺爱孩子这种社会现实的针砭和讥刺,颇似杂文笔调,令人掩卷长思。

总之,报告文学作为边缘文体,其表现手法和技巧是呈开放状态的,它不仅能够有效地吸取和采用其他体裁的新手法、新技巧,而且它本身所具有的"新质"也会在新的时代条件下不断发展变化,使新的表现手法和表现技巧得以产生,使报告文学的表现手法和表现技巧日臻丰富。

范文选

中国之蒿
——屠呦呦获诺贝尔奖之谜(节选)
陈廷一*

2015年10月5日,中国女科学家屠呦呦获得诺贝尔医学奖。

8.次次失败,190次后的成功

成功的花,人们只惊羡它现时的明艳,谁知道它当初的芽儿,却浸透了奋斗的泪泉,洒遍了牺牲的血雨!

从领导办公室走回自己的办公室,已经星斗满天。屠呦呦很激动,她觉得这是一副担子,重重压在了她还有些细嫩的肩上。她多年科研的梦想一下子成了现实,领导的信任,任务的紧迫,特别是越南战场上饱受疟魔折磨的将士们,睁大了求救的眼神,一个个在乞望着她,她觉得时不我待,加快了研发的脚步。她不敢多想,就一头扎进《本草纲目》等古典药典,寻觅自己的灵感,抑或突破口。

"523"项目的任务十分明确,就是通过军民合作开发防治疟疾药物,同时对所开发防治药物的要求是高效、速效,预防药物要长效。

在采访中,屠呦呦告诉我们说:

"中西医知识的积累让我意识到,必须从古代文献中寻找解决方案。我开始系统整理古方。从中医药医学本草、地方药志,到中医研究院建院以来的人民来信,采访老大夫等等,不放过任何一个机会。花了半年时间,最后做了2000多张卡片,编出640多种抗疟方药,作为我的基本功,考虑从中找到新药。"

一年过去了,两年过去了,时间伴随着她和她的团队忙碌的身影,在指尖中不知不觉

流去。该做的实验都做了,这2000多种方药中整理出一张含有640多种草药,包括青蒿在内的《抗疟单验方集》。可在最初的动物实验中,那时青蒿还没有涉入她的视野,真如大海捞针,茫无头绪。但她一直坚持实验,有时累得呕吐不止,头涨脑昏,怀疑自己中了毒,结果一检查,是中毒性肝炎,大夫让她休息。她哪能休息呢?越南的炮火在催促着她,伤病员的眼神在乞求着她,怎能停下手中的实验工作呢?她吃下一把药,又走出家门,开始了失败后的重新筛选。

冬战"三九",夏战"三伏",有时累得吃不下饭,四肢无力,连走回十步之遥的宿舍的力气都没了。希望似乎化成了泡影,她也如死了一般。在这个时候,"失败是成功之母",在她脑海里划过,犹如彩虹映在她眼前,她又如触电一般地从床上弹跳起来,重新开始实验、筛选。失败,再失败,她一度怀疑她当初的选择。又是多少次失败,她始终坚信:乌云遮不住太阳,失败孕育着成功的阳光。说不准是多少次失败了,这个与她名字有着联系的青蒿,冥冥中闯进了她的视野。经过实验,青蒿的效果并不出彩,屠呦呦的苦苦寻找再度陷入了僵局。

问题出在哪里?屠呦呦再次翻阅葛洪的《肘后备急方》,企图在这本古典中再寻突破。书不知翻阅了多少遍,四角已经微微翘起,颜色愈加变黄。

这本古代医书究竟有何渊源?

……

屠呦呦的目光最终停留在《肘后备急方》:"青蒿一握,以水二升渍,绞取汁,尽服之。"突然她眼前一亮,获得了"诺奖级别"的灵感,马上意识到,以前的高温可能破坏了青蒿中的有效成分,她随即另辟蹊径采用低沸点溶剂进行实验。在190次失败之后,屠呦呦改用乙醚低温提取,终于成功了。

成功就在一念间。

1971年,屠呦呦课题组在第191次低沸点实验中发现了抗疟效果为100%的青蒿提取物。1972年,该成果得到国人重视,研究人员从这一提取物中提炼出抗疟有效成分青蒿素。

屠呦呦反复实验和研究分析还发现,青蒿药材含有抗疟活性的部分是叶片,而非其他部位,而且只有新鲜的叶子才含青蒿素有效成分。课题组还发现,最佳采摘时机是在植物即将开花之前,那时叶片中所含青蒿素最丰富。

细节决定成败。

喜讯传来,屠呦呦和她的四人团队,高兴得跳了起来。

姐妹们相拥而泣,多日的沉寂化成天边的云彩被风吹散,再苦再累也一扫而去,她们成功地破解了青蒿素的密码,像是打了一场大胜仗,1000多个日日夜夜,胜仗虽来得迟些,但毕竟来了,怎不让她们高兴呢?

清华大学医学院常务副院长鲁白告诉笔者,改用乙醚提取是关键一步,突破了瓶颈。此后,屠呦呦与中科院生物物理研究所、中科院上海有机化学研究所、中科院上海药物研究所等单位合作,对青蒿素里有效成分的化学结构进行了测定,并对其改造,最终获得抗疟疗效显著的蒿甲醚、青蒿琥珀酸酯。这两个化合物被国家批准成药,并在全球成功挽救了数以百万计生命。所以她是"523"项目一个代表性的人物,是最大的功臣之一。

11.永远的屠呦呦

2015 年 10 月 5 日,瑞典首都斯德哥尔摩,卡罗琳医学院诺贝尔大厅。

这是一个富丽堂皇的大厅。

全世界都将关注的目光投向瑞典,聚焦这个金色大厅,专注地倾听着诺贝尔奖的"心跳"。

诺贝尔奖年度颁奖大会,关乎世界人类前沿科学的今天和未来,历来备受世人瞩目。

来自世界各国的记者,身着五颜六色的服装,早早地聚集在这里,抢好位置,架好摄影机、照相机,长短不一,高低有致,像在打一场"战争",把镜头的"枪口"对准了大厅的主席台,单等那一刻的到来。

……

上午 11 时 30 分,音乐骤起。众目睽睽之下,诺贝尔生理学或医学奖评委会常务秘书乌尔班·林达尔和 3 位评委,优雅地缓步走上主席台——发布诺贝尔奖新闻。

乌尔班·林达尔面带着微笑,先后用瑞典语、英语宣布,将 2015 年诺贝尔生理学或医学奖授予中国药学家屠呦呦以及爱尔兰科学家威廉·坎贝尔和日本科学家大村智,表彰他们在寄生虫疾病治疗研究方面取得的成就。诺贝尔奖评选委员会用"成果无法估量"来评价 2015 年的获奖成果:"由寄生虫引发的疾病困扰了人类几千年,构成重大的全球性健康问题。屠呦呦发现的青蒿素应用在治疗中,使疟疾患者的死亡率显著降低;坎贝尔和大村智发明了阿维菌素,从根本上降低了河盲症和淋巴丝虫病的发病率。今年的获奖者们均研究出了治疗'一些最具伤害性的寄生虫病的革命性疗法',这两项获奖成果为每年数百万感染相关疾病的人们提供了'强有力的治疗新方式',在改善人类健康和减少患者病痛方面的成果无法估量。"

就在林达尔宣布的同时,他身后的大屏幕上,已随即出现获奖者的照片和简介。照片中的屠呦呦戴着眼镜,嘴角微微带笑,简介中写着"生于 1930 年,中国中医科学院,北京,中国"。

北京时间 2015 年 10 月 5 日,屠呦呦获奖的当天,中共中央政治局常委、国务院总理李克强致信国家中医药管理局,对中国著名药学家屠呦呦获得 2015 年诺贝尔生理学或医学奖表示祝贺。

北京时间 2015 年 10 月 6 日 13 时,屠呦呦接到乌尔班·林达尔的正式致电,通知她获奖的消息,表示热烈祝贺,并诚挚邀请屠呦呦于 2015 年 12 月赴瑞典参加诺贝尔奖颁奖大会。屠呦呦一如既往地淡定,耄耋之年的她在回应时,着重提及的,是"这不仅是个人的荣誉,更是国际社会对中国科学工作者的认可"。

三天后的 2015 年 10 月 8 日,中国科协主办了"科技界祝贺屠呦呦荣获诺贝尔医学奖座谈会"。

一个多月后的 12 月 6 日,应诺贝尔奖委员会邀请,屠呦呦乘机到达瑞典领奖。12 月 7 日出席 2015 年诺奖得主新闻发布会,并发表主题演讲《青蒿素的发现:传统中医献给世界的礼物》,激起大家长时间的掌声。她在半个小时的演讲中十次提到"中医药"。她在结束演讲时说:"我想再谈一点中医药。中国已故领导人毛泽东的话,强调'中国医药学是一个伟大的宝库,应当努力发掘、加以提高'。青蒿素正是从这一宝库中发掘出来的。通过抗疟药青蒿素的研究历程,我深深地感到中西医药各有所长,两者有机结合,优势互补,当具有更大的开发潜力和良好的发展前景。"

12 月 10 日是诺贝尔的逝世纪念日,是每年的诺贝尔奖隆重颁奖典礼的日子。庄严素雅的瑞典首都斯德哥尔摩音乐厅,再次布置一新。

当地时间 16 时 30 分,身着亮紫色长套裙的屠呦呦,显得格外精神、漂亮,与其他领奖人逐一登上领奖台就座。诺贝尔基金会主席卡尔·亨里克·赫尔丁首先致辞,欢迎获奖者来瑞典参加颁奖仪式。

在诺贝尔生理学或医学奖评选委员会的代表介绍了该奖得主屠呦呦的获奖成就后,瑞典国王卡尔十六世·古斯塔夫向屠呦呦颁发了诺贝尔奖证书、奖章和奖金。颁奖现场回荡着嘉宾表达祝贺的掌声。

2015 年诺贝尔生理学或医学奖奖金共 800 万瑞典克朗(约合 92 万美元),屠呦呦将获得奖金的一半,另外两名科学家将共享奖金的另一半。

2015 年诺贝尔物理学奖、化学奖、文学奖以及经济学奖的获奖者也在颁奖仪式上获颁各自的奖项,瑞典王室成员、政界领导人及其他各界人士1300余人出席颁奖仪式。

屠呦呦载誉而归。

在北京,她又接受了记者的采访,屠老十分风趣、幽默、率真,像位老顽童,现场掌声雷动。

记者开口问道:"您一直在申请院士资格吗?"

"是的,一直申请。"

"为什么没有当选呢?"

"因为诺贝尔奖一直等着我!"

现场爆发出热烈的掌声,人们为老人的乐观精神和机智语言喝彩。

记者接着问:"您获得了诺奖,可直接晋级院士,您愿意吗?"

"不,我不愿意,因为院士们要活下去!"

现场又是一阵掌声。

"您今年 85 岁高寿,经常喝牛奶吗?"

"不,我不喝牛奶。因为我也要活下去!"

现场更是哄堂大笑。记者最后说:"谢谢您接受我的采访!"

老人答道:"别客气,我知道,你也要活下去!"

现场哄堂大笑声、掌声、欢呼声,经久不息!

追星当追屠呦呦。

——选自《北京文学》2016 年第 2 期

*陈廷一(1947—   ),笔名晨光。河南鹿邑人。中国传记文学学会理事,中国通俗文学研究会常务理事,北京世界华人文化院研究员。著有长篇专著《皇天后土》、《国土九章》、《地球遗书》、《山西首富》、《许世友传奇》三部曲、《宋氏三姐妹》、《宋氏三兄弟》、《毛氏三兄弟》、《贺氏三姐妹》、《蒋介石大传》、《孙中山大传》等 30 余部。作品曾获国家新闻出版总署优秀畅销书奖。

我的中国梦（节选）

李春雷*

三

自从投身这一片温热而又浩瀚的海洋，他就再也没有回头。

上世纪80年代，国家倾力于经济建设，军工萧条。好多专业人才下海了，转行了，可他依然坚守。趁着清闲，他自学俄语，每天抱着收音机听读，还试着翻译俄文军事资料。后来，他干脆又考回母校，读全日制研究生，专业更是飞机设计。

90年代之后，军工航空的春天终于来临。

那个时候，他重点研究飞机座舱，侧重于舱盖玻璃和金属的老化疲劳问题。高空高速中，气流温度接近190℃，材料选用至关重要。为了快速筛选，需要到广州和海南做试验。试验是在强烈的紫外线环境中，强度是海南最高值的5倍。由于防护简陋，身体的照射时间每天不宜超过两小时。可他，每天照射5个小时以上，烤得皮肤火辣辣的，生疼。半个月，收获颇多，他的脸上虽然全部爆皮，像一个烧伤病人，可仍然掩盖不住笑容灿烂。

他在科研上成绩骄人：在国内首次采用气动力分析法进行座椅的适应性分析；率先提出开展透明件材料人工加速老化研究，填补了国内空白；主持了歼-8系列飞机弹射救生系统重大技术攻关……

各方面的优秀表现，使他一步步走上了领导岗位。10年之后，他担任了这所国内最大的歼击机设计研究所的党委书记。

2007年，人到中年的罗阳又肩负更大重任，出任中国歼击机生产基地——中航工业沈阳飞机工业（集团）有限公司董事长兼总经理。

沈飞，被誉为"中国歼击机的摇篮"，自1951年创建以来，创造了中国航空史上的无数个"第一"：第一架喷气式歼击机——歼-5，第一架喷气教练机——歼教Ⅰ，第一架超音速歼击机——歼-6，第一架双倍音速歼击机——歼-7，第一架高空高速歼击机——歼-8，第一架全天候高空高速歼击机——歼-8Ⅱ……

由设计军机到制造军机，罗阳承担着国家安全的一项特殊的神圣使命！

说起来，罗阳与军机似乎有一种天缘。

有两个数字，真是惊人的巧合：

他出生那一年——1961年，正值沈阳飞机设计研究所成立。

而他的生日——6月29日，竟然就是沈飞的诞生日！

七

新机试制部工程师韩崇杰的右脸颊上有一个红疱，罗阳发现了。

飞机车间里，竟然还有小飞机——蚊子。

当天，他安排给车间所有人配上了花露水。

一位老技师患有糖尿病，他专门安排食堂准备无糖食品；深夜，看到车间加班，他叮嘱后勤一定要准时送餐；进入冬季，他又给外场人员每人配发了一个暖宝。

罗阳说，越是大干，越不能忽视大家的身体健康。

过去,除了特殊工种,沈飞人每3年体检一次。罗阳决定扩大员工体检范围,缩短体检间隔。从2011年开始,职工们每年体检。

对于"飞鲨团队"和特殊工种,罗阳请医生每周二上午到各个生产现场,为大家量血压,做心电图,随时检查身体状况。

从此,沈飞人的身体不仅有"年检",还有了"周检"。

可他自己,却有两年没有体检了。

……

罗阳是一个极简朴的人。

他家住在家属院的六楼,没有电梯,是上世纪90年代初期的老房子。装修呢?仍是当年的模样,客厅的八个莲花灯,其中三盏从未亮过。最让人惊奇的是,他家的厕所里还是蹲便池,明显落后于时代。

这些年来,他一直佩戴着一块卡西欧运动手表,表带是黑色布制的,边缘已经磨损,露出白色线边儿。他用碳素笔描成黑色,继续使用。

他唯一的爱好,就是待在各个车间里。

公司的工作服是一件海蓝色夹克,他常年穿在身上,即使到北京开会,也从不穿西服。不是不穿,是没有合身的。长期缺少锻炼,他原本标准的身材略微发胖,过去的西服不合身了。

几年前,有一次,省里开会,明确要求着正装。没有办法,他只得委托秘书上街买了一套,1390元。

开完会后,这套西服就闲置了,挂在办公室里,只在会见外宾时穿一下。

他就是一个工人。

一个最特别而又最普通的蓝领工人。

采访时,罗阳的秘书给我讲过一个故事:

中秋节,他去看望母亲。父亲7年前去世了,他是唯一的儿子。他坐在床边,与母亲说话,不知不觉中,竟然斜靠在床上睡着了。秘书在客厅看电视,长久地听不到声音,感觉有些异常,便往里面看了一下。只见母亲轻轻地拉着罗阳的手,静静地看着他,不忍松开。屋里面,飘浮着他低沉而香甜的鼾声。他太累了!

好一会儿,罗阳猛然醒来,不好意思地笑一笑,告别。

九

制造车间的墙上,有一行字特别醒目:一手托着国家财产,一手托着战友生命。

某系统偶尔出现一次渗油现象,最终发现是由于胶圈沿用老标准,未达到新工艺要求。及时转换标准后,大家以为事情可以画句号了。他却小题大做,召开质量大会,领导班子成员和一万多名员工,手持剪刀,一起动手,剪碎了剩余的两万多个老胶圈。

还有一次,某关键部件出现瑕疵。罗阳坚持不可原谅,从分厂厂长到车间主任,一撤到底。

拦阻系统综合试验时,有一个部件出现故障。有人认为,这只是一个偶然事件,更换部件就行了。罗阳说,绝不能这么简单下结论,故障原因不能有一丝一毫含糊!他连夜启动全系统普查,进行对比分析,最后发现,故障确非偶然,原因在于对设计思想理解不到位,造成产品存在不确定因素,如果只是简单处理,就会留下致命隐患。

罗阳始终盯在现场,经过几天几夜攻关,这个部件重新研制,达到了完全可靠。

他揉着红肿的眼睛,开心地笑着:"这才是我想要的。"

从此之后,生产中无论出现什么故障,罗阳都会严厉地说:"要找出原因背后的原因,问题背后的问题!"

是的,对于罗阳来说,所有的努力,没有及格和优良,只有两个成绩:满分,或零分。

满负荷运转,超极限爆发。

武器系统、火控系统、通讯系统、动力系统,起落架、机翼折叠、阻拦钩等等关键技术……

一个个钉子拔除了,他们日夜兼程!

每每有重大突破,他们也会忘情地庆贺。

只是,他们的庆贺不是在酒店里,而是在办公室里、在楼道里。他们泪流满面,相互拥抱,大喊大叫,歇斯底里。但走出大楼,走出厂区,却又面沉似水,守口如瓶。

他们的痛苦和快乐,不能与亲人分享。

十一

从设计发图,到新机下线,歼-15 创造了中国航空史上研制速度的奇迹。

但是,如果你认为罗阳只是完成了一个歼-15,那就大错特错了。

他是多个型号的研制现场总指挥,歼-15 仅是其中之一。只是由于保密原因,我不能深入采访。但我坚信,每一个型号的背后,都是一串惊心动魄的故事。

最近 5 年,沈飞研制了超过过去 50 年总和的新机型。从陆基到舰载,从三代机到四代机,托举了中国歼击机研制生产的半壁江山。

另外,沈飞的民用飞机生产任务也同样繁重,每天都会有一架飞机出厂。而民用飞机,同样容不得半点瑕疵。

安全生产、工艺创新、严防泄密、国家责任、竞争世界……

一座座大山,压在肩上,压在心上。

数万个零件,经过几千道严密的工序,构成一个个整体,联成一架架飞机,最终将飞出厂房,飞向高空,以 2.3 马赫的时速,巡航领空,保卫国家。

他们是一群什么样的人?

作为这个群体的领导人,罗阳又是一个什么样的人!

十二

24 日上午,继续进行歼-15 起降训练。

今天进行 3 个架次。

又是三次过山车般的肝胆欲裂。期盼、焦急、紧张、兴奋,波峰波谷,大开大合……

12 时 3 分,参加本次训练的最后一架飞机成功着舰!

将军和列兵,专家和员工,所有的人,纷纷拥上甲板,忘情地握手、拥抱、流泪、手舞足蹈……

平时内敛的罗阳,此时再也控制不住自己,涕泪滂沱,泣不成声。他面对大海,放声呐喊:"我们的孩子,成功了! 成功了!"

当天下午,亢奋中的罗阳致电岸上的几位副手,通报喜讯,并特别嘱咐一定要办好明天的庆功宴,要喜庆,隆重,喝茅台。

这时,他想起了妻子,便打去一个电话,平静地告诉她活动结束,放心吧。

"你在哪里?"妻子问。

"我明天赶到大连,晚上回家。"

妻子和母亲,是他事业最坚定的支持者和知心人,却从来不是知情人。这么多年来,她们仅仅知道他在研制飞机,而进一步的内容,他从来不说,她们也从来不问。该公布的,国家自然会公布,看电视新闻吧。

……

罗阳是什么时候开始发病的,已经没有人能够知道。

他的异常,是在第二天早上返航时出现的。码头上锣鼓喧天,彩旗飘舞,所有的人都在狂欢,只有他一反常态,无精打采,特别是嘴角大片的疮痂,像一颗干瘪瘪的黑枣,让人格外触目惊心。

但是,即使如此,谁也没有多想,谁也不会多想。大家都在忙于准备庆功宴,只是以为他近日太过辛苦,需要休息。

这次盛宴,由沈飞公司在大连主办,下午4时开始。是啊,这是中国航空界多年的渴望,这是中国军工业重大的突破,这实在是一个特别值得庆贺、值得铭记的日子!

谁也想不到,仅仅半个小时之后,他病情发作。

立即送往大连友谊医院!

2个小时后,宣布不治。

医院公布的死因:急性心肌梗死、心源性猝死。

一切,竟是这么突然!

十三

罗阳的去世,让所有人感到意外。

他正值壮年,爱好运动,体质良好,向来没有检查出什么病症。于是,大家不得不想到了他近几年的过度疲劳和心理压力。特别是今年,尤其是最近。

且看他临终前三个月的行程:整个9月和10月,都在忙于另外两个重点型号的研制任务,这是两项和舰载机同样巨大的工程,提心吊胆,夜以继日;项目成功后,未及休整,8日即直赴珠海,参加第九届国际航空航天展览会;17日傍晚返回沈阳,没进家门,就连夜赶往基地;第二天早晨,又马不停蹄地奔上了"辽宁号"。

医学专家进一步分析,罗阳的生理和心理长期处于亚健康状态,再加上刚从珠海归来,马上置身于冰冷的北国海上,两地温差达到40多摄氏度,血管骤冷骤热。还有,海上的不规律生活和巨大的情感起伏,更加剧了这种失衡……

即使是钢铁,也有疲劳限度。超过承载,就要断裂。罗阳本人就是研究玻璃和金属疲劳的专家,却没有意识到自己的身体。

这是一个遗憾的疏忽,这是一个罕见的偶然,却不幸发生在了罗阳身上。

为了在遗体僵硬之前换上一件正装,让他体体面面地上路,伙计们在他的行李箱中翻找。没有西服领带,只有那一件海蓝色夹克。

他原本就是计划穿着这件工装出席庆功宴会的。

伙计们面面相觑,再次嚎啕大哭。

于是,大家一起动手,把这件他最喜爱的海蓝色夹克,穿在他身上。

这是他最深的牵挂,这是他永远的梦想!

十四

庆功宴前,大将倒下。

现场的气氛,骤然由大喜转至大悲。原本丰盛的晚宴,顿时索然无味,草草收场。

当天傍晚,中国航空工业集团公司董事长林左鸣率各路大员,陪同罗阳遗体从大连返回沈阳。原定直接送往龙岗殡仪馆,但沈飞和沈阳飞机设计研究所的战友们,坚决要求他们的罗阳最后一次回家看看。于是,大家决定,遗体在厂区内绕行一圈。

当车队进入沈飞大门时,已是晚上8时了。

长长的试飞跑道上,没有一盏灯,黑黑的。大家自觉地把上千辆私家车排列在跑道两侧,打开大灯,雪白雪白,照亮着他回家的路。那一夜,雪花飘飞,银屑满地,上万人默默无语,泪流满面……

灵车驶出厂区之后,突然有人想起了罗阳母亲。79岁的老人家只有这一个儿子,而罗阳更是一个大孝子。这最后的时刻,应该让他们母子见一面啊。

于是,大家紧急商议:让罗阳轻轻地从母亲的窗外走过,悄悄地看一眼。

于是,浩浩荡荡的车队,熄灭大灯,禁止鸣笛,蹑手蹑脚。

罗阳母亲就住在三楼,就是临街的那一扇窗,里面灯光明亮,笑语喧喧,电视里正在播放一台庆典晚会。老人家已经从儿媳处得知儿子今天晚上就要回家的消息,正在满心喜悦地等待着。她多么祈望儿子的平安归来啊,多么希望疲惫的儿子能躺在自己的床上,像婴儿一样酣酣地睡觉、打鼾,而她,就那样静静地看着儿子、看着儿子……

但是,可敬的可怜的母亲啊,您不知道,您的儿子此时就在窗外,就在窗外,只是他已经永远永远地睡着了……

……

2012年11月25日,中国官方正式宣布:"辽宁号"航母已经顺利完成舰载机起降训练任务,舰机适配性能良好,达到设计指标要求。

至此,歼-15舰载机终于拨开神秘的面纱,展示在世人面前。同时,这也表明,作为中国自行设计研制的首型舰载机,歼-15已经完全具备与世界各国现役舰载机并驾齐驱的能力!

罗阳陨落了。

但他的梦想已经起飞。

他的笑容,他的笑声,写满了中国的万里空疆!

祖国,终将铭记那些忠于祖国、奉献于祖国的人!

——选自《人民日报》2013年1月9日

*李春雷(1968—　　),河北省成安县人,新时期青年报告文学家,河北省作家协会副主席、中国报告文学学会副会长。主要作品有《宝山》《朋友:习近平与贾大山交往纪事》《夜宿棚花村》《木棉花开》《我的中国梦》。

高原，我的中国色

乔　良[*]

是东亚细亚。

东亚细亚的腹地，一派空旷辽远、触目惊心的苍黄。

亿万斯年，谁能说清从哪一刻起，不分季节，不分昼夜，不知疲倦的西风带，就开始施展它的法力？塔克拉玛干，古尔班通古特，巴丹吉林，乌兰布合……还有，腾格里。这些个神秘的荒漠呵，一股脑儿地，被那股精血旺盛到近乎粗野的雄风卷扬而起，向秦岭北麓的盆地倾轧过来。

漫空里都是黄色的粉尘。

纷纷扬扬。飘飘洒洒。盆地不见了。凹陷的大地上隆起一丘黄土。黄土越积越厚，越堆越高。积成峁，堆成梁，又堆积成一大片一大片的塬。

这就是高原。黄土高原。

极目处，四野八荒，唯有黄色，尽是黄色。黄色。黄色。连那条从巴颜喀拉的山岩间夺路而来的大河，也暴烈地流泻着一川黏稠的黄色！

浑黄的天地间，走来一个黄皮肤的老者。看不清他的面孔，听不清他的声音，只有那被黄土染成褐色的长髯在被太阳喷成紫色的浮尘中飘拂……老者身后，逶迤着长长、长长一列只在身体的隐秘处裹着兽皮的男人和女人。

一棵巨大的柏树，便在这人群中生下根来。

轩辕柏。

所有黄皮肤的男人女人和他们的后人，都把这巨树唤作轩辕柏。它的根须像无数手指深抠进黄土，扎向地心，伸向天际，用力合抱住整个儿的高原。

始皇帝横扫六合的战车，汉高祖豪唱大风的猛士，倚在驼峰上西出阳关的商旅，打着呼哨、舞着弯刀、浑身酒气的成吉思汗的铁骑，和五千年岁月一道，从这金子样的高原上骄傲地走过去，走过去，直到……

暮云垂落下来，低矮的天地尽头，走来一个小小的黑点。

一个军人。

他站在一架冲沟纵横、褶皱斑驳的山梁上。

天可真低。他想，一抬手准能碰到老天爷的脑门儿。

残阳把他周身涂成一色金黄。他伸出手臂，出神地欣赏着自己的皮肤。金黄的晖光从手臂上滑落下去，掉在高原上。一样的颜色。他想，我的肤色和高原一样。

豪迈的西风从长空飒然而至。他的衣襟和裤角同时低唱起喑哑而粗犷的古歌。刹那间，他获得了人与天地自然、与遥远的初民时代那种无缝无隙的交合。是一种虚空又充实，疏朗又密集，渺小又雄大的感觉。

他不禁微微一笑。

然而，只一笑，那难以言喻的快感消退了。渐渐塞满胸臆的，是无边的冷寞，莫名的苍凉。竟然没有一只飞鸟，竟然没有一丛绿草。只有我，他想。我和高原。于是他又想，这冷寞、这苍凉不仅仅属于我，还属于遗落在高原上的千年长史。

一千年。

畏惧盗寇的商贾们抛离了驼队踩出的丝绸古道。面对异族的武夫们丢弃了千里烽燧和兵刃甲胄。一路凄惶,簇拥着玉辇华盖,偏安向丰盈又富庶的南方。

南方,绿油油、软绵绵、滑腻腻的南方。没有强烈的紫外线辐射,没有弥漫天际的黄沙烟尘,没有冰,没有雪,没有能冻断狗尾巴的酷寒,有丽山秀水,丝竹管弦,有妖冶的蛾眉,婀娜的柳腰,有令人销魂的熏风、细雨……那叫人柔肠寸断的杏花春雨啊,竟把炎黄子民们孔武剽悍的魂魄和膂力一并溶化! 而历史,却在某个迷茫的黄昏,被埋进深深的黄土。

有多厚的黄土,就有多厚的奥秘的高原,每一只彩陶罐、每一柄青铜剑都会讲一个先民的故事给你听的高原,沉默了。陪伴它的,是一钩千年不沉的孤月。

唉,南方,南方。

他忽然想到了西方。当黄皮肤的汉子们由于贫血而变得面色苍白时,麦哲伦高傲的船队刚刚在这颗星球上画完一圈弧线。野心勃勃的哥伦布,正携着西班牙国王致中国皇帝的国书,横渡大西洋,惊喜地打量着近在咫尺的新大陆。真是一群好汉子。有了他们,西方才后来居上。他感到胸口有一团东西被揪得发疼。

他看到斯文·赫定、斯坦因、华尔纳们,正把成捆的经卷盗出敦煌,正把昭陵的宝马凿下石壁,而恭立一旁的黄种汉子,手里只有一杆能把自己打倒在地的烟枪!

他想喊。

他想站到最高的那架山梁上去,对着苍茫的穹窿嘶喊:

难道华夏民族所有的武士,都走进了始皇陵兵马俑的行列?

没有风。没有声息。高原沉默着。

一块没有精壮和血性汉子的土地是悲哀的。

他想起了他那些戴着立体声耳机、抱着六弦琴横穿斑马线的兄弟们。他们全都身条瘦长,脸色煞白,像一根根垂在瓜架上的丝瓜。他们要去参加这一年中的第三百六十七次家庭舞会吧? 他们的迪斯科跳得真好。他们忧郁的歌声真动人。但,他们只从银幕上见过高原和黄土。他们不知道紫外线直射进皮肤和毛孔时的滋味,更不知道那黄土堆成的高原上埋着的古中国。

可那才是中国,那才叫中国。在病榻上呻吟了八百年,又被人凌辱了二百年的,不是真正的中国。真正的中国是闪着丝绸之光、敦煌之光,修筑起长城,开凿出运河,创造了儒教、道教,融合了佛教、回教,同化了一支支异族入侵者的中国。

真正的中国是一条好汉。

这裸着青筋、露着傲骨的高原也是一条好汉。

他真想把那些整天价只会怨天尤人的小白脸们都带到这里来,染他一身一脸的国色——黄帝、黄河、黄土高原的本色。让他们亲近一下泥土的纯朴和漠风的豪气。

他想,要使这片贫瘠的、失血过多的土地复苏过来,需要的是更强劲的肌肉,更坚硬的骨骼,更热的黄河一般湍急的血流。需要比麦哲伦和哥伦布们还勇健的如守护始皇陵的武士俑那样的壮汉。

他想,我也该是这样的汉子。

他想,有了这些男子汉,高原,这金子似的高原便不会死去。因为轩辕柏在这里扎着一根粗大的、深邃的根茎。

这个人,这个军人,就是我。

——选自《解放军文艺》1985年第 2 期

*乔良(1955—),河南杞县人,中国人民解放军兰州空军某部作家。作品主要有《大冰河》《灵旗》等。

思考与练习

一、名词解释

1.艺术文告——

2.报告文学的新闻性——

3."聚焦"——

4."打外围"——

5.时代精神——

二、填空

1.报告文学的基本特征是_____、_____、_____。

2.报告文学的文学性主要是通过_____、_____、_____、_____、_____等多种手段的综合运用来实现的。

3.报告文学在塑造人物时有两点基本要求,它们是_____和_____。

4.所谓"永久性"的人物和事件,必须具备_____、_____、_____这样一些基本条件。

5.报告文学有着丰富的表现技巧,它可以借鉴_____、_____、_____、_____、_____、_____等笔法。

三、判断(正确的画"√",错误的画"×")

1.文学是可以虚构的,报告文学既然是文学,就允许有适当的虚构。　　　(　　)

2.报告文学的政论性,是在新闻性和文学性的基础上产生的"新质"。　　　(　　)

3.报告文学最初发端于欧洲,不是我国土生土长的文学样式。　　　(　　)

4.报告文学中的人物性格历史并不要求完整,所以更重视在横切的生活场景中去展现人物的性格特征。　　　(　　)

5.报告文学中人物行动描写的独特之处在于加进了真实而生动的细节描写。　　(　　)

四、问答

1.略谈中国特色社会主义进入新时代的时代精神的内涵。

2.怎样开掘足以反映时代精神的主题?

3.简论报告文学中人物典型与小说中人物典型的异同。

4.报告文学如何借鉴影视笔法?

5.你对报告文学写作"六分跑、三分想、一分写"有何感受?

第十二章　小说写作

第一节　小说的含义及特征

一、小说的含义

小说是运用叙述语言和典型化的方法,以塑造人物形象为主,通过故事情节的描述和具体环境的描写,形象而深刻地反映社会生活的文学样式。

我国的"小说"一词最早见于《庄子·外物》篇:"饰小说以干县令,其于大达亦远矣。"庄周认为修饰"小说"以求高名与美誉,但又把"小说"与"大达"对举,认为"小说"不能达于大道,可见他所谓"小说"是指碎语琐谈和无关宏旨的逸闻。班固在《汉书·艺文志》里列小说为一家,似乎已开始重视小说,但当他谈到小说家和小说的内容时却说:"小说家者流,盖出于'稗官',街谈巷语,道听途说者之所造也。……是以君子弗为也,然亦弗灭也。闾里小知者之所及,亦使缀而不忘,如或一言可采,此亦刍荛狂夫之议也。"他认为"小说"不灭的缘故在于它能深入民间,为"闾里小知者""缀而不忘",但它是"街谈巷语、道听途说",是引车卖浆之徒、割草打柴之人所造,终属"小道","君子"不屑于为之,颇有轻视之意。而从他所列的 15 种书来看,大抵属于无类可归的杂书之流。东汉桓谭在《新论》里说:"小说合丛残小语,近取譬论,以作短书,治身理家,有可观之辞。"他在这里揭示了小说采用综合(合丛残小语)、比喻(譬论)等表现方法和具有"治身理家"的社会功能,距现代小说概念已近了一步,但他把"小说"称为"短书",仍含鄙薄之意。所以,鲁迅认为:"诸书大抵或托古人,或记古事,托人者似子而浅薄,记事者近史而悠谬者也。"(《中国小说史略》)由此可见,我国古代认为"小说"是非文学的俚俗之词,其跻身于文学之林是近代的事。

我国小说的发展大约经历了这样几个阶段:上古神话传说到魏晋南北朝"志怪""志人"小说;唐代传奇;宋代话本;明清章回小说;近现代小说。每个阶段都以丰富的创作成果和实践经验,充实发展了"小说"这一文学体裁。

国外把小说叫"讲故事",在英语词汇中小说和故事都是"story"。法国批评家阿比尔·谢括利认为:"小说是用散文写成的具有某种长度的虚构的故事。"英国著名小说家、批评家福斯特则把"任何超过五万字的虚构的散文作品"都称为小说(《小说面面观》),这实际上已超出了小说讲故事的范畴。直到 20 世纪初才有人主张小说可不必再讲故事，可写作家自己和别人的内心世界，或一种心态与情绪。但比较完整而广泛被接受的说法应是以人物形象的塑造为中心，通过完整的故事情节和具体环境的描写，形象地反映社会生活，并以此区别于诗歌、戏剧和散文的那种叙事性文学体裁，才可视为小说。

二、小说的特征

（一）广泛、多面、完整、细致地再现社会生活

小说反映社会生活不是被动的、镜面式的，而是能动的、立体交叉的。波兰著名小说家奥热什科娃把它喻为透视社会人生的魔镜。她说："我们可以把小说比作一种魔镜，它不仅能反映出事物的外貌及其为众人所能看到的日常秩序，同样也能表现出事物的最深邃的内容，它们的类别和五光十色，以及在它们之中所进行的相斥相引，它们产生的原因及其存在的后果。"小说既可以定格片段和瞬间，解剖摹写人的内心世界，又可以如《约翰·克利斯朵夫》那样详细展示人物漫长曲折的生活道路，也可以像《红楼梦》和《人间喜剧》，成为形象的历史和人生图画的百科全书。

（二）心灵化的虚构世界

小说创作源于生活，但它所塑造的世界又高于生活。它是作者主观内情与客观物象的交融，融入了作者的想象和对客观生活的再造、重组。因此，小说是作者在大量事实的基础上虚构出来的。高尔基在《论文学技巧》中讲道："在用语言、画笔和雕刀来描绘生活现象的艺术里，虚构是完全适当而且有用的，只要虚构能使描绘更加完美，使它具有最大的说服力，加深它的意义——显示出它的社会根源和必然性，虚构创造了《堂·吉诃德》《浮士德》《当代英雄》……一切巨大的文学作品都使用了虚构，而且不能不使用它，但是有一条限定虚构很好的原则：'你尽管撒谎，不过要撒得使我们相信你。'"巴尔扎克称他的作品为"伟大的谎言"；曹雪芹说《红楼梦》是"假语村言"，都充分说明小说是作家主观心灵对客观生活进行虚构、再造的产物。

（三）以人物、情节、环境为构成要素

塑造生动而性格鲜明的人物形象是小说创作的首要任务和中心。人物作为小说艺术形象的主体，是小说的主要描写对象，人物形象塑造的好坏，往往是衡量一篇小说成功与否的重要尺度，小说创作中的其他诸因素都必须围绕人物和人物的活动展开，并为塑造人物形象服务。情节是"人物之间的联系、矛盾、同情、反感和一般的相互关系——某种性格、典型的成长和构成的历史"（高尔基《和青年作家谈话》）。小说中人物的性格必须通过事件的发生发展来展示。同理，人物思想和性格的形成总是离不开一定的环境，人物形象也只有在特定的环境中才能得到充分的展示；同时，也只有写出人物的思想性格和个性特征之所以能够形成、发展的具体条件，人物形象才能真实可信。正如老舍所说："人物如花草的籽粒，背景是园地，把这颗籽粒种在这个园地里，它便长成这个园里的一棵花。所谓特定的色彩，便是故事有了园地。"因此，小说创作中人物、情节、环境三者犹如鱼和水一样密不可分，被称为小说创作的三要素。

第二节　小说的种类

一、以篇幅长短和容量大小分为长篇、中篇、短篇及微型小说

（一）长篇小说

长篇小说在文学史上有着显要的地位。别林斯基说："长篇小说超过一切其他种类的文学,独赢得社会的垂青;社会把长篇小说看作自己的一面镜子,从它认识到自己,从而完成了自我认识的伟大过程。"这就从艺术功能的角度阐明了长篇小说的价值。一般来说,长篇小说具有以下特征:

1.篇幅长,容量大　长篇小说是篇幅最长、容量最大的叙事作品,其篇幅少则十万言,多则达数百万言,其容量可以涵盖整个时代,完整地展示出历史变迁和多姿多彩的社会生活画卷,细致生动地刻画错综复杂的事件,从矛盾冲突的发生、发展、结束的全过程反映出一定历史时期社会生活的本质,再现波澜壮阔的历史面貌。鲁迅把长篇小说称为"巍峨灿烂的巨大的纪念碑"。一个民族文学创作的高峰,往往是由长篇小说体现的,它拥有"历史画卷"的美誉。

2.情节复杂、曲折、完整,结构宏伟庞杂　长篇小说的故事情节较为复杂、曲折、完整,大小事件相互交错,穿插频繁,环环相扣。它既可以大开大合,气势磅礴、惊心动魄地吞吐重大题材,也可以细针密线、缠绵悱恻地穿插若干生活琐事,使情节跌宕起伏,节奏疏密相间。因而,其结构常常围绕一个主要情节几条线索同时展开,或者几个故事情节同时交错发展。如托尔斯泰的《战争与和平》,真实而艺术地再现了19世纪初俄法战争的全过程,广阔地展现了俄罗斯的社会、政治、经济、家庭生活的图景。

3.人物众多,关系复杂　长篇小说反映的是重大的社会事件,它必然涉及社会各阶层中各种人物以及他们之间错综复杂的关系网络。因此,它不可能只集中笔墨刻画一两个人物形象,而要纵意驰骋,塑造众多不同种类的典型人物,揭示他们之间千丝万缕的联系,从而折射出时代光彩、民族特质、阶级感情,反映出人物特殊的遭遇和鲜明的个性特征。我国的四大古典名著,出场人物都多达数百人。

4.主题的多义性　长篇小说一般除了表现一个主题之外,还常常表现出许多次要主题或副主题,这是其内容恢宏深刻的主要原因。另外,长篇小说的主题一般较为含蓄蕴藉,又由于读者思想境界和眼光的差异,更易使长篇小说的主题呈现出多义的特征。恰如鲁迅论及《红楼梦》的命意时所说:"经学家看见《易》,道学家看见淫,才子看见缠绵,革命家看见排满,流言家看见宫闱秘事。"

（二）中篇小说

中篇小说在篇幅长短、题材巨细、情节繁简、人物多寡诸方面都介于长篇小说和短篇小说之间,字数一般在3万字到10万字。它反映的社会生活内容不及长篇小说广泛,又

比短篇小说反映面更宽;故事情节没有长篇小说复杂曲折,又比短篇小说细致完整;人物关系不及长篇小说复杂,但活动天地比短篇小说广阔。中篇小说适宜于对不足用长篇小说反映和无法用短篇小说涵容的较大生活题材进行描写,它既不是短篇小说的拉长,也不是长篇小说的纲要,而是由其内容决定的具有独特艺术特征的小说品种。如鲁迅的《阿Q正传》、海明威的《老人与海》。

(三)短篇小说

短篇小说字数一般在2000字以上,3万字以内,是内容凝练、形式短小的叙事型文学作品。它取材广泛而严格,纷繁复杂的社会生活都可以纳入其选材的范围。但是,作者又要以独特的眼光和严格的标准去选取生活中最有价值最有意义的一个点或一个横断面来反映时代、反映社会、反映人生。因而,事件单一,情节单纯、紧凑,场面集中,人物较少,结构简单,绝少枝蔓,是其反映生活的一大特色。但是,这并不意味着短篇小说是社会容量小、内容单薄的文学作品。短篇小说虽然直接写到的内容不多,但是由于它取材集中、人物典型、内容凝练,可以使读者反复玩味、举一反三、认真思索,从中获得丰厚的教益。鲁迅曾经指出:"在巍峨灿烂的巨大的纪念碑底的文学之旁,短篇小说也依然有着存在的充足的权利。不但巨细高低,相依为命,也譬如身入大伽蓝中,但见全体非常宏丽,眩人眼睛,令观者心神飞跃,而细看一雕阑一画础,虽然细小,所得却更为分明,再以此推及全体,感受遂愈加真实,因此那些终于为人所推重了。"短篇小说"只顷刻间,而仍可借一斑略知全豹,以一目尽传精神,用数顷刻,遂知种种作风,种种作者,种种所写的人和物和事状,所得也颇不少的。"(《近代世界短篇小说集小引》)鲁迅的《狂人日记》《故乡》《祝福》等都是这种"以一斑略知全豹,以一目尽传精神"的上乘佳作。在世界文学史上,契诃夫、莫泊桑、欧·亨利是三位著名的短篇小说大师。

(四)微型小说

微型小说又称"小小说""袖珍小说",高尔基把它称为"小小的短篇"。微型小说是一种篇幅超短(千字以内)、内容精悍、人物集中、寓意深刻、主干突出、线索分明、结构奇妙、文笔洗练优美的小说。它只截取生活中具有特征意义的一个片段或一幅剪影,一个镜头或一朵浪花,是生活的"瞬间艺术",其美学特征是简洁美、单纯美、奇崛美。如美国科幻小说家费里蒂克·布朗的一篇微型小说只有25个汉字:"地球上最后一个人独自坐在房间里,这时忽然响起了敲门声。"

二、以内容不同分为社会小说、历史小说、科幻小说、推理小说等

(一)社会小说

以现实社会生活为题材的小说即社会小说,或称"问题小说"。其特点是现实感、时代感强,直接触及当今社会生活中的主要问题。如老舍的《骆驼祥子》、钱钟书的《围城》、路遥的《平凡的世界》、陈忠实的《白鹿原》、余华的《许三观卖血记》等均属社会小说。

(二)历史小说

以历史故事为题材进行再创作的小说。其特点是历史与小说艺术的有机结合。它的创作方法是必须既深入历史又跳出历史。"深入"是为了研究材料、忠于史实;"跳出"

是要按小说艺术的创作规律进行想象和虚构,创造出有血有肉、栩栩如生的人物来。如姚雪垠的《李自成》、凌力的《少年天子》、熊召政的《张居正》,都先后获得茅盾文学奖。近年来,马伯庸的《长安十二时辰》《两京十五日》等历史小说也颇受关注。

（三）科幻小说

用幻想的形式,表现人类在未来世界的物质精神文化生活和科学技术远景,其内容交织着科学事实和预见、想象,是随着近代科学技术的蓬勃发展而产生的一种文学样式。它虽然是作家的幻想,但又深深扎根于现实的土壤之中。正如法国科幻小说家米歇尔·布托尔所指出:"科学幻想小说是这样一种文学,它在可能的领域中探索,它以科学赐予我们的知识为出发点。科学幻想小说是没有脱离现实领域框框的一种幻想。"科幻小说具有科学性、预见性、文学性等特点。著名代表作有凡尔纳的《海底两万里》,威尔斯的《时间机器》,阿西莫夫的"基地"系列和"机器人"系列作品。2015年我国作家刘慈欣的《三体》获得世界科幻文学最高奖项——雨果奖最佳长篇小说,将中国科幻文学推上了世界的高度。

（四）推理小说

以推理手法探索和追究犯罪或案件的社会原因,揭示社会矛盾和斗争的一种小说。推理小说于20世纪二三十年代在欧美得到发展,六七十年代以来在日本风行。推理小说的内容大体与侦探小说一致,主要区别在于它注重科学的逻辑推理,运用推理手段拨开疑云迷雾,揭示案情和破案过程。优秀的推理小说不仅情节曲折离奇、引人入胜,而且通过深入细致的分析和精到准确的判断使人佩服,不仅使人获得艺术上的享受,而且得到思想方法上的启发。代表作家有柯南道尔、阿加莎·克里斯蒂、约翰·狄克森·卡尔、松本清张、东野圭吾等。

此外,按表现重心,可把小说分为情节小说、无情节小说、性格小说、心态小说、意象小说等;按现代表现手法,还可分为反小说、非小说、意识流小说等。

第三节　小说的人物塑造

一、写好人物是小说写作的核心

只要"文学是人学"这一命题尚未过时,人物形象塑造就依然是小说创作的中心环节和核心任务。人物,作为小说作品艺术形象的主体,是小说创作所要描写的主要对象。小说创作归根结底是要通过描写人物的命运、人物的活动及其相互间的关系来反映和表现生活。作家总是像产妇一样,以深厚的感情孕育着小说中的人物形象,人物形象的成熟就是小说构思的成熟。作家的大部分心血都倾注在人物形象的身上,与之同呼吸、共命运,同欢乐、共悲泣。小说写作中的其他种种因素,都必须围绕人物及其相互间的关系展开并为塑造人物形象服务。

二、小说人物的类型

（一）扁平人物

扁平人物和圆形人物这两个概念，是由爱德华·摩根·福斯特在《小说面面观》一书中提出的，并一直为人们所沿用。福斯特说："17世纪时，扁平人物称为'性格'人物，而现在有时被称作类型人物或漫画人物。"他们出现在剧里，只是为了"表现一个简单的意念或特性"，甚至简直就是为了某一个固定念头而生活在种种的矛盾冲突之中。真正的扁平人物可以用一个句子表达出来。扁平人物是围绕着单独一个思想或特质来塑造的，可以用一个词或一句话勾勒出来，具有标签式、符号化的特点。如《三国演义》中刘备之"仁"、诸葛亮之"智"、关羽之"义"，莫里哀《吝啬鬼》中吝啬至极的阿尔巴贡，雨果《巴黎圣母院》中丑陋善良的卡西莫多。扁平人物虽然比较单一，但具有高度的浓缩概括性，往往能让人过目不忘，同时也可以从侧面推动圆形人物形象的呈现。

（二）圆形人物

圆形人物是指人物性格比较丰满，表达出了人物的复杂性和多面性。这类人物的特点是性格有形成与发展的过程。圆形人物的基本特征是：圆形人物的塑造打破了好的全好、坏的全坏的简单分类方法，按照生活的本来面目去刻画人物形象，更真实、更深入地揭示人性的复杂、丰富，具有更高的审美价值。这种塑造人物的方法给读者一种多侧面、立体可感的印象，往往能够带来心灵的震动。这种人物往往有一个比较稳定的性格轴心，同时又呈现出不同的性格侧面和性格层次，这些不同的性格侧面和性格层次相互交错融合，构成一个独立自主、气象万千的"世界"，如阿Q、堂·吉诃德、哈姆雷特等。

三、小说人物的塑造

（一）创造典型人物

1.典型人物的含义　典型人物，就是一定时代某一类人的共同性格（精神状态）和鲜明的个性的统一。用高尔基的话说，就是"从同类的许多事实中提炼出来的精粹"。他在《谈谈我是怎样学习写作》中说得更具体："假如一个作家能从二十个到五十个，以至几百个小店铺老板、官吏、工人中每个人的身上把他们最有代表性的阶级特点、习惯、嗜好、姿势、信仰和谈吐等抽取出来，再把它们综合在一个小店铺老板、官吏、工人的身上，那么这个作家就能用这种手法创造出'典型'来——这才是艺术。"

2.典型化的方法

（1）杂取法。又叫综合法、拼凑法。杂取法就是从十个、二十个以至许多个同类人物当中，抽取出他们共同的性格特征、习惯、情趣、身姿、动作、语言、信仰等，综合在一个人身上。即如鲁迅所说："人物的模特儿也一样，没有专用过一个人，往往嘴在浙江、脸在北京、衣服在山西，是一个拼凑起来的角色。"当然，杂取（综合）并非机械相加、混合，而应该是化合，同类人的共同特征应该熔化在"这一个"人物的血肉之中，显示出鲜明独特的个性，为明了起见，杂取法的公式可表述为：

同类人的共同特征+"这一个"的个性=艺术典型

（2）原型法。原型法是指采用生活中某一个人物作为模特儿,对人物的经历和命运作适当的推想、加工而塑造出艺术典型的方法。社会生活中的人物,有的本身就很典型。不过,即使用最完美的真人作模特儿,在创造典型时也要作必要的补充与扬弃,从而舍弃原型中不能表现本质的现象,合理地补充进同类人物应有的本质特征,创造出比原型更集中、更具有代表性的典型形象。屠格涅夫《罗亭》是根据作者的友人巴枯宁作模特儿来写的,但在写作中他又把自己的特征加了进去。所以,赫尔岑评论说:"屠格涅夫是以上帝造人为榜样,依靠自己的形象,创造了罗亭。"原型法中的模特儿,可用生活中的真人,也可以用历史人物或传说中的人物。

（3）异类组合法。异类组合法是以人和其他非人的事物为素材,将这些异质异类的人和物的特征进行分解组合而创造出艺术典型的方法。如《西游记》中的孙悟空、猪八戒,《变形记》中的小公务员等。

（二）掌握人物塑造的表达方式

1.概括介绍　通过一件或数件事情,概括地展示出人物的性格、思想、品质、习惯等。概括介绍可由作者直接介绍,也可通过作品中人物之口间接介绍。《水浒传》第十三回中介绍晁盖时这样写道:"原来那东溪村保正姓晁,名盖,祖上是本县本乡富户,平生仗义疏财,专爱结识天下好汉,但有人来投奔他的,不论好歹,便留在庄上住;若要去时,又将银两赍助他起身;最爱刺枪使棒,亦自身强力壮,不娶妻室,终日只是打熬筋骨。郓城县管下东门外有两个村坊:一个东溪村,一个西溪村。只隔着一条大溪。当初这西溪村常有鬼,白日迷人下水,聚在溪里,无可奈何。忽一日,有个僧人经过,村中人备细说知此事。僧人指个去处,教用青石凿个宝塔放于所在,镇住溪边。其时西溪村的鬼都赶到东溪村来。那时晁盖得知,大怒,从溪里走将过去,把青石宝塔独自夺了过来,东溪边放下。因此,人皆称他做托塔天王晁盖。"这段文字概括介绍了晁盖仗义疏财、豪爽耿介、倔强好斗的性格特征,这是直接介绍。

《红楼梦》则多次通过冷子兴、丫头及其他人物之口,把王熙凤"嘴甜心苦,两面三刀,上面头笑着、足底下就使绊子,明是一把火、暗是一把刀"的性格特点显示出来。这就是间接介绍。

2.肖像描写　肖像描写是指对人物的外在特征即容貌、服饰、姿态、神情、风度等方面的描写。肖像描写可以表现人物的身份地位、经历遭遇、思想性格,从而揭示出人物的个性,达到以形传神、形神兼备的目的。巴尔扎克笔下对葛朗台形象的描绘就很有特色:"至于体格,他身高五尺,臃肿,横阔,腿肚子的圆周有一尺,多节的膝盖骨,宽大的肩膀;脸是圆的,乌油油的,有痘瘢;下巴笔直,嘴唇没有一点儿曲线,牙齿雪白;冷静的眼睛好像要吃人,是一般所谓的蛇眼;脑门上布满皱襵,一块块隆起的肉颇有些奥妙;青年人不知轻重,背后开葛朗台先生玩笑,把他黄黄而灰白的头发叫做金子里搀白银。鼻尖肥大,顶着一颗布满着血筋的肉瘤,一般人不无理由地说,这颗瘤里全是刁钻捉狭的玩艺儿。这副脸相显出他那种阴险的狡猾,显出他有计划的诚实,显出他的自私自利,所有的感情都集中在吝啬的乐趣和他唯一真正关切的独养女儿欧也妮身上。而且姿势,举动,走路的功架,他身上的一切都表示他只相信自己,这是生意上左右逢源养成的习惯。所以表面上虽然性情和易,很好对付,骨子里他却硬似铁石。"眼睛是人物心灵的窗户,最能体现人物性格,因而肖像描写一般比较注重"画眼睛"。

3.行动描写　人物的行动能充分有力地展示人物的思想性格。范进中举喜极而疯、拍手大笑、跌跌撞撞失足落入水塘等行为极能体现封建科举制度对他灵魂的毒害；鲁智深拳打镇关西、义救金氏父女、倒拔垂杨柳、大闹野猪林等行动，最能展示出他神勇、忠诚、憨厚、讲义气的性格。

4.细节描写　生动而典型的细节，最能展示人物的个性特征，优秀作品总是离不开好的细节描写。一个生动而典型的细节，远远胜过了冗长枯燥的介绍，能够起到"以一当十"的作用。在晚清谴责小说《二十年目睹之怪现状》里，写那个旗人买了一个烧饼，"吃了一个多时辰"，然后假装蘸着唾沫写字，把掉在桌上的芝麻粘到嘴里吃了，又在桌上狠狠一拍，把掉在桌缝里的两颗芝麻震了出来，再假装写字送到嘴里。这个细节把旗人吝啬、穷酸而又死要面子的丑态描绘得有声有色。

5.心理描写　心理描写即描写人物在特定环境中的内心活动。心理描写可以深刻揭示人物的内心世界，表现人物的思想感情，心灵深处的秘密，乃至潜意识。如雨果的《悲惨世界》中，法律的忠实奴仆警长沙威被冉阿让的人道主义精神所撼动，出现了信仰危机的大段心理描写十分精彩："沙威异常痛苦。几小时以来，沙威已不再是个头脑简单的人了。他心里十分混乱，这个脑袋在盲目执行时是很清晰的，现在则已失去它的清澈，在这块水晶中已产生了云雾。沙威的良心使他感到他的职责已具有两重性，这一点他已不能对自己掩饰。当他在塞纳河滩意外地碰到冉阿让时，他当时的心情就好比狼又抓到了它的猎物，狗又找到主人一样。在他面前他看见两条路，都是笔直的，确实他见到的是两条路，这使他惊惶失措，因为他生平只认得一条直路。使他万分痛苦的是这两条路方向相反。两条直路中的一条排斥另一条，究竟哪一条是正确的呢？他的处境真是无法形容……"

6.语言描写　语言描写即描写人物的语言和对话。"言为心声"，语言是人物思想性格的反映。老舍曾说："对话是人物性格的索隐，也就是什么样的人说什么样的话"，"写对话的目的是使人物性格更鲜明，而不只是为了交待情节"。契诃夫的《胖子和瘦子》写一对儿时老友偶然在火车站相遇，又拥抱，又接吻，十分亲热。可当他们闲谈到各自的职位时，态度立刻发生了巨变。瘦子说："我亲爱的，我已做了两年八等文官，得了斯丹尼斯拉夫勋章……恐怕你已做到五等文官了吧！嗯？"胖子回答说："我已经做到三等文官了……我得了两个星章了。"听了这话，瘦子脸色煞白，呆住了，弯下腰，连声说："大人……我……荣幸得很！"这段简单的对话和关键时刻吐出来的"大人"两个字，深刻地揭露了沙俄等级制度对人物灵魂的毒化。

第四节　小说情节的提炼

一、情节的含义及要求

（一）情节的含义

情节是小说的骨架和重要组成部分，是人物思想和行为的具体反映。高尔基曾经指出："文学的第三要素是情节,即人物之间的联系、矛盾、同情、反感和一般的相互关系——某种性格、典型的成长和构成的历史。"可见,情节是小说所描写的人与人之间或人与自然之间各种关系形成的一系列事件的发生、发展、高潮、结尾的过程。

（二）提炼情节的要求

1.以矛盾冲突为基础　情节的基础是现实生活中的矛盾冲突,没有深刻、复杂多变的矛盾冲突,就没有跌宕起伏、纷纭复杂、引人入胜的情节。如契诃夫的《变色龙》从狗的归属的几次变化,引起警官奥楚蔑洛夫态度的几次反复,形成情节的几次跌宕。在这情节的起伏发展中,奥楚蔑洛夫作威作福、阿谀奉承、趋炎附势、见风使舵的"变色龙"形象,便鲜明而生动地展现出来。作者把《变色龙》的情节,看成是奥楚蔑洛夫和其他人联系、矛盾的表现。

2.服从于刻画人物性格的需要　小说情节的主要作用是刻画人物性格。作家应既使情节转化为性格,又使性格融会于情节之中,以便更好地反映人物的命运和特定历史条件下的社会关系。作家应善于运用他那魔杖似的生花妙笔,根据表现人物性格的需要,提炼小说丰富生动的情节。陈忠实《白鹿原》中人物性格的形成发展以及命运的升沉起伏,都是用丰富生动的情节来表现和刻画的。如长工的儿子黑娃,从对读书毫无兴趣的憨厚小子到拐走举人小妾的莽汉,至农协运动的先锋,至落荒而逃的土匪,又至"光宗耀祖"的保安营长,再至举旗反戈的义士,最终变成被白孝文黑枪打死的冤魂,体现了他在特定历史条件下的性格成长史和他命运遭遇的历史必然性。其他主要人物如白孝文、白嘉轩等的生活轨迹,都表现出生活的深刻、复杂和人物个性。

情节和人物性格有着密不可分的辩证关系,即情节表现性格,性格又推动情节。人物性格一旦形成,它便拥有一定的支配权,作家也只能顺从它。这时的性格已经有了生命力,它能规定情节继续发展的方向和方式,作家不能离开人物的性格特征的内在逻辑随心所欲地设计情节。这就是人物性格的能动作用,是作家不能违背的创作原则。

3.服从于表现主题的需要　提炼情节是理解、把握作品内容和表现主题的重要环节。为此,作家必须站在历史、现实和社会的高度,以独特的见解并采用与之相适应的艺术手法,写作出感人至深的作品,从更深更广的角度去服务于表现主题的需要。美国现实主义作家杰克·伦敦的著名中篇小说《热爱生命》设置了这样的情节:一个美国西部的淘金者在返回的途中被朋友抛弃,独自跋涉在广袤的荒原上。他饥寒交迫,腿还受了伤,为了减轻负担不得不把金子扔掉。就在他的身体非常虚弱的时候,他遇到了一只病狼,两个濒临死亡的生灵拖着垂死的躯壳在荒原上互相猎取对方。最终他咬死了狼,喝了狼的血,并得以获救。作者通过这样的故事情节让人明白自然力的强大,自身的渺小和脆弱,体现出人类应有正视严酷现实的勇气、战胜逆境的坚强意志以及成为强者超人的英雄气魄。同时小说也讽刺了拜金主义、利己主义的价值观念。

二、情节结构形态

（一）线型结构

线型结构又分单线型结构和复线型结构。单线型结构指构成小说情节的线索只有一条,情节单纯,线索明晰,小说自始至终围绕中心人物展开,使主题在完整的情节描写和人物刻画中表现出来。这是中国小说创作的传统结构模式。复线结构的小说有两条主要线索。如《安娜·卡列尼娜》：一条以渥伦斯基和安娜·卡列尼娜为主；另一条以列文为主。长篇小说多采用复线型结构，中、短篇小说也可采用复线型结构。这种结构两条线索同时展开，可以使小说反映的生活面更宽广，人物形象刻画得更丰满、更充分。

（二）网状结构

网状结构就是三条或者三条以上线索互相交叉发展，盘根错节，犹如蛛网。《水浒传》《红楼梦》《战争与和平》《绿房子》等巨著，都采用了网状结构把纷繁复杂的生活内容和人物关系用蛛网式线索组织起来。

（三）辐射式结构

辐射式结构的特点是作者的"透视点"很集中，整篇小说的情节线索都从这一点散射出去。王蒙和谌容对这种结构方式运用得很娴熟。如《人到中年》的复杂内容是从陆文婷躺在床上的追忆中散射出去的。意识流小说常用这种结构方式。

（四）板块式结构

板块式结构是作者在小说中随意地写出一个人物或一段情节，然后搁在一边；或随意写出某种心理或场景，又搁在一边。这些描写自成系统，有一定的独立性和特定的内容，形成一个稳定的板块。这些板块有时互相靠拢、碰撞、连接，仍能使人了解整个情节的过程：有的板块在表面上无任何联系，但是读完全篇，却由作品所表现出来的思想线索，无形地把各板块联系起来。这种结构形式丢弃了"过渡段""过渡句"等常用的过渡方法，甚至丢弃了有过渡作用的标点符号，直接把前后不相干的板块"前言不搭后语"地连在一起。这种结构可能有贯串情节，如茹志鹃的《剪辑错了的故事》；也可能没有贯串情节，如某些意识流小说，如法国作家普鲁斯特的《斯万的爱情》等。

三、常用的情节技巧

（一）定点

定点，即选好角度，也就是作者确定从何入手来表现主题。任何事物都是具有多种规定性的矛盾统一体，从不同的角度入手，可以表现出截然不同的主题。钱钟书的《围城》描绘了主人公方鸿渐回国后在事业、爱情婚姻上种种坎坷、感伤、幻灭的灰色人生，贯串全书的关键就是一句："城外的人想冲进去，城里的人想逃出来。"这既是对方鸿渐生活际遇的精要概括，又是他心态变化的真实写照，显示了作者思想的睿智与深刻。

（二）悬念

要写好故事，情节要编织得生动、曲折、有吸引力，作者就要学会组织矛盾、制造悬念，用"藏底"的方法来吸引读者。鲁迅的《药》，一开头就写华老栓去买"药"，但并未点明"药"为何物，更不点明被杀者是谁。买回"药"给小栓吃，原本不让人看见，却偏被驼背五少爷看见并发问："你们吃的什么好点心呀？"但"扣子"尚未解开，悬念继续存在，直到刽子手康大叔闯进茶馆，把事实和盘托出，真相大白，主题才在这鲜血淋漓的情节中得到表现。组织矛盾、制造悬念是编织情节的重要技巧。

（三）转折

"文似看山不喜平"，尤其是小说，更要求起伏跌宕，讲求突出波澜。或先惊而后喜，或始疑而终信，或喜极而生悲，或预成而却败。最忌平铺直叙、一览无余。多写曲折既有利于反映客观事物的复杂性，又有利于表现人物的思想性格，还能增强作品的趣味性，强烈地吸引着读者。毛宗岗在评点《三国演义》三顾茅庐一回中，列举了刘备三访孔明的12次情节转折，并感慨说："文之曲折至此，虽九曲武夷，不足拟之。"

（四）巧合

巧合是利用生活中的偶然事件来结构故事情节的技巧。它以削弱因果联系、牺牲部分合理性为代价，换取小说中人物的集中、情节的凝练、矛盾的强化。巧合使矛盾纠葛更复杂，为人物性格的展示增添了新的情景，为故事情节的推进添加了新的契机。如《三国演义》中曹操杀吕伯奢就很好地利用了巧合。吕伯奢为了更好地招待曹操，杀禽宰畜，却偏让曹操拦腰听到了一个"杀"字，便以为吕伯奢要杀自己。"宁可我负天下人，不可天下人负我"的曹操岂肯善罢甘休，于是杀了吕伯奢全家。这段充分显示了巧合的谋篇作用。运用巧合要出乎意料，又在情理之中，把偶然性建立在必然性之上。巴尔扎克说："偶然是世界上最伟大的小说家，若想文思不竭，只要研究偶然就行。"这是对巧合作用的经验之谈。

（五）剪裁

剪裁是剔去情节上的枯枝败叶、骈拇枝指，突出主干，使情节高度集中。这就要求注意以下几个方面：首先，线索要单纯，特别是短篇小说，不能反映广阔的社会生活面和内容过多，描写的人物一般采用单线发展的形式；其次，要省略情节发展过程中不必要的过程叙述，即凡情节中读者可以想见到的，就不必作正面的文字交代；再次，场面要集中，不要频繁转换场面。

四、学会虚构

正如闻一多在《冬夜评论》中指出："绝对的写实主义便是艺术的破产。"小说情节提炼的第一要素便是虚构。虚构与真实性并不矛盾，谁也不会指责《西游记》和《神秘岛》不真实；相反，小说创作唯有借助虚构才有可能获得更高的艺术真实。那么，我们应该怎样虚构呢？

（一）根据表现主题的需要进行虚构

小说情节的虚构应服从表现主题的需要，这是许多作家的共同经验。据与果戈理同时代的作家安年柯夫回忆：有一次果戈理听到了一个官场轶闻，一个很穷的小官吏酷爱打鸟，千方百计积攒了二百多卢布买了支新猎枪，却在第一次打猎时放在船头被芦苇挂下水丢失了，于是他回到家中一蹶不振，差点丧命。幸亏同僚们凑钱给他买了一支新枪，他才恢复了生机。但是，只要一想到这件可怕的事，他又会感到胆战心惊。果戈理以此为素材创作了《外套》。但是，果戈理认为猎枪是游乐的奢侈品，与主题不合，于是改成上班下班必须穿的外套。而且，果戈理大胆虚构，在《外套》中所表现的内容大大超过了这个官场轶闻。在他笔下，悲剧性的后果随着外套的丢失接踵而至。外套丢了，主人公去申请补助,被大人物训斥了一通,回家即死去。果戈理还由此生发开去,虚构出主人公的幽灵在夜晚时时出现在彼得堡卡林金附近,专门注意行人的外套,直到把训斥过他的大人物的外套剥去为止。道具的改变和虚构的情节都是果戈理根据其审美理想和创作意图创造出来的,是受制于表现被侮辱、被损害的小人物的潜在的反抗性这一主题思想的。

(二)根据人物性格进行虚构

在小说写作过程中,人物性格自身的逻辑常常促使作者改变生活的原型和最初的构思,去虚构一些新的情节。契诃夫的《套中人》写别里科夫的死,据契诃夫的弟弟后来撰文说,别里科夫确有生活原型,但他并没有死。契诃夫之所以写他死,是因为像别里科夫那样害怕和仇视新生事物,冥顽不化地依附于沙皇专制制度的知识分子,最终只有带着花岗岩脑袋与反动的社会制度一起进棺材。这一结局是作者根据人物的性格,按照生活的固有逻辑虚构出来的。所以,从人物性格出发,能创造出比实际生活更富有概括意义的事件来。

(三)根据推测进行虚构

艾芜在《生活·人物·故事》一文里指出:"推测是个主要问题。高尔基也讲过推测的重要。歌德说,他听人家讲几句话后,就可以代他讲几十句,原因是他会推测。我们写短篇,就要推测,这是创作的开始,也是跳出真人真事圈子的开始。"当我们对生活中某些事物有了独特的感受和强烈的爱憎,从而激发起创作冲动之后,我们的思维就会异常活跃而紧张,就会对生活事件作出种种推测和联想,调动起所有的生活积累去补充和发展那打动心灵的事物,使情节得到深化和拓展,人物形象更加鲜明和丰满。善于推测,善于运用丰富的想象和联想去生发、扩展情节,创作必然文思泉涌;反之必然艰涩枯竭。契诃夫曾说过:"要写小说很容易,这里有个烟灰缸,我就可以用它写出一篇小说来。"契诃夫固然并未写出关于烟灰缸的小说,但是他的《艺术品》就是他这一主张的最好注脚。作品通过一件艺术品——铜雕裸体女人形蜡烛台,在斯米尔诺娃、医生、律师、丑角演员之间辗转循环,构成了小说的情节因果链,展示了各种人物丰富生动的内心世界。

第五节 小说的环境描写

环境,是作品中的人物赖以生存和活动的场所。小说中所描写的环境应该是典型的。所谓典型环境,就是指那种经过典型化了的、能够反映一定历史时期的特殊本质和历史发展趋势的自然环境和社会环境。

一、自然环境描写

自然环境描写是指对山川草木、日月星辰、季节景象等自然景物的描写。自然景色具有鲜明的地域特色。茂林修竹、崇山峻岭、大漠孤烟、长河落日、海潮澎湃、湖光潋滟,皆可增添作品鲜明的地方色彩,对加强真实感,显示人物的心绪和思想,渲染气氛,都有极大的作用。因而,自然景物一旦进入作品,就成了"人化"的自然,成了人物行动和生活的背景。如《简·爱》第二十三节中写简·爱和罗切斯特在花园正沉浸在无比的幸福之中时,天有不测风云,"七叶树在折腾着,呻吟着,是什么使它这么痛苦呢? 狂风在月桂树的小径上呼啸,急速地从我们头上吹过"。这段描写给读者不祥的预感,风怒吼着席卷着眼前的景物,让人感到简·爱和罗切斯特的爱情将经受一场严峻的考验,一次风雨的洗礼。本节最后一段有这样的描述:"果园尽头的那棵大七叶树在夜里让雷打了,劈去了一半。"这段景物描写是对男女主人公命运的暗示,他们将为了高尚纯洁的爱情走上一条坎坷而漫长的道路……

二、社会环境描写

社会环境描写是指对风俗人情、住所陈设、人物关系、时代背景等方面的描写。社会环境是人物性格形成和变化的舞台,是故事情节生长的园地。写好社会环境,人物性格、故事情节便有了依据,更符合历史发展的必然。如鲁迅的《孔乙己》写鲁镇的格局:"鲁镇的酒店的格局,是和别处不同的:都是当街一个曲尺形的大柜台,柜里面预备着热水,可以随时温酒。做工的人,傍午傍晚散了工,每每花四文铜钱,买一碗酒,——这是二十多年前的事,现在每碗要涨到十文,——靠柜外站着,热热的喝了休息;倘肯多花一文,便可以买一碟盐煮笋,或者茴香豆,做下酒物了,如果出到十几文,那就能买一样荤菜,但这些顾客,多是短衣帮,大抵没有这样阔绰。只有穿长衫的,才踱进店面隔壁的房子里,要酒要菜,慢慢地坐喝。"这些描写看来只是鲁镇酒店的风俗画,实际上是当时社会阶级对立的缩影。鲁迅把孔乙己放在这样的背景中来刻画,就为他的悲剧命运埋下了伏笔。

三、场面描写

场面描写是指在一定的时间和环境中,对以人物为中心的生活场面所作的具体描写。场面由"人""事""景"构成,以叙述、描写为主,兼有抒情、议论。场面描写分全景式、特写式两种,要求层次清晰、主次分明、重点突出。

四、环境描写的要求

(一)反映时代特征

小说中的环境描写是否典型,主要看它是否体现了它所描写时代的本质特征。如吴敬梓笔下描写的秦淮河的画船箫鼓;雨果笔下呈现出的壮丽、庄严、伟大的巴黎圣母院;巴尔扎克细致刻画的那个曾经阔绰过,而今充满霉烂味的、破破烂烂的伏盖公寓;《斯巴达克斯》中描写的角斗士在斗技场拼杀的惨酷之状……这些环境描写都紧扣当时的时代及地域特点,成为读者认识不同社会背景的有力材料。

(二)表现人物性格

环境描写要注意和人物的性格相协调,为表现人物的性格服务。这种协调,又是表现在多方面的。有时,通过环境描写,能或多或少、或明或暗、或直接或间接地显示人物性格,使读者从环境描写中窥测到人物性格的端倪。如《祝福》中对鲁四老爷书房的描写,显示出了鲁四老爷顽固守旧的封建卫道士的性格。有时,还通过环境描写来渲染气氛,表现人物的思想感情。如《故乡》的开头通过环境描写渗透出主人公回乡时的悲凉情绪。有时,通过改变环境,更充分地体现人物的性格和展示人物之间的相互关系,其最重要的手法就是把人物送到荒岛异国去。如《西游记》中把唐僧师徒送到女儿国去考验,他们的性格在那里都得到了比一般环境中更充分的展示。其他如《鲁滨孙漂流记》《基督山伯爵》《第四十一》《镜花缘》等,都曾采用过这种手法刻画人物。

(三)追求诗的意境

在典型环境的描写中,现代许多作家还追求一种诗的意境,即指那种鲜明的、富有启示力的境象和包含着深厚的、可供玩味的意蕴的统一。作家常用托物言志和因物寄情的方法,使形象和意蕴有机结合起来。如沈从文的《边城》,勾勒了一幅优美而清新的湘西风景画,展现出属于梦幻中的湘西的美景,无论是细雨、薄雾、月色笼罩下的河面景色,还是秀丽的青山等,都呈现出一种神秘、缥缈、如烟似梦的氛围,每一幅画面的展现如同意境幽远的中国山水画,言已尽而意无穷,给人以无限的遐想。这样,景物在作品中不露痕迹的出现,淡淡凄婉的哀伤如丝如缕地贯穿全文始终,与人物的悲剧性相得益彰,两者在矛盾中达到了天衣无缝的切合。

有时,作家也常常采用环境与人物命运呈现正反对立的手法来追求强烈的艺术效果,即通常所说的“以哀景写乐”或“以乐景写哀”。如显克微支的《音乐迷杨科》中写十岁的雇工的孩子小杨科仅仅因为偷看挂在庄园墙壁上的小提琴而被当作小偷打死的悲惨事件。作者写到小杨科临死时的环境:“燕子在篱笆外的樱桃树上歌唱。太阳透过窗玻璃照了进来,把金色的阳光洒在孩子的乱发的头上和毫无血色的脸上。这阳光好像一条大道,这孩子的灵魂便沿着这条大道渐渐地离去。……”真是荡人心魄!作者为生前凄苦不幸的杨科铺展开一条春光明媚的金光大道,读来让人感到格外心酸!苦与乐、黑暗与光明、阳刚与阴柔等因素都是相反相成的,在环境描写时都能够统一在作者的构思中,为表现人物性格、突出主题和表现诗的意境服务。

范文选

珊珊,你在哪儿?

聂华苓[*]

“喂,喂,等一等!”李鑫跳上车,一把抓住车门后的铜柱,将车票递给车掌,喘咻咻地问道:“这是十二路车吗?”

车掌绷着她那被职业硬化了的脸,“嗯”了一声,一面将票根递给他。刚从花莲来台北的李鑫不大习惯这种冷漠的表情,瞅了她一眼,就在右边靠车头的位子上坐下来,从裤袋里掏出手帕拭去额头的汗,然后又由上衣口袋中掏出袖珍记事本,翻了好几页,才找到珊珊的地址,他又默念了一遍:“吉林路九十七巷六号。”

"小姐!"他转向了车掌。车掌的脸柔和了一些,望着他。

"到了吉林路那一站,请你告诉我一下!"

不知是因为那一声小姐,还是李鑫那一副热切的傻样儿,她点头时竟牵动嘴角笑了一下,然后转过头去看街,街上正有一个穿着花裙的女孩走过。

现在是下午三点多钟,不是上下班时刻,车上的乘客连李鑫一起才只有四个人。"这倒像是一辆专车送我去看珊珊的。"他一面想,一面将记事本放回袋内。"十五年了,她该还认得我吧!"多少年来,每当他想到珊珊的时候,他的情绪早已没有一丝儿波动了。但此刻,他的心开始有点儿激动起来,不觉将手中的票根搓成了一团。

珊珊是他生命中第一个女孩,一直供奉在他心坛上最隐秘、最神圣的一角。但真正说起来,他们在一起的时光并不多,他们甚至于没有谈过多少话。他对她的感情是那么飘忽;他对她的记忆几乎是空无所有,但多少年来,他却常常会想起她。她象征他少年时代的一个梦,一个飘渺而又美丽的梦。他不是作家,也不是艺术家,但他爱一切美好的事物,好幻想,好新奇。他早听说珊珊也在台湾,已经是好几个孩子的母亲了。直到这一次因公由花莲出差来台北,他才有机会去看她。

车子快到第二站,车掌在喉咙管里哼了一声:"有人下车吗?"没人理会,她吹了一声哨子,车子直驶了过去。李鑫向车上的人扫一眼:他正对面坐着一个六十开外的老头儿和一个中年男人,对面靠车尾坐着一个中年妇人。那老头儿方头大耳,端端正正的五官,穿着一身黄卡叽中山装,李鑫觉得他还是挺有气魄的样子,心想:"这老头儿年轻时必是老太太们相女婿的好对象。"那中年男人想必是近一两年来才发了福,西装已经胀得扣不上了,但他看上去并不结实,软稀稀的,像是一皮囊的面糊,这是李鑫看他第一眼的印象。至于那个中年妇人,李鑫只看到了她那个红头儿酒糟鼻子。

正当李鑫如此打量那几个人的时候,车子已到了北门站,上来一个西装笔挺的中年人,打着一条红艳艳的麻质领带。"这个人就像是木匠手里的木头人,斧子太利,一溜手把两边的脸庞削得太多了!"李鑫望着他那尖削的似笑非笑的脸这样想。

"请你先买票!"车掌拦住那上车的人说道。

"我下一站补票!"

"不行,你先买票!"

"我就是不,看你把我怎么样!"那人双手在胸前一叉,硬着脖子。

车掌仍用手拦住车门,脸像刚浆过的粗布,硬板板的。

"你到底让不让我上来?你神气什么?"那上车的人用一只手指着车掌的鼻尖喝道:"你知道我是什么人?我可不是骗你这一张票的人!"他又指了指自己的鼻尖。

"好啦,好啦,我这里有票!"那老头儿撕了一张票递给了车掌。

"谢谢,老先生,"那新上车的人在老先生与那位发福的先生之间坐下了。"等一下我下车买了票还你!"他一面说,一面用眼睛狠狠地瞪了车掌一眼。她正在用手绢拭眼泪。

"用不着了!听你口音,好像贵处是江西?"

"不错,你老先生也是江西?"

老头儿微笑着点了点头:"请问贵姓?"

那人连忙在衣袋内掏出皮夹,抽出了一张名片,递给了老头儿。

"啊,作家,是的,作家,是的,是的!"老头儿余音犹缭绕不绝。

另外那个人伸长了脖子看老头儿手中的名片,嚅动着嘴唇念道:"作家齐志飞。"然后眼珠子一上一下地想了一会，忽然叫了起来："啊，齐志飞，我拜读过你的小说，什么——《樱花再开的时候》，是吧?"

齐志飞脸上的怒气全消了，堆着一脸的笑，忙将右手伸了过去："是的，请指教。请问你老兄——"

那人一面握住了齐志飞的手，一面用左手在自己上衣口袋内，也抽出一张名片，递给了齐志飞。

"啊，吴大有。你老兄可真了不起，一张名片前后全印满了头衔! 这总有二十好几个吧!"齐志飞仍握着对方的手不放。

"不敢当，都是空头衔，没有实权的。"吴大有这才将手抽了回去。

这时，齐志飞才想起了他的老乡，转过身来。"请问老先生贵姓?"

"敝姓秦。"

"秦老先生在什么地方得意?"

"我现在是三军总司令，在家管鸡子、鸭子、狗，呵呵，我们现在没有用了!"

"哪里，老前辈，老前辈。"齐志飞欠了欠身子。"你以前在大陆——"

"我以前干过几任县长，在四川干过行政专员，来台湾以后我就赋闲了。唉，这一说都是十几年以前的事啰!"

四川，十几年以前，这些极普通的字眼，在今天的李鑫心中都有了特殊的意义。他可不就是十几年以前在四川第一次看到珊珊? 她是妹妹的初中同学，那时还是一个十四五岁的小女孩，说正读高中。有一天傍晚，他站在门前，远远地，看见大路上有个小女孩背着落日走来，穿着一件柔蓝的衣服，身后是一片耀眼的金辉，仿佛她就是由那天国的光辉中走出来的。她和妹妹在一起，他走过去和她搭讪，她除了点头摇头之外，就是用手绢捂着嘴笑。他听见了她的南京腔，和她开玩笑，喊她南京大萝卜，她啐了他一口："呸! 我叫赖玉珊，他们都喊我珊珊!"说完又连忙用手绢捂着嘴笑。妹妹暗地告诉他，珊珊摔跤摔缺了一小块门牙，不愿让人看见她的缺牙齿。他笑着逗妹妹："没关系，她反正比你漂亮，她有个小酒窝!"小女孩们在一起儿总是唧唧哝哝的，他一走过去，她们就住了嘴;他一走开，她们就大笑。后来妹妹才告诉他："珊珊喊你瘦猴儿!""小鬼!"他笑着骂了一句，但他心里确实恨自己太瘦。

"哈! 妙论!"

李鑫一抬头，那个捂着嘴笑的小女孩不见了，原来是眼前的秦老先生大叫了一声。只听见吴大有一本正经地说道："……我的女朋友可分三类:一类是父母有地位，小姐自己没有学问;一类是小姐自己有学问，父母没有地位;一类是父母没有地位，小姐自己也没有学问。所以——这事很伤脑筋。"吴大有连连摇头。

"你自己结婚与别人父母有什么关系?"齐志飞笑着问道。

"呵，关系可很大，"吴大有双眉紧锁，"有了父母，第一，下女走了，我们可以有地方吃饭;第二，我们吵起架来，可以有人从中调解;第三，孩子生多了，可以有人照顾;第四——"

没等他说下去，齐志飞和秦老先生就哄然大笑了起来;车尾那位酒糟鼻子太太望着他们瘪了一下嘴;李鑫也抿着嘴想笑。只有吴大有一个人没有笑意，他好像想起了什么更重要的事，对齐志飞说道："齐先生，你写小说是怎么个写法? 我要向你请教。我这一辈子，嗨，"他摇了摇头，"啰啰嗦嗦的事可也不少! 可以写好几部爱情小说。"

"写小说可也不那么容易，"齐志飞扬了扬眉尖，"你首先要把你的全部感情放进去，你必须和你的人物一起哭，一起笑，一起叹气……"

"唉!"吴大有真地叹了一口气，不知是想起了他那悲哀的浪漫史，还是因为有感于创作的艰难。

"写小说的手法也多得很，一言难尽。"齐志飞沉吟了一下，"至于我自己，我是什么手法都用:写实主义，浪漫主义，自然主义，象征主义——"他还翻着白眼在想。

"啊，这么多主义!"吴大有一下子愣住了。

"这年头，东一个主义，西一个主义，把人都搅昏了。我们以前就很少听说什么主义，一样吃饭过日子。"秦老先生摇头叹气。

李鑫在对面好像坐包厢看戏一样，不觉暗自好笑。他不想再听下去，转过身去看街。车子正好经过一个水果摊，上面摆满了五颜六色的水果，李鑫一眼就看见了那黄橙橙的橘子。怎么回事? 今天的一事一物都与珊珊发生了关联? 来台湾十几年，哪一年不看见橘子! 唯独这一次，他就想起了当年和珊珊、妹妹一道去橘林偷橘子的情景。

初冬的太阳照着广漠的田野。田野尽头是一片橘林，好像一道金边，镶在蓝天绿野之间。珊珊、阳光、田野、橘林。这一切都使人兴奋得心跳。李鑫提议去橘林偷橘子，两个小女孩拍手叫好。四川的橘子很便宜，他们不是买不起。但那不是寻常的偷窃，没有偷窃者的辛酸，有的只是新鲜的刺激，只是青春的焕发。少年时代的一切罪过都含有美丽的诗。他还记得，那天珊珊穿着一件黑丝绒短外衣，配着一条石榴红的羊毛围巾，她的脸也像个小太阳一样，照得人的眼发亮，照得人的心暖暖的。她和妹妹沿途扯野草编小花篮，一面唱着歌;他诌些笑话逗他们笑，珊珊笑得好开心，竟忘了用手绢捂嘴。现在回想起来，那些笑话可真肤浅，但那时候确实使两个小女孩快活得像两只小鹿一样，在金色的田野上跳跳蹦蹦的。他们分配好了工作:李鑫爬树偷橘;珊珊和妹妹分站在橘林的两头放哨。他们约好了一个最顺口的信号，假若捉"贼"的人来了，放哨的人只要高呼一声"喂——"他们就逃掉。李鑫一向是文绉绉的，那一天不知是哪儿来的一股劲，真像个"瘦猴儿"一样，跳下了这一棵树，又爬上了那一棵，树底下扔了一大堆金光闪闪的"赃物"。有一会儿，他坐在树上，蓝色的空气中荡漾着橘子的清香，远远地看见珊珊像一只受惊的小兔子，东瞅一下，西瞅一下。他不禁向她招了招手，她含笑跑来了。他由树上溜下，说道:"来，上去，不要怕，我帮你!"他没想到那小女孩竟是如此灵巧，他没费多大力就帮她爬上了树。他们分坐两个枝丫上。他只顾拣最大最熟的橘子摘给珊珊，自己也忘了吃，透过密密层层的树叶与橘子，是蓝水晶的天盖;风，像个调皮小仙人，只用它的小翅膀那么轻轻一扇，他们四周的树叶与橘子就哗哗哗地逐渐响开来。珊珊坐在树丫上，荡着两腿，一面吃，一面东张西望，嘴边的小酒窝荡呀荡的，仿佛装满了一涡橘汁似的，李鑫恨不得凑过去用舌尖轻轻舔一口。突然，远处竹林里传来狗叫声，李鑫抬头一看，不好了，捉"贼"的来了! 竹林里跑出了一条狂叫的恶狗，后面跟着一个头缠白布的高大女人，口里大声吆喝，手里的竹竿不断在地上敲打。李鑫先跳下树，然后站在树下接珊珊下来。她慌忙一跳，正好撞在他的怀里，珊珊的脸一下像火烧似的红了。他的脸也热辣辣的，一直热到耳根。他顾不了那一堆辛苦"偷"来的"赃物"了，拉着珊珊就跑。正在这时，只听见远处有人直着嗓子怪叫:"喂来了，喂来了，喂来了!"那是妹妹的声音，吓得走了腔。珊珊拉着他的手跑得脸绯红，石榴红的围巾随风飘起，正好拂在他的脸上。他们和妹妹在一座竹林后田埂上会合了，妹妹用裙子兜了一兜橘子，脸像刚出笼的馒头，直冒气。一见面,妹妹就噘着嘴说道:"珊珊,怪你,你放哨的,跑到树上吃橘子去了!"李鑫指着妹妹兜着的橘子笑道:"你呢,你还不是只顾摘橘子去了!"珊珊对他挤挤眼儿,酒窝又荡了一下。

他们讲起刚才的狼狈情景,笑成一团,珊珊差一点儿跌到水田里去了。

"哎哟!笑死人的,我笑不得了!"

李鑫吃了一惊,是谁也在笑?扭过头一看,车掌背后有两个女人在笑,其中一个正是一上车就看见了的那个酒糟鼻子,不知什么时候由对面移到这边座位上来了。另一个女人,大概是在他胡思乱想的当儿上来的吧,正好坐在车掌紧背后,只看得见挺在外面的一个大肚子和一双浮肿的脚。两个女人之间有两个小孩跪在位子上看街。

"哎哟,天下有这种事?自己生孩子生不出来,骂别人,哎哟,我笑不得了!"一听就知道那是一个南方人打官腔的口音。

"你这一个多大?"酒糟鼻子的声音。

"才一岁半!"

"你也真密,头一个不满一岁就又怀了!"

"告诉你,我年年大肚子,我早不想要了,就是他爸爸!"

两个女人挤在一堆叽叽咕咕了一阵子,接着又是一阵笑声。酒糟鼻子突然不笑了,叫道:"你看,那不是崔小姐!哪,在那辆三轮车上!"

"那个老处女!五十岁了!我看了她就恶心!要找男人也不趁早,到老了反而打扮得像个妖精。你看她那一副干柴相,谁要?"

"你别说,她一个人,总得有点依靠,比不得在大陆。"

"谁叫她年轻的时候田里选瓜,越选越差!到老了就乱抓了。她那男人比她年轻二十岁,年轻二十岁呀!她可以做他的老娘!那个老处女,我们都叫她老处女。那男人当初追一个小姐,刚好那个小姐又喜欢他爸爸的一个同事,他有一栋房子,手里还有好多美金,他太太在大陆,又好看,又能干,他也花了一番功夫才讨到她,花了好大功夫啊!她生肺病,别的男朋友都走了,只有他天天带一把花去,就只有他一个人天天带一把花去呀。他们家那条狼狗呀,真凶!我去过他家,布置得才叫漂亮!那条狗是英国种,他们没有儿子,把狗当儿子一样……"

李鑫皱了皱眉头,心里想:这真是一只语无伦次的话匣子!对面三个人本来还喁喁的在谈什么,现在也都没劲了。车子像个大摇篮,一颠一晃,再加上窗口射进来的微温的阳光,秦老先生和吴大有似乎昏昏沉沉地想打盹;齐志飞衔着一根香烟,眯着眼望窗外,大概又在想他的小说吧。

车掌一声哨子,车子又到了一站,上来了一个女孩子,杏黄衬衫,白毛衣,墨绿裙子,腋下夹着一本洋装书。她空着位子不坐,偏直挺挺地站在那两个唠叨不休的女人面前。只听见那个打官腔的女人说道:"我还显得年轻?老罗!我要不是大生小产的这么多胎,比现在还要显得年轻!我现在都怕照镜子,他爸爸说我变得简直像只大母鸭一样了!"接着是一阵鸭叫的笑声。

那新上车的女孩,皱了一下眉心,刚好跪着的两个小孩子要转过身坐下来,有一个孩子又踹了那女孩一脚,裙子上沾一块灰印子,她用手掸了掸,转身悻悻地走到车头来,扶着司机背后的铜柱子站着。李鑫看了看身旁的空位子,挪动了一下身子,又望了望那女孩。但她却是个石雕木刻的人,昂着头,尖着鼻子,眼睛盯着前方。

"女孩儿家差不多都是这么怪里怪气的,就像一世界的人都在她脚底下!"李鑫心里这样想,眼睛仍盯在那女孩的脸上。乍一看,她长得太单薄,尖下巴,细眼睛,但她那修长的个头,那松散的长发,以及那眉梢眼角所流露的孤芳自赏的神情,使人有一股清逸之感。"这女孩大概二十吧!"李鑫如此打量她。但紧接着,他的思想又飘回珊珊身上去了。"胜利那年在重庆碰到珊珊的时候,她不就是这样的年龄吗?"恍惚之中,他又看见了她远远走来那风韵嫣然的样儿。

那一年夏天,他大学刚毕业,买好了回家的船票,在上清寺那条路上闲荡。迎面走来一个女孩,穿着一件银灰撒花府绸旗袍,戴着一副墨镜,打着一把浅紫小阳伞。他的眼睛不由自主地瞪在那女孩身上,心想:"好一个匀称的身段!"却不防那女孩走近身来,取下墨镜一笑:"你不认得我了?"他再一看,原来就是珊珊! 自从他离家到重庆升学以后,他们有四年没见过面,他第一眼就发觉她的缺牙齿已经没有了。她已经由一个娇憨的小女孩长成一个娉娉婷婷的少女了! 不知为什么,那一次见面使他很尴尬,他结结巴巴地什么也说不出来,问了几句不相干的话之后,就向她要了她寄住人家的地址。她是暑期到重庆考大学的。当天晚上,他在她门外徘徊了好久才有勇气去敲门,但开门的女佣人告诉他珊珊不在家,刚刚和同学上街去了。第二天一清早,他就上了船。复员以后,听说珊珊结婚了。"假若那一晚见到了她,她是否——"

这时,只听见他面前"呼"地一下,他眨了一下眼,原来是车上那个女孩的大裙子在他面前掠过去了。她被他瞪得恼了火,噘着嘴移到对面车尾空位子前站着,谁也别想再看她。李鑫无可奈何地苦笑了一下,转过脸去看窗外。车子正好走过堤上,远处耸立着火葬场的黑色烟囱。堤上有一长串人正呜哩哇啦地在送殡。李鑫回头一看,秦老先生和吴大有不再打瞌睡了,坐直了身子看窗外,齐志飞转身用胳臂碰了一下他身旁的吴大有:"喂,你看了这送殡的,有何感想?"他嘴角吊着一个意味深长的微笑。

"像这样死法也可说是备极哀荣了!"吴大有回答道。

秦老先生转身背着窗外,皱着眉头,看样子,他既不愿看送殡,也不愿听人谈到死这个问题。

"你猜我想的是什么?"齐志飞嘴角吊着的那个微笑这一下可笑开了,用手整了一下他的红领带,掸了掸身上的灰,对着窗玻璃上自己的影子得意地瞥了一下。"我们写小说的人就是要会利用生活。别人看上去没有一点意义的事,在我们眼里就有了意义。你懂吗? 譬如看见了这些送殡的,我一下就有了个灵感!"

"啊!"吴大有脖子一伸。

秦老先生也好奇地转向齐志飞,张着嘴听他讲。

"我突然想到一个爱情故事:一个男的死了,他在生时仪表不凡,风流倜傥——"

"就和你老兄一样!"吴大有打断了他的话。

齐志飞笑了一下,急忙又拾起了自己的话。"有两个女的同时爱他,一个像月亮,温柔美丽;一个像太阳,热得像一团火——"

"那真艳福不浅!"吴大有又忍不住插了一句。

"呵呵!"秦老先生的兴致更大了。

"你听我讲,"齐志飞又用胳臂碰了一下吴大有,"这两个女的都爱他。好,那个男的死了,两个女人都来送殡,这一下子可碰上了!"齐志飞还用两个食指头尖互点了一下。

"嘿！那她们还不打起架来？"吴大有一脸严肃的神色。

"呵呵,有意思,有意思!"秦老先生连连点头。

"哪里还打得起架来!"齐志飞不屑地望了吴大有一眼,"她们碰上了之后——"他用手摸了一下他那油光水滑的烦恼丝,"嗯——这以后我还要想一想,还要好好地想一想。"齐志飞歉然一笑之后,便不作声了。

李鑫正高兴可以安静一会儿了,车掌背后那两个女人的声音又像夏天的绿头苍蝇一样,嗡到这边来了,挥不掉,打不开。

"……我这个儿子呀!"是那南腔北调的声音,"他爸爸像命根一样。你看,跟他爸爸一模一样!他和其他几个小鬼是不同,我打针催生把他催下来的呀,就是要他刚好在腊月初六那一天生,命才好!果然他就不同,会看人脸色,花样又多,从不吃亏,说话跟大人一样,有板有眼,刁得很!……"

"你们平时作何消遣?"酒糟鼻子显然对别人儿子不感兴趣,转换了一个话题。

"打打小牌!嗨,前天我和了一副巧牌!"

"怎么样的一副牌?"酒糟鼻子的兴趣来了,声音也洪亮了一些。

"条子清一色,一条龙,还有一般高!"

"真叫绝!以后你们三缺一的时候,我来凑一脚!"

"你只管来,我们那里有三个脚,你来了总凑得起来。"

"我打牌呀,可是要看人来,牌品不好的不来;一个小钱一个小钱零掏的不来,我——"

"我也一样,我们的性情倒是很合得来!"

他们两人越谈越亲热,最后酒糟鼻子竟把别人命根子儿子抱在怀里,说要认他做干儿子。车子正经过翻修的马路,碰着了一个大坑,猛然颠动了一下。"哎哟!"那女人一双手捧着大肚子叫了一声,"他老是不要我出来,我在家闷不住,就带两个孩子出来逛逛街。"

"你们先生真好,疼你得很!"

"哪个先生不疼太太!"那南腔北调的声音更扬高了,"我打牌,他就乖乖地守在旁边,乖乖地。我打一夜,他就坐一夜,你叫他去睡,他都不睡。有一次,别人都看不过去了,劝我不要打了,说他第二天要上班。我说:不行!我这一百三十六张可比他亲爱得多!"

两个女人又咯咯笑了一阵。

李鑫厌烦得恨不得用手捂住耳朵。他看了看表,车子已走了二十五分钟了。他转过头去问车掌:"怎么还没有到?"

"修路嘛,车子要绕路走。快了!"这一次,车掌可多说了两句话。

快了!他快要看到分别十五年的珊珊了!不由得又掏出那个袖珍记事本,将珊珊地址念了一遍:"吉林路九十七巷六号。"他的心开始噗噗地跳了起来。他看到她时称呼什么呢?还喊她珊珊吗?对一个做了几个孩子的母亲仍叫小名,似乎总不太合适;喊她邱太太吗?也别扭。这样一称呼,就像他们之间没有一点儿关系似的,他不甘心!他决定什么也不称呼,他只要用眼睛那么深深地望她一眼,再低声问她一句:"还记得我吗?"她也许起先会怔怔地望着他,然后淡淡地一笑,点一下头。于是,她的酒涡又轻轻一荡,缺牙齿又露出来了。啊,不,那是她小时候的样儿,她在重庆时就没有缺牙齿了。他极力要幻想出册册此时的神态,但那捂着嘴笑的娇憨神情,在树上荡着两条小腿吃橘子的贪婪样儿,总是来打扰他的幻想。她现在也许松松地挽了一个髻,用一根柔蓝的缎带绾在脑后,就和他第一次看到她时那衣服的颜色一样,那种柔和的颜色只有配在她身上才调和。她不像小时候那么爱笑了,静静地抱着孩子坐在角落里,眼睛里有一种少女时代所没有的东西,迷迷蒙蒙的,看起来叫人有点儿愁。她一定会叫她的孩子们来挨着他。他会特别喜欢她的女儿,因为她更像她妈妈小时候的样儿。他要把她女儿抱在身上,问她认不认得他。她当然认得他的,因为妈妈常常向孩子们讲到他,用一种低沉的、柔美的声调讲到他。

"先生,先生,吉林路到啦! 先生!"

李鑫惊得一抖,转过头去,已经有人下车了。

"我喊了你好多遍啦,吉林路到啦!"车掌说道。

李鑫忙站起身来,但手上的票根不知到哪儿去了。他弯着身子,在位子上下四周一一看过,都没有。

"快点啦! 只等你一个人!"车掌已将哨子放在嘴里。

他直起身子,那酒糟鼻子正对着窗外高声叫道:"邱太太,我哪天来陪你打小牌。你多少巷? 我又忘了!"

"吉林路九十七巷,六号!"那南腔北调的声音在窗外回应。

李鑫一下子怔住了!

"慢点! 小毛头,你想死呀!"那一声"小毛头"却是纯粹的南京腔,由车外无情地钻进李鑫耳中。

一辆大卡车从公共汽车旁擦了过去。

李鑫想扭头去看窗外,但他扭不过去,扶着那冷冰冰的铜柱子,无力地倒在车凳上。

"你到底下不下车呀?"车掌发火了。

"我——我不下车了!"李鑫吃力地说出了这句话,眼睛愣愣的。

车掌不耐烦地吹了一声哨子,咔哒一下将车门关上了,咕噜了一句:"莫名其妙!"

车上的人都觉得李鑫的神色不对。秦老先生摇摇头:"唉,这年头,古怪事越来越多!"酒糟鼻子弯着身子,伸长脖子来看李鑫;吴大有转动着他空洞的眼珠子看看这个,看看那个,不知道自己究竟应该如何反应;齐志飞若有所思地望着李鑫,然后掏出了记事本,在上面沙沙地写着,说不定李鑫这一下子就荣任了他那篇送殡小说的主角。

连那个高踞在世人之上的女孩竟也扭过头来瞅了李鑫一眼。

——选自《台湾轶事》,北京出版社 1980 年版

＊聂华苓(1925—　　),美籍华人,当代著名女作家,文学翻译家。湖北武汉人,1964年旅居美国至今。代表作有短篇小说《台湾轶事》,长篇小说《失去的金铃子》《千山外、水长流》《桑青与桃红》,散文集《梦谷集》《三十年后》,翻译集《百花文集》等。

二十年后

[美]欧·亨利*

大街上，今晚当值的警察走得脚步铿锵。他那标准的动作完全是习惯使然，跟耍帅挨不上边儿，因为行人已经寥寥无几。才夜里十点不到，可刺骨的寒风挟着丝丝小雨几乎浸润了每一条街道。

他挨家挨户地查看，手中的警棍挥舞得花样百出，间或还警惕地扭头察看平静的街道两端。健硕的体魄加上威风凛凛的风度，让他看起来简直就是和平守护神。这一地区的人们都习惯早睡早起。街上只有香烟铺或不打烊的小吃店里透出零星的灯光，绝大多数商铺都已经早早关门了。

警察巡逻到某个街区当中，忽然放慢了脚步。在一间五金店幽暗的门道里，隐约有个男人的身影靠在墙上，嘴边还叼着一支未点燃的烟。警察走上前去正要盘问，男人抢先开了口。

"没事儿，警官，"他向警察保证，"我只是在等一个朋友。我跟他二十年前就约好了。听着挺可笑的吧？如果你一定想要搞明白，就让我仔细解释。二十年前，这间五金店原本是个餐厅——乔老大布雷迪餐厅。"

"五年前还叫这个呢，"警察插上一句，"后来被拆掉了。"

男人划了根火柴，点燃了香烟。微弱的火光映出一张苍白方正的脸，他有一双机警的眼睛，右边眉毛附近还有一处小小的白色伤疤。他的围巾扣是一枚硕大的钻石，真是古怪的搭配。

"二十年前的今晚，"他继续道，"我在乔老大布雷迪餐厅跟吉米·威尔斯一块儿吃晚餐。他是我的挚友，是世界上最棒的小伙儿。我俩都是土生土长的纽约人，从小一块儿长大，亲如兄弟。那会儿我十八岁，吉米二十。第二天一早，我就要去西部淘金了。可不管怎么劝，吉米都不肯离开纽约。他认为纽约是地球上唯一能待的地儿。反正，那天晚上我俩约定，二十年后的这个时候、这个地点，我们就在这儿相聚，不管混成什么样，不管多远都得赶回来。当时觉得二十年怎么着都足够我们兄弟俩各自找到自己的路，挣到自己的钱了。不管走哪条路，挣多少钱。"

"听来挺有意思，"警察说，"可你俩约定的时间未免也隔得长了点。你走之后，还有他的消息吗？"

"当然，我俩还写信联系过一段时间。"男人回答，"可一两年后，我们就没了对方的音讯。您知道，西部的天地太广阔了，我一直在四处奔波。不过我相信，只要吉米还活着，就一定会来见我，他可是这世上最真诚、最忠实的老伙计了。他绝对不会忘记。我千里迢迢赶来，就是为了今晚能站在这扇门前等他，只要我的老朋友能出现，一切都值了。"

等待中的男人掏出一块精美的表，表盖上点缀着一颗颗小钻石。

"还差三分钟就十点了，"他说，"当年我们在餐厅门口分别时，就是十点整。"

"你在西部混得挺不错的吧？"警察问了一句。

"没错！希望吉米混得能有我一半好。可他是个老实家伙，人好，心眼儿实，只会埋头苦干。为了搞到钱，我在外头每天都得跟最奸诈的老滑头们斗智斗勇。在纽约待久了,人就会变得墨守成规,安逸度日。要想有些锋芒,还得到西部去磨炼闯荡。"

警察耍了下手里的警棍,往前走了两步。

"我继续巡逻去了。希望你朋友能赶到。他十点没来的话,你就离开吗?"

"那怎么行!"男人说,"我最少也得再多等他半小时。只要吉米还活在这世上,他一定会在半个小时里赶到的。再会,警官。"

"晚安,先生。"警察说罢,继续他的执勤任务,挨家挨户地检查去了。

一场细密清冷的小雨淅淅沥沥地落下,凛冽的寒风从轻拂转成了呼啸。偶尔有零星几个衣领高高竖起,双手插进口袋的行人匆匆而过,严肃而沉默。五金店门廊里,这个为了一个不确定到近乎荒谬的约会,不远千里赶来,欲与年少时挚友相见的男人,又点燃一根香烟,继续等待。

过了大概二十分钟,一个颀长的身影从街对面快步穿过来。那是个穿着长外套的男人,衣领竖起来挡住了耳朵。他径直朝着等待中的男人走去。

"是鲍勃吗?"他不确定地问。

"是你吗,吉米·威尔斯?"门边的男人叫道。

"我的老天爷!"刚赶到的来客惊叫一声,冲上前一把将男人的双手紧紧握住,"鲍勃,真的是你! 我就知道,只要你还活着,我一定能在这儿见到你。哎呀,哎呀,哎呀! ——都二十年了! 老餐厅已经没了,鲍勃,它要还开着该多好,这样我俩就能再去吃上一顿了。你在西部混得好吗,老弟?"

"再好不过了! 我想要的一切都实现了。你变了好多,吉米,比我记忆中高了怕有两三英寸。"

"哦,我二十岁之后又长了点个儿嘛。"

"在纽约还好吗,吉米?"

"还行吧。我在市政府的一个部门里谋了个差事。来吧,鲍勃,咱们去找个地方聊聊,好好叙叙旧。"

两个男人亲热地挽起手臂,走到街上。西部归来的男人抑制不住自豪,开始滔滔不绝地讲述起自己的创业史。另一位则用长外套将自己裹得严严实实,饶有兴味地细心聆听。

街角处有一间药店,灯光亮如白昼。走到灯下,两人不约而同地扭过脸看向对方。

西部回来的男人突然止步,抽出自己的胳膊。

"你不是吉米·威尔斯!"他厉声道,"二十年的确很漫长,但还没漫长到能把一个人高挺的罗马鼻变成八哥犬的塌鼻梁"

"有时候,二十年还能让一个好人变成坏人,"高个子说,"你已经被捕十分钟了,'老滑头'鲍勃。芝加哥警方料到你会拐到我们这儿来稍作停留,打电话来说想约你去喝个咖啡聊会天。你是想静静地来悄悄地走吧? 倒是挺明智的。对了,去警局之前,我这儿还有张别人让我捎给你的纸条,你就在橱窗下头看吧,是巡警威尔斯给你的。"

西部回来的男人展开递过来的小纸条。读第一个字的时候,他的手还很稳,可看到最后时却已经微微颤抖。留言很短:

鲍勃:

我准时到了我俩约定的地方。你划着火柴点燃香烟的那一刻,我就认出了那张芝加哥通缉令上的脸。可我不忍心亲手逮捕你,只好去找了一位便衣同行来执行任务。

吉　米

（罗国良　译）

——选自《百花园》1983 年第 10 期

　　*欧·亨利(1862—1910),美国批判现实主义作家,世界三大短篇小说大师之一。曾被评论界誉为曼哈顿桂冠散文作家和美国现代短篇小说之父。代表作有小说集《白菜与国王》《四百万》《命运之路》等。

一小时的故事

[美]凯特·肖班*

　　大家都知道马拉德夫人的心脏有毛病,所以在把她丈夫的死讯告诉她时是非常注意方式方法的。

　　是她的姐姐朱赛芬告诉她的,话都没说成句;吞吞吐吐、遮遮掩掩地暗示着。

　　她丈夫的朋友理查德也在她身边。正是他在报社收到了铁路事故的消息,那上面"死亡者"一项中,布兰特雷·马拉德的名字排在第一。他一直等到来了第二封电报,把情况弄确实了,然后才匆匆赶来报告噩耗,以显示他是一个多么关心人、能够体贴入微的朋友。

　　要是别的妇女遇到这种情况,一定是手足无措,无法接受现实。她可不是这样。她立刻一下子倒在姐姐的怀里,放声大哭起来。当哀伤的风暴逐渐减弱时,她独自走向自己的房里,她不要人跟着她。

　　正对着打开的窗户,放着一把舒适、宽大的安乐椅。全身的精疲力竭,似乎已浸透到她的心灵深处,她一屁股坐了下来。

　　她能看到房前场地上洋溢着初春活力的轻轻摇曳着的树梢。空气里充满了阵雨的芳香。下面街上有个小贩在吆喝着他的货色。远处传来了什么人的微弱歌声;屋檐下,数不清的麻雀在喊喊喳喳地叫。

　　对着她的窗的正西方,相逢又相重的朵朵行云之间露出了这儿一片、那儿一片的蓝天。

　　她坐在那里,头靠着软垫,一动也不动,嗓子眼里偶而啜泣一两声,身子抖动一下,就像那哭着哭着睡着了的小孩,做梦还在抽噎。

　　她还年轻,美丽。沉着的面孔出现的线条,说明了一种相当的抑制能力。可是,这会儿她两眼只是呆滞地凝视着远方的一片蓝天。从她的眼光看来她不是在沉思,而像是在理智地思考什么问题,却又尚未做出决定。

　　什么东西正向她走来,她等待着,又有点害怕。那是什么呢? 她不知道,太微妙难解了,说不清、道不明。可是她感觉得出来,那是从空中爬出来的,正穿过洋溢在空气中的声音、气味、色彩而向她奔来。

　　这会儿,她的胸口激动地起伏着。她开始认出来那正向她逼近、就要占有她的东西,她挣扎着决心把它打回去——可是她意志就像她那白皙纤弱的双手一样软弱无力。

当她放松自己时,从微弱的嘴唇间溜出了悄悄的声音。她一遍又一遍地低声悄语:"自由了,自由了,自由了!"但紧跟着,从她眼中流露出一副茫然的神情、恐惧的神情。她的目光明亮而锋利。她的脉搏加快了,循环中的血液使她全身感到温暖、松快。

她没有停下来问问自己,是不是有一种邪恶的快感控制着她。她现在头脑清醒,精神亢奋,她根本不认为会有这种可能。

她知道,等她见到死者那交叉着的双手时,等她见到死者那张一向含情脉脉地望着她、如今已是僵硬、灰暗、毫无生气的脸庞时,她还是会哭的。不过她透过那痛苦的时刻看到,来日方长的岁月可就完全属于她了。她张开双臂欢迎这岁月的到来。

在那即将到来的岁月里,没有人会替她做主;她将独立生活。再不会有强烈的意志而迫使她屈从了,多古怪,居然有人相信,盲目而执拗地相信,自己有权把自己的意志强加于别人。在她目前心智特别清明的一刻里,她看清楚:促成这种行为的动机无论是出于善意还是出于恶意,这种行为本身都是有罪的。

当然,她是爱过他的——有时候是爱他的。但经常是不爱他的。那又有什么关系!有了独立的意志——她现在突然认识到这是她身上最强烈的一种冲动,爱情这未有答案的神秘事物,又算得了什么呢!

"自由了!身心自由了!"她悄悄低语。

朱赛芬跪在关着的门外,嘴唇对着锁孔,苦苦哀求让她进去。"露易丝,开开门!求求你啦,开开门——你这样会得病的。你干什么哪?看在上帝的份儿上,开开门吧!"

"去吧。我没把自己搞病。"没有,她正透过那扇开着的窗子畅饮那真正的长生不老药呢。

她在纵情地幻想未来的岁月将会如何。春天,还有夏天以及所有各种时光都将为她自己所有。她悄悄地做了快速的祈祷,但愿自己生命长久一些。仅仅是在昨天,她一想到说不定自己会过好久才死去,就厌恶得发抖。她终于站了起来,在她姐姐的强求下,打开了门。她眼睛里充满了胜利的激情,她的举止不知不觉竟像胜利女神一样。她紧搂着姐姐的腰,她们一齐下楼去了。理查德正站在下面等着她们。

有人在用弹簧锁钥匙开大门。进来的是布兰特雷·马拉德,略显旅途劳顿,但泰然自若地提着他的大旅行包和伞。他不但没有在发生事故的地方呆过,而且连出了什么事也不知道。他站在那儿,大为吃惊地听见了朱赛芬刺耳的尖叫声;看见了理查德急忙在他妻子面前遮挡着他的快速动作。

不过,理查德已经太晚了。

医生来后,他们说她是死于心脏病——说她是因为极度高兴致死的。

(葛林 译)

——选自朱虹编《美国女作家短篇小说选》,中国社会科学出版社 1983 年版

* 凯特·肖班(1851—1904),19 世纪末 20 世纪初美国妇女文学最负盛名的女作家之一。

思考与练习

一、名词解释

1.小说——

2.典型人物——

3.情节——

4.科幻小说——

二、填空

1.我国"小说"一词最早见于_____。

2.我国古代认为"小说"是_____,其跻身于文学之林是_____的事。

3._____、_____和_____被称为小说创作三要素。

4.从篇幅的长短和容量的大小上看,小说可分为_____、_____、_____和_____。

5.小说情节提炼的要求有_____、_____和_____。

三、判断(正确的画"√",错误的画"×")

1.小说是对生活的镜面式的反映和被动描摹,以真实反映生活为其根本特征。　　　　　　　　　　　　　　　　　　　　　　( )

2.长篇小说一般除了表现一个主题之外,不能表现次要主题或副主题。　( )

3.微型小说有简洁美、单纯美、奇崛美的美学特征。　　　　　　　　( )

4."杂取法"就是从许多个同类人物中抽取出他们最本质的共同特征综合在一个人身上以塑造出典型人物的方法。　　　　　　　　　　　　　　( )

5.环境描写要为表现人物性格和小说主题服务。　　　　　　　　　　( )

四、问答

1.小说具有哪些基本特征?

2.为什么说写好人物是小说创作的核心?

3.提炼小说情节有哪些要求?

4.小说有哪几种结构形态?

5.小说中的环境描写有些什么要求?

五、读写训练

认真阅读微型小说《在柏林》,请就其思想内容与艺术特点写一篇千字左右的小说评论。

在柏林

[美]奥莱尔*

　　一列火车缓慢地驶出柏林,车厢里尽是妇女和孩子,几乎看不到一个健壮的男子。在一节车厢里,坐着一位头发灰白的战时后备役老兵,坐在他身旁的是个身体虚弱而多病的老妇人。显然她在独自沉思,旅客们听到她在数着:"一、二、三",声音盖过了车轮的"咔嚓切嚓"声。停顿了一会儿,她又不时重复数起来。两个小姑娘看到这种奇特的举动,指手划脚,不加思虑地嗤笑起来。一个老头狠狠扫了她们一眼,随即车厢里平静了。

　　"一、二、三",这个神志不清的老妇人重复数着。两个小姑娘再次傻笑起来。这时那位灰白头发的后备役老兵挺了挺身板,开口了。

　　"小姐,"他说,"当我告诉你们这位可怜夫人就是我的妻子时,你们大概不会再笑了。我们刚刚失去了三个儿子,他们是在战争中死去的。现在轮到我自己上前线了。在我走之前,我总得把他们的母亲送进疯人院啊。"

　　车厢里一片寂静,静得可怕。

（希望　译）

——选自《外国微型小说选》,中国文艺联合出版公司 1984 年版

　　*奥莱尔,美国作家,生平不详。

第十三章 影视文学剧本写作

第一节 影视文学的特征及类别

当代影视技术在电脑和其他高新技术加盟的情况下,得到了高质高速的发展和普及,影视文学因此成了真正的大众艺术。尽管每一部影视文学制成品都有自己的观众群体,但由于制片人对上视率和收视率的强烈渴望,致使所有的影视文学作品都把雅俗共赏的大众性当作了基本要求和基本特征。因此,影视文学剧本的创作也必须建立在这种基本观念之上。

一、影视文学剧本的含义及特征

影视传播几乎无所不包,无所不能,影视文学不过是其中的一个板块而已。尽管如此,影视文学仍然是一个复杂的体系,它囊括了以文学为"体",以影视制作技术为"用"的一切文学作品。由于多种原因,以下讨论的影视文学剧本只能限制在影视文学故事剧之内。这就是悉德·菲尔德所谈到的"一个由画面讲述出来的故事"。

影视文学剧本,是提供给影视制作者(导演、演员、摄影师以及诸多摄制人员)据以制作影视片的文字材料。在实际情况中,影视文学剧本有两种形式:一种是由编剧创作的脚本;一种是导演在此基础上写出的导演台本,导演台本又叫分镜头本。分镜头本是把脚本内容分别切割为连贯性的一系列可以投入拍摄的镜头的剧本,它的动作性要求极高,所以它通常是以镜头为主进行创作的。从形式上看,台本中的每一镜头都由镜头序码、镜头内容、拍摄、表演说明等要件构成。拍摄时,主要因时间和经济的原因,往往不是依照镜头顺序进行而是打乱台本中的镜头顺序的。当全部镜头拍摄完毕,影视制作者再将其按剧本要求的顺序组接,配以适当的声响和音乐,影视片基本制成。

我国过去的影视文学剧本,具备了很强的可读性,而忽略了它的"可拍摄性"。所以,其中大量使用了小说、散文甚至诗歌的表现手法,这对导演的再度创作带来了不利。当前的影视文学剧本的写作,改变了这一倾向,有了向导演台本靠近的趋势。这一趋势是合乎影视制作的潮流和规律的。但是,脚本作者如果不是兼为导演或不具备高水平的导演能力,就应该明确,因为影视制作是诸多专业的综合,脚本中超越专业的"越界写作",诸如拍摄说明、表演说明、动作规定、镜头调度规定等,往往会在拍摄中被专业人员改变得面目全非。

影视文学剧本的特征有五，即：第一，与音像相应的视听性；第二，与奇特故事相应的"故事性"；第三，与深入骨髓的动作相应的"运动性"；第四，与人物语言相应的"对白个性化动作化"；第五，与影视工具技术相应的"影视技巧性"。在这五个基本特征中，作为影视文学剧脚本，前面四种特征显得尤为重要，只有到了工作台本阶段，第五特征才会变得确定和突出。

二、影视文学剧本的类别

电影剧本的分类是依照影片的分类来进行的，电影片的基本类型分为四种：故事片、新闻纪录片、科教片、美术片。本书我们要探讨的主要是故事片。故事片是由演员扮演的、具有一定情节的影片。故事片还可进行各种具体的划分：按其反映的题材的时期，可分为历史题材片和现实题材片；按其题材范围，可分为工业题材片、农村题材片、军事题材片、警匪题材片、儿童片、政治片、体育片等；按其风格、样式，可分为喜剧片、闹剧片、恐怖片、神话片、科幻片、动作片、功夫片、悬念片、惊险片、侦探片、推理片、灾难片等。但这些类别并不是依据统一严谨的标准而划分的，各种类别多有交叉，种类概念也比较含混，但由于这些分类已约定俗成，且有其实践意义，所以仍被沿用。

电视剧本与电影剧本在内容方面没有本质的差别，因此，完全可以参照电影的上述分类来对电视剧本予以分类。不过，电视与电影在长度上大有差异，所以，我们有必要从篇幅长度上对电影和电视作一些考察。

电影长度是相对固定的。中国电影的长度为 90～110 分钟，上下集巨片一般在 160 分钟左右，国外情况大致相似。

电视剧的长度相对自由，虽然单集长度较固定，但可以无限制地多集摄制，其总长度自由灵活。以长度为标准，可将电视剧分为以下几种类型：

电视短剧——又叫微型电视剧或电视小品，长度为 15～20 分钟，剧情简单集中，表现手法与小品相似。

电视单本剧——我国单本剧的长度为 45～50 分钟，国外则有长达 90 分钟的单本剧（被称为"电影电视"），其情节容量大致相当于一部短篇小说。

上下集电视剧——总长度为 90 分钟左右，容量相当于一部电影。上下集之间的衔接处一般安排为情节转折点，不是任意地分为两集。

电视连续剧——2 集以上 10 集以下的称为多集连续剧或中篇连续剧（如《过把瘾》），10 集以上即称为长篇连续剧（如《三国演义》《甄嬛传》），其特征是各集故事情节相连贯。它又被叫作"肥皂剧"（"肥皂剧"的得名，源于它们在美国诞生和风行之初，大多由肥皂厂商赞助并插播肥皂广告），脱胎于美国 20 世纪 30 年代诞生的广播肥皂剧，多年来发展迅猛，到 60 年代初完全取代了广播肥皂剧的统治地位，但仍带有十分强调人物语言的广播剧色彩。电影亦有连续剧类型，如由谢铁骊执导的六部八集《红楼梦》，但毕竟比较罕见，票房效果亦不佳。一般来说，电影不宜采用多集连续形式。

电视系列剧——系列片亦为多集，但各集相对独立，不相连贯，只是剧中主要人物相对固定地贯穿于各集，《神探夏洛克》《武林外传》便是此类电视。电影也可以拍摄系列片，比如好莱坞出品的《蝙蝠侠》系列、《速度与激情》系列，法国电影《的士速递》系列。

第二节　影视文学剧本的模式与设计

一、影视文学剧本的模式

随着大量影视文学剧本的产生，影视文学剧进入了相当成熟的时期，其显著标志是它模式的形成并对其创作产生了重要的影响。

在一些影视文学剧发达的国家和地区，由于众多的理论工作者和创作人员的努力，按照不同的方法和标准建立的影视剧模式如雨后春笋般涌现。类别划分的标准和依据不同，其模式的系统性也极强。例如，依照题材重点归纳和总结的模式：爱情模式、复仇模式、灾难模式、恐怖模式、惊险模式、间谍模式、家庭生活模式、侦破模式等等。所有的模式系统和模式，都经过高度的抽象化，几乎囊括了所有的创作题材领域，并把自影视产生以来的创作经验置入其中。所以，影视文学剧创作模式的出现，标志着影视文学剧创作的成熟。

影视文学剧的创作人员应该研究和掌握各种模式，但是，模式的运用是一柄双刃剑，如果生搬硬套，会造成剧本创作的教条化、僵硬化。正确的态度应该是：分析模式，掌握模式，受模式指导，突破模式局限。因为任何一种模式的变式都应该是无穷的，创新的可能性总是存在的。

二、影视文学剧本的草创设计

影视文学剧本是为制作影视片提供的工作蓝图，其创作不像小说、诗歌、散文等其他文学体裁的创作那样可以"随心所欲"，而必须有很强的计划性，是相当技术化、操作化的创作，要充分考虑是否符合导、摄、演的要求，要时刻不忘观众的存在，所以剧作者在构思和进入创作阶段时，应当缜密地对剧本各组成部分进行设计。影视剧本的设计并无固定不变的规范、格式、步骤，这里所要介绍的只是较为常见的设计格式、步骤和一般要求。

（一）设计故事梗概

有经验的编剧通常都要在进入创作阶段之初为剧本编撰故事梗概，这个梗概通常写成三段格式。

第一段：交代。介绍背景，勾画人物性格轮廓和人物关系，把人物命运和故事情节推向第一个转折点。

第二段：发展。完成第一个转折，展开人物之间的关系和冲突，在一系列冲突中把情节推向最大、最剧烈的转折——高潮。

第三段：结局。找到解决矛盾的方法以完成高潮，接着交代人物的终极命运或显示其命运趋向,交代故事的结果。

另外,还要为人物设计好名字。名字应与人物性格、身份相称,不要给多个人物设计发音相近的名字。美国影视理论家 L.赫尔曼忠告剧作者:"要使用既有特点又有真实感的名字。"

梗概的写作应当简明扼要,对人物的思想性格和环境,只作抽象的概述;重在勾画出时序清楚、脉络明晰的事件线索,表述出矛盾冲突和主要人物关系。故事梗概必须反映出未来剧本的中心事件或故事内容的大致轮廓。

梗概的写作在投稿上也大有作用,剧作者把完整的剧本投寄给电影厂或电视台时,不妨同时将梗概附上,使编辑、导演、制片人便于把握内容,比较快捷和准确地作出判断,决定取舍。

(二)编写剧本大纲

将简略的三段式梗概扩大、发展、细化为一个较详尽的概要,这便是剧本大纲。它具有较完整的艺术构思,对剧本各组成部分有缜密的安排,它是未来剧本的坚实基础。剧本大纲一般要求做到以下几点:

1.首要任务是塑造人物　对人物的心理、性格特征和行为动作及人物之间关系有明晰的考虑和有秩序的安排,通过人物塑造揭示出人物的本性。罗伯特·麦基赫尔曼指出:"在人物塑造的表面之下,无论其面貌如何,这一个人到底是谁? 在他的人性的最深处,我们将会发现什么? 他是充满爱心还是残酷无情? 慷慨大方还是自私自利? 身强体壮还是弱不禁风? 忠厚老实还是虚情假意? 英勇无畏还是怯懦猥琐? ……他作出什么样的选择,他便是什么样的人。"(《故事——材质、结构、风格和银幕剧作的原理》)

2.设置冲突、悬念　情节中的主要冲突和悬念要予以明确安排和陈述。

3.确定时间、地点　故事发生的时代、社会背景、具体地点和时间要作出明确规定。

4.划分出场次　它应当是对全剧结构有节奏(疏密相间、起伏跌宕)、有层次的统一完整的布局。

剧本大纲的编写,可以详尽得近似于剧本雏形,也可以较为粗略。电视台和电影厂的编剧在写出故事梗概后,可以将它提交编辑、导演或制片人征求意见,取得一致意见后再进入剧本写作。

单本电视剧和单部电影只须写一个梗概和大纲,系列影视剧则须写多个梗概和大纲,多集影视连续剧不仅要写出多集梗概和大纲,还应写出总体梗概和大纲。

(三)确定结构形式

剧本的结构是在设计梗概和大纲时就必须考虑和安排的,在进入剧本写作时则予以完全确定。

影视剧的结构比其他文体的结构更重要,剧作者应熟悉、掌握影视剧的结构形式和技巧。影视剧的结构形式是多样化的,但也是有规律可循的。从剧作的时间空间安排入手,可将其分为时空顺序式和时空交错式两大类型;从叙事方式和视点角度来归类,可分为主观叙述格局和客观叙述格局两类……这里只介绍一种通行的分类,即从影视剧与其他文学体裁相渗透的程度来进行划分,分为戏剧式结构、小说式结构、散文式结构、综合式结构。

1.戏剧式结构　这是一种运用得最早、最普遍、最有影响的影视结构形式。它按照戏剧的冲突和布局法则来安排结构,主要特点:其一,以戏剧冲突为情节基础和结构原则。其二,依次展开冲突的动作历程,即按开端、发展、高潮、结局的进程,富于因果逻辑地展开完整的情节。其三,在场段划分上,主张匀称严谨,时空转换推移排列有序。这种结构也就是时空顺序式结构,也叫传统式结构。

2.小说式结构　其结构特征与表现手法跟小说相似。它以刻画人物性格、描写人物心理为重心,不强调一定要有高度集中、连贯的推进性情节,不过分追求强烈的冲突和悬念,而致力于生活场面的展开和积累。它可以按自然时序依次展开各个场面,如《一九四二》《归来》;也可以依据人物的心理变化采用时空交错手法把过去与现在、现实与回忆交织起来,如法、日合拍片《广岛之恋》,国产片《罗曼蒂克消亡史》。

3.散文式结构　它是借鉴散文的布局手法来安排剧情的影视结构方式。它与小说式结构有相同之处:不讲究情节的集中和连贯,不追求强烈的冲突和悬念。但它比小说式结构更"散漫":段落与段落之间可以没有衔接的必然性和内在的依存性,是一种块面型结构。比如国产片《城南旧事》,由三个不相关联的生活块面构成全剧;《爱情麻辣烫》《私人订制》各故事之间也是相对独立的。

第三节　影视剧的情节设置与人物塑造

设置引人入胜的故事情节,塑造有血有肉的人物形象,是影视剧创作的根本任务和中心环节。情节和人物虽然是不同的概念,但在创作时绝不是分为两道程序来完成的。影视剧创作虽然可以或侧重人物刻画或偏重情节开展,但绝不能极端化地"顾此失彼"。只重剧情而忽视人物性格,写出的本子也许很"热闹",但其戏剧冲突和动作必定过于离奇,缺乏必然性和真实感;只重人物而忽视情节,则剧情缓慢沉闷令人厌倦,人物也由于缺乏动作而失去直观性。情节与人物是紧密关联、互为依存的。最理想的方法是将情节设置与人物塑造融为一体,让两者相互影响、相辅相成,使影视剧既能以精彩情节引人入胜,又能以鲜活人物令人难忘。影视剧作家们在长期创作实践中总结出了一种融会情节与人物的剧情设计模式,分为四个步骤。

一、开场——让人物置身困境

剧情一开始,就让剧中人陷入或即将陷入困境(或冲突)。人物身陷困境(或冲突)必然会发出动作,这动作既能推动情节又能显示性格,人物和情节于是相得益彰。需要强调的是,这开场的困境(或冲突)必须是难于克服并能引出全剧中心情节的,如此方能产生强劲的动作和悬念,显现鲜明的人物性格,因而也才能强烈吸引观众。同时还应注意:要清楚地让观众明白是什么人正在做什么事,否则剧情向纵深发展时,观众将困惑不解。既要设置困境又要交代清楚,这两个要求或许会使剧作者左右为难——在开场时作大段交代说明固然能使剧情清楚明白,却又会使剧情停滞不前,令观众大感沉闷;只设置冲突而不将冲突的本质解释清楚,剧情虽进展迅速,却会令人大感困惑。解决这个难题的办法是:不要静态地交代说明,而是把交代解释融入冲突、动作中,使之成为剧情的有机组成部分。

二、重场戏——强化困境,渐显性格

开场戏为人物设置了困境,使人物发生了动作,显示了一定的性格,在接下来的剧情中就应该让人物及人物发出的动作冲破其困境,解决其矛盾冲突,从而使人物性格得到更鲜明和丰满的显现。然而,如果我们让人物轻而易举且圆满彻底地解决了他面临的困难、矛盾,则剧情将十分平淡,性格将难于丰满,也不能对观众形成强烈的冲击力。在这一阶段中,作者应当激化矛盾,强化人物的困境,让人物在"排除万难"的艰辛历程中凸现性格,这样才能最大限度地唤起观众的感情反响。常用的有效手法是:让剧中人在冲破一重困境时,陷入更深重更致命的困境之中。

还可以突发的意外纠葛来给人物增添"麻烦"。它是情节的险恶转折,是新增的尖锐冲突,是预料之外的紧张奇变。它能改善情节的单一情势(一对一式的冲突),使之丰富多彩;它能使人物在多重危机中更显性格本色,更强烈地吸引观众。但不能滥用巧合与偶然来制造意外纠葛,切忌"戏不够,神来凑",意外纠葛应有着内在的必然性,是"预料之外",又在"情理之中"。

这一阶段的任务是:使矛盾冲突逐步深化和激化,使人物性格逐渐丰富、鲜明和深刻化。这一阶段是整个剧情结构中篇幅最长、变化最多的部分。

三、高潮——危机达于巅峰,性格集中展示

这是冲突发展到顶点,人物命运和事件结局都将被决定的关键环节。它可以不是剧中最热闹的场面,但必是性格冲突最激烈、最深沉的地方,人物的性格在此得到最集中、最充分的展现。

四、收场——引起无穷回味

收场有两种类型:一种是圆满地解决开场和重场戏中展开的矛盾冲突(大多数通俗影视剧都是此种收场)。另一种是矛盾冲突并未得到彻底解决,只是发生了一定的转化,留给观众的是一个没有结局的收场。后一种收场可能更有魅力,因为它或许会引起观众产生无穷的回味和联想。

如果高潮部分已揭示出最终结果,就不必专写一段收场戏。

第四节　影视剧的台词与解说词

一、台词的写作

台词对剧本创作的成败有着决定性的作用。台词是实现影视剧创作意图的主要手段之一,是表现人物性格和情节发展的有利因素。构思出了鲜明而丰富的人物形象和精彩而有深意的故事情节,若不能以台词成功地加以表达,剧作者的劳动亦将前功尽弃。

影视剧台词的主要形式是对白,它是两个或两个以上剧中人物的交谈活动。它能传达人物的心理活动,能与对话对象交流和碰撞并从而影响彼此的情志及行为,故又称为"语言动作"。剧作者主要用它来交代剧情,推进剧情,加强造型表现力,刻画性格,揭示人物内心活动。

对白写作的基本要求是:第一,富于动作性。第二,性格化。第三,精练、简明。第四,生活化、口语化。影视剧的台词绝不能写得像舞台台词,应当使用简单句型、口语,而不要用又长又复杂且十分书面化的语句。第五,生动、含蓄。尤其是电视连续剧、室内剧,其台词应力求生动有趣和含蓄有余味,从而使观众"听"得击节叹赏、兴致益然。第六,影视剧主要诉诸观众的视觉,依赖人物的外部动作来写人叙事、表情达意,所以对白切忌过多。

独白也是台词,它是以"画外音"形式出现的剧中人的内心自白,其基本作用是从内心活动入手揭示人物性格。但这种台词带有很浓的小说意味和"舞台腔",只能是"迫不得已"才使用的手段,千万不能滥用。那种以内心独白代替画面、动作,将内心活动全部述说出来的做法,以及在画面和动作已将内心活动揭示清楚之后仍用内心独白复述的做法,都是违反影视艺术规律的。

二、解说词的写作

解说词又被称为"旁白",但不同于舞台剧中的"旁白"。

舞台剧的"旁白"是剧中出场人物不愿让其他在场人物得知,却向观众直接披露出的内心隐秘。它是舞台剧表现人物心理活动的一种手段,带有很强的假定性,因此,这种"旁白"是强调真实感的影视剧所忌用的手段。

影视剧的"旁白"主要是以"画外音"形式出现的解说性、评论性语言。它作为剧作结构的一种辅助手段,主要用于说明时空背景、介绍人物、解释剧情内容,作必要的抒情和议论。

(一)解说词的种类

解说词有几种不同形式,按人称的不同可分为三种,按画面状况的不同可分为两种。

1.三种不同人称的解说词　第三人称的解说词:这是一种传统的解说方式,它从剧外人(作者或叙述者)的客观视角向观众讲述剧情,这种形式简单、直露、缺乏艺术性。其弊端在于:第三者突兀地介入观众与剧情之间,使故事情节受扰,中断了观众正在进行的想象和接受活动,很容易减弱剧情的感染力。可以用打字幕(即不出声的第三人称解说)的方式来克服这一弊端——在画面上打出诸如"三年后""1997·香港"等说明性的文字。这种形式既可以完成解说任务,又不显得突兀笨拙。

第一人称的解说词:以剧中人的身份和角度对剧情作出的解释说明。由于解说者是剧中"当事人",解说的是亲历、目睹的情景,保证了剧情的连贯性,因而显得与剧情比较融洽,是比较艺术的解说。但这种解说不能滥用,否则会削弱剧情的进展。

第二人称的解说词:对观众以"你"相称,是对观众的直接呼告,具有唤起观众的参与意识的作用。这种方式的运用应慎之又慎,因为它容易破坏真实感和自然感,除非确有提醒、强调的必要,一般都不采用此种人称的解说。

2.两种不同画面状况的解说词　一种是解说者出现在画面之中进行介绍说明的解说词。这种方式是在剧情进展的间隙,由某个剧中人正面对观众评说剧情。在画面处理上可排除其他场面,或采用消除背景的特技效果来突出解说者。这种解说法很少使用。

另一种是解说者不出现在画面中的解说,它是剧外人的解说,或者虽然是剧中人物的解说,但在解说进程中人物也并不出现在画面上。这是最常用的解说法。这种解说是"画外音"式的解说。它通常与"主观镜头"同时使用,解说者所解说的是其"主观"视野里的对象,它可以给观众以剧情目睹者的感受。

(二)解说词的写作要求

一部电影或电视,可以完全不要解说词。如果需要解说词,则一定得把解说形式及其内容当作剧情的有机组成部分来设计和写作。须注意以下几点:

第一,解说的视角须与剧本的视角相协调。剧本采用全知视角,解说词宜用第三人称;剧本采用剧中人的视点,解说词宜用第一人称。

第二,解说词的语体风格应庄重严谨。不追求口语化,而讲究书面语言那种较为严密的语法结构和逻辑性。尤其是采用第三人称的解说方式时,更应如此。以剧中人的角度作解说时,可以稍具口语特征。

第三,如果画面内容清楚明白,就不要同义重复地作解说。

第四,切忌直接宣示全剧的主题与寓意。

第五节　影视剧作者的能力与素养

一、敏锐的"音像能力"

这是尤其强调视觉形象和听觉形象的思维方式。影视文学剧作者应该充分培养自己的这一素养,善于把写作的所有对象赋予可供摄制的声音、形象并带上它们的色彩与格调。简单地说,剧作者进行剧本创作时,头脑里涌动的是一系列绘声绘形绘色的画面,当将它诉诸笔端时,自然就成了水到渠成之事。值得强调的是,在音像能力中,代表视觉的"像"是居首位的,而"音"所指的听觉是第二位的。

二、奇特的"故事构造能力"

人们通常把影视文学剧本拍成的作品叫作"故事片"。故事,构成了这类剧本的主要内容。故事构造能力,源于剧作者对自己奇妙想象力的培养,源于对故事因素,诸如冲突、矛盾、高潮、聚散等的精细研究,源于故事组合的手段、技艺,诸如对悬念、巧合、误会、计谋、伏笔、解套等熟练操作。剧作者的这一能力带来的结果,要使得观众牢坐在银幕或荧屏前,一往情深地期盼而不是悠闲地观望。要知道,忽略和排斥故事带来的后果是低上座率和低收视率以及作品的昙花一现。

三、深入骨髓的"动作"能力

影视文学作者的这一能力带给作品的是一种运动性和推进感。没有动作就不能产生运动,没有运动就不能推进,没有推进就不可能完成剧情。道理是简明的,关键在于深刻地把握。影视片是有较固定的时间长度的。它与小说的区别之一也在此。小说家可以用长篇巨幅静态地写人物心理、抒发感情、描述细节,而影视文学剧作家则考虑将人物心理和情绪等各种方面变成外部动作,将写作的一切对象(即使是静态的写作对象),都带上动作性,让剧情不断地得以推进,从而使一个起伏曲折的故事得以如期完成。静止和缓慢是影视文学剧本的大忌。

四、具有创造人物对白的个性化和动作化能力

影视文学剧不同于舞台剧、广播剧与极富特征的室内剧。它不宜让人物大篇大段地说话、喋喋不休地交谈。一定要把时间用在人物的动作和运动的画面上,让它们去"说话"或表达。所以,对白写作的基本要求是少而精。少而精的指向主要体现在动作性与个性上。动作性的含义是:对白必然引发动作,推进情节。这有两个基本含义,一是对白应该引起对白双方建立特定关系,发生冲突,或者使对白双方关系发生转变,发展冲突。二是对白引发对白双方与第三方发生特定关系,发生冲突,或者使对白双方与第三方改变关系,发展冲突,得以使情节扩展,推进故事。对白个性的含义是:能够充分表现人物与众不同的心理、性格特征。影视文学作者应善于让人物内心隐秘活动外化为对白。独白、旁白应是舞台剧、广播剧的专利。

五、具有对影视技巧十分熟悉的素养

这种素养被称为"技术性"。影视技术的发展会带来影视技巧的丰富发展。影视剧作者必须跟踪这种发展。与此同时,影视基本技巧的熟练把握似乎应更加扎实一些。诸

如镜头的调度方法,即对镜头距离和角度的用法,推、拉、摇、移、升、降,它们的目的作用和效果各有什么特点,俯、仰、平、斜的不同视角与拍摄对象到底会产生哪些妙用,全、中、近、特写各种景别的使用与影视内容的表现,怎样才能和谐协调。应懂得时空转换技巧和段落转换技巧,如渐隐、渐显、划、化、叠映等的运用怎样才叫恰当。总之,对这些基本技巧不仅应明白是什么,还更应理解为什么要这样使用它,使用它达到什么目的,会产生什么效果。虽然这是导演、摄像摄影、剪辑手段,但剧作者对之越熟练,剧本创作的成熟性和成功率就会越高。

范文选

魂断蓝桥（剧本节选）

[美]S.N.白门,汉斯·雷缪,乔治·弗罗薛尔

（根据罗勃肖伍特同名舞台剧改编）

夜晚的伦敦街头。

黑暗的马路,居民们在专心听广播。

马路两旁堆集着沙袋,战争已经开始。

[画外广播]"全世界都知道了。一九三九年九月三日,星期天,它将永远被人记住。

这天的上午十一点十五分,首相在唐宁街 10 号会议上的演说宣布了英国和德国处于交战状态。而且殷切希望伦敦居民们不要忘记已经发布的紧急状态命令,在灯火管制时间里不得露出任何灯光。任何人在天黑以后不得在街上游荡。并且切记不得在公共防空壕里安置床铺。睡觉之前应该将防毒面具和御寒的衣物放在身边,而且不妨在暖水瓶冲好热水或饮料,这对那些深夜不得不叫醒的儿童不是没有好处的。应该尽量稳定那些仍然留在伦敦的儿童,尽管直到今天夜里,撤退仍将持续不断。"

一队小学生默默走过。

——

上校军官罗依·克劳宁从军营大门出来。

一个军官喊:"上校的汽车!"汽车驶来。

罗依两鬓花白,满脸皱纹,沉闷地对司机:"达可唐纳,就在今天晚上……"

达可唐纳:"你要去法国?"

罗依:"是的,去法国,从滑铁卢车站出发。"罗依上车,车开动。

汽车内。罗依并坐在司机达可唐纳身旁。

达可唐纳:"这些对你都很熟悉?"（罗依点头）

达可唐纳:"我是说你经历过上次大战。"

罗依:"是的,是很熟悉。从滑铁卢桥进车站。"

达可唐纳:"滑铁卢桥?"

罗依:"时间还够。"（化）

汽车驶入滑铁卢桥,罗依下车,对司机达可唐纳:"你把车开到桥那边等我,我要走过

去!"［音乐起］

罗依来到桥中间依在桥栏杆上,看着匆匆流去的河水,沉思。他转过身来,望着远方,然后从口袋里拿出一个象牙雕的"吉祥符",凝视。

"吉祥符"的特写。

罗依回忆往事:

［玛拉的画外音］"这给你。"

［罗依的画外音］"'吉祥符'!"

［玛拉的声音］"它会给你带来运气。会带来,我希望它会带来!"

［罗依的声音］"你真是太好了!"

［玛拉的声音］"你现在不会忘记我了吧?"

［罗依的声音］"我想不会,不会的……一辈子都不会忘记你!"(化)

二

一九一四年第一次世界大战时期,英国青年军官上尉罗依·克劳宁正站在桥头上……

空袭警报声在空中呼啸。

桥头跑来三个姑娘。

姑娘们:"你们听,警报!你别愣着了。"

玛拉:"你听见没有?""我什么也没听见。""我听见了。"

里苔亚喊:"请安静,安静!"

玛拉问罗依:"对不起,这是空袭警报吗?"

罗依:"恐怕是。再仔细听听就知道了。"

有人高声喊:"空袭——"

姑娘们更乱了,七嘴八舌讲着。

凯蒂:"我们要是回去晚了。夫人会发脾气的,我们得赶快回去呀!"

里苔亚:"我们……空袭,我们到哪里好呢?"

罗依:"到地下铁!"

姑娘们一时不知往哪里去,乱跑起来。

罗依:"右边,右边!"

姑娘们往回跑时,玛拉失手掉了手提包,东西散落一地。

罗依回身去帮她捡。

玛拉:"谢谢你!"

罗依:"别说了,飞机可能来炸桥,快走吧!"

玛拉:"哎呀,我的'吉祥符'!"

［特写］失落在地上的"吉祥符"。

玛拉跑回去捡"吉祥符",一辆马车飞奔过来眼看就要撞上,幸亏被罗依拉了一把,及时躲过。

罗依:"你这个小东西,不想活啦!"

玛拉:"不能丢的,它带给我运气。"

罗依:"它带给你空袭!"

他带她跑着。

玛拉边跑边问:"你搀着我跑,你觉得太不像军人了吧?"

罗依:"没关系!"

<h1 style="text-align:center">三</h1>

地下铁道。挤满了人,熙熙攘攘。

罗依、玛拉挤在人群中,外边传来爆炸声。

一个人:"……他说,哎,别挤我,先生! 我就说,幸亏推了你,要不是我们这几推,你还在门外边呐!"

一个女人:"我一向靠自己跑。我听上了年纪的人说,活动的靶子不好打,你说是吗?"

一个人:"当然。"

一个人:"唉,'特国'人打得可准了,是吧?"

一个人:"特国,特国? '特国'就是'德国'!"

人群一阵哗笑。人们挤动着,把罗依挤到了玛拉身上。

罗依:"这股推劲儿还真不小呢!"

玛拉:"很挤,是吗?"

罗依:"嗯,这儿很安全!"他向一旁张望,"喔,靠墙边人少一点儿,我们挤过去。"

罗依、玛拉好不容易挤到墙边。

玛拉:"是的,这里好多了!"她踮起脚尖向四周环视。

罗依:"找你的朋友?"

玛拉:"是的。也许她们走别的门进来了。"

罗依(掏出纸烟):"抽烟吗?"

玛拉:"啊,不,不!"

罗依:"大概你不会抽烟吧?"

玛拉(摇头):"不,谢谢!"

罗依:"你是个学生吧?"

玛拉(笑):"啊——"

罗依:"这话可笑吗?"

在他们身后墙上贴着的广告,国际芭蕾舞剧团招生。

玛拉(望着墙上广告):"正巧,我们学校——笛尔娃夫人的国际芭蕾舞剧团。"

罗依:"国际芭蕾舞剧团? 那么说你是舞蹈演员喽?"

玛拉:"是的。"

罗依:"是专业演员?"

玛拉:"我看差不离儿吧!"

罗依:"你说……你会转圈儿什么的?"

玛拉(自豪地):"当然,我还会滑步呢。"

罗依(不懂):"你说什么?"

玛拉(小小地吹嘘):"我能够跳跃腾空打击六次,里琴斯基能够连续做十次。不过,这可是一百年才出这么一个。"

罗依:"这对肌肉有好处! 对肌肉有好处! 舞蹈演员的肌肉就该像男人的喽!"

玛拉:"唔,不见得。我十二岁就学舞蹈啦,我并不觉得肌肉过于发达!"

罗依:"你是例外!"

玛拉(很想引起对方对自己的尊重):"我像运动员一样锻炼……唔,我们生活有严格的纪律!"

罗依:"那么,你今晚还有演出吗?"

玛拉:"当然,十点钟开始。"

罗依:"我真想去看看。"

玛拉:"你就来吧!"

罗依:"可惜今晚上校那里有个宴会,我要不去那得有点胆子!"

玛拉:"你是回来度假的?"

罗依:"嗯,就到期了,我家在苏格兰……"

玛拉:"那你就该回去了? 去法国?"

罗依:"明天。"

玛拉:"太遗憾了,可恶的战争!"

罗依:"是的,我也是这么想。这战争,怎么说呢? 它也有它的精彩之处——能随时随地叫人得到意外,就像我们现在这样儿。"

玛拉:"和平时期我们也会这样的。"

罗依:"你真是个现实主义者。"

玛拉:"是的。你好像很浪漫。"

传来哨声,有人喊:"警报解除了。"人群在蠕动。

罗依:"好啦! 空袭过去了。没有过这样好的空袭吧! 我们现在就走,还是等下一次空袭?"

玛拉:"这主意不错,不过还是走吧。"

罗依(指玛拉手中的提包):"我帮你拿吧!"

玛拉:"不,不! 我刚才是有点着急才掉的。"

罗依:"但愿下次掉的时候我还在旁边。"

玛拉:"这不大可能吧? 你要回法国。"

罗依:"你呢?"

玛拉:"我们可能去美国。"

罗依:"那么说是不可能,太遗憾啦!"

玛拉:"我也是……"

四

滑铁卢桥头。人们涌出地下铁后,向四处散去。报童喊着跑过去:"看报,看报,军舰被击沉!"罗依、玛拉并肩走着。

玛拉:"可能太晚了,我得坐车走。"

罗依(一边招手叫车):"这时候车子可不太好叫。"(对玛拉)"我真想去看芭蕾,这样的话,在我走上征途的时候将会留下一个愉快的回忆,你说呢?"

玛拉:"可是前线的人我一个也不认识,现在认识了你,我是不会忘记的,但是我并不完全了解你。"

汽车开过来,司机:"车来了,先生!"罗依扶玛拉上车。

玛拉:"谢谢你,我……我希望你平安回来。"

罗依:"谢谢你!"

玛拉(从车窗伸出手,手中拿着"吉祥符"):"这个给你!"

罗依:"这是你的'吉祥符'啊!"

玛拉:"也许会给你带来运气,会的"。

罗依:"我已经什么都有了,你比我更需要它。"

玛拉:"你拿着吧,我现在不再依赖它了!"

罗依(接过"吉祥符"):"你可真是太好啦!"

玛拉(对司机):"到奥林匹克剧院。"(对罗依柔情地):"再见!"

罗依(依恋地):"再见!"

玛拉乘坐出租汽车驰去。

五十九

滑铁卢桥上。夜雾浓重。玛拉独自倚着桥栏杆,似乎向桥下望着什么……

一阵皮鞋声,一个打扮得妖艳但面孔浮肿的女人走来,她看见玛拉。

女人(很熟悉地):"是你啊,玛拉,你好! 你不是嫁人了吗?"

玛拉(嗫嚅地):"没有。"

女人:"那个凯蒂跟我说过的,说你跟了个体面的人。我说:'哪有这好事?'"

玛拉:"是啊——"

女人:"别泄气,反正就是这么回事,到火车站去吗? 唉,我到哪儿都没法儿……"(她耸耸肩叹息着走开。)

玛拉两眼滞呆呆地望着她的背影,望着望着……对她说来一切都绝望了,但她却表现出从来没有过的镇静。

桥上,一长队军用汽车亮着车灯,轰轰隆隆地向桥头驶来。

玛拉转过头去,望着驶来的军用卡车。

车队从远处驶近。

玛拉迎着车队走去。

车队在行驶,黄色车灯在浓雾中闪烁。

玛拉继续迎着车队走。

车队飞速行进。

玛拉迎面走去。

车队轰鸣,越来越近。

玛拉迎着车队走,越来越近。

玛拉宁静地向前移动,汽车灯光在她脸上照耀。

玛拉的脸,平静无表情的眼神。

巨大的煞车闸轮声,金属相磨的尖厉声。

车戛然停止,人声惊呼。

人们从四面八方向有红十字标记的卡车拥去,顿时围成一个几层人重叠的圈子。(镜头推进)人群纷乱的脚。

地上,散乱的小手提包,一只象牙雕刻的"吉祥符"。(化)

一只手拿着"吉祥符"(《一路平安》音乐声起)。

二十年后的罗依,头发已斑白,面容衰老,穿着上校军服,凄切地站在滑铁卢桥心栏杆旁。他望着手里拿着的"吉祥符",苍老的两眼闪现出哀怨、悲切和无限眷恋的心情。

（画外玛拉的声音）"我爱过你，别人我谁也没有爱过，以后也不会。这是真话，罗依！我永远也不……"（强烈的苏格兰民歌《一路平安》将玛拉最后的声音淹没。）

歌声在夜雾的滑铁卢桥上空回荡……桥上，孤独地走着苍老的罗依。

罗依坐上汽车。

汽车驶去。

——选自《魂断蓝桥》（中文版，安琪译），中国致公出版社 2004 年版

泰坦尼克号*（剧本节选）
［美］詹姆斯·卡梅隆

傍晚。

泰坦尼克号尖利的船头划过海面，哗啦哗啦地分开两道白色的水浪。杰克独自站在船头甲板上，迎面扑来的海风吹起他的头发和外衣。

杰克一脸忧郁，趴在栏杆上，陷入沉思，任凭海风吹打。露丝从后面慢慢走来，脚步有些沉重。"hello，杰克。"

杰克听到呼唤，像被惊醒一样，一下子把头转过来，看着露丝。

露丝微微笑着，站在那里。"我改变主意了……"

杰克忧郁的脸泛起了笑容。

天空满是瑰丽的晚霞。

露丝走向杰克，"听说你在这里……"

"嘘……"杰克手指放在嘴上，示意露丝不要出声。露丝愣住了。

"把手伸出来。"露丝听话地伸出手，让杰克把她手牵着。天空晚霞斑斓。

"闭上眼睛。"露丝不明白，看着杰克，有些迷惘。

"快点。"露丝顺从地闭上眼睛。

"站上来。"杰克一手拉着露丝，一手扶着她。露丝闭着眼睛笑着，走上前。

"抓紧栏杆，眼睛闭好，别偷看。""别偷看。"杰克凑在露丝耳朵边又说道。

"我不会。"露丝说道。

"踩在栏杆上。"杰克双手扶着露丝踩上甲板上的栏杆。

"抓紧。"露丝有点颤颤的，杰克让露丝抓着最高的栏杆，自己在露丝身后也踩着下面的栏杆。

"眼睛闭好。"杰克吩咐露丝，露丝开心地笑了起来。

"你信任我吗?"杰克问露丝。

"我信任你。"

杰克在露丝身后，把露丝手打开，露丝张开双臂。

"好，睁开眼睛。"杰克从后面搂着露丝的腰。

露丝睁开眼睛，眼前是无垠的大海和映在海面上的晚霞。露丝张大了嘴，似乎不相信自己的眼睛。海风吹拂，让他们的头发，让露丝的纱巾飞扬起来。

"我在飞,杰克……"露丝开心极了。

杰克和露丝站在船头的栏杆上,泰坦尼克号拖着几根巨大的烟囱,划开海面,载着他们迎着红色的晚霞飞速前行。杰克拥着露丝,露丝双手张着,像一对快乐飞翔的鸟儿。

杰克也张开双臂,把露丝的手抓住,他们一起飞翔。

"约瑟芬,上到我的飞行器,我们一起飞向云霄。"露丝和杰克都笑了起来。

他们的手收回,在泰坦尼克的船头热烈拥吻,露丝伸出手勾住杰克的脖子。露丝的纱巾在他们手边飞扬。(化)

巨大的船头渐渐褪色,一切都消失了,只剩下水底锈迹斑斑的铁骨。两柱灯光透过海水照向沉船气派的轮廓。

镜头拉开,画面缩小成一个屏幕。屏幕旁头发花白、满脸皱纹的露丝转向打捞人员,"那是泰坦尼克沉船前的最后一天。"

负责人点点头说,"是沉船当天的傍晚,还差六个小时。"

"真不可思议,史船长明明接到警讯,冰山警讯就他妈的在他手里……抱歉我说粗话,但他还命令加速",一个打捞人员走过来,气愤至极。

"二十六年的经验反而坏事,"负责人抱着手说道,"他以为他可以看到再躲让,但船大舵小,根本没法急转弯。他太自负了。"

露丝摩挲着手里的蝴蝶发夹,转向沉船打捞的录像。屏幕上,探照灯正照向一个壁炉。露丝又回忆起当年的情景。(化)

镜头推进,水底泛白的壁炉,似乎又有了色彩有了生气。

从壁炉上方的镜子里,看到露丝大笑着推开门,杰克跟着走进来。

"进来吧,没关系。这是起居室。"露丝说着关上门,杰克没来过这种地方,拿着画本,四处张望着房间。

"这光线行吗?"露丝问。

"什么?"杰克没听清楚。

"光线对作画不是很重要吗?"露丝一边收拾着。

"对,不过今天只能将就了。"杰克用手指抹了一下桌面。

"莫奈的画!"杰克看到房间一角莫奈的睡莲图,急忙走过去。

"你知道他的作品?"露丝问他,也走了过去。

"当然!"杰克用手指着画作,"你看他用色,真棒!"

"对啊,确实好棒。"露丝说。

露丝开着保险箱的锁,给杰克说,"卡尔不管到哪里,都坚持要带着保险箱。"

杰克在房间里走来走去。"他会很快回来吗?"

"只要还有雪茄和白兰地,就不会。"露丝说着从保险柜里拿出一个盒子。她打开盒子,拿出一串项链给杰克。

"很好看。是蓝宝石吗?"杰克靠近光线,观赏项链上的宝石。

"是钻石,一颗很罕见的钻石。"

杰克看着钻石,硕大的钻石在杰克手上发着幽幽的蓝光。他摇了摇头。

"杰克,也替我画一幅画吧,我要戴着这个。"

"好啊。"杰克继续玩赏着钻石。

"我只戴着这个。"露丝给杰克说。杰克有些没想到,看了看她。

露丝取下头上的蝴蝶发夹,甩了甩头发。杰克把一架沙发拖到房间中央,布置了一下,然后拿出作画工具包,削炭笔作准备。

露丝从旁边的房间里走了出来,披着一袭透明的黑裙,美艳动人。专心削着炭笔的杰克看到露丝,不由呆住了。为了克制情绪,他深深吸了口气。

露丝走向杰克,"我需要一副……让我看起来像个陶瓷洋娃娃的画像。"她丢给杰克一枚硬币,"我可是付了钱的,我爱怎样就怎样。"杰克忍不住嘴角一扬。

露丝边说边后退,面向杰克滑下披着的裙子,青春的身体光彩照人。

杰克略略有些紧张。"过去,到床上……沙发上。"他指着沙发。

露丝走了过去。

"躺下。"

露丝依杰克说的躺下了,不知道怎么摆姿势。"告诉我要怎么样比较好?"

"手臂像刚才那样",杰克比划着,"另一只手举起来贴着脸。"

露丝照着杰克说的做。

"好……头低一点。"

露丝盈盈笑着。"眼睛看着我",杰克说,"尽量不要动。"他长出一口气,边看露丝,边在画板上一丝不苟地开始作画。

"你好严肃。"露丝忍不住说。杰克微微笑了笑。

在杰克笔下,戴着"海洋之心"钻石项链的美丽的露丝呈现在纸上,裸露的身体洋溢着青春气息。

杰克画到胸部。"你好像脸红了,大画家先生。"露丝对杰克说道,"我想莫奈不会脸红吧?"

"人家画的是风景",杰克一笑,"脸部放松……不要笑。"然后继续用心在画板上勾勒、涂抹露丝的身体。(化:露丝清亮的眼睛渐渐变为满布皱纹的眼角和脸。)

（外文出版社英文部　译）

——选自《泰坦尼克号》,外文出版社 2012 年版

白鹿原（剧本节选）

芦　苇

黑幕

鞭响声,陕西关中农民吆喝牲口的声音,从历史深处由远而近飘传过来。

鹿三的声腔铿锵有韵响彻天地:"走!——嘚儿驾,走走! 嗯——我把你个挨下鞭的东西哟,你个生就出力的胚子下苦的命,不出力想咋呀,你还想当人上人呀? 连我都没那个命,走! 嘚儿驾!……"

鞭声噼呖甩出片名:白鹿原
公元一九〇四年,清光绪三十年
陕西关中白鹿原

1.白鹿原　日　外

土塬浑然屹立,沐浴在金秋的阳光中。

鹿三抖动缰绳驾骡耙地,白嘉轩扬臂播撒麦种,两人年当青壮活路干得畅快得劲赳赳有势。

鹿三:"……慢下来咧看我拿鞭子抽死你! 嗬嗬! 吁吁——"碾耙过后的土地平坦顺展肌理均细,小麦粒儿铺天扬洒盖地飞落。

这是农人在抚育着生命的永恒景象。

白嘉轩:"鹿三吔,我屋里头的就要生养了,得请你给俺娃当干大。"

鹿三:"我命穷,怕是托护不起这么贵气的娃。"

白嘉轩:"你人穷,可品不穷嘛——"

鹿三(高兴):"嘉轩,这货敢要是个带把子的男娃,就是咱祠堂将来的掌门人么! 嗬儿驾——盯,连这牲口都咧着嘴笑呢,挨定是男娃!"

2.白家牲口圈房　日　外

牲畜打着喷鼻嚼咽草料,母牛哞叫起来。

白嘉轩的妻子挺着大肚子身孕撞门而入担水进来,吃力地拎桶倒水入缸。她拎起第二桶水绊住缸沿,腰身一闪跌倒,水桶砰然坠地!

一只小牛犊惊慌不安地窜来窜去。

白妻哆嗦着从裤腰里掏出手,手上沾满血污。

门"砰"地撞开,黑娃(四岁)跑进来,他突然站定吓呆住了:白妻哆哆嗦嗦,抱出一团蠕动着的血肉疙瘩!

黑娃的镰刀草笼失手坠地,他返身逃窜出去,扒住门扇朝里窥视。

白妻(呻吟):"黑娃吔……拿镰刀来!"

黑娃进门拾起镰刀,惊惑不安地递给白妻。

白妻无力接镰,呻唤着:"割下去……在这割一下……"黑娃目瞪口呆木然不动。

白妻(责骂):"死人你? 快割……"

黑娃闭上眼,勾扯了一刀!

白妻晕厥瘫卧,黑娃惊叫着扔下镰刀窜出门去。

母牛移动身躯哗哗地撒下一泡热尿。小牛犊偎靠过来,亲热地舔蹭着新生在地的婴儿。

3.白鹿原　日　外

四辆大车装载着戏班子辚辚而来,鹿子霖坐在车帮伞下把着细瓷壶嘴喝茶。

白嘉轩扬手撒出一把麦种,伸出大拇指说:"子霖兄,不是你这手面,谁能把麻子红这么大的戏班子搬到白鹿原上来?!"

鹿子霖满面堆笑,说:"嘉轩兄,我给娃过百日,非你族长的大驾才能压住场面,我这厢有请咧!"

白嘉轩:"白鹿原上第一大户过事,我敢不去登门纳礼? 娃的官名儿叫个啥呀?"

鹿子霖:"官名儿鹿兆鹏,吉祥大兆的兆,鹏程万里的鹏。"

白嘉轩(赞叹):"名儿好名儿好,这名字还得咧了,光听这名儿,你鹿家门下就得出封将拜相的人物!"

鹿子霖:"咱白鹿两姓同祖同宗一个祠堂,同福共喜么——"

黑娃急如脱兔地奔到崖边上,丢魂失魄地对着下面川地号叫着:"大呀!——大呀!……我姨,我姨在牲口圈里……"

鹿三勒住缰绳训斥道:"把话说亮清! 你姨咋个了?"

黑娃喘息着说:"我姨在牲口圈……巴下来一个……巴下来一个……"

鹿三:"好好说,巴下来一个啥?"

黑娃:"……巴下来一个,一个,一个娃……这么长!"

鹿三(警觉):"哎呀,怕是生养了?!"

白嘉轩脸色陡变,拔腿就跑。

鹿三(提醒):"你跑河边弄啥去呀,把路跑反了!"

白嘉轩呆立片刻转身往塬上窜,一个趔趄失重绊倒,他爬起身来急急如飞向塬上奔去。

白嘉轩的喘息心跳在古老的塬上声声可闻。

字幕:公元一九一一年
清宣统三年

4.白鹿村私塾   日   内

白鹿原上传来朗朗书声。

村童们摇头晃脑背诵《三字经》:"三才者,天地人,三光者,日月星。三纲者:君臣义,父子亲,夫妇顺。曰春夏,曰秋冬,此四时,运不穷……曰仁义,礼智信,此五常,不容紊……"

村童们的诵书声遍传古塬。

7.白鹿村祠堂   日   内

鹿子霖焦虑不安地对白嘉轩说:"现在革命党满世界杀人放火呢,世道乱得都没熊样子咧,你先说咱村该咋个办呀?"

白嘉轩:"咋办? 按老规矩办。我把老辈传下来的乡约族规打刻到碑子上,立到祠堂里,这就是咱行事论理的准绳。不管他谁坐皇位位,咱都尽良民本分缴纳皇粮,一斤不少,一斤不多。"

鹿子霖:"嘉轩,你拿得稳,你要敢生在三国,皇上之位怕得你来坐。当个白鹿村祠堂的族长,把你的才屈大咧。"

白嘉轩(一脸正色):"子霖,这会儿不是你撂杂话说笑料的时候。(手拍着石碑)百姓农人么,耕读传家么,啥世事咱都是这个活法,连咱的娃们家都读书知理,遵规守法着呢。你兆鹏,俺孝文都能读《论语》咧,连黑娃都能说个'之乎者也'了么……"

白嘉轩话音未落,白兴儿连推带搡拧着耳朵把三个小娃押送来,怒气冲冲地告状。

白兴儿:"刚好,你三个大人都在这儿哩。族长,我好好做我的营生着呢,这三个匪娃子抢着碗大的石头块子就朝我砸,把驴的熊都打成瞎瞎熊咧。种没配上不说,驴马受了惊跑得没影儿了咧,族长,你说这事咋办?"

黑娃嚷嚷着辩解:"黑驴跑了,白马没跑!"

白兴儿:"你三位都是塬上最要脸面的人,这三个咋就这么没皮没脸的,那是牲口交配的场合么,好看得是? 看了都给你大脸面上增光不成?"

鹿子霖劝息着说:"甭急甭急,咋个失赔天底下都有个价码,你先甭急,慢慢说歇!"

白兴儿:"我咋不急,我营生瞎咧!"

三位家长气得脸色发僵,面面相觑无话可说。

白嘉轩捺住心火,在条凳上蹲蹴下去,审视着孩子们问道:"你三个谁出的主意?"

三个娃哭丧着脸,鹿兆鹏翻着白眼回应:"我。"

黑娃嘟囔着:"……黑驴,是我拿土疙瘩撒跑的……"

鹿三怒不可遏,抬腿一脚把黑娃蹬翻,骂道:"我没钱赔,我就把你失塌了抵人家的驴命去!"

鹿子霖脱掉鞋晃举着,虚张声势地斥骂着儿子:"我鹿家的脸面让你丢尽了! 今儿我就当着众人面把你瞎松打死到这儿!"

鹿兆鹏屁股挨的鞋底分量不重,撇嘴口气却硬:"君子一言,驷马难追,今儿你不打死我,你不算好汉!"

白嘉轩蹲在条凳上抄着手,引而不发地逼视着儿子。白孝文像落入陷阱的小动物惊惧失色地眨巴着眼睛。

白嘉轩:"我不打你,咱按族规办。去,把墙角底下的酸枣枝拿过来。"

白孝文哭丧着脸把酸枣枝交给白嘉轩。白兴儿上去拦住白嘉轩,说:"对咧对咧,吓唬吓唬就对咧,不敢来真的,不敢!"白嘉轩推开他,一板一眼地说:"我不吓唬人,我要说就是实打实话。"

白嘉轩一声喝令,叫三个娃一溜儿跪下。

白孝文转身欲窜,被白嘉轩一把拎住了领口。他抡起酸枣枝抽了下去。

白嘉轩:"我让你一辈子忘不了,看你还敢不敢学瞎。"白孝文惨嚎着捂住了脸,指头缝间渗出一缕细血。

白嘉轩把酸枣枝丢到地上,对鹿子霖和鹿三说:"碑子上族规写得分明,你俩看着办。"鹿三、鹿子霖只得拾起酸枣枝,未及下手,黑娃突如脱兔般地逃窜出祠堂,鹿三随后追去。

鹿兆鹏趁机飞逃出去。

——选自芦苇电影剧本《白鹿原》,世界图书出版公司 2014 年版

思考与练习

一、名词解释

1.影视文学——

2.台本(分镜头本)——

3.电视连续剧与系列剧——

4.解说词——

二、填空

1.我们通常把影视文学剧本分为_____和_____。由于其中一种直接提供给摄制人员,它的_____要求极高,因此,它通常以_____为主进行创作。

2.影视文学剧本的五个特征分别是_____、_____、_____、_____、_____。

3.电视文学剧本按其容量和长度分类,分别为_____、_____、_____、_____、_____五种。

4.影视文学剧本的内容通常是以故事作为骨架的。故事在剧本创作中一般被分成了_____、_____、_____、_____四个段落。

5.影视在高新技术条件下的迅速普及,决定了影视文学剧必须具备_____的基本特征。

三、判断(正确的画"√",错误的画"×")

1.凡是利用影视技术摄制而成的文学性成品,都是影视文学剧;影片节奏快慢取决于镜头的时间长度。 (　　)

2.绝大多数的先锋影视文学剧失去观众的根本原因是注重了先锋观念和意识。 (　　)

3.衡量一部影视文学剧成功和失败的一般标准是上座率和收视率。 (　　)

4.人物塑造是影视文学剧本的重要任务之一。 (　　)

5.英雄故事是一切影视文学剧的写作对象。 (　　)

四、讨论

1.选择当前上座率、收视率高的一个单本剧进行影视评论。

2.影视文学剧本的基本模式和类型对剧本创作会带来什么结果?

3.解说词在影视文学剧本中出现应注意什么要点,怎样才能写好它?

4.在影视摄制技术中,哪些手段和方法是基本的?

5.故事与人物塑造在剧本创作中应占什么地位?它们的相互关系怎样?具体地讲,二者之间应怎样结合?

五、习作

按照影视文学剧本的写作要求,自选题材,创作一个微电影剧本。记住剧本创作的所有流程,每一个流程都应当完成。注意剧本的"影视"属性,在剧本中体现出充分的"可拍摄性"。

第十四章　文学论文写作

第一节　文学论文的含义与写作要求

一、文学论文的含义

文学论文也称文学评论、文学批评,是对文学现象和作家作品进行鉴赏、分析和评价的论述性文章。文学论文的评述对象包括文学作品(文本)、作家,也包括文学思潮、文学运动、文学流派社团、文学理论、文学史问题。其中,作家作品是文学评论的主要对象。因为,文学创作是最基本也是最重要的文学实践活动,没有作家的创作,没有文学作品,一切文学理论、文学观念和文学活动就没有意义。

文学论文的特点是艺术与科学的融合,文学论文的写作应力求达到艺术因素与科学因素的双重统一。因为文学论文评析的对象是文学创作及相关内容,评析者所面对的是艺术形象和艺术形式,这就决定了文学论文的特殊性:必须通过感知、体验、联想、想象对评论对象展开审美活动,否则既无法进入作品创造的艺术境界,更无从发现文学的奥秘和创作的规律。另一方面,文学评论又不能停留在直觉感受层面,还须通过逻辑思维,运用一定的文学理论和研究方法,对评论对象进行科学的分析与判断,否则也无法透视创作的实质,达成具有普遍规律性的理性认识。可见,文学论文写作既是审美感受,又是科学研究,是艺术与科学交融的特殊认识活动。

从内容来看,文学论文包括综合性评论、文学思潮评论、作品评论、作家评论等;从形式上看,文学论文包括作家作品专论、文艺随笔、书信体评论、对话体评论、序跋体评论等。

二、文学论文的写作要求

一篇文学评论可以全面系统地论述一个文学现象、一个时期的文学思潮,也可以全面阐述一篇(部)作品的成败得失,还可以取其一点评判特定文学现象、文学思潮或作品的意义和价值。但是,无论哪种情况,都要求写作者在进行评论之前,认真解读原著或第一手资料,在此基础上,抓住评论对象的特点,寻找突破口,并注意以下几点,方能有深度有新意。

（一）坚持历史的、审美的标准

恩格斯在1859年《致斐·拉萨尔》一文中对《济金根》采用"美学的和历史的"评论标准，并说这是文学评论的"最高标准"。习近平在《在文艺工作座谈会上的讲话》（2014年10月15日）中指出：要"运用历史的、人民的、艺术的、美学的观点评判和鉴赏作品，在艺术质量和水平上敢于实事求是，对各种不良文艺作品、现象、思潮敢于表明态度，在大是大非问题上敢于表明立场，倡导说真话、讲道理，营造开展文艺批评的良好氛围"。这是对马克思主义文艺理论的创新发展。坚持历史的标准就是运用历史唯物主义的原理，从特定的社会关系、历史条件中去考察文学创作。主要体现在三方面：一是考察文学创作是否真实、典型地反映了一定社会历史生活；二是考察作者以怎样的立场看待社会历史生活，表达出了怎样的倾向，这种立场倾向是否符合生活本质和历史发展的必然趋势；三是根据创作所产生的具体历史条件去考察。坚持人民的标准就是一切以人民为中心，考察作品是否符合人民对美好生活的愿望；坚持艺术的美学的标准，就是尊重艺术规律，按照文学创作的特殊审美本质去评析文学创作。

对作品的审美判断通常从以下五个方面入手：情感是否真挚、到位；内容是否丰满、典型；形象是否生动，意象是否独特；形式是否完美；是否具有独特性。总之，"美学和历史"的标准以及用"历史的、人民的、艺术的、美学的观点"来评判和鉴赏作品，是衡量文学创作艺术价值和社会价值的标准。历史、人民、艺术、美学的辩证统一，是文学论文写作的基本要求。

（二）实事求是，如实论断

鲁迅说："批评必须坏处说坏，好处说好，才于作者有益。"（《我怎么做起小说来》）批评家要做"剜烂苹果"的工作，对文学现象、文学创作特别是作家作品的评析，一定要坚持从实际出发，好处说好，坏处说坏，实实在在，恰如其分。既不故意拔高，也不刻意贬低；不吹捧，也不乱打，本着实事求是的态度，一分为二，才能写出有价值的文学论文。"捧杀"或"棒杀"，都会危害作家作品。

（三）顾及全篇，知人论世

鲁迅在《流氓的变迁》中指出："倘要论文，最好是顾及全篇，并且顾及作者的全人，以及他所处的社会状态，这才较为确凿。要不然，是很容易近乎说梦的。"

"顾及全篇"就是在评价作品时不能斩头去尾，要对作者的所有作品进行考察，全面了解作家作品，防止主观武断，全面正确地评价作家作品。

"知人论世"包括"知人"和"论世"两个方面。"知人"就是要全面考察作家的经历及其世界观，考察作家的世界观同作品的深刻联系。"论世"就是要把作家作品放到一定的历史范畴去考察，结合时代特征、历史环境去评论，而不是从现成的条文出发。只有这样，评论才能准确、公允。

第二节　文学论文的研究方法

几乎与文学创作同步,文学研究便已出现。在古今中外漫漫的文学史长河中,产生了浩如烟海的优秀作品,出现了众多文学现象,也产生了各种文学研究的模式和方法。以下撮其要作简略介绍,以帮助读者了解和掌握文学研究的基础、常见方法,为文学论文的写作确立基本的范式。

一、逻辑方法

在欧洲,古希腊文艺理论家亚里士多德被称为"逻辑之父"。他是西方第一个把思维作为专门对象来研究,把逻辑学作为一切科学研究、文学研究手段和工具的理论家。他最著名的文学研究著作《诗学》就是用严谨的逻辑研究方法完成的。他认为文学艺术的本质在于创造,而创造的前提在于摹仿,因为摹仿的媒介、方式、对象的差异,文学艺术便产生了不同的种类。如根据摹仿的媒介的不同,就有诗歌、绘画、音乐、建筑艺术的分别;由于模仿的对象的差异,就有悲剧、喜剧之分;因为摹仿的方式不同,就有史诗、抒情诗和戏剧。

在中国古代,也将逻辑方法运用于文学评论和研究中。先秦《尚书·尧典》按逻辑方法的原则指出:"诗言志,歌咏言,声依永,律和声。"墨子、荀子也分别运用演绎、比较、分类等逻辑方法对文学艺术进行分析研究。

逻辑方法是文学研究的最基本方法,它通过分析文学运动、文学思潮、文学现象之间的内在逻辑关系,通过分析作家与作品的情感、形象、形式之间的内在逻辑关系,通过分析文学现象与其他精神现象、社会现象之间的内在逻辑联系,得出本质的规律性的结论。如朱光潜在《诗论》一书中的《中西诗在情趣上的比较》一文,将中西诗的情趣放在中西文化,包括哲学、文学艺术、宗教、伦理等综合性的广阔文化背景上,不仅求其共同之处与差异,而且较为精辟地分析了形成这些异同的原因,取得了较好的效果。

在文学评论中,常用的逻辑方法有演绎法和归纳法。

在思想方法中,演绎法是一种从一般到特殊的推理方法。在文学研究中,演绎法是运用最为广泛的一种方法,它有助于提高人们认识文学的逻辑性和科学性。如马克思主义存在决定意识的辩证唯物主义理论,可以分析出文学是某种社会现实生活的反映这个结论。

演绎法研究的局限性也是明显的,它在文学研究中的简单性与直接性,可能把异常丰富复杂的文学现象局限在一个自我封闭的狭窄范围内,导致文学研究的程式化。如用演绎法推出的文学的典型性理论,即文学的本质在于写出典型环境中的典型人物,在于从个别人物的个别言行、生活、命运,揭示、表现带有普遍性的、合乎可然律和必然律的社会生活规律,并不能涵盖一切文学现象和文学作品。古典作品中大量言志缘情的诗词,现代作品中不少描写梦幻、潜意识等精神现象的作品,严格地说来,都没有也不能反映普遍性的社会和人生规律。

与演绎法相反，归纳法是由特殊到一般的推理方法，即从若干个别事物或现象出发，经过抽象概括，得出一般性的结论。一般来说，归纳法有完全归纳法和不完全归纳法两种，不完全归纳法包括简单枚举法和科学归纳法。无论采用哪一种方法，在归纳的过程中，均须对各种感性材料进行比较、分类、分析和综合，才可能得出概括性的科学结论。

在文学研究中，归纳法主要用于对各种感性材料的分析。如对文学作品的形象、情感、形式各要素的归纳分析，可以得出比较可靠的结论。把薄伽丘的《十日谈》里的一百个小故事作为各种感性材料，分析各个故事都是具有一定的人性属性，如人性的自然性、社会性、阶级性、个性，从而得出结论：这部意大利文艺复兴时期的伟大作品从人性的基本属性的各个方面歌颂、张扬了人性。通过对《水浒传》中众多好汉的人生经历的分析，我们可以归纳出这样的主题：专制统治的残暴、腐败能将无论什么阶层的正直、善良的人们逼上反叛的道路。从闻一多的代表诗作《死水》的音韵节奏，词藻的色彩形态感，句的均齐和节的匀称，可以归纳出这首诗歌是格律化新诗的杰出代表这样一个认识。

人们对文学现象的概括不可能面面俱到，所以在运用从个别到一般的归纳法进行文学研究时，常常容易出现"以偏概全"的弊端。文学研究中的从同一文学现象得出完全不同，甚至截然相反的认识和见解，究其主要原因，是由于不同研究者所选取和列举的感性材料不完全或不具有足够的代表性。许多研究者为使自己的立论能自圆其说，常常尽量回避那些与自己理论相悖的材料，或对其进行牵强的解释。

之所以运用归纳法会出现一些问题，是因为它强调的是各部分材料与结论的线性因果关系，而对部分之间的内在联系重视不够，即未将文学现象作为一个有机整体，作为一个系统加以考察。

二、系统方法

系统方法是系统地研究和处理有关对象的整体联系的一般科学方法论，即把对象放在系统中加以考察的一种方法。系统论是 20 世纪中叶，由美籍奥地利生物学家贝塔朗菲于 1948 年在他的著作《一般系统论：基础、发展和运用》中首先提出并阐述的。他针对生物学中的机械论观点认为生物界不是简单的各部分的拼凑，而是一个有机的发展系统，这个系统中的各部分、各层次之间有着一定的组织原则和规律。基于此，他认为所谓系统，就是处于一定相互联系中的与环境发生关系的各组成部分的总体。一切事物自成系统又互成系统。

系统论方法的基本原则：一是整体性原则，即世界上的各种事物都是一个由各要素组成的有一定规律的有机整体。二是结构性原则，即虽然任何系统都是由要素组成，但孤立、零星的要素不经过有序的排列组合，是不能表现出系统整体的属性和功能的，因此任何系统的整体性都建立在系统内部的机构层次基础上。三是相关性原则，即系统之间、系统整体各部分之间的相互联系是多样而广泛的。四是有序性原则，即任何系统的整体联系都是按等级和层次进行的，包括横向联系、纵向联系，单项联系、多项联系，一维联系、多维联系，由此构成母系统与子系统之间层次叠加、立体交错的有序网络模式。五是动态性原则，即一切物质系统和观念系统都有一个发生、发挥运用、灭亡的过程，任何系统的有序联系都是在运动中显示和保持的。如文学作品的艺术魅力不仅存在于作品和读者中,也存在于阅读过程中。阅读的历史性和变异性,决定了不同时代的读者可以运用当代的眼光重新认识和评价作品,同一读者的不同人生阶段可以用不同的眼光重新感知和分析作品。

在文学研究中,系统方法主要用于对作家作品、流派思潮、体裁风格等复杂系统作整体性和综合性的考察,从总体上把握作家的创作个性,作品的本质特征,人物形象的复杂性格,作品的艺术特色等,根据不同的研究重点,对研究对象作文艺学、心理学、伦理学、历史学、社会学、哲学、美学、接受美学等多层次的系统研究。系统方法是首先确定目标的分析,改变了文学研究不精确的直觉把握,侧重实现目标的论述。通过对文学作品、文学现象作定性和定量的分析,以程序化、精确化的表述,从系统的动态发展过程中去获得科学化认识。如张世君的《哈代与"性格与环境小说"的悲剧系统》、林兴宅的《论阿 Q 性格系统》等。

系统方法主要对文学现象作平面的、共时性的研究,缺乏历时性研究,所以也是有缺陷的一种研究方法。

三、形式主义批评方法

形式主义批评又称美学批评、文体批评、文字批评、新批评,是一种专注于分析作品自身的美学结构、形式特点和文学风格的批评方法。它把文学作品看成一个独立自足、不依靠外界因素而存在的本体,注重作品形式甚于内容,对作品作共时性研究。

形式主义批评方法的早期提倡者主要有英国诗人、评论家柯勒律治、艾略特、瑞恰兹,美国评论家艾伦·坡、亨利·詹姆斯、庞德、兰森、温萨特、布鲁克斯等,其中代表人物是艾略特、瑞恰兹。他们认为,文学作品是一个独立自足的客观象征物,不是社会、宗教或政治等观念的表现,也不是诗人、作家对自己情感、个性的展现,所以文学研究必须以语义学为依据,首先精细地考察作品文字符号本身,对作品作文字分析。这种批评方法首先坚持本体论,主张对作品进行内部研究,认为作家创作意图和读者反应都跟作品无关,认识、理解作品须从形式入手,分析作品的内在因素的关系,诸如音律、文体、意象、语言。其次,这种批评方法主张通过细读,对作品的"文本"作详尽的分析和诠释,以便通过细读每一个文字符号,从中发现作品的词句的形式因素建构成一个统一的有机体,以揭示作品的意义和价值。形式主义批评方法有一套专用的概念和术语,如"意义的含混""反讽""矛盾语""张力""肌质"等。

形式主义批评方法主要用于对诗歌,尤其是对繁复、朦胧的现代派诗的分析,通过对诗歌字、词、句的推敲、剖析和具体形式的细节研究,发掘作品的价值和意义。同时,这样的批评方法也运用于对小说和戏剧的分析,从主人公、作品中人物之一和全知的作者三种叙述角度去揭示作品的意义。

形式主义批评方法打破了传统批评中重视作家和环境因素,不重视作品解读的局面。但这种研究方法的局限也是明显的,它过分强调文本研究容易导致评论的浮泛和狭隘。

四、结构主义批评方法

结构主义批评又称叙述学、法国"新批评",是继美国形式主义批评之后,在 20 世纪 60 年代兴起的一种更新的本体批评方法,是一种借用结构主义语言学家、瑞士人索绪尔的理论分析叙事作品的内在结构和内在规律的批评模式。这种研究方法有两大特点:一是坚持批评的内在性和抽象性,强调从具体作品出发,反对用历史事件、社会思潮、作者生平等外在因素去分析理解作品。这种方法只说明作品,不作价值判断。二是对作品进行原文分析,揭示作品内部结构的一般规律。与形式主义批评的区别是,它强调叙事作品结构的整体性,认为孤立的文学因素只有纳入整体联系中才有意义。

这种方法的缺陷也是显而易见的,它把文学和语言学等同起来,把作者看成一个封闭的、共时性的系统,排斥系统外部作者、读者、时代、环境等因素,容易使作品分析牵强片面,使作品语言形式与丰富深邃的内容割裂和对立。

五、社会学批评方法

社会学批评是一种专注于分析文艺与社会生活的关系,研究社会生活对文艺作品的美感反映的决定作用的研究方法。这种研究方法的创始人是 19 世纪法国文艺理论家丹纳,他在《英国文学史》和《艺术哲学》中认为文学是种族、环境和时代三大要素的产物。种族指人的先天的、生理的、遗传的因素;环境指地理、气候、社会环境的因素;时代指心理、文化的因素。文学研究就是从事实出发,考察这三种要素,以探索和证明文学发展的规律和原因。

这种批评方法重视社会生活与文学的紧密联系,通过对文学产生发展的社会原因进行深刻的挖掘,发现文学的规律和本质,是一种有深度的研究方法。同时,这种研究方法的不足在于片面强调社会生活对文学的决定作用,导致研究的简单化和庸俗化,容易抹杀文学的审美价值。

六、心理分析方法

心理分析方法又称精神分析方法,其基本理论是奥地利心理学家、精神病学者弗洛伊德的精神分析理论。这种方法把作家创作看成创造幻象中的"白日梦",重在对作家个人心理与作品之间的关系进行研究,不重视作品的社会内容和艺术价值。弗洛伊德的核心是"无意识的唯本能论",认为在无意识的众多本能中,"利比多"(性本能)起着主导作用。由于"利比多"被压抑在无意识领域中,它郁积成男孩心理发展过程中的恋母妒父的"俄底浦斯情结"和女孩心理发展过程中的恋父妒母的"埃勒克特拉情结",这两种情节以曲折方式进入意识领域,便以梦的形式来释放和缓解。文学艺术是受压抑的"利比多"的升华,是幻想中的"白日梦",作家是"白日梦者"。

心理分析方法有助于更贴切、更深刻地解读作品的一些秘密,弥补对某些作品分析时用其他批评方法的缺陷,有助于深入作家内心深处去了解和感受作家创作心理对作品内涵的影响,使文学研究更感性,更有人情味。但这种研究方法不能用于所有作品的分析中,使用不当,就可能过分夸大潜意识对创作的作用,导致评论的片面性。

七、原型批评方法

原型批评又称神话批评、仪式批评和图腾批评,是一种侧重于揭示文学作品中对人类具有巨大意义和感染力的基本文化形态,研究文学作家个人心理中的集体无意识的文学研究方法。这种理论也从研究无意识入手,把无意识分为表层的"个人无意识"和深层的"集体无意识"。集体无意识组成了一种超个性的共同心理基础,是人类世世代代普遍性的心理经验的长期积累,是历史在"种族记忆"中的投影,是一种种族心理积淀。它的存在,只能通过神话、图腾、不可理解的梦等人类心理中反复出现的"原型"(原始意象)来呈现。

原型批评也主张文本细读,以便从文本中找出重复出现的典型意象,并注重分析作家个人心理中的集体无意识,考察以神话方式无意识地保留下来的史前知识和原始真理。同时,这种方法注重从宏观上对文学作人类学的总体把握和研究,注重考察文学的文化渊源和特定的文化形态。

这种方法的长处是将文学研究与人类学研究结合起来,注重文学的文化心理和民族心理意义。其局限主要在于不对作品作审美价值判断,也容易将文学现象复杂化、神秘化。

八、接受美学方法

接受美学又称接受理论、接受研究和读者反应,是一种以读者为主要研究对象,注重作品与读者的关系,主要研究读者对作品的接受程度和作品对读者的影响过程的批评方法。接受美学认为文学作品有两极:一是作者写出来的文本,二是读者对文本的具体化。

不同时代的读者对作品有不同的接受,一代又一代读者形成了文学的"垂直接受"和"水平接受"。作家的创作过程和读者的接受过程构成了完整的文学过程,读者的接受过程是作品的最后完成过程。同时,读者在接受过程中具有能动作用,读者的"期待视野"是推动创作的动力。文学的接受过程还是一个再创造过程。接受美学开拓了文学研究的新领域,把读者反应纳入文学研究的视野中,注重对文学作总体考察、综合研究。

上述几种常用的文学研究方法是文学论文写作中最基本的方法,在具体运用中要扬长避短、互相渗透、互相补充,以取得最佳研究成果。

第三节 文学论文的写作步骤

一、阅读作品原著和相关资料

写文学论文的第一步就是对文学作品和文学现象进行反复的研读、品味,力求全面深刻地理解。鲁迅说:批评家在进行评论之前,应该对所批评的作家作品有所了解,不要脱离实际,空谈"应当如此如彼",因为这种"应当如此如彼"的批评,恰如吃菜的人不谈品味如何,而怪厨师"何以不去做裁缝或造房子"一样,是毫无意义的。(《对于批评家的希望》)因此,写文学评论除了反复研读作品外,还应查阅有关资料,了解作家的生平和思想、作品的写作背景、作家的创作意图等,同时还要从宏观上把握文学学科的发展趋势,了解文学研究的新态势。近年来,我国文学研究领域中出现了一些重要的发展动态。

(一)由外部到内部的趋势

即由考察文学的外部规律向深入研究文学的内在规律转移。注重研究文学本身的审美特点,如文学创作的基本特征——情感性,文学内部各要素的相互关系,文学各门类自身的结构方式和运动规律等。

(二)由单一到多元的趋势

即由单一的、单纯的从哲学认识论或政治论角度来观察文学现象而转变为从美学、语言学、心理学、伦理学、历史学、人类学、精神现象学等多种角度来观察文学,把文学作品看作复杂、丰富的人生整体展示。

(三)由微观分析到宏观综合的趋势

即由孤立地就一个作品、一个作家或一个命题进行思考、分析转变为从联系的、全局的观点进行系统的宏观综合,从而使文学研究在研究作家作品的坚实基础上又超越一般的作家作品论。

(四)由封闭体系到开放体系的趋势

开放体系包括两层意思:一是不断吸收文学之外的其他学科的养料,包括自然科学的思维成果,以丰富自己的内容和拓展自己的形式;二是不断吸收外来的文论养料,如结构主义批评、形式主义批评、原型批评等。这样点面结合,加深对作品的认识和理解,发现一些新的思想和艺术感受,进而用自己的知识、经验和情感去领悟、分析、判断作家作品。

二、确定选题

在广泛阅读、思考的过程中,我们时有触动,产生某种评说欲望和冲动,这便是意识或发现到了某个问题(课题),但这是较初级、朦胧、自发的意识,还须进一步进行抉择与研究:哪个或哪些问题富有研究价值? 自己是否具备研究的主客观条件? 应从哪个角度去研究? 这一系列的思考过程便是课题的选定、确立的过程。确定课题,应注意以下两个方面:

(一)社会需要

定题必须符合、满足社会的需要。社会的需要是极为广泛的,选题只有切合社会某一方面的需要才具有某种社会价值。可见选题具有广阔的空间、充分的自由。论者应当自由拓展视野,大胆提出问题。此外,要注意社会需要的轻重缓急。选题要以符合、满足重要而急迫的社会需要为要旨,从而提高选题的社会价值。同时,我们进行的是文学论文的选题,因此,选题应充分满足、符合文学自身发展的需要。比如,文学创作、文学欣赏和文学研究中存在和产生的亟待解决的矛盾、问题。总之,文学论文选定的课题应具有重要性、急迫性(现实性)、文学性相统一的社会性,亦即满足、符合社会在文学方面的急迫的需要。

(二)自我优势

自我优势是论文写作的可行性原则。选择自己熟悉、有兴趣、有能力、有心得、有材料的课题,研究者才会更积极、更自觉、更有热情,也更具创造力地投入到研究活动中去,才会得心应手地写出高质量的论文。对初学者来说,可以考虑"大题化小"或"小题大作"的策略。"大题化小"是把课题范围缩小,因题目太大,初学者难以驾驭,只好把题目缩小,把难度降低,利于写作。"小题大作"是以小见大,以点带面,以一个小题为切入点去透视、展示出较为普遍的意义和深广的内容。这样,主攻一"点",利于说深说透;与"面"相联系,又使课题内容不致太窄太小。总之,根据自我条件选题,课题难易适中。太难无能为力,太易则无价值。

三、撰写

撰写文学论文是一个比较复杂而细致的工程,经过深思熟虑之后,可按以下几个环节来完成:

(一)拟制写作提纲

文学论文内容复杂、篇幅较长,论述和结构须周密严谨。拟制提纲也就是对文章作通盘考虑、设计,主要之点是:用何种研究方法组织文章;从何种角度提出中心论点,中心论点之下设置哪几个分论点;选用哪些材料为论据;阐述与证明论点需设置几个层次、段落;如何开头、结尾;怎样过渡、照应;何处提领、分述;文章各部分如何组成一个有机的理论体系。

提纲有详纲与略纲之别。略纲只有文章每一部分、每一层次的要点;详纲则是在略纲基础上,即部分、层次的要点上,列出比较具体的内容,比如加上论据要点、重点语句等。对于初学者来说,应制作详纲,以利于具体操作。

(二)行文

行文一般按写作提纲排列顺序执笔,先写绪论,再写本论,最后写结论。这是符合事物的发展规律的,也是文学论文的基本类型。文学论文在行文过程中要注意四个问题:一是要注意突出论点,不要把论点淹没在琐碎的论证和烦琐的论据之中,要用各种手法置论点于显著地位。最简单的办法是在标题下设小标题,或独立成段,加着重号,在篇、章、节、段的首部或尾部去显示论点。二是注意以中心论点统率分论点,分论点紧紧围绕中心论点。三是注意既要有分述,又要有总述。分述有利于各个击破,对问题的各个方面作透彻的分析,总述是对问题各局部的归纳、概括,从整体上把握对象。四是注意结构严谨、清晰;层次与段落要清楚、分明,衔接、呼应要自然和谐;主次与详略要恰当、妥帖。

(三)修改

要写好论文,必须在修改上下功夫。修改的范围广泛,包括从内容到形式的各个方面。其重点要注意论点是否正确鲜明,材料是否真实充分,结构是否完整严谨,语言是否准确简洁。修改完毕后,誊写或打印定稿。

（四）参考文献的标注

在论文行文中，引用文本原文及别人的见解都必须对相关信息进行认真核对，并注明出处。参考文献中应注明的信息有：作者、书（篇）名、出版社、出版（刊登）日期、版别（期数）、页码等。

参考文献的著录格式主要有以下几种：

1.专著类：

［序号］　作者.书名［M］.出版地：出版社，出版年份：起止页码.

如：［1］　（南朝）刘勰.文心雕龙［M］.北京：人民文学出版社，1981：308-319.

一般来说，引用一次的文献的页码在文后参考文献中列出。多次引用的文献，每处的页码分别列于文中每处参考文献的序号标注处，置于方括号后。

2.期刊类：

［序号］　作者.篇名［J］.刊名，出版年份，卷号（期号）：起止页码.

如：［1］　杨九俊.立德树人 合时而著：统编高中语文教材特点解读［J］.人民教育，2019（20）：58-59.

3.学位论文：

［序号］　作者.篇名［D］.出版地：保存者，出版年份：起始页码.

如：［1］　段燕芳.教学地图的运用方式对初中生构建脑中地图的影响［D］.长春：东北师范大学，2009：1-39.

4.报纸类：

［序号］　作者.篇名［N］.报纸名，出版日期（版次）.

如：［1］　丁杨，韩松.在今天，科幻小说其实是"现实主义"文学［N］.中华读书报，2019-01-30.

第四节　文学论文对作品的评论

一、对作品内容的评论

（一）故事情节的把握

情节是叙事性文学作品的要素之一，它关系到作品艺术性的高低。恩格斯说："我认为倾向应当从场面和情节中自然而然地流露出来，而不应当特别把它指出来。"（《致敏·考茨基》）作品的思想内容、人物性格都是在具体场面和情节中表现出来的。情节，是人物性格的发展史，人物心灵演进的轨迹。评析作品的情节结构，不单单就其生动传奇而言，还应指出作品是否充分恰当地展示了特定的人物性格，是否更好地表现了一种思想意义或对生活的理解和评价。因此，情节和人物的关系，始终是评论情节成败优劣的关键。

对故事情节的把握，要注意对故事情节的复述和节录。复述与节录有两个重要作用:一是介绍原作,使读者了解、欣赏它的内容与艺术形式,从而更好地理解、接受评论;二是作为例证对作品进行阐释、证明、评断,使评论显得具体扎实,有更强的说服力。复述与节录,对原作精神的传达和评论都很重要,但要复述与节录好并非易事。别林斯基说:"再没有比叙述一部艺术作品的内容更困难、更麻烦的事了"(《当代英雄》)评论者常犯的毛病是不讲方法,照抄照转;漫无节制,节录过多;任意而为,杂乱无章。由于复述与节录繁冗琐碎,便挤掉了评论者对问题的分析与论述,淹没了观点。复述和节录原作,是文学论文写作的一项基本功,有人称这是对原作的"艺术再创造"。好的复述与节录不仅能忠实、生动地传达原作的内容,而且还能进一步表现原作的"精神和色彩,生命和灵魂",解读原作的佳妙和精蕴,给读者带来艺术的顿悟与享受。因此,我们在节录与复述时,要注意以下几点:

第一,要在论者的观点指导下进行,要受观点制约。即复述要从论点出发,为论点服务。

第二,要用概述。除必要的节录外,不能对原作照抄照转,更不能连篇累牍地"大转移",要在深刻理解原作的基础上,对原作进行概括和集中。

第三,复述要忠实于原作。复述是评论者对原作内容的重述,它不应是原作的语言,而应是论者的话语。因此,复述要受原作内容的约束,准确地传达原作的状貌与精神。

第四,复述常采用夹叙夹议的方法。叙议结合,边叙边评,有事例、有观点,材料与观点统一,读者更易了解原作,评论的精神也更显豁。

第五,节录要从文章观点出发挑选。截取原作最恰当、最有代表性的部分,并以论点为线索将其串联起来,为阐述、证明观点服务。

(二)主题意义的挖掘

主题是反映和表现生活的纲,是作品显示的主要社会意义。主题包含两个方面的因素:一是客观因素,即客观现实生活或历史生活所体现的社会意义;二是主观因素,即作家对现实生活或历史生活的认识、看法、评价、感情。如李洁非《废墟上的铭文——李锐长篇小说〈旧址〉的主题分析》中的论述:《旧址》叙述了有着 2000 年历史的古老家族的故事,故事中包含了沉郁的主题……整个而言,《旧址》是一部巨大的文化寓言;从历史可能性说,李氏家族或以别的姓氏出现的这种家族,是不存在的,但是它在隐喻的意义上则异常深刻地存在着——当我们把"李氏家族"换成另一类字眼,比方说"古典秩序"这个字眼,便马上可以意识到,在李锐的那个时间表里的存在主体,并不是某一具体的家族,而是一种文化体系,亦即从汉代正式确立起来的中国传统社会结构及其文化价值。所谓的"李氏家族",其实乃是后者的象征物,在这个意义上它超越了时间和空间,超越了朝代的更迭和大大小小的天灾人祸,奇迹般地延续了十几个世纪,直至它作为一种精神不得不消亡的时代终于来临。(《当代作家评论》1993 年第 4 期)这就深刻地挖掘了《旧址》的主题。

文学是语言的艺术,通过形象反映生活。内容的具象性与主题的含蓄性,给准确地把握与评论带来了一定的困难。加上论者立场观点不同,身世经历与学识修养不同,对作品的阅读接受不同等,更给作品主题思想的发掘带来了不完全一致的结论。因此,在挖掘作品主题时,论者主要从作品实际来评断,把握总体倾向,历史地、审美地评析作品。

(三)人物形象的分析

人物形象是文学作品动人心弦的重要环节,也是作品成败的关键。因此,对人物形

象的评析,是文学论文的一个重点。大致说来,可从以下几个方面来评析:

1.形神结合,弄清人物的基本特点　即从"是什么"与"怎么样"两方面入手。"是什么"弄清作家塑造的是什么样的人物形象。这在作品中没有现成答案,得靠评论者对作品中的人物形象作具体的剖析和细致的研究。论者需从人物的衣着外貌、言行心理和人物之间的关系等方面去具体分析,并进行综合归纳,从而揭示人物形象的本质和社会意义。

对人物形象的评析要做到述评结合,边叙边评,人物形象的特点及其意义才能得到鲜明突出的揭示。

2.抓住人物性格的特征　在文学作品中,作家调动一切艺术手段塑造出一个个具有鲜明个性的人物形象。正是人物独特的性格,决定人物到底"是什么",因此,对人物形象的评析应当抓住关键——人物的性格特征。论者可以从纵的性格史的角度来评,分析人物性格的形成与发展,也可以从横的性格比较的角度来评,议论人物性格间的差异;可以散点式地列述人物性格的不同侧面,也可从一点着手,抓住某些关键的场面或细节深掘人物某一方面特征;等等。究竟采用哪种方法为宜,要视评析的具体情况而定。

3.抓住作者对人物的审美态度　文学是人学,作家是通过描写一定环境中的人来反映生活、表达情感的。一般说来,出现在作家笔下的人物不是任意而为的,作家对自己笔下的人物分别倾注了不同程度的感情。他正是通过人物之间的关系和对人物的不同的审美态度来臧否生活,表现他的价值判断与道德情感。因此,要深刻了解作家及其作品中的人物,论者还需要抓住作家对人物的审美态度:是爱、是憎,还是同情。探索作家对人物的审美态度主要有两条途径:首先看作家让人物"做什么"和"怎么做"。恩格斯在《致斐·拉萨尔》的信中说:"我觉得一个人物的性格不仅表现在他做什么,而且表现在他怎样做……"而人物"做什么"与"怎么做",完全是作家根据对人物的审美情感来安排设计的。如贾平凹在《废都》中塑造的主人公庄之蝶这一人物形象,我们可从他的人生经历及所作所为来把握。他先是为声名所累,继后又卷入一场无聊的桃色官司而心灰意冷。在这个过程中,他为摆脱尘世的纷扰,先后陷入与三个妇女的性关系中,从而产生了严重的家庭危机,终于在心力交瘁中中风于车站。其间的所作所为,表现了他好的一面:心地善良,淡泊名利,重视友情,有正义感和同情心,但主要展示的是他的负面:心灵的破碎,精神的危机,性关系的混乱……他是一个失去了精神支柱、处于矛盾彷徨、陷入颓唐沉沦中的当代文化人的典型。从这些描写中,我们可看出作者对这个人物是同情的,流露出一种物伤其类、同病相怜的哀婉情绪。

其次,从作家刻画人物时的语气和心情去考察。如张波在《并非七月的话题》(《当代作家评论》1994年1期)中评志红的《七月芳香》时写道:"平静,是这篇小说刻意营造的一种氛围,也是读者走进女主人公内心世界的唯一通道。……芳香的平静不是平庸,甚至也不是平常,她读书、交友、恋爱乃至于还会烧得一手好菜,这一切都同寻常的女性没有什么区别,于是乎我们也就好像结识了又一个我们早已熟悉了的寻常女性。接下来,她当然应该相夫教子,乃至于为做学问的丈夫红袖添香,并且举案齐眉白头到老了。如此,这便是一个生活极好的故事,一首被国人唱了千万年并将继续唱下去的歌谣,然而不,志红君要说给我们的不是这样的一个故事——她塑造的这个芳香,这个看上去柔弱得如同一蓬细柳般的女子,竟突然地出走了! 她竟然……"可以看出,评论者分析作者志红刻画人物芳香时的写作语气和心情,是一种"超出平常"的赞美、欣赏,是欢快愉悦的。

二、对作品艺术表达的评析

文学作品是对生活的艺术反映,大体相同的生活内容,却呈现出百花齐放的异彩,其重要因素之一是艺术表现的不同。当我们评议一部作品是否完美地反映了生活,在哪方面、在何程度上达到内容与形式的高度统一时,一定不能离开或回避艺术形式问题。对文学作品的艺术评析,主要从以下几个方面来进行:

(一)从艺术构思看作品结构的多元性

文学创作中的艺术构思是指作者撷取材料概括生活,按照写作意图孕育主题、设置情节、塑造人物直至作品最终完成的思维活动过程,同时还意味着细节的选用、环境的设置、场面的安排、某些必要的艺术手段的运用,以至感情基调的确立等。构思的过程,既是作者对客观事物感受和认识不断深化的过程,也是思考艺术表现、构建作品的过程。作品的艺术构思因作家不同、题材不同呈现多种不同的形态,体现在作品的外部形式(结构)上也就表现出多元性的特点。因此,论者需结合作品实际,作切实的探索。作品的结构方式除常见的纵式、横式、纵横交错式外,还有:

1. 单线结构 全篇围绕一条线索的发展组织作品内容,通常有一个或几个中心人物贯穿始终。这在短篇小说、散文中最常见。如《项链》《故乡》《陈奂生进城》《背影》等,此类作品结构一条线,很单纯。

2. 多线结构 即以两条以上的线索来组织和安排作品的内容。多线结构可以是主线与副线的组合,可以是明线与暗线的组合,或是几条平行线的组合。多线结构常用于容量大、篇幅长的中长篇小说,如《白鹿原》《百年孤独》等。

3. 链条结构 这种结构好像一根链条,一环紧扣一环,它以连续的方式,几个章节构成一个人物性格发展史。如茅盾在《谈"水浒"的人物和结构》中指出:《水浒》的结构技巧有以下两条优点:"第一,故事的发展,前后勾联,一步紧一步,但又疏密相间,摇曳多姿。第二善于运用变化错综的手法,避免平铺直叙。"这种链条式的结构方式在散文中也常见。

4. 圆心结构 作品以某一主人公为圆心,以其他人物为半径,把若干生活场景、片段有机地组织起来,形成一个以主人公为中心的行星环绕恒星的态势。如陆文夫的小说《万元户》,以主角孙万山为圆心,把他置于至爱亲朋、三姑六婆、参观访问者、推销商品者等人的包围中,形成"众星拱月"的结构,成功地表现了作家的创作主旨。

5. 意识流结构 它以作者流动变幻的意识为线索,充分发挥自由联想的作用,在作品结构中有意识地穿插、跳跃,形成独具审美风范的结构方式,如聂华苓的《珊珊——你在哪儿?》等。

此外,还有蛛网伸展式、立体交叉式、倒叙顺承式、写此注彼式、框式等结构形式,作者还可借用散文式、条文式、剧本式等结构,呈现多元性的特点。在分析结构时,还要注意全局与部分、段与段的内在联系,弄清楚作者是怎样组织材料的,运用了何种结构形式和方法,抓住其独特、新颖的结构方式进行评析。

(二)从人物描写看作品的典型化

人物描写在文学作品中占有特别重要的地位,是刻画人物的重要手段。人物描写包括对人物肖像、语言、行动、心理等从外在风貌到内心世界的形象逼真的描绘,使人物形象栩栩如生,活灵活现。典型化,是文学创作重要的艺术概括方法。人物的典型性既表现了人物一定的社会属性,同时又具有鲜明的个性,是共性与个性的统一,也是普遍性与具体性的统一。别林斯基指出:"典型的本质在于——例如,即使在描写挑水人的时候,也不要描写某一个挑水人,而要借一个人写出一切挑水人。"(《论文学》)作家在塑造人物形象时,既要展示人物的个性特征,又要概括较为深广的社会历史内容,即具有较大的概括性。这样的人物才具有典型性,才是不同于其他人物的"这一个",才具有深厚的艺术价值和动人的美感力。我们分析作品时,要善于从人物描写中去分析人物的典型性,挖掘出作品的艺术价值。如毕登彪《从外企窗口看中国现代女性》一文通过对吴云艳纪实文学《外企女人》中的人物形象的分析,肯定这篇小说"具有深刻的内涵和不可忽视的社会价值"。作品给读者展示出一个色彩斑斓的外企女人世界:"有年轻漂亮的丽人,潇洒自由,独往独行;有气质高雅的女士,热爱生活,期待爱情;有相貌平平的小姐,朴实平和,知足常乐;有拥有知识金钱和青春的上帝宠儿,一心追求爱情的完美;有让人敬佩的经理,胆略和智慧并存;还有忍辱负重的总管,坚韧而勤劳。这些不同外貌、不同经历、不同性格构成了外企女人这一特殊的群体,而这一特殊群体所具备的吃苦耐劳,诚实勤奋,积极进取的敬业精神也正是中国现代女性的缩影。外企女人敢于向世俗挑战,强烈的主体意识,大胆地展示了女人的独立与自我意识,她们用行动证实了自立才有自信,自信就能自尊,自尊必须自强,这是外企女人所走的路,也是渴望实现自我价值的女人的必由之路。"

(三)从表达手法看作品的艺术性

表达手法是作品反映客观事物的手段。作者在反映客观事物时,应当按照表现主题的需要,采用不同的表达手法:一般的、辩证的;传统的、现代的;东方的、西方的……这不仅有利于作品思想内容的充分体现,而且可增强作品的感染力。因此,我们分析作品的艺术形式时可从表达手法入手看作品的艺术性。如雷抒雁在《写意人生》一文中对自己诗歌的分析:"诗是流动的,因为生活是流动的,时代是流动的,诗人的思绪情感也是流动的……1983 年之前,我的诗多为直率、激烈、直抒胸臆之作。如:我歌颂宝剑/宁折不肯弯弓/我羡慕陨石/即使一闪,也要撕破夜空/我还年轻,我还年轻/还没有学会爱惜生命——《我还年轻》。1983 年之后,我学会了包藏,把诗写得更内在,更含蓄一些。在手法上也更多种多样。……1988 年之后,我以为,我的诗又在发生一些变化,我更为内向地开掘自己的心灵,让自己的心与这个时代保持紧密联系,又保持可贵的独立。以《辉煌的季节》为代表,从表现对人生、对生活的感觉来说,我是积极的、热烈的,但也包含着一种悲壮的苍凉。"表达手法的变化,情感投入方式的多样,体现了雷抒雁的诗风是多样的。因而,他的诗几乎都是以跃动的色调描绘的生活画面,都是以欢畅的旋律谱成的人生之歌。

对文学作品表达手法的评析,要抓住这种表达形式与作品内容的完美统一,从而呈现出作家的艺术独创性。如张峰在《千滋万味尽在一比——论杂文中对比的运用》一文中抓住对比在杂文写作中的重要作用:对比叙述,明快畅达;对比描写,勾魂摄魄;对比抒怀,情深意远;对比说理,议论风生。阐明对比手法的运用能增强作品的艺术效果,以其完美的艺术形式表现丰富的思想内容。

(四)从语言看作品的民族性

现代心理学认为:人的意识具有连续不断的流动性,在特定的时刻,各种感觉、思维、记忆、幻觉、联想等,总是汇成一股连绵不断的变幻不定的流,这一运动过程正是言语与语言生成的过程。在思想和现实之间,感觉是语言生成的中介。在文学创作中,艺术感觉对语言更有特殊的意义。一个充满生命渴求与欲望的灵魂,在主宰着自我表现的语言符号系统,一种生命的精神需求,成为语言表现的内驱力和心理机制。作家调动他全身的审美感官和每一个细胞,最大限度地扩大感觉形象的成分,最大限度地扩张内在情感的自由流泻,完成一个从"内部语言"到"外部语言",从一般语言符号到艺术语言符号的转换过程,因而他的文学话语最大限度地扩大了它的心理信息容量,赋予此情此景以特定的意绪色彩与感觉色彩,表达的语言具有感觉的指向性、直观性和即时性,而且具有表情达意的主体感和穿透力。因此,在每个民族的一定历史时代,作为全民族成员共同交际的语言必然有一定的规范性,以汉语写作的作品首先必须考虑汉语方式对文学的影响和制约。汪政、晓华在一篇关于"新写实"的评论中指出:我们以前的小说理论很少关心语言,以为小说是文体,带有超语言的通用性。毫无疑问,我们近现代从西方引进的小说文体显然带有西方语言的特色。因此,伴随着这种文体写作的便是现代小说史上语言的欧化,这实在不是偶然的。新时期实验小说也是对西方小说形态的一次大认同,比如对"人称""视角"给予了空前的注意,但这些之所以在西方小说中那么重要,是因为他们语言视点固定的缘故,而在汉语中,随着视点的自由流动,这并不成为问题。当代语言工作者对汉语形态的研究有许多新见,而"新写实句法"则为我们提供了把汉语独特的形态与小说文体有机结合的范例。(《文艺研究》1993 年 2 期)因此,我们从文学作品的语言运用可看出作品的民族特色。陈昭民在《小说语言的综合态势》中阐述:新时期小说家摆脱常规的审美心态,不重文本的故事编排,而重文本的情绪编码,从而使新时期小说的语言规范呈现了一种综合态势:电影、雕塑、绘画、音乐等艺术的语言系统和表达方式对小说语言规范的渗透和贯通。它不限于某一特定的语言系统和叙述方式(时序性的叙述语言、主谓宾结构的逻辑句型等),而是不同程度地输入、综合了诸类艺术的语汇和规范,运用声(音响、旋律节奏)、色(色相、色度)、形(线条)等多元语言系统的自由交叠来描绘形象,从不同的感觉、知觉范围(视、听、味、嗅)引起读者的审美效应,从而使艺术形象构成获得立体的质感和美感,增加文学形象对生活的覆盖面。从这种小说语言的综合态势中,我们仍可看到作品所呈现出的鲜明突出的汉民族语言的特征。

从作品分析语言的民族性,特别要注意对语言的特点和规律的把握,注意其规范性。同时,也要看到语言的变异,尤其在东西方文化相互渗透的当代,语言在民族传统基础上吸收外来影响,产生变化、发展,呈现出新奇别致、多姿多彩的变异美,是一种语言发展的必然趋势,而且通过这种变异,又形成了新的语言规范。

范文选

曹雪芹写"笑"
——读《红楼梦》随笔
郭豫适*

在优秀的文学作品中,细节描写往往是加强文学作品的形象性、真实性和生动性,进而形成强烈的艺术感染力量,使读者不由自主地被引进作品所描绘的艺术境界中去的有力手段。曹雪芹的《红楼梦》在这方面就有许多生动的例子。今抄第四十回写刘姥姥在大观园赴宴的一段文字如下:

凤姐偏拣了一碗鸽子蛋,放在刘姥姥桌上。贾母这边说声:"请!"刘姥姥便站起来,高声说道:"老刘老刘,食量大如牛:吃个老母猪,不抬头!"自己却鼓着腮帮子不语。众人先还发怔,后来一听,上上下下都哈哈大笑起来。湘云撑不住,一口茶都喷了出来。林黛玉笑岔了气,伏着桌子只叫"嗳哟!"宝玉滚到贾母怀里,贾母笑搂着叫"心肝!"王夫人笑的用手指着凤姐儿却说不出话来。薛姨妈也撑不住,口里的茶喷了探春一裙子。探春的茶碗都合在迎春身上。惜春离了座位,拉着他的奶母叫"揉揉肠子"。地下无一个不弯腰屈背,也有躲出去蹲着笑的,也有忍着笑上来替他姐妹换衣裳的……

这里提名写到的发笑的人物有湘云、黛玉、宝玉、贾母、王夫人等八人,他们都笑得非常厉害。但又笑得如此的不同,而这些各不相同的笑又无不符合他们各自的身份和性格,乃至于年龄和体质状况。

曹雪芹在这里第一个就提到湘云,这不是没有缘故的。这个聪明的豪爽不羁有男儿风的姑娘,当她一经想到刘姥姥的话的含义,立即掌握不住,把含在嘴里来不及咽下的"一口茶都喷出来",这不是自然不过的吗?而林黛玉,她的笑法就与湘云不同。作者写她连气都笑岔了,上气不接下气,于是"伏着桌子只叫'嗳哟!'"这不就活画出她那娇弱的体态吗?但是,同样也是笑得肚子发疼的探春和惜春,她俩的情态和林黛玉又不一样。作者并没有直接写探春的笑,但是作者写她手里的茶碗甚至都没有来得及放回桌子上而是"合在迎春身上",不就已经很足够地、形象地写出她那笑得前仰后合的情态了么?而年幼的惜春,既有奶母在旁,当她笑得实在吃不消了的时候,自然就会离开座位,跑过去拉着奶母的手叫"揉揉肠子"了。

至于宝玉,作者也没有直接描写他的笑,但却十分合适地写他"滚到贾母怀里",只说一句足够地写出这个怡红公子笑不可止以及他在老祖母面前顽皮撒娇的神态了。而贾母的"笑的搂着宝玉叫'心肝'",这动作和语言又是多么恰切地活画出这个贾府的老祖宗这时欢笑的心情和她对宝玉的溺爱!薛姨妈和王夫人的笑也写得很好。如果说,刘姥姥的笑话引得豪爽的年轻的湘云姑娘口里的茶都喷了出来,还未足以说明刘姥姥的话实在可笑的话,那么,连薛姨妈这样在座间属于上辈的人竟也不能自持,以至于把"口里的茶喷了探春一裙子",就更为充分地写出这笑的力量来了。曹雪芹写王夫人"笑的用手指着凤姐儿却说不出话来",尤其是传神之笔,这不仅写出了她的神情动作,而且还表现出她那心理状态。她许是猜到刘姥姥如此逗笑,是由于凤丫头的促使吧,但这既然能够博得婆婆的欢笑,又无伤大雅,也就不必深责;何况刘姥姥的话也实在好笑得很,笑的力量这时也压倒了她,于是她便只能"用手指着凤姐儿"而"说不出话来"。这就不仅使读者仿佛听到了她的笑声,看到了她的手势,而且还使读者去联想她当时微妙的内心活动,真是把人物写活了。

以上是座上人们的笑,至于那些不上台面的下人们,作者写他们的笑又与主人们不同。他们何尝不想纵情狂笑,然而在主人们面前,是不允许过分放肆的。于是作者写他们有的便"躲出去蹲着笑的"。"躲出去",以示奴隶、主子身份有别,卑贱的奴隶不得与高贵的主子同堂狂笑;而"蹲着"者,则极言笑得肚子发疼,直不起腰来,被笑征服了也!而那些老成持重一些的婢女,笑了一阵之后,因为没有忘记随时随地为主人服务的责任,所以随即"上来替他姐妹换衣裳"。要替姑娘们换衣裳,当然自己就不能仍然笑得前仰后合,否则怎么换法?所以曹雪芹写他们是"忍着笑"。在优秀作家的成功的作品里,为了使得文学描写获得高度的真实感和形象性,就连用词造句都是经过精心选择、过细推敲,而绝不是随便乱用的。且看这里"蹲着笑"的"蹲"字、"忍着笑"的"忍"字,以及前面提到的宝玉"滚到贾母怀里"的"滚"字,都是用得十分准确、传神的。

"上上下下都哈哈大笑起来",这是共性,而各人的笑法各有不同,这是个性。曹雪芹在这短短的一段文字中,描写出这许多人物的笑的多样性。他们笑得这样地生动传神,又都笑得这样地合乎人物具体的身份地位和性格逻辑,这是符合文学创作中细节描写个性化的规律的。

恩格斯说得好:"人物的性格不仅表现在他做的什么,而且表现在他怎么做。"曹雪芹如果只是一般化地写他笔下的人物都在"笑",而没有写出他们各自是怎么"笑"的,那就绝不能使他的这段文字描写具有如此强烈的艺术效果。就因为曹雪芹本人对封建贵族家庭,包括对这样的家庭里的日常生活都十分熟悉,凭着他作为优秀的作家那种尖锐的眼光,善于深入细致地去观察生活中不同人物不同的思想、性格、言行和体态,又善于通过生动形象的语言文字表现出来,所以他的描写就具有巨大的艺术力量。你看,曹雪芹在这里使用的分明都是一些普普通通的语言文字,但是呈现在读者面前的,却又仿佛是一幅鲜明生动的贵族家庭的饮宴图,使读者仿佛看到和听到了大观园的人物的活动和他们的声音笑貌。曹雪芹是二百多年前的一位作家,他在这段描写中所展现的人物和生活画面,当然是中国封建时代贵族阶级里所特有的,贵族阶级这种豪华饮宴图、寻欢作乐,是建筑在压迫、剥削广大人民的基础上的。这是我们应当认识到的,在我们今天的文学创作里是决不能依样画葫芦,生搬硬套的。但是作为我国古代伟大的小说家,曹雪芹观察生活的深入细致,表现生活的具体、形象、生动,这些艺术创作方面的经验和技巧,不是对我们颇有启发,可供借鉴吗?

——选自《上海文学》1978 年第 4 期

＊郭豫适(1933—　　),广东潮阳人,1957 年华东师大中文系毕业,历任中文系教授、中国古代文学博士生导师,著作有《红楼梦问题评论集》《红楼梦研究小史稿》等。

溶哀愁于物象
——读余光中《乡愁》
流沙河*

小时候
乡愁是一枚小小的邮票
我在这头
母亲在那头

长大后
乡愁是一张窄窄的船票
我在这头
新娘在那头

后来啊
乡愁是一方矮矮的坟墓
我在外头
母亲在里头

而现在
乡愁是一湾浅浅的海峡
我在这头
大陆在那头

这是台湾诗人余光中的《乡愁》（写于 1972 年）。这首小诗我用四川土话朗诵过好几次，听众反应强烈。诗写得好，一目了然，谁要我来詹詹费词。真要叫我说说，却又感到为难。这是一粒水晶珠子，内无瑕斑，外无纹痕，而且十分透明，一眼便可看穿，叫我说些什么？我看见了的，别人也都看见了，还要我来说吗？看来看去，这粒水晶珠子仿佛不是工匠琢磨成的，而是天然形成的……

不。这是诗，人写的。既然是人写的，总不会是一挥而就的，其间必有一个创作过程。这个过程，如果作者自己出来说说，我们听了，或有助于今后写诗，也未可知。可惜沧海横隔，同胞难聚，遗憾遗憾。那么，参照着写诗的一般经验，我就来冒昧地猜一猜余光中是怎样写成这首诗的吧。

故国故乡故园，人之所恋，古今一样，中外相同。翻翻唐诗宋词，游子抒写乡愁之作，多得叫人吃惊。现代中国人，粗具文化的，差不多都念过或听别人念过李白的"举头望明月，低头思故乡"。三十年代的和四十年代的学生，恐怕都唱过或听别人唱过这支歌吧："念故乡，念故乡，故乡真可爱。天甚清，风甚凉，乡愁阵阵来。故乡人，今如何，念念常不忘。在他乡，一孤客，寂寞又凄凉……"只是这支歌的曲调是从捷克音乐家德沃夏克的《新世界交响乐》里挪借来的，这点未必唱的人都知道。至于四十年代的那些不愿做亡国奴的流亡学生，几乎没有一个不会唱《流亡三部曲》的。"我的家在东北松花江上……"台上一唱，台下都哭,感人至深。这支歌余光中肯定会唱。他还会唱《长城谣》:"万里长城万里长,长城外面是故乡……"因为他在一首诗里提到过这支歌。髫年所唱,没齿难忘。那些遥远了的记忆不可能同他的这首《乡愁》无关。厚积薄发,一首小诗里涵藏着多少年的感受啊!

余光中该记得很清楚,自己小小年纪,做了流亡学生,逃到大后方去读书求学。学校里有一个取信栏,他每天去那里看两次。紧着心弦,扫视着那一长排信封的队伍,要看看有没有熟悉的字迹——母亲的字迹,写着自己的姓名的。多次失望之后,收到一封信了,比伙食团打牙祭还快活。恭读了一遍又一遍,都背得了。然后细察信封上的邮票,那上面盖着邮戳呢。一个小圆圈内有一个大城市,母亲就住在那里呢。看能看见,摸能摸着,就是没法回到那个小圆圈内去,浩浩长江万里,他在这头(上游),母亲在那头(下游)。这一枚小小的印着孙中山先生肖像的盖着故乡的邮戳的邮票给他留下的印象太深刻了,以至十多年后,他写了一首《邮票》:

> 一张娇小的绿色的魔毡,
> 你能够日飞千里,
> 你的乘客是沉重的恋爱,
> 和宽厚的友谊。
> 两个灵魂是你的驿站,
> 你终年在其间跋涉;
> 直到他们有一天相逢,
> 你才能休息片刻。

邮票啊,邮戳啊,家信啊,印象太深刻了,直到1981年他还在一首《梅雨笺》里写到它们:"方的邮票/圆的邮戳/只轻轻地一敲/扁扁的心情(河注:薄薄的家信)/就留下了烙印"。《乡愁》的第一段抓住邮票这个物象,说小时候的乡愁,一个流亡学生的乡愁,是母亲从远方寄来的信件上贴着的那一枚邮票。这样写,对他说来,不但是很方便的,而且是很合情的,很合理的。

少年时期匆匆去了如烟云之过眼,未来的诗人渐渐长大了,四十年代末,他随父母迁居香港,旋即去台湾,插入台大外文系三年级。1952年毕业后,第一本诗集《舟子的悲歌》出版,得到梁实秋的好评,名声大噪,同时入伍服役。1954年同未来的妻子小名咪咪的恋爱,有一首情诗《咪咪的眼睛为证》。1956年退伍,入东吴大学任教,结婚。两年后去美国留学进修,该算是新婚别。台湾基隆港上船,横渡太平洋,美国旧金山港登岸。身在异国,心在家里,捻弄着那一张窄窄的来程船票,乡愁顿起。不过这时候乡愁的内容已经变了,慈母让位给新娘了。少恋母,长恋妻,人之常情啊。《乡愁》的第二段抓住船票这个物象,说长大后的乡愁,一个异国孤客的乡愁,是把他从新娘身边引走的那一张船票。这样写,对他说来,也是很贴切的,他写他自己的真实感受嘛。

1958年母亲去世,遗体火化。他把骨灰匣安放在窗台上的盆花丛里,写诗为母亲招魂,唤她的慈魂快快回来,回到这"火后的小城"里来,回到这"四方的空城"里来。在这一首《招魂的短笛》里,他对母亲的慈魂说:"春天来时,我将踏湿冷的清明路/葬你于故乡的一个小坟/葬你于江南,江南的一个小镇(河注:他的母亲是江苏武进人)。/垂柳的垂发直垂到你的坟上/等春天来时,你要做一个女孩子的梦,梦见你的母亲。"余光中是个孝子,多有悼亡母的章句,写得十分感伤。送母亲的骨灰匣回她的故乡去入土安葬,这一孝思,迄今二十多年了,尚未实现,虽然春天已经来到了。那骨灰匣想来早已入土,大约是安葬在台北市郊的圆通寺吧,因为他在一首诗里说,清明节扫墓日他听见母亲在圆通寺喊他。以常理推之,那里该有一方小坟吧。

邮票啊,船票啊,坟墓啊,这些物象里潜溶着多少哀愁啊!它们象征距离:邮票,船票,空间的距离;坟墓,阴阳的距离,死生的距离。薄薄的一层混凝土,内外相隔,那么遥远,比千山万水的相隔更遥远哪!《乡愁》的第三段抓住坟墓这个物象,说母亲去世后留给他的乡愁,一个孝子的乡愁,是使他抱恨终天的那一方坟墓。这时候乡愁的内容又变了,爱妻让位给亡母了。这一段是高潮,出奇制胜。读者为之惊愕,细细一想,悲从中来,我朗诵到这里,嗓子都颤抖了。

人到中年以后,阅历既多,五味尝遍,渐渐地看透了人世的诸般畸形怪相,于是不再好奇;渐渐地懂得了事业的艰难,于是雄心消泯。他的头脑里憧憬日少而回忆日多,愈来愈像反刍动物,常常咀嚼肚子里的旧闻往事,竟有回甜之感,于是"鸟倦飞而知还",有了落叶归根的愿望。白天忙着,不太觉得,到了夜间,故国故乡故园便频频地来入梦了。早晨醒来,梦去无痕,依然人在台北市厦门街的小巷中的一座古老的院子里。乡愁难遣,翻翻中国地图,神游太湖,溯江而上,直抵重庆市江北县悦来场,又沿江而下,看那"蒋山青,秦淮碧"的南京城,想起昔年那里有许多美丽的表妹……最可恼的是那一湾海峡,二指宽罢了,浅浅的一层海水比纸更薄,就是涉不过去。这时候乡愁的内容再一变,变成了那可恼的海峡。《乡愁》的灵感也许是这样的吧?

海峡,我在这头。大陆在那头……

腹稿里支起的第一个构架,很可能就是这样的。有了这个构架以后,便回头去翻查记忆的仓库,专找如海峡那样的象征着距离的物象。不费多少工夫,就找到了邮票啦船票啦坟墓啦之类的物象。于是用这些物象做横梁,仿照着第一个构架,又支起了下面的三个构架:

邮票。我在这头,母亲在那头。
船票。我在这头,新娘在那头。
坟墓。我在外头,母亲在里头。

这便是《乡愁》的雏形了。第一个构架,就其意义而言,分量最重,虽然是先出,却做了结尾。何况按时间顺序排下来,也应该做结尾。诗人写过去,只是为了写现在。现在望着一湾浅浅的海峡发愁呢,这才是全诗的落脚点。

余光中把《乡愁》归入他所说的"浅易之作"。他所说的"浅易之作"是指那些如《乡愁》一类的"一读就懂"的诗,不是说"浅易"的一定不好。"浅"是文字浅显,"易"是容易读懂,他不反对"浅易",但是,台岛那里"许多读者"、"要求一首诗一读就懂",却遭到他的反感。他说:"一个人如果只能读浅易的诗,就注定自己终身在诗国做匆匆过境的观光旅客。"这话恐怕说得太重了吧。除了写诗的内行,一般读者,各有各的事业,奔波忙碌,徒然疲役,偶有余暇,不去看电视看电影看跑马看黄书,而去观光诗国,也就算是很不错的了,哪怕匆匆过境呢。对这样的读者,理当叩头称谢才是,不宜责之太重。何况台岛那里就是有些深奥得可厌的诗,不但一般读者叫苦,写诗的内行也说读不懂呢。例如张默的《无调之歌》,大诗人如洛夫者竟然都这样说:"这首诗我看了很久,看不太懂。"何况一般读者呢。要求浅易一些，一读二读三读终能读懂，而不是愈读愈头疼，难道不应该吗？

我之所以要向读者介绍《乡愁》，正是看中了它的"浅易"。而它的精巧的构思，溶哀愁于物象的本领，值得我们潜心揣摹，从中学习诗艺，乃是自不待言的了。

——选自《流沙河诗话》，四川文艺出版社 1995 年版

* 流沙河(1931—)，四川金堂人，现当代中国著名诗人。历任川西《农民报》副刊编辑、四川省文联创作员、《星星》诗刊编辑、中国作协第四届理事。著有诗集《流沙河诗集》(1982)、《故园别》(1983)、《游踪》(1983)等。

为写作踏遍青山
舒晋瑜*

《莫道君行早》同时裹挟着乡村的喧哗和宁静扑面而来。

欧阳黔森以极大的热情把读者带入以武陵山脉腹地的紫云镇，随他走进山乡巨变。小说从一开始就设置了紧张的悬念，一种无法抗拒的力量席卷着，让我们随那些既狡黠又朴实、既粗野又善良的乡村人物带着一路欢声笑语走来。当我们阅读《莫道君行早》时，有时候会有些混淆，这分明就是小说，却更像是走进了正在进行时的新农村，你无法怀疑他们在那种环境里的所有言行，因为作家有足够的逻辑和真实的细节支撑所有故事的进展和人物合乎常理的举动。

《莫道君行早》是一部生活的史诗，当然并非多么崇高激昂或稀缺珍贵，而是一部普通百姓的生活史诗；欧阳黔森笔下的人物也并不完美，却富有人间烟火的真实感和人情味。这是一部非常厚重的作品。不止是体量的厚重，小说包含的内容之丰富、可供阐释的空间之开阔，阅读过程中也感觉越读越厚，单是全书呈现出来的辩证特点，就足以令人叹服。

首先是虚与实的结合。《莫道君行早》以乡村脱贫攻坚为背景，全景式展现了千年村等几个村庄由深度贫困到乡村振兴的变化，使用生动又朴实的乡村俗语，却写得简洁自然；同时也具有非虚构的品格，扎实的采写和翔实的记录，带给读者逼真的现场感和犹如亲历的艺术感染力。

欧阳黔森曾创作报告文学精准扶贫三部曲(《花繁叶茂，倾听花开的声音》《报得三春晖》《看万山红遍》)，走村过寨的采访中，他坚持一条原则：不管是谁提供什么样的资料素材，不到一线眼见为实地访问，决不引用。因为在如火如荼的脱贫攻坚战中，那些可歌可泣的故事无处不在，这些故事绝非一个作家可以任意编撰，须亲历现场、如实记录，无论怎样编撰，都不如现场的故事精彩。而写作《莫道君行早》，他脚踏实地，仰望星空，虚实结合，以巧妙的构思和出色的叙事能力，把"新时代山乡巨变"的贵州样本生动地再现出来。开篇讲乡村干部龙险峰每次去村里探望百岁老人的时候，老人并不认识他。他说："老人不知道我是谁不打紧，打紧的是我得知道他是谁。"类似的细节小说里俯首皆是，均为作家本人的亲历。

欧阳黔森总能敏锐地捕捉到时代变化以及现实乡村中有趣的事情，因此《莫道君行早》写得清新有力、妙趣横生、真切生动，写得情真、意真、史真。作家在整部作品创作过程中满怀深情地讲述笔下的人物。村干部麻青蒿身上有很多缺点，说话啰唆，任何场合

不忘自我表扬,是一个多面性、复杂性的人物,但他遇事不慌、临危不乱,在村民中有凝聚力,尤其是他对村里的百姓、待过的学校、教过的学生有爱,他的爱的表达有时候会闹出笑话,会让人误解甚至产生尴尬,但不得不说,这个人物鲜活、生动、接地气,极具感染力。更让人感动的是,他身上有一种朴素的情怀,也是作家在创作中投注于整部作品的情怀,这种情怀是共产党员对普通百姓的大爱,是对扶贫工作倾注的满腔热爱。

其次是理性和感性的融合。欧阳黔森满怀深情地礼赞扶贫工作、山乡巨变的同时,也辩证地指出发展中存在的问题。龙险峰当紫云镇镇长时提出的思路,在几年后当书记时调整了。如何面对发展中的新问题勇敢地自我否定,也是一种担当。小说借人物之口,有对文化陋习的批判,有对生态破坏的反思,这在欧阳黔森之前的作品中亦有所体现,《莫道君行早》延续了这一特点,比如对傩戏表演逐渐沉寂的思考等等。

三是现实和历史交错,时间和空间交融。驻村第一书记肖百合到千年村上任,对地质地理情况做了深入的了解:千年村的山距今有二亿四千万年,红岩村的山距今六千九百万年。两座山峰,在空间上不过相隔数里,时间上却相差数亿年。这种故事和表述的多重意蕴,想必来自欧阳黔森对地质的切身感受。作家早年当过地质队员,一锤子敲下去,碰到的可能就是上亿年前的东西。这种日积月累的视野和心胸,大概也不是所有作家都能具备的,《莫道君行早》是一部沉思者的文学,更是行动者的文学。

四是浪漫主义和现实主义结合。文学风格必然是受到时代因素的影响。写作40余年间,欧阳黔森的创作风格多样,文学精神却一以贯之,即屈原所秉承的"香草美人"。他崇尚屈原、李白、杜甫等,因为他们的作品无不充满爱国主义、浪漫主义。这是中华文学的优秀传统,符合中华民族审美精神,也是万变不离其宗的创作原则。欧阳黔森的创作从诗歌开始,古典文学的功力深厚,很多作品从书名到章节、情景描写,都蕴含充沛的诗意,这与他从小阅读经典有关,也与地质队员的经历有关。《莫道君行早》既是一部现实主义作品,同时也充满着浪漫主义的色彩。

五是表现手法和叙述方法充满张力。欧阳黔森的书写有变和不变:题材在不断变化、拓展,不变的是他的主题无不关乎贵州大地,无不关乎国计民生;他笔下的人物在成长、在变化,不变的是对于共产主义的坚定信仰和执着的忠实实践。村子里的每一件事都十万火急,一会儿牛老五跳楼,一会儿丁香拿着菜刀冲进镇政府。怎么处理、应对这些棘手的事情,体现了乡村干部们的智慧和耐心。肖百合对丁香,一个像吹足了气的气球、拿针轻轻一戳就要彻底爆炸的农村妇女,采取的方式是慢,慢言细语,轻拢慢捻。

这也让我联想到作家的创作状态。欧阳黔森写作《莫道君行早》,我相信一定充满激情,同时他又是深入生活沉潜下来、反复推敲打磨。他写的是一地鸡毛,但琐屑又宏阔,渺小又伟大,作家和脚下的土地相互滋养,交融共生,小说中的乡村故事和现实生活中的扶贫攻坚互为映照,真切地表达了作家对当下社会以及这个时代的认识和思考,小说从头至尾的叙述饱满生动、元气充沛,乡村扶贫的全景和要点全在其中,具有借鉴性和实操性,文学意义和社会意义兼而有之。

欧阳黔森作为地质队员的时候,踏遍青山,现在为了文学更是青山踏遍。他已经、也早就融入了这片土地,他在这方土地上引吭高歌,他的歌声里既有亿年地质的浓厚和坚实,也弥漫着满山遍野青草的芬芳。

——选自《文艺报》2023年4月17日

＊ 舒晋瑜(1973—)，《中华读书报》总编辑助理，毕业于中国新闻学院。2007 年加入中国作家协会。著有《深度对话茅奖作家》《深度对话鲁奖作家》《说吧，从头说起——舒晋瑜文学访谈录》《以笔为旗》等。作品多次在《美文》《当代作家评论》《中国作家》《人民日报》等报刊发表。

思考与练习

一、名词解释

1.文学论文——
2.美学的历史的标准——
3.知人论世——
4.系统研究——
5.圆心结构——

二、填空

1.文学论文最主要最基本的样式是_____。
2.文学论文的写作应力求达到_____与_____的双重统一。
3.文学论文的写作步骤有_____、_____、_____。
4.评论情节成败优劣的关键是_____。
5.人物的典型性既表现了人物_____，同时又具有_____，是_____与_____的统一。

三、判断（正确的画"√"，错误的画"×"）

1.对文学作品表达手法的评析关键在于其表达手法与内容的完美统一。　　（　　）
2.强调语言的民族性，就是否定作家个性。　　（　　）
3.文学论文分析人物就是弄清作家塑造什么样的人物形象。　　（　　）
4.文学论文评价作品要求针对具体创作而评，并应排斥其他因素。　　（　　）
5.文学论文定题主要从社会需要出发。　　（　　）

四、问答

1.简述文学论文的意义。
2.怎样认识文学论文坚持历史的、人民的、艺术的、审美的标准？
3.简析文学论文对人物形象的分析。
4.复述与节录在文学论文写作中有何作用？
5.怎样理解文学作品结构的多元性？

五、读写训练

以你熟悉的散文、小说、诗歌、影视作品为评论对象，写一篇1000字左右的文艺评论。

第十五章　网络写作

第一节　网络写作概述

1994年3月,中国以"cn"为域名加入国际互联网,从此中国被国际正式承认为有 Internet(网络)的国家。1995年网络开始进入公众生活,并在中国得到了迅速的发展。自网络走入普通人的生活以来,它就深刻地改变着我们的世界,影响着人类的思维模式、行为模式、价值理念和审美取向等。博客、微博、微信的兴起,给人们带来了广阔的写作空间和平台。网络为写作教学带来了巨大变化:一是学生获取写作素材的途径更加丰富;二是教学信息的呈现形式更加新颖和多样化;三是评改互动性增强,多种在线途径如电子邮件、聊天室、博客等,都可以成为教师的重要教学手段。随着网络的发展,作为一种新的写作方式,网络写作的迅猛发展引起写作界的广泛关注。一方面,网络写作日益兴旺,悄悄地改变着写作的生存环境,引发了写作形式和写作内容的变革,人人皆可上网写作,发表作品,使写作前所未有地走近大众;另一方面,网络写作对文学创作甚至整个写作学领域产生的深远影响,带来了全新的文学表现形式,滋生了新的文学价值观,以其引人瞩目的效果,使人们前所未有地感受到了写作的重要性。

一、网络写作的含义

网络的出现,使写作得以在另一个空间——赛博空间(cyberspace)中进行,它依托互联网环境,借助电子化、数字化工具来完成集文字、图像、声音、动画等于一身的电子作品(e-works)。作为一种创作,网络写作本质上仍然是对现实生活的观照,是作者的生活积淀。从广义讲,网络写作是运用网络方式而进行的写作。基于这种认识,我们将其定义为:网络写作主要指用电脑、手机在网络上即时写作,并随时将作品发在某网站上的写作方式。它是以电脑、手机为写作硬件,丰富而智能化的软件为写作平台,数字化呈现的电子文本为写作成果,以网络传播为媒介的现代化技术的运用。

二、网络写作的条件

（一）基本设备

电脑、智能手机等。

（二）网络设施

Windows 系列操作系统、国产操作平台、文本处理软件、即时通信软件、互联网等。

（三）网络技能

文字输入法、用户注册、号码申请、链接技术等。

三、网络写作的特征

网络写作是基于网络媒介的写作活动，网络已成为文本信息生成、存在和传递的重要媒介和途径。因而它产生了一系列不同于传统写作的特性，具体有以下特点：

（一）在线写作

网络写作，确切地说就是互联网上的"在线写作"。它是网络写作最主要的特点，由此衍生了网络写作以下两个特质：一是创作和发表同步，二是创作与批评联动。

（二）网状叙述

通过网络的超级链接功能，写作者可随意地往来穿梭于媒体和文本之间，形成了网络写作的网状叙述特色，如电子文本表达媒体和自主选择的丰富性，以及不断复制增长的自我控制力等。超文本和多媒体成为网络写作独具的表达媒介。

（三）自由表达

由于网络的虚拟性和隐秘性，使网络成为平民化的表达媒介，真正做到了"我手写我心"，畅所欲言。正如作家张抗抗所言："也许网络写作的魅力，正在于这种无拘无束的自由倾诉。"

四、网络写作的意义

网络写作是写作在信息化社会的一种自然发展，它依托网络技术，带来了全新的书写载体，深刻地改变着写作的方式。就实践来看，其意义主要体现为：第一，技术的优势能充分满足写作主体的个性化写作需求；第二，网络链接组合的多样化促进了写作与阅读的多样化；第三，有助于形成开放、交流的写作观。

第二节　网络写作的文本类型

网络写作以一种全新的传播和阅读方式,逐渐改变着人们的阅读习惯和审美趣味,形成一种新的文化消费时尚。网络写作的文本类型多种多样,常见的有网络新闻、网络评论、网络文学、电子邮件、网络聊天、博客、微信公众号、手机短信等。

一、网络新闻

网络新闻是一种即时化、交互化、多媒体化的新闻传播形式,网络新闻日益成为网络中不可或缺的部分,阅读网络新闻已经成为人们获取信息的重要渠道。网络新闻与传统新闻的区别主要集中表现在采、编、写和传播方式四个方面。传统媒体新闻主要依靠平面的文字和图片表达,由于网络的超文本和多媒体特征,网络新闻不再只运用简单的线性表达方式,更多的是非线性的链接形式,文字、图像、声音等多媒体表达方式使网络新闻可以是一段文字、一段 Flash,甚至一段视频。并且,在网络新闻的结尾往往都有链接的网址,人们可以浏览多家新闻媒体对同一问题的报道,也可在链接的评论空间里发表自己的见解。网络新闻区别于传统媒体新闻的价值体现为易检性、整合性、即时性和互动性。

二、网络评论

网络评论是个人或组织在网络媒体上就新闻事件或社会现象、社会问题发表的评价性意见。其传播特点是:传播渠道的开放性、传播主体的多元性、传播方式的即时性和互动性。网络评论的形式主要有:即时新闻评论、网络媒体论坛和网民的交互性评论等。

(一)即时新闻评论

即时新闻评论是传统新闻评论的延续,是网络媒体对新闻事件的看法、观点和意见。一般是在主页设置"观点""论点""今日眉批"等言论专栏,列出评论标题,点击后阅读新闻评论文章的全文。从承担评论的主体上看,可以把网络新闻评论分为网站评论、专家评论和网民的交互性评论。

(二)网络媒体论坛

网络媒体论坛(Bulletin Board System,BBS)是带有明显的自觉交流意识的文本结构。它是网络媒体在互联网上为网民提供的就新闻和社会问题发表、交换意见的场所,是在相互传递和交换信息过程中形成的一种无形的用户交流网。基于互联网互动性之上的网络评论,是各大新闻网站的关注点和生长点,如人民网(强国论坛、人民时评)、新华网(发展论坛、焦点网谈)、千龙网(京华论坛、千龙评论)等。

（三）网民的交互性评论

网民的交互性评论最具网络新闻评论特征，体现了网民的基本需求：一是交流性，二是参与性。"跟帖"和"回帖"是其最常用手段。网友在阅读了论坛上发布的帖子之后，如心有所感，发表对该帖子的评价和看法，谓之"跟帖"；而原帖作者在读了某些感兴趣的"跟帖"之后，也可以"回帖"的方式进行交流和探讨。网络提供给了一个强大的言论空间，让读者与作者互动起来，双方可以直接展开对话，更有利于思想的交流。同时，这种交互模式的评论弥补了人们个体认识能力的有限和不足，打破了封闭格局，提升了网络的文化内涵。

三、网络文学

网络文学作为最平民化的艺术形式，是网络文化的重要组成部分，是人们在网络活动中规模最大、影响最深远的表现方式。欧阳友权在《网络文学前沿问题的学术清理的总结》一文中指出，网络文学有三个层面：其一，广义的网络文学，"指经电子化处理后所有上网的文学作品上传播的文学"；其二，狭义的网络文学，"指发布于互联网上的原创文学，即用电脑创作、在互联网上首发的文学作品"；其三，"真正意义上的网络文学"，即"网络超文本链接和多媒体制作的作品"，这类作品具有网络的依赖性、延伸性和网民互动性等特征，一旦离开了网络就不能生存。目前较为认可的是其中的狭义定义，即在互联网上首发的原创的文学作品。它在强调媒介载体的同时，注重了网络文学的原创性和文学性，并且它同样可以有多媒体的插入、超文本的链接等。比较有影响的网络文学作品有：《第一次的亲密接触》（蔡智恒）、《成都，今夜请将我遗忘》（慕容雪村）、《告别薇安》（安妮宝贝）、《悟空传》（今何在）、《此间的少年：射雕英雄的大学生涯》（江南）、《镜系列》（沧月）、《搜神记》（树下野狐）、《诛仙》（萧鼎）等，网络文学以其独特魅力，为人们带来更多的文学体验和审美感受。

在众多的文学网站中，比较知名的有：榕树下、云起书院、红袖添香、潇湘书院、起点中文网、晋江文学城、小说阅读网、17k小说网、纵横中文网、起点女生网、创世中文网等。

网络文学的类别大体可分为以下两种：

（1）利用多媒体电脑技术和互联网交互作用而创作出来的文学作品，只存在于网络，其代表作品有联手小说、多媒体剧本等文体。如《地铁》和《守门》都是充满网络色彩的多人合作联手小说。多人联手创作必然存在结构性缺陷，但它的优点，比如故事角色的多角度描述、对事件发展分支的足够铺垫以及多种角色心理的准确揣摩等，依然魅力非凡。

（2）完全采用传统的创作手法，但是首先在网络上发表的文学作品。其得天独厚的优势在于能最大限度地流传，而且其流传过程不构成阅读成本。对于相当多的网络作品来说，无厘头、搞笑、错乱的时空、人物拼贴等，只不过是一种叙事的策略和外在的包装，其内在的质地则可能是相当传统的。如《新宋》《梦回大清》《步步惊心》等，作品通过当下与古代的历史对话和相互激活，生发出深具历史意味的复杂感受，并且在审美的质地上，兼具一种穿透古今的历史超越感。

网络写作改写了许多文学惯例,带来了表达方式的诸多变异,如创作方式交互化、文本载体数字化、传播方式迅捷化、欣赏方式机读化等。在更深层的意义上,网络文学的艺术嬗变主要还在于它采用多媒体和超文本表达方式,悄然改变着文学的诗性美。虚拟现实虽强化了图像感觉,发展了感官审美,而文学诗意的精神之美却被图像叙事所取代,解构了书写文本的文字想象体验化魅力。

四、电子邮件

电子邮件是互联网上的重要信息服务方式。它以电子的格式(如 word 文档、txt 文件等)通过互联网为世界各地的互联网用户提供了一种极为快速、简单和经济的通信和交换信息的方式。它已经取代了传统书信的主流地位,成为信息沟通不可缺少的工具。

电子邮件主要由正文和附件两部分组成。在目前的技术和存储空间条件下,一般邮箱里所发邮件的正文大多是简单的文本,而附件的形式却可以多种多样,只要邮箱的空间支持,所有类型的文件都可以发送。电子邮件的最大特点是可以在文本中插入超链接。通过超链接的方式,使文本与网络上任何一个网页相联系,极大地拓展了电子邮件所传递的信息,其传情达意的手段已非传统书信可及;而且,通过加密和数字签名的方式,使邮件具有了传统的普通信件所没有的保密性。

五、网络聊天

网络聊天是一种典型的网上人际交流、传播信息的一种重要形式,具有自主性、平等性、虚拟性、隐私性等特点。网上聊天的方式主要有两种:一是在公共聊天室进行,多人参与,随机性强;二是通过即时通信工具(如腾讯 QQ、TIM 等)进行一对一的交流。

网络聊天文本实际上就是对话录。它通过聊天软件将聊天者的发言按照时间的向度进行组合,运用的主要手段是文字。以聊天室为代表的网络对话具有强烈的狂欢化"杂语"性质,即时性的对话语境使得对话者十分强调现场气氛和轰动效应,其丰富幽默的民间语言、大量新奇而个性化的动画表情,使网络文本显得张力十足、生机勃勃。

六、博客

博客一词由英文单词 Blogger 音译而来,Blog 是 Weblog 的缩写,博客最早发端于美国。Weblog 就是在网络上发布和阅读的流水记录,通常称为"网络日志"。它是一种通常由个人管理、不定期张贴文章的网站。

博客可以简易、迅速、便捷地发布自己的心得,及时、有效、轻松地与他人进行交流,是一种深度交流沟通的网络新形式。任何人都可以开通博客,图文并茂地阐发独特的生活感受,展露自己光鲜或者阴暗的点滴。网民们垂青于博客,主要在于其浓郁的个人气息、迅捷的书写形式和自由的创作氛围,真正实现了作者与读者之间的互动交流。博客的写作要领在于:标题要博眼球、文章适宜快速阅读、众人参与、不断更新。

七、微信

微信是腾讯公司于 2011 年 1 月推出的一款通信产品,可以通过网络快速发送图片、文字、语音短信和短视频,支持单人、多人参与。用户可以通过"摇一摇""搜索号码""附近的人""扫二维码"等方式添加好友或者关注公众平台。个人、企业和组织都可以开通微信公众号,实现与特定群体的文字、图片、语音的全方位沟通、互动,形成一种主流的线上线下微信互动方式。

微信公众号平台具有群发推送、自动回复、一对一交流、二维码订阅等功能。目前微信公众号平台,主要有订阅号、服务号、企业号等账号类型。一个公众号的主要内容包括标题、正文、LOGO、阅读数、点赞数、投诉、写留言、精选留言、作者回复以及广告等单元。微信公众号的界面呈现出设计精妙、图文并茂、声乐共起、链接纷纭等特点。

八、手机短信

手机短信作为一种便利的交流方式,可以用来表达情感、传递信息以及交代事情等,已在公众中得到普及和利用。手机短信主要分为普通短信和彩信两种。它是一种更加注重短小精干的文体,往往形式简短、语言精练。从内容来看,手机短信可分为祝福短信、慰问短信、工作短信、警示短信等。

第三节　网络写作的语言特色

网络语言是网络写作与交流的产物,它是由多种文字符号形成的独特表达方式,"火星文""非主流"图片、视频等元素建构了网络语言的独特属性,呈现出了不同于传统书面语言的新特征,如词语运用的新异、时尚;表达趋于直白、简洁;语言风格的幽默、诙谐以及写作的随意、快捷、不规范等。在网络写作的领域里,网络语言具体表现为:

一、大量符号语言的使用

(一)文字符号

1.缩略简称　如:可爱(可怜没人爱),MM(美眉、妹妹),GG(哥哥),DD(弟弟),3X(thanks,谢谢),GF(girlfriend,女朋友)等。

2.同音别字　如:斑竹(版主,指 BBS 或者论坛的管理员),大虾(大侠,来自网络游戏中对老手的称呼,后引申至资深网虫),大点化(打电话)。

3.谐音词　如:886(拜拜了),U2(you too,你也是),520(我爱你),4242(是呀是呀),

8174(不要生气)，TAXI(太可惜)，7456(气死我了)，1314(一生一世)。

(二)脸谱符号

用符号表示情态,包括 QQ 表情、图片,以及字符连成的符号组合。如:^-^(微笑),D(哈哈大笑),Zzzz...(睡觉),o_o(戴眼镜的人),--(神秘笑容),^—^(明媚的笑),^o^,^0^(哈哈大笑),*-*(看花了眼),:-P(吐舌头)等。

(三)图案符号

"orz"像一个人跪倒在地上,低着头,表示佩服得五体投地。"囧"像一个哭丧着脸的表情。"==="表示等等我。"〉〉--〉--"表示一束玫瑰。

(四)原创词汇

1.新造词语　如:东东(东西),PK(较量),顶(赞),拍(反对),汗(惭愧),寒(吃惊),养眼(好看),扔砖头(提意见),偶(我),努力 ing(努力着)、抢沙发(排第一),偶稀饭(我喜欢)。

2.转义借称　如:青蛙(丑男),恐龙(丑女),菜鸟(网络新手),灌水(指乱发大量帖子),拍砖(批评、点评),造砖(用心写文章)。

3.借形会意　如:0001000(我很孤独),S(拐弯抹角)。

二、网络幽默与想象

所谓网络幽默,是指只有体验过网络生活的人才能领悟的幽默,是区域性特有文化的产物。

时代发展促使语言也在不断更新,如"C 语言""鼠标""格式化""内存""硬盘"等词汇被作者赋予新鲜有趣的寓意。如用计算机运算芯版品牌"奔腾速度"形容人的思维敏捷,动作迅速;反之,则用"286 速度"(也是计算机运算芯版品牌)戏称某人反应迟钝。又如用"超级 C 语言"戏称某人的言语逻辑令人费解;用"这人的语言没有经过格式化"(指运用一定的程序对存储信息的软盘或硬盘进行必要的整理)来谴责某人语言粗鲁、不文明;以内存或硬盘戏称某人知识"内存不够"或"硬盘不够",所以很笨。网络词语的介入,使作品充满了高科技的时代气息。这些网络语言大多简洁明快、诙谐幽默。但在较多网络的幽默话语中,只有部分比较容易理解,太多的还需要具备专业的知识才能品味其中的幽默,这在某种程度上限制了网络的文学性。

网络作者机智俏皮,妙语连珠。他们的想象突破了陈陈相因的现实结构而赋予另一种出其不意的秩序,为网络文学带来了一股清新的空气。如:

如果我有一千万,我就能买一栋房子。

我有一千万吗? 没有。

所以我仍然没有房子。

如果我有翅膀,我就能飞。

我有翅膀吗? 没有。

所以我也没办法飞。

即便把整个太平洋的水倒出,

也浇不熄我对你爱情的火焰。

整个太平洋的水全部倒得出吗? 不行。

所以我并不爱你。

这种数理式的逻辑推理因特殊的写作群体而产生,在这篇文章里运用得比较成功。

在网络世界中,各种"新、奇、怪"的网络语言遍布其中。虽然,网络语言根植于传统语言,但却经过网民的改造,已经变成能够充分展示网络个性和特点的特定语言,甚至有的已经变成了某一时期的流行语。如何使学生能够正确区分网络语言中的好与坏、对与错、美与丑,是网络时代写作教师的另一项任务。

第四节　网络写作的训练方式

一、电子文本作文

从表面上看,网上发表作文与传统的写作没有多少区别,二者的区别只是写作工具发生变化(由键盘代替笔,用荧屏代替纸,用电子文本代替纸质文本),实际上是纸质文本的电子版。但是这种写作行为与传统作文相比较,却具有本质区别:

(1)使写作行为由封闭走向开放,由个人行为变为公众行为。由于角色的转换,作者成为介入社会的公众人物,这就要求作者具有必要的公众意识和社会责任感。

(2)写作的评价方式发生了变化,由单向评价变为多向评价。作者兼有读者、评论者的身份,可以在写、读、评的过程中逐步领悟写作之道。

二、超文本作文

(一)超文本(hyper text)的含义

超文本是用超链接的方法,将各种不同空间的文字信息组织在一起的网状文本。它是以节点为基本单位的数据系统。节点可包含文本、图像、动画和视频、音频等各种元素,它们通过链接组成一个互相联系的系统。超文本一方面是指信息可以以多媒体形式存在,另一方面是指通过超链接使信息之间产生联系。其表现形态的特点是,除了一个主文本以外,还有若干副文本。副文本是与主文本有关的资料,用以阐释主文本中的相关问题,可以满足读者不同的阅读需求。

传统文本与超文本的区别:传统文本是以线性方式组织的,而超文本是以非线性方式组织的(链接)。超文本一方面是指信息的形式可以以多媒体形式存在,另一方面是指通过超链接可以使信息之间产生联系。如文字、声音和图像按照非线性链接的"超文本小说(hypertext fiction)";由多人接力参与,在网上即时创作的"合作小说(collaborative fiction)",或称"接力小说""接龙小说";在网上作者与读者互动完成的"交互小说(interactive fiction)",或称"互动小说";以及运用文字、声音和图像的手段创作"多媒体小说(multimedia fiction)"等。这些作品中,超文本链接和互动书写是较之于传统文学作品最突出的特点。

(二)超链接(hyper link)的含义

从主文本进入到副文本,是通过超链接来实现的。超链接是指文本中的词、短语、符号、图像、声音剪辑或影视剪辑之间的链接,或者与其他的文件、超文本文件之间的链接,也称为"热链接(hotlink)",或者"超文本链接(hypertext link)"。超链接的呈现形式是设置链接点,将主文本与副文本连接起来,其作用在于对一些重要的人物、事件、背景或概念进行拓展。

超链接的方式有两种,一是注释的方式,对主文本中相关问题用副文本的形式加以注释;二是直接链接到相关网页,使主文本中涉及的相关问题用网络中的资料来加以映现。

(三)超文本的特点

超文本由于其树形结构的呈现方式,文字、图像、声音、动画等可以同时呈现,为表情达意提供了多种方式。这给传统的写作训练带来了根本性的变革。具体表现为:

1.写作的材料来源发生变化 传统写作强调在自身对生活体验中直接获取写作的材料,同时借助报刊、广播、书籍、文献等间接获取写作材料;超文本作文材料来源于互联网,其丰富性、快捷性是传统的获取材料的方式不可比的。

2.文本的形式具有多层次性 这种方式从根本上改变了单文本的呈现方式,极大地扩展了作者的表现空间,读者也具有选择阅读的自由空间。传统文本只能按照固定的物理空间,以线性顺序进行写作;而超文本的写作则可以通过链接进行多层的立体空间呈现,从而建构起一个多层次内容叠加网状超文本系统。

3.构思方式发生变化 超文本的写作使作者的构思方式也随之变化,由传统的线性思维变为网状思维、树状思维,实质是多向性思维、发散性思维。写作思维方式的这种变化,使文本结构由定型结构向弹性结构转化。传统文本的结构是封闭的、定型的,一经定稿,结构就固化了,读者往往只能遵循作者原有思路进行解读;超文本结构允许一组信息以多种方式进行编排,通过不定量的链接进行无限拓展,所以极富弹性。

三、多媒体作文

多媒体作文是指在写作过程中同时调动多媒体手段为文本的表现服务。具体的呈现方式是在文本的写作中,利用一定的媒体创作工具软件(如 Photoshop、3dsmax、

Premiere Flash），运用图形交互界面、窗口交互操作等技术，插入相应的图形、视频、文字、音频、动画等，以增强文本的直观性、可视性和趣味性。

其主要意义是：

（1）扩大了"写"的内涵。文字、图像、三维动画、音频、视频的使用，使作者真正实现了"我手写我心"。大大丰富了文本的表现方式，图文并茂，声画并举，适应"读图时代"读者的需求，从而增强了文本的生动性和对视觉、听觉的冲击力。

（2）对于作者而言，制作多媒体文本更具有挑战性、创造性和综合性，对于提高写作能力和综合素质具有重要作用。

（3）这种"多媒体"的写作形式对于作者与读者之间的沟通、交流和相互理解在现代与未来社会中将越来越重要。

制作多媒体作文一定要从内容的需要出发，注意坚持以文字为主要表达方式，以多媒体为辅助表达方式，追求文质相称，防止文胜于质的倾向。但必须意识到，提高网络写作水平，一定要依靠对传统写作的学习与提高。

四、电子刊物或个人网页

在万维网的环境中，信息服务都是通过网页的形式提供的。网页就是一种基本的信息页面，用户可以通过它获取信息。如果个人申请了空间，将自己制作的某一内容的网页上传到某一服务商的服务器上，就形成了个人主页。个人主页是一个独立的网页，是一种可供传播的信息资源，同时也是一种可以在互联网上传输并能被浏览器转换成页面显示的文件。它不仅包括含有多种字体格式与样式的文本，而且包括图形图像、声音动画、视频剪辑等，以及一些由计算机语言编成的应用程序。个人主页无论是属于个人网站自身的还是挂靠于某一服务商网站的，都体现出了鲜明的个性色彩与文面风格。

个人主页制作的主要手段是利用 HTML 语言与使用专门的网页制作工具软件，另外为了更好地处理交互功能或实现动态效果还会涉及一些高级辅助工具（如 Flash）。制作个人主页，主要包含信息元素组织和版面布局设计两方面。

（一）信息元素组织

网页的信息元素包括文本、图像、声音、动画等，其中最重要的、最基本的就是文本与图像。

（二）版面布局设计

个人主页的版面布局设计应该呈现出一种鲜活的效果，并带有个人风格。制作者应该综合考虑自身的条件、网站的主题、效果的期待等多种因素。具体地说，制作者可以先在图纸上画出版面的框图草案，将各种基本的功能模块定位好。这些基本模块包括网站名称、主菜单、广告条、更新块、搜索块、链接块、版权块、邮件表以及计数器等。模块定位好后，再把布局细化，考虑具体的文字内容与图片安排。还可以加入声音、动画与视频等各种元素。

自编电子刊物或制作网页，可以全面提高策划、采访、组稿、写作、编辑、美工设计、版面安排、电子传播、收集反馈信息的能力，使之从传统型作者向"全能型作者"转型。当今时代对编辑的要求，并不只是为网络写作提供文字工作服务，更需要以"新媒体编辑"为代表的复合型人才。新媒体编辑工作的重点已移至网络热点的捕捉能力、源源不断的创意想象,甚至包括网络热词热句的发掘能力。

范文选

"创新名片"刷新中国形象

2018-01-26　16:09:09　来源:新华网

辛识平

中国和世界的媒体,这两天被两只活泼可爱的猴子搅得不亦乐乎。中国科学院宣布,克隆猴"中中"和她的妹妹"华华"在中国诞生!

从第一只克隆羊到第一只克隆猴,人类已经探索了21年。灵长类动物的克隆难题一度像不可逾越的高山,让学术期刊《科学》认为现有技术"行不通"。克隆猴姐妹的横空出世,宣告这一世界难题已被攻克,生命科学实现重大突破。带着不可思议的传奇,中国科学家们又一次迎来高光时刻,世界又一次通过创新之窗感知新时代的中国。

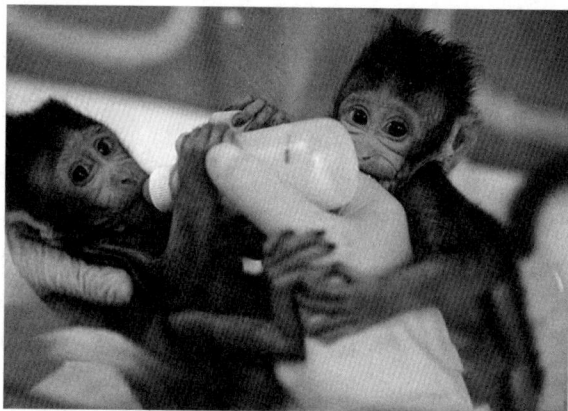

克隆猴"中中"和"华华"在中科院神经科学研究
所非人灵长类平台育婴室的恒温箱里得到精心照料
(1月22日摄)。新华社记者　金立旺　摄

在中国向世界不断递出的"创新名片"中,"克隆猴"是最新的一张。近年来,从"蛟龙"入海到"天宫"飞天,从"天眼"探空到"墨子"传信,从"悟空"探秘到国产大飞机直上九霄……一个个重大成果,见证着中国迈向创新型国家的坚实步伐,也一点一滴地刷新着世界对中国的印象。

"创新名片",让世界看到一个活力迸发、潜力深厚的中国。不久前出炉的《中国国家形象全球调查报告2016—2017》显示,中国的创新能力越来越赢得国际认可,其中高铁、载人航天技术和超级计算机的认可度居于前列。在国外媒体对中国的描述中,"世界创新工厂""创新之龙"等说法越来越多见。"中国已经不再是那个只能批量生产他国创新产品的国家了,中国制造正在转型为中国创造。"一位"洋记者"的感慨,道出了很多人的共同印象。

"创新名片",让世界发现一个文明进步、开放包容的中国。近日,一个法国小伙的视频在网络上热传。在中国生活8年的他，早已习惯微信支付，回国后对使用现金和银行卡大呼头疼，渴盼将微信引入法国。视频很有喜感，也不乏现实感。因为好用，所以不舍；因为享受，所以喜欢。中国创新，不仅有"高大上"的重要突破，也有"接地气"的新产品、新技术和新业态。

最典型的例子，莫过于"一带一路"沿线各国青年评出的中国"新四大发明"——高铁、支付宝、共享单车、网购。高铁为联通世界提供高效安全的工具，支付宝给生活带来很大便利，共享单车传递着绿色健康的出行方式，网购则带来无限商机与消费选择。很多在华的外国人纷纷表示，"新四大发明"是他们最想带回国的生活方式。创新改变生活，创新也在定义未来。中国的"创新名片"，展现了一种便捷、时尚而又开放、共享的生活方式，这正是其最打动普通人的地方。

潘建伟院士曾用"笋"来比喻中国量子计算领域的发展：笋尖刚长出来时进展较为缓慢，一旦长起来便越来越快。这何尝不是中国创新的一个隐喻？当"中"字号创新成果如雨后春笋般涌现，当中国迈着改革开放的坚定步伐拥抱世界，一种共识也在各国人民心中扎根生长：和平的、可亲的、文明的中国，是世界的机遇与希望。

《三分钟》让"春途"更具温度

发稿时间：2018-02-05　13:33:00　来源：中国青年网

春运回家路，是人们一年中最期盼的一条路。踏上这条路，人的心就好像找到了归宿，那种感觉既踏实又幸福。但它又是个岔路口，总有些人走在不同的方向，那个终点不是家，却又是为了"家"。日前，陈可辛导演拍摄的视频短片《三分钟》走红网络，让万千网民不禁落泪。片中讲述了一位工作在平凡岗位上的女列车乘务员，在载着旅客回家过年的途中经停车站，与亲人短暂团聚的温情故事。一次最真实的展现，成为这个春运的"最美瞬间"，一次不同寻常的站台团圆，也让我们看到了"舍小家为大家"敬业奉献精神的伟大。不少网友在感动之余，想知道这个故事的真实原型是谁。其实这并不重要。还记得央视新闻曾报道过，沈阳客运段原列车长王玉梅70多岁父母，为了在过年期间看上女儿一眼，跑了80千米路，在站台上见了女儿6分30秒；锦州客运段一对新婚小夫妻罗磊和刘颖，利用两列火车相遇短短几十秒的时间隔窗相望享受"团圆"，这些故事的主人公只是千千万万铁路职工节日坚守岗位的一个缩影。短片中旅客的欢声笑语与乘务员的日记形成了鲜明的对比。每年春运都会有数以万计的铁路职工坚守在自己的工作岗位上，对于他们而言，保障旅客安全出行，组织旅客有序乘降，向旅客提供温馨服务，为旅客营造美好出行体验是他们的责任与义务。但在闲暇之余，类似写上几句想要对亲人说的话语，却成为他们表达"相思相念之情"的主要方式。也有网友表示，当母亲把正在背乘法口诀的孩子抱在怀里那一刻，泪崩了。的确，那不是为了上学所做的准备，而是为了能和妈妈多待一会的情感表达。作为春运服务者，他们虽没有大禹治水般惊天动地的壮举，却有着三过家门而不入的执着与坚守。春运中他们舍弃为人子女、父母的家庭身份，肩负起身为铁路人的社会责任。当人们欢聚一堂、举杯畅饮时，他们为这个"家"送上最暖心的温度，却留给亲人无尽的期待。现如今，春运出行体验越美好，智能科技融入旅途，带给人们简单、方便、快捷的出行感受。铁路送票到企业，务工人员返乡专列频频开行,使春运的路越来越暖心了;西成、渝贵高铁开通,一改"蜀道难""黔道难"的历史,春运的路越来越畅了;"复兴号奔驰在祖国广袤的大地上",使人们春运出行的路越来越短了。但对于春运服务者而言,旅客出行质量的提升,亦是对自身责任的加重。"舍家并非无情举,投身春运更护家。"铁路职工无悔的坚守成为春运人们出行中一道最美的风景,风景的背后却是一个个感人肺腑的故事。聆听这些故事,我们不应止于感动,这些最美的铁路人,这种最美的情怀,更应得到我们尊重和崇尚。(宋文强)

【议起来】

从小众到被追捧,年轻人为何爱上纪录片?

青云岛　等级:白金　经验值:28595　积分:0　2018-01-24　08:15:16

导　语

相关报告显示,2017 年,纪录片在网络视频用户的偏好中位居第五,占比 30%,比 2016 年上升三位。2017 年的《二十二》《零零后》《寻找手艺》等刷爆朋友圈,2018 年开年,《如果国宝会说话》《极地》等又继续发力,迎来新一轮纪录片热潮。原本冷门小众的纪录片,为何越来越受到年轻人的喜爱? 欢迎来说说。

纪录片的华丽转身:轻、短、新

@烟殊:以前,纪录片约等于"长、冷、闷",不要说年轻人了,就是年纪大一些的人都未必能看得下去。但这两年,纪录片越来越接地气,我就是从《我在故宫修文物》开始"入坑",现在已经沉迷在纪录片中无法自拔。

@童洋儿:现在的纪录片在形式和内容上都有创新,体量越来越"轻",也更易于传播。谁说纪录片的解说词只能一板一眼、中规中矩? 吐槽加卖萌的语气才更亲切,也更能戳中年轻人。

大热背后,文化内核更重要

@石榴子:受到欢迎的纪录片,一定都有着积极向上的文化内核。在近几年大热的纪录片中,有的崇尚真善美,如《极地》;有的挖掘人类最纯真和朴实的情感与本能,如《生门》;也有的赞美精益求精、持之以恒的匠人精神,如《了不起的匠人》等。

@Capple:与快餐文化下的"肥皂剧""泡面番"相比,纪录片本身更有思想性和艺术性,能满足年轻人一边观影一边"涨知识"(长知识)的需求。希望国产纪录片在产业快速发展的同时,也要坚守"本心"、保持高水准,推出更多的精品佳作!

网友回复

● 以梦为马 666　2018-01-24　09:23:43 发表

《我在故宫修文物》《如果国宝会说话》这些有故事有情感的纪录片走进我们的生活,我爱看! 也希望学校、家庭让孩子们多看看这样的纪录片,少些繁重的家庭作业和假期补课。

● yuuki1959　2018-01-24　09:33:12 发表

因为纪录片真实。现在的电视剧,除了抗战剧就是小儿科的偶像爱情剧,要不就是官斗剧,真正好的不多。真正能引起大家共鸣和深层思考的,又有很多限制因素。只有纪录片,极少评论地把素材呈现给大家,让观众自己去回味、去思考,所以得到了爱思考的人的青睐。

- 注册昵称很难　2018-01-24　12：35：55 发表

纪录片是一片一题材,不带重复的,有新鲜感。

- 拷问灵魂　2018-01-24　12：36：43 发表

好事　有思考最重要

- chenbaoqun00　2018-01-24　13：51：20 发表

纪录片具有知识性和趣味性双重特点,有学习鉴赏价值。

- 梦若舞~2018-01-24　15：33：44 发表

纪录片本身更有思想性和艺术性

- 上官虎头纹 2018-01-24　23：05：14 发表
- 纪录片记录真实,不爱也得爱

——选自新华网《发展论坛》

思考与练习

一、名词解释

1.网络写作——

2.超文本——

3.超链接——

4.多媒体作文——

二、填空

1.网络写作依托_____环境,借助_____、_____工具来完成。

2.电子文本可集_____、_____、_____、_____为一身,与传统写作截然不同。

3.网络写作的文本类型多种多样,常见的有_____、_____、_____、_____、网络聊天、博客、手机短信等。

4.网络写作训练的主要方式有_____、_____、_____、电子刊物或个人网页。

三、简述题

1.简述网络写作的含义。

2.简述网络写作的意义。

3.试述超文本的特点以及超文本与传统文本之间的根本区别。

4.为什么说超文本给传统的写作训练带来了根本性的变革?

5.简述多媒体作文的主要意义。

四、读写训练

1.应用电子文本形式,在中文写作网的相关栏目创作一篇作品;阅读文章并发帖评论;就热点问题跟帖评论。要求与相关网页链接。

2.在网络环境中,写一份小传,向不熟悉你的人介绍自己,要能体现你的思想、志趣和为人。要求做成一篇多媒体作文。

3.从起点中文网的公众微信号上转发作品,并发帖评论。

4.试写一段主文件为300字左右的超文本文件,内容为介绍家乡风景名胜、民风民俗、特色小吃等。要求至少有5个链接,链接对象要有文字、图片、声音、视频、网页。